汉译世界学术名著丛书

品 格 论

〔法〕拉布吕耶尔 著

梁守锵 译

商务印书馆
The Commercial Press
创于1897

Jean de La Bruyère

LES CARACTERES OU LES MOEURS DE CE SIECLE

1696 by Étienne Michallet

本书参考艾蒂安·米谢勒出版社 1696 年版译出

汉译世界学术名著丛书
出 版 说 明

我馆历来重视移译世界各国学术名著。从20世纪50年代起,更致力于翻译出版马克思主义诞生以前的古典学术著作,同时适当介绍当代具有定评的各派代表作品。我们确信只有用人类创造的全部知识财富来丰富自己的头脑,才能够建成现代化的社会主义社会。这些书籍所蕴藏的思想财富和学术价值,为学人所熟悉,毋需赘述。这些译本过去以单行本印行,难见系统,汇编为丛书,才能相得益彰,蔚为大观,既便于研读查考,又利于文化积累。为此,我们从1981年着手分辑刊行,至2021年已先后分十九辑印行名著850种。现继续编印第二十辑,到2022年出版至900种。今后在积累单本著作的基础上仍将陆续以名著版印行。希望海内外读书界、著译界给我们批评、建议,帮助我们把这套丛书出得更好。

商务印书馆编辑部
2021年9月

于无声处听惊雷
——译者序

文学史上不乏这样的例子：一个作家一生只写了一本书，可就是这本书为世界文学献上一束永不凋谢的鲜花，奠定了作者在文学史上的地位。拉布吕耶尔的《品格论》就是这样一本书。

拉布吕耶尔的《品格论》由三个部分组成：一是拉布吕耶尔翻译的古希腊作家泰奥弗拉斯托斯的《品格论》；二是拉布吕耶尔自己的《品格论或当代风俗论》；三是拉布吕耶尔在法兰西学院新院士入院典礼的演讲。该书于1688年出版，当年就出了3版；直到1696年拉布吕耶尔去世短短8年内一共出了9版。每次再版，作者都有修改与增删，第9版的篇幅是第1版的3倍，而拉布吕耶尔本人也因这本书在1693年当选为法兰西学院院士，跨入了代表法国最高水平的学术殿堂。夏多布里昂称赞他是"路易十四时代最杰出的作家之一。没有一个人的文笔比他更加丰富多彩"（《基督教真谛》）。事实上，在拉布吕耶尔之前和与他同时代都不乏描述品格和风俗的作家，为什么他取得这样辉煌的成功呢？这主要因为他的《品格论》有这样一些特色：

1. 以逼真的肖像描绘品格。拉布吕耶尔对上自宫廷，下至街里的各色人等的肖像做了惟妙惟肖的描绘,他"向我们展示的他那时代的风俗画,从总体而言,是我们所掌握的最准确、最完整的画卷"(P.莫里欧,《拉布吕耶尔》)。他用尖刻的讽刺、深入的剖析,鞭挞社会上存在的各种风俗、人的各种品格和生活中的各种恶习:傲慢、贪婪、自私、伪善、虚荣、自大……从而使该书具有普遍而永远的意义,所以伏尔泰称赞"由于书中的一些内容存在于任何时代、任何地方,因此可以相信它不会被人遗忘"。作者把笔锋指向王公贵族、达官贵人、商人市民、官员税吏、作家诗人,他的描绘是如此真实,以至于人们会认为这就是自己身边所熟悉的某个人,甚至以为作者影射的就是自己。于是这本书带给作者的除了掌声、赞誉、名望之外,还有非议、污蔑、攻讦。其实,拉布吕耶尔画的这些肖像虽然往往有所本,但并不是单纯的影射,而是如同作者自己所说的,"从张三那里拿来某种特征,从李四那里拿来另一种,然后用这些可以适用于同一个人的各种特征,我画了逼真的图像……向他们指出应该避免的缺点和可以效法的榜样",这就有点接近现实主义的典型环境的典型性格了。

2. 以细腻的笔法剖析品格。拉布吕耶尔具有伦理学家的敏锐目光,洞察人性世情,他以犀利的笔触,"着力揭发人们在遇到钟情与眷恋的事物时屡见不鲜的虚假和可笑现象"(拉布吕耶尔)。书中充满对各种细微的心理活动入木三分的分析,例如作者指出:"人们装腔作势地谈论与他们有关的事情,他们只承认自己的一些小缺点,而且还要是能够令人想象出自己身上存在着突出才干或优越品质的缺点;人们抱怨自己记忆力不好,但却满意自己的感觉敏锐和判断正确;人们接受别人指责自己心不在焉和胡思乱想,仿佛认为他作为才子理应如此;人们说自己笨手笨脚,两手什么也不能干,但却十分欣然自慰,因为自己虽然缺少这些小本事却有敏于思的才干,或者众人皆知的心灵天赋;人们承认自己懒惰,但使用的词语总是意味着自己心底无私和没有野心;人们对自己的不洁不感到羞愧,因为这只是小节上的疏忽而且还似乎意味着自己只专注于宏大和实质性的事情。"看了这番话我们不觉得社会上这种现象比比皆是而自己或多或少也存在类似的缺点吗?

3. 以相互的比较来鉴别品格。拉布吕耶尔在揭示某种品格的同时,十分注意把这种品格与相接近的另一种或二三种品格放在一起比较。例如他比较"嫉妒""竞争"和"羡慕"之间的异同,指出嫉妒和竞争的对象是同一的,那就是"别人的善良与才德",而不同之处就在于"竞争是一种有意识的、勇敢的、诚信的情操,它使人的心灵丰富多姿,从伟大的范例中汲取教益,并往往把它提高到它所景仰的事物之上;而嫉妒则相反,是一种强烈的冲动,仿佛是对才德的一种无法自制的被迫的承认;它甚至会否定它所嫉妒的对象的美德,或者虽然不得不承认这种美德,却拒不给以赞扬"。在剖析了"嫉妒"的实质之后,作者指出其危害:"嫉妒是一种不会结果的欲望,它使人故步自封、自满自足,一心只有自己的声誉,对别人的行动或者作品冷漠无情;看到世上除了自己这样的人才外还有别的人才,或者别人拥有跟他引以为荣的才干完全相同的才干而感到惊讶,这是一种可耻的恶习,这种恶习的膨胀,总是使受嫉妒之害的人陷于虚荣和自负而不能自拔。"接着作者辨析了嫉妒与羡慕的不同,然后指出嫉妒、羡慕和竞争往往会在什么样的人之间产生:"竞争和嫉妒几乎只在从事同一行业、具有同样才干、身份地位相同的人之间发生。"而"羡慕与嫉妒在同一问题上总是联合在一起而且相互促进,它们之间的区别只在于一者针对人,一者针对身份和地位"。又比如他指出:"假谦虚是对虚荣的最后一道涂饰,它使得虚荣者不显得虚荣,相反以跟他本性具有的恶习相反的美德来表现自己:假谦虚是一个谎言。假荣誉是虚荣的暗礁,它导致我们靠确实存在于我们身上但没有价值、不值一提的事情来得到别人的尊崇:假荣誉是一个错误。"有比较才有鉴别。拉布吕耶尔通过这样细腻的分析和比较给他所剖析的品格以严格的定义,使我们对各种品格有更深入的了解。

4. 以哲理的箴言来研判品格。他或者用几句箴言来引发出对某种品格的肖像化的描绘,或者在肖像化的描绘之后用箴言让人们对某种品格的认识提高到哲理的高度。"一个蠢人就是连做个自命不凡者所必要的才识都没有的人。""一个自命不凡者就是被蠢人视为才识之士的人。""某些人以高傲代替威严,以残忍代替坚定和以狡猾代替机敏。""如果贫穷是罪行之母,那么缺乏思想则是罪行之父。""我们出于虚荣或者礼节,跟我们出于爱好或者义务,所干的事情相同而所表现的形式一样。""想想看吧,我们现在叹息风华正茂的青春不再而且一去不复返,继之而来的将是衰老的暮年,这使我们不免惋惜当今我们对壮年还不够珍惜。"这些箴言都是作者对社会现象和人性深入细致地考查和思考之后发出的发人深省的思想。

《品格论》的发表正值路易十四太阳王的统治从巅峰往下坡路走的时期。拉布吕耶尔经历了路易十四进行的三次战争:1667—1668年与西班牙争夺荷兰遗产的战争,1672—1688年的法荷战争,1688—1697年与神圣罗马帝国的九年战争(亦称奥格斯堡同盟战争)。连年的穷兵黩武,加上宫廷的豪奢浪费,造成法国经济凋敝,国家财政靠重税维持,包税官的贪腐和骄奢受到当时人们普遍的诟病,成为17和18世纪不少作家作品中批判的对象。《品格论》对达官贵人和包税官的行径和品格也都有所揭露,并把这些大人物和小百姓做了深刻对照。拉布吕耶尔明确地提出:"如果我把两种社会地位最对立的人,我的意思是指大人物和老百姓进行比较的话,我觉得后者满足于生活的必需品而前者虽有多余之物还嫌不够。老百姓不会做任何坏事,而大人物不愿做任何好事却善于干大坏事。老百姓只是通过有用的事情来教育自己、锻炼自己,而大人物则要把有害的东西加入其中。老百姓身上表现得粗鲁但坦率,而大人物在彬彬有礼的外表下掩盖着狡猾和腐败的毒汁。老百姓才气不足而大人物没有灵魂。老百姓心地善良但其貌不扬,而大人物则只有外貌而且是纯粹的表面光鲜。需要选择吗?我毫不犹豫:我要做老百姓。"但是我们不能因为《品格论》对于社会现象和人性阴暗面的剖析和批判、对老百姓的赞扬便认为拉布吕耶尔是改革者,是法国大革命的先驱,因为17世纪的法国和欧洲还没有产生变革的土壤,而且我们在法国乃至欧洲历史中看到,资产阶级革命前的真正改革者、资产阶级革命的先驱是必定既反对封建制度又反对以罗马教廷为代表的天主教教会的。拉布吕耶尔对社会恶习的揭露和批判只是哀其不幸、怒其不争而已;他揭露错误,嘲笑荒谬,批判恶习,但并不反对他所生活的制度,而他对于教会和宗教信仰更是坚贞不贰,并用了最后一章进行阐述。F. 黑蒙在《文学教程》指出:"他不愿去评判他所描画的制度和他所生活的时代，但是他向我们提供了进行严格评判的所有素材。"而"向我们提供了进行严格评判的所有素材"正是拉布吕耶尔的最大功绩。在炎热的夏天，人们从漫天滚滚的乌云中期待着一声惊雷，一阵豪雨；拉布吕耶尔的作用就是在黑暗的天空堆积起"压城城欲摧"的"黑云"。他提供的素材引人深思、促人清醒，让人希望"于无声处听惊雷"；而真正发出惊雷声音的，就要等待18世纪启蒙运动的思想家们了。

2012年3月于蒙特利尔湖边楼

版本说明

本书译文系根据让·德·拉布吕耶尔《品格论或当代风俗论》经作者重新审阅与修订、由米谢勒出版社 1696 年出版的最终版本，亦即拉布吕耶尔生前的最终版本译出，同时参考与对照 E. 弗拉玛里翁出版社"法国与外国最优秀作家丛书"的《品格论》(1929 年版)和法兰西总书局"法国伟大作家丛书"的《品格论或当代风俗论》(1985 年版)，拉路氏"经典作品丛书"的《品格论或当代风俗论》(节本，第 19 版)和哈谢特书店"法国经典作品丛书"的《品格论》(1939 年版)等版本，并采用了其中的某些注释。书中凡是拉布吕耶尔自己的注释，我们标以"拉布吕耶尔注"；采用弗拉玛里翁版本的注释，标为"弗拉玛里翁注"；采用法兰西总书局版本彼埃尔·龙梭(Pierre Ronzeaud)的注释，标为"P. R. 注"；采用拉路氏版本勒内·特卢瓦(René Ternois)的注释，标为"特卢瓦注"；采用哈谢特版本吉·米晓(Guy Michaud)的注释，标以"米晓注"；而译者的注释则标以"译者"。

目 录

漫谈泰奥弗拉斯托斯　泰奥弗拉斯托斯的《品格论》

漫谈泰奥弗拉斯托斯 …………………………………… 3

泰奥弗拉斯托斯的《品格论》 …………………………… 21

论伪善矫饰 …………………………… 22

论阿谀奉承 …………………………… 23

论东拉西扯或者空话连篇 …………………………… 25

论粗鄙不文 …………………………… 26

论献殷勤者 …………………………… 28

论无赖的形象 …………………………… 30

论夸夸其谈者 …………………………… 31

论传播消息 …………………………… 33

论因贪婪而无耻 …………………………… 34

论可鄙的节省 …………………………… 36

论恬不知耻者或厚颜无耻者 …………………………… 37

论不识时务 …………………………… 39

论献殷勤的神态 …………………………… 40

论愚蠢 …………………………………………………… 41
论粗暴蛮横 ………………………………………………… 42
论迷信 ……………………………………………………… 43
论愤世情绪 ………………………………………………… 44
论猜疑 ……………………………………………………… 45
论肮脏家伙 ………………………………………………… 46
论讨人嫌者 ………………………………………………… 47
论愚蠢的虚荣心 …………………………………………… 48
论吝啬 ……………………………………………………… 49
论自我吹嘘 ………………………………………………… 50
论倨傲不逊 ………………………………………………… 52
论恐惧或缺乏勇气 ………………………………………… 53
论共和国的大人物 ………………………………………… 54
论迟到的教育 ……………………………………………… 56
论诽谤中伤 ………………………………………………… 56

品格论或当代风俗论

序言 ………………………………………………………… 61
论精神作品 ………………………………………………… 64
论个人长处 ………………………………………………… 96
论女子特性 ………………………………………………… 112
论心灵 ……………………………………………………… 137
论社交与言谈 ……………………………………………… 153

目 录

论家产 ………………………………………… 181
论城市 ………………………………………… 208
论宫廷 ………………………………………… 223
论大人物 ……………………………………… 256
论君主或共和 ………………………………… 278
论人 …………………………………………… 298
论判断 ………………………………………… 351
论时尚 ………………………………………… 397
论某些习俗 …………………………………… 419
论讲经传道 …………………………………… 452
论不信神者 …………………………………… 465

法兰西学院新院士入院典礼的演讲

序言 …………………………………………… 499
1693年6月15日星期一在法兰西学院的演讲 ……… 511

漫谈泰奥弗拉斯托斯
泰奥弗拉斯托斯的《品格论》

漫谈泰奥弗拉斯托斯①

我认为不管有什么技巧或者有多大才能，希望自己写的文章不受到各种批评还获得读者的一致赞同，这是再痴心妄想，再想入非非不过的了。

因为，人的思想就跟人的面孔一样千差万别，正是由于这种差别，有的人喜欢思辨之事，有的人爱好实际之物；有的人在书本中纵情驰骋想象，有的人试图通过文字构建判断。而在读这些书的人中间，有的人喜欢接受论证的说服，有的人则希望别人娓娓道来，或者进行推理和臆测。我不必连篇累牍地阐述人们思想的不同，而只想通过这部书来描述风俗，考查人类和阐述人的品格，而且我敢说，作品即便讨论的是与人关系如此密切的事物或者只是讨论人的本身，也是极难令人满意的。

有些学者只喜欢古人的警句和引用罗马人、希腊人、波斯人、埃及人的事例；他们对当今世界的历史不感兴趣，他们对身边跟他们一道生活的人无动于衷，丝毫不注意他们的风俗。反过来，妇女、宫廷人士以及一切学识不足却风雅过人之士，对在他们之前的

---

① 泰奥弗拉斯托斯（前372—前287），古希腊逍遥学派哲学家，亚里士多德的学生。其著名的《品格论》包括28章简短有力的品格描写，勾勒出不同的道德类型，这些类型来自亚里士多德对伦理学和修辞学的研究成果。——译者

一切漠不关心,却渴求了解一切在他们眼前发生、仿佛受他们掌握的事情。他们审视这一切,辨析这一切,时刻注视着身边的人,非常陶醉于别人对他们的同辈、同胞,总之对那些跟他们相似可他们却认为自己与其不同的人所作的描述和描绘,以至于我们甚至认为有必要在讲道台上暂停福音书的布道,通过他们的弱点来抓住他们,用合乎他们口味、他们能够接受的事情来让他们重新步入正途。

宫廷或者是不了解城市,或者出于对城市的蔑视而不屑于指出城市的可笑之处,以至于对这种可笑事情所可能产生的形象熟视无睹;反过来,人们描绘宫廷的词汇则总是理所当然地惶惶然崇高无上,城市从这种简略的描述中得不到满足好奇心的东西,从而得不出对国家的一个正确概念,而这甚至是必须亲身经历才能够了解的。

另一方面,人们不会承认别人用来描述他们、指称他们,使他们得以认识自己的或高尚或脆弱的道德特征,这是自然的;于是他们为了摆脱困境,便指责这种特征,他们是这样不赞同讽刺,以至于讽刺开始松手离开他们的时候,便会去盯上别人。

总之,有什么显而易见的办法仅仅靠一部伦理学作品便能够满足人们如此不同的口味?有的人寻求某些定义、分类、表格以及方法;他们希望别人向他们解释什么是一般的美德,什么是这一种特定的美德;价值、力量和高尚彼此有何不同;什么是由于各种美德的或不足或过多而在彼此之间产生的极端恶习;美德从哪一种极端中可以得益更多;至于任何别的学说他们都不喜欢。其他人则乐意人们把风俗归结为激情,而把激情解释为血液的流动、纤维和动脉的运动,而不问一个作者别的一切说法。

还有第三类人,他们相信任何有关风俗的学说都要致力于移风易俗,区别风俗的好坏并厘清人们心中虚幻、软弱和可笑的东西以及可能存在的善良、健康和值得称道的东西,所以无限喜欢阅读:他们设想有关自然和道德的原则,古人和今人已经反复宣讲,眼下首先是要致力于把这些原则应用于当前的风俗,通过人们如此熟悉可是却不打算从中吸取教训的这些事物的形象来使人们互相匡正。

这就是泰奥弗拉斯托斯留给我们的《风俗品格论》。他是亚里士多德①的弟子,这本书就是从亚里士多德的《尼各马可伦理学》和伟大的《道德学》中吸取了成分。我们在其著作每一章开头所读到的卓绝的定义就是根据这位伟大的哲学家的理念和原理而确立的,而该书所描述的品格的内容也汲取于同一源泉。但是由于他赋予该书具有广度的论述,特别由于他针对希腊人,尤其是雅典人的恶习,从书中萃取出巧妙的讽刺,使得这部论著具有他自己的特色。

这部书被视为是泰奥弗拉斯托斯已经着手撰写的一部篇幅更大的作品的开篇。这个哲学家的计划,正如你们在其序言中所看到的,是要论述一切美德和一切恶习。可是由于他在序言中所说

---

① 亚里士多德(前384—前322),古希腊哲学家、逻辑学家和科学家,西方思想史中实在论哲学的最杰出代表,其思想对西方文化的根本倾向以至内容都有重大影响。《尼各马可伦理学》是亚里士多德写给他儿子欧德莫尼斯德的一篇伦理学论文,由其弟子尼各马可编写。文中认为美德是意志所获得的禀性,美德就在于在两个极端中求得平衡,"持中不偏"。——译者

的,他是在99岁的高龄才开始一个如此宏大的计划,那么显然是由于一场猝死,阻止了他计划的完美实现。我承认普遍的说法都是他活得超过百岁,而圣哲罗姆①在给涅普提安的信中断言泰奥弗拉斯托斯是在107周岁去世的,因此我相信其中存在着一个古老的错误:或者是第欧根尼·拉修斯②用来作为尺度的希腊数字有误,因此他说泰奥弗拉斯托斯只活了95岁;或者是这个历史学家写的头四本书有误,因为虽然这个作者在其序言中所说的99岁的确与巴拉丁③书籍的四部书中所写吻合,而且我们在书中也发现有泰奥弗拉斯托斯《品格论》的最后五章,可这最后五章在以前的版本中没有,其中我们看到两个标题:一个是"对坏人坏事的爱好";另一个标题是"卑劣的牟利",仅仅有这两个标题,却没有这两章的内容。

因此,这部作品也许只不过是简单的片段,但其中保存着珍贵的古代遗风和一个如此高龄的哲学家生动活跃的思想和坚实牢靠的判断。事实上这部书一直被视为此类书籍的杰作:书中对雅谑的爱好更加引人注目,而希腊式的风雅彰显得更加淋漓尽致,所以人们称之为一部金书。学者们注意到书中所讨论的风俗的多样性和表达各种品格的朴实的方式,把泰奥弗拉斯托斯的弟子诗人梅

---

① 圣哲罗姆(347—419/420),西方教会学识最渊博的教父,将希伯来语《圣经·旧约》与希腊语《新约》译为拉丁文。——译者
② 第欧根尼·拉修斯,古希腊作家,创作活动时期约在公元3世纪,以其古希腊哲学史而著名。——译者
③ 指巴伐利亚的伊丽莎白·夏洛特(1652—1722),巴拉丁选侯查里·路易之女,其通信集内容真诚翔实,具有重大的文献价值。——译者

朗德罗斯①的表达方式与之相比照,然后又认为这种方式曾被泰伦提乌斯②奉为典范,而时至今日我们还如此有幸地进行模仿,因此学者们不得不承认这部篇幅不大的作品是一切喜剧风格的第一源泉。我说的喜剧风格是指摆脱了插科打诨,清除了淫秽猥亵,提纯了下流的语带双关,从自然中汲取养分而会令学者和正人君子发笑的喜剧风格。

不过为了彰显这部论品格的文章的价值和引起人们阅读此书的兴趣,略微介绍此书作者的才德也许不无裨益。他是莱斯沃斯岛③依拉斯姆城人,棉绒工的儿子。在他家乡,一个名叫勒西普④的同城人是他的第一个老师,以后他转而师从柏拉图⑤,最后进入亚里士多德的学园,为亚里士多德众弟子中的佼佼者。他原名提塔姆,这位新老师喜欢他思想敏锐和交谈娓娓动听,便把他改名为厄弗拉斯特,意思是"善于交谈者"。但这个名字跟他对其卓越才能和优美言辞的高度推崇并不相称,于是他称之为泰奥弗拉斯托斯,即"语言非凡者"。似乎西塞罗⑥也同意这位哲学家的看法,他在其名为《布鲁图斯⑦与著名的演说家》的书中这样说:"有谁比柏

---

① 梅朗德罗斯(约前342—前292),古希腊喜剧诗人,现存喜剧有《裁决》《剪发美女》等。——译者
② 泰伦提乌斯(前186/185—前161),古罗马著名喜剧作家,著有《安德罗斯女子》《婆母》《自责者》《阉奴》等。——译者
③ 莱斯沃斯岛,爱琴海第三大岛,属希腊莱斯沃斯州。——译者
④ 历史上另一个同名的勒西普是著名哲学家,芝诺的弟子。——弗拉玛里翁注
⑤ 柏拉图(前428—前348),古希腊哲学家。——译者
⑥ 西塞罗(前106—前43),古罗马伟大的政治家和演说家、律师、学者、作家。——译者
⑦ 布鲁图斯,古罗马半传说的英雄人物。——译者

拉图的语言更丰富,更有表达力?有谁比亚里士多德的言论更扎实,更牢靠?有谁比泰奥弗拉斯托斯的说话更悦耳,更动听?"而且在他写给阿提库斯①的几封信中,我们看到,当西塞罗谈到这个泰奥弗拉斯托斯时,他称之为他的朋友,他经常阅读泰奥弗拉斯托斯的书而且引以为乐事。

亚里士多德用柏拉图第一次评价他本人和色诺克拉底②的话来谈泰奥弗拉斯托斯和另一个弟子卡里斯提尼斯③,说卡里斯提尼斯理解问题缓慢,思维迟钝;而泰奥弗拉斯托斯的思想如此敏锐,洞察入微,深刻透彻,以至于可以立即了解一个事物所能含有的一切内容。一个人要用马刺激他前进而另一个则需要勒住缰绳不让他跑得太快。

亚里士多德器重泰奥弗拉斯托斯对待一切事情温文尔雅的品格,这种品格也在他的习俗和文风上体现出来。据说亚里士多德的弟子们看到老师已经年迈,身体非常衰弱,请求他给他们指定自己的接班人。而由于在罗得岛④人梅内代姆⑤和埃勒斯的泰奥弗拉斯托斯这两个人中只能选择一人,为了用委婉的办法对待他不中意的人,他以这样的方式进行宣布:他在弟子们向他提出这个请求之后不久,当着大家的面假装说他平常喝的葡萄酒有害他的身

---

① 阿提库斯(前109—前32),古罗马骑士,伊壁鸠鲁的弟子,与西塞罗交往密切。——译者
② 色诺克拉底(?—公元前3世纪),古希腊哲学家,柏拉图的弟子。——译者
③ 卡里斯提尼斯(约前360—前327),古希腊历史学家,亚里士多德弟子。——译者
④ 罗得岛,希腊爱琴海上的岛屿。——译者
⑤ 有两个同名的人,一个是犬儒主义哲学家,另一个是柏拉图的弟子。——弗拉玛里翁注

体,让人拿来罗得岛和莱斯沃斯的酒,他品尝了这两种葡萄酒后说他承认这两种葡萄酒都有地方风味的口感,都是美酒,前者酒劲大,而莱斯沃斯的酒温醇,他更喜爱。对于这个问题不管欧律热尔[①]书中是怎么个说法,事实是亚里士多德被刻瑞斯[②]教士厄里梅东指责讲渎神的话时,害怕遭到苏格拉底[③]的命运,想从雅典出走,隐居于厄泊拉岛[④]的卡尔西斯城,便把他的学园让给莱斯沃斯人,把自己的著作托他保管,条件是要保守秘密,这个伟人的作品正是靠泰奥弗拉斯托斯才传给我们的。

作为亚里士多德的继承人,他的名字在整个希腊是如此遐迩皆知,以至于亚里士多德留下来的学园里很快便有了2000名弟子。这引起了安菲克里德的儿子、时任行政总督的索福克勒斯[⑤]的嫉妒,此人实际上是泰奥弗拉斯托斯的敌人,他借口要有一个正确的政治制度并采用阻止开会的办法,制定了一条法律,禁止任何哲学家在学园授课,否则处死。哲学家们服从了,但第二年,索福克勒斯卸职,菲洛[⑥]继任,雅典人民废除了索福克勒斯制定的这条不得人心的法律,对他罚款5塔朗,恢复了泰奥弗拉斯托斯和其他

---

① 欧律热尔,弗朗蒂努斯的弟子,创作活动时期约在公元130年前后,著有《阿提卡之夜》,其中有朋友间就语法、文学批评和历史等一系列问题的严肃对话。——译者
② 刻瑞斯,古罗马宗教所信奉的女神,司掌粮食的生长。——译者
③ 苏格拉底(前470—前399),古希腊三大哲人的第一位,被指控不敬神而被判处死刑。——译者
④ 厄泊拉岛,希腊爱琴海的岛屿。——译者
⑤ 与古希腊三大悲剧诗人之一的索福克勒斯(约前496—约前406)同名的另一个人。——译者
⑥ 亚历山大里亚城的菲洛(前15/10—?),耶稣和使徒保罗的同时代人,基督教人士认为他是基督教神学的先驱。——译者

哲学家的地位。

他比亚里士多德幸运,亚里士多德不得不向厄里梅东让步,而他却几乎看到一个名叫阿涅奥尼德的人,仅仅因为指责他不敬神而被雅典人指控为大逆不道,可见雅典人对他何等热爱,而这种热爱由于其美德,他是完全受之无愧的。

事实上,人们都承认他为人行事极其谨慎,热心公益,勤勤恳恳,亲力亲为,和蔼可亲。所以,根据普卢塔克①的记述,当暴君们篡权、埃雷兹城受暴政之苦时,他加入他的同胞菲迪亚斯②的行列,跟菲迪亚斯一道献出家产来武装被逐出家园的人们,他们赶走了没有信义的人,返回自己的家乡,使整个莱斯沃斯岛重新获得了自由。

这么多罕见的美德不仅使他赢得人民的好感,而且博得国王们的尊敬和亲近。他是继亚历山大大帝③的弟弟阿里德之后在马其顿王国④就位的卡桑德罗斯⑤的朋友,而拉库斯之子、埃及第一任国王托勒密⑥跟这位哲学家一直交往密切。他最后由于年迈和劳累去世,工作和生命同时停止。整个希腊为他痛哭,所有雅典人都参加了他的葬礼。

---

① 普卢塔克(约46/49—约125),古希腊传记作家,伦理学家。——译者
② 一个与著名雕刻家——巴特农神庙建筑工程的艺术指导菲迪亚斯(创作活动时期约在前490—前430)同名的人。——译者
③ 亚历山大大帝(前356—前323),马其顿国王,亚里士多德的学生。——译者
④ 马其顿王国,巴尔干半岛中部地区古代的王国。——译者
⑤ 卡桑德罗斯(前358—前297),马其顿国王。——译者
⑥ 托勒密一世(前367/前366/前364—283/282),亚历山大大帝的朋友和将军,建立埃及托勒密王朝。——译者

传说他年迈之时无法行走,便坐在椅子上让人抬着走在城中,好让老百姓看到他,因为在老百姓心目中他太珍贵了。人们还说在他弥留之际,他的弟子们围在他床前,问他还有什么嘱咐。他说了这番话:"生活诱惑我们,答应我们拥有荣誉便会享受巨大的欢乐;可是人刚开始生活便要死去。贪图名誉往往是再无价值的事了。不过,自足吧,我的弟子们:如果你们不顾别人是否尊敬自己,你们自己就不会辛勤劳动了;如果人们不嫌弃你们对他们的感情,那么荣誉便有可能成为对你们的酬劳。只是你们要记住,生活中有许多徒劳无益的事情,而能够取得扎实结果的事物很少。不该由我来考虑我该作出什么样的决定,我已经没有时间了;至于你们,在我死后你们还要活许久,你们完全能够权衡你们该做的事情。"这就是他的遗言。

西塞罗在《图斯库拉内》[①]第三卷说泰奥弗拉斯托斯临终前埋怨自然给予麋鹿和小嘴乌鸦那么长的生命,而这生命对它们来说并没有用处;可是自然给予人的生命却非常短暂,显然长寿对于人关系重大,如果人的寿命能够长些,那么人类的生活将可以接受普世学说的教育,世上没有任何办法和手段来破坏生活的尽善尽美。热罗姆[②]在我已经引述的文章中断定泰奥弗拉斯托斯得病去世时已经107岁,可泰奥弗拉斯托斯却惋惜自己刚开始懂事却要离开人世了。

他经常说不要为了考验朋友而去爱朋友,而要为了爱朋友而

---

① 《图斯库拉内》,西塞罗哲学著作,五卷本,论证灵魂不朽和君权应建立在美德的基础之上。——译者

② 热罗姆(347—420),古罗马教会神父和经师。——译者

去考验朋友；既然朋友之间一切都可以分享，那么朋友应该也是兄弟之间共同的朋友；无缰之马比说话唯唯诺诺的人更值得信任；可以最大量浪费的就是时间。有一天，在宴会上有个人一言不发，他对这个人说："如果你是精明人，你不说话就错了；如果情况不是这样，那你一定知道很多事情。"这就是他的箴言中的几条。

但是如果我们谈到他的作品，那简直无穷无尽，我们不知道有哪个古人比泰奥弗拉斯托斯有更多的著作。第欧根尼·拉修斯指出他写了200多部探讨各种问题的不同论著，可是岁月无情，大部分均已佚失，残留的只有20部，汇编在他的作品集里，其中有6部是植物史，6部阐述植物演化的原因。他撰写的书讨论风，火，石头，蜂蜜，晴天的征候，下雨的征候，暴风雨的征候，各种气味，出汗，眩晕，疲乏，神经松弛，昏厥，离水生活的鱼，变换颜色的动物，突然产生的动物，带有胎斑的动物，论风俗的品格。这就是他留给我们的著作，其中有译文的只有最后这一部，可仅凭这一部就不仅可以保证前面所列举的书籍是出色的作品，而且可以保证无数已经失传的作品的价值了。

如果某些人对这部作品不感兴趣——因为他们在这部有关道德的书籍中，看到了一些写那个时代发生的，而根据其风俗在当今并不存在的事物，那么他们所能够做的，除了放弃对自己的习俗和规矩的偏爱之外，还有什么事情对他们会更有益、更愉快的呢？因为这种偏爱，不言而喻，不仅使他们觉得自己的习俗和规矩优于一切习俗和规矩，而且几乎使他们断定：一切不符合他们习俗和规矩的东西，都可以不予理睬，从而在阅读古人的书籍时，没有得到预期的快乐和教益。

我们今天完全是现代人,而过几个世纪后,我们便成古人了。因此我们这代人的历史会使后代领略到什么是捐官买爵,也就是说像购买分成制租地那样,以白花花的德尼埃①去购买保护无辜、惩罚罪行、给所有人以公道的权力;领略到收税官具有怎样的辉煌荣耀,而在希伯来人和希腊人的国家,收税官是完全受人鄙视的。他们会听到人们谈起一个大王国的首都,城里没有公共集市,没有浴室,没有喷泉,没有圆形剧场,没有画廊,没有柱廊,没有室内散步场,可还是一座迷人的城市。那时的人们会说:我们现在的人的整个生活几乎就是这样度过的——从一所房子出来又关到另一所房子中去;一些本分的女人,她们既不是商人又不是旅店老板娘,却敞开着房门,谁给钱就让谁进去;在这些房子里可以随便选择骰子、纸牌和各种赌具,可以吃饭,可以从事任何交易。人们出现在这个城市里只是匆匆过客:彼此没有任何交谈,没有任何接触;遇到任何事情都怕跟自己有什么牵扯,听到车子的响声,即使是车子出事被抛在路中,谁都唯恐避之不及,这种情形就仿佛在竞技场,为了夺取赛跑金牌而根本不顾别人。在一派平和、普遍安宁的环境中,一些公民手持进攻性武器闯进庙宇观看女人或搜查她们的朋友,可旁边几乎没有人手边有东西可以一下子杀死另一个人,人们听到这样的事情却毫不惊讶,若无其事。或者换一种说法,如果后世的人因为我们今天如此奇怪,与他们如此不同的风俗令他们讨厌,从而厌恶我们的回忆录、我们的诗歌、我们的喜剧、我们的讽刺诗,那我们怎能不事先惋惜他们由于这种错误的挑剔,而使自己

---

① 德尼埃,旧时法国的辅币,一个德尼埃等于十二分之一苏。——译者

不去阅读如此优美、如此千锤百炼、如此中规中矩的作品,不去了解最辉煌领域之经过美化的历史呢?

因此我们对古人的书籍,必须具有我们期望于后人的这种同样的宽容,因为我们明白,人的习惯、风俗不会沿袭千秋万代,而会随时代的变化而变化;我们跟已经消逝的习惯、风俗相距过于遥远,跟现存的习惯、风俗过于接近,我们没有足够的距离来对两者作出正确的辨别。所以不管是我们的风俗中称为礼节的东西,还是我们的习惯中称为礼仪的东西;不管是我们的排场,还是我们的豪奢,都无法使我们对雅典人的简陋生活比对初民的简陋生活更加反感,因为他们的伟大是与生俱有的,而且不受此后所发明的万千事物的束缚——也许这些事物就是为了取代这种已经不存在的真正伟大而发明出来的。

自然在他们身上体现出完全的纯洁和高尚,而且还没有被虚荣、奢侈以及愚蠢的野心所玷污。在这世上,一个人只是由于他的力量或者他的美德而受人尊敬;人的富裕不表现在他的职务或者年金上,而在于他的田地、他的牛羊、他的孩子和他的佣人;健康和自然的食物,地里的果实,他的牛羊奶,他的简朴而统一的衣服,衣服上的毛料、毛皮,他的无伤大雅的享乐,作物的丰收,孩子的婚礼,四邻和睦相处,阖家太平安康。跟我们的风俗大相径庭的莫过于这一切了。但是年代的久远使我们感受到这些,而地点的距离让我们接受了各种记载或者游记书籍所告诉我们的有关远方国度和外国的一切。

这些书籍叙述我们所不了解的某种宗教,某种政权,某种吃饭、穿衣、建筑和打仗的方式,某些我们一无所知的风俗。那些与我们接近的风俗令我们感慨,而与我们相违的风俗使我们惊讶,但不管什么风俗都让我们感到高兴。与我们相距如此遥远的民族的生活方式和习俗并没有令我们讨厌,相反由于它们的新颖而让我们得到教益甚至感到欣喜。我们只要知道这些人究竟是暹罗人、中国人、黑人或者是阿比西尼亚人①就可以了。

但是在其《品格论》中,泰奥弗拉斯托斯给我们描绘的是雅典人的风俗,而我们是法国人,如果我们在这地域和气候的不同之外,再加上漫长时间的间隔;如果我们考虑到写作这部书的时间是在第115届奥林匹克运动会会期的最后一年,也就是公元前314年,那么泰奥弗拉斯托斯所描述的这个雅典民族已经存在了整整2000年。我们很惊讶地在这部书中认出我们自己,认出我们的朋友,我们的敌人,认出跟我们一道生活的人们,而且我们很惊讶地看到我们跟相隔如此漫长时间的人非常相似。事实上,就心灵和情感而言,人并没有改变——过去是什么样现在还是什么样,就像泰奥弗拉斯托斯书中所指出的:虚荣浮夸、伪善虚假、阿谀奉承、谋求私利、厚颜无耻、不识时务、褊狭多疑、谗言谤语、喜欢争吵、爱好迷信。

的确,雅典是自由的;雅典是一个共和国的中心,他的公民是平等的;他们彼此之间不会发生感到内疚的事;他们几乎是独自在清洁、平静、宽阔的城市中踯躅漫行;走进店铺,走进菜场,亲自购买必需品;宫廷的你争我夺不会使他们放弃普通的生活;他们留下他们的奴隶来伺候洗澡,服侍用餐,料理房子的内务,跟随外出旅

---

① 暹罗,今称泰国;阿比西尼亚,非洲埃塞俄比亚旧称。——译者

行；他们让自己的一部分生命在集市上，在庙宇内，在圆形剧场里，在港口上，在柱廊下，在一个城市中度过，而他们也是这个城市的主人。那里，人民集会讨论公共事务，这里，人民跟外地人交谈；而哲学家有时讲授他们的学说，有时跟他们的弟子讨论问题。所有这些地方都既是娱乐的舞台，又是办事的场所。在这样的风俗中存在着某种淳朴而符合民情的东西，我承认，这是跟我们的风俗不大相似的。但是，就整体而言，雅典人是多么自由，而雅典城是多么美丽！那是什么样的法律！什么样的管理！什么样的道德标准！什么样的教养！各种科学、各种艺术是多么尽善尽美！而在普通的交往和言语中是多么文质彬彬！可泰奥弗拉斯托斯，就是这个我们刚才谈到做了如此伟大事情的泰奥弗拉斯托斯，这个讨人喜欢的能说会道的人，这个言语谈吐出神入化的人，还是被人当作外来人对待。在市场他向一个女人买绿叶蔬菜时，那个普通女人就是用这个名称来称呼他的，因为那个女人根据他缺少那种莫名其妙的什么阿提喀[①]特色，也就是以后罗马人所说的彬彬有礼的态度，认定他不是雅典人。西塞罗叙述说这个伟大人物惊诧不已，因为他在雅典已经终老一生，阿提喀语讲得这么流利，这么多年的习惯还养成了口音，可他还是无法具有普通老百姓天生的、毫不费劲的东西。如果泰奥弗拉斯托斯在这部论品格的作品中，不断时不时地让人们看到某些在我们看起来如此可笑而让人无法原谅的风俗，这是因为这些风俗就是这样展现在他面前，他认为这是恶习而把它逼真地描绘下来，让雅典人感到羞耻从而有助于加以

---

① 阿提喀，希腊中部东南的半岛，主要城市有雅典、马拉松等。——译者

改正。

最后，出于满足那些对一切外来人或者古人的东西都冷漠对待，而只在意自己风俗的人的想法，泰奥弗拉斯托斯把这些风俗加入到这部作品中。我们曾以为可以不遵循这位哲人的写作计划，因为跟着别人，特别是古人或者一个享有盛誉的作家的作品亦步亦趋是有害的，或者还因为在这部有28章的《品格论》里，运用得如此成功的被称为描述或列举的这种独一无二的修辞格，如果是由一个天分低于泰奥弗拉斯托斯的人来处理，效果可能远不及此。

相反，我们记得在第欧根尼·拉修斯介绍的这位哲学家的大量论著中，有一部名为《箴言集》，即一条条抒发感想或评论的片言只语，在非凡的《圣经》中，世上第一篇而且是最伟大的伦理学篇章，使用的便是同样的标题①。我们受一些伟大的范例所激励，便想仿效类似的方法②来撰写风俗，因为这种写作方法具有极大的力量。我们并没有因为人人手头都有的两部伦理学作品③而改变主意，结果有些人因为没有认真分析或者出于好挑剔的心理，可能会认为这些杂感是模仿而来的。

一部作品，根据作者的承诺，要让形而上学为宗教服务，使人们了解灵魂，了解灵魂的情感、灵魂的恶行，探讨伟大而严肃的动

---

① 指《箴言》，《圣经·旧约》中的一篇，共31章。——译者
② 就是所罗门撰写其《箴言集》所使用的断句的方式，没有任何美妙的事物不可使用比喻。——弗拉玛里翁注
　　所罗门（前972—前932），以色列国王，著有《箴言集》等。——译者
③ 指帕斯卡尔的《思想集》和拉罗什富科的《箴言录》。——P.R.注
　　帕斯卡尔（1623—1662），第一个较著名的古典主义散文家，其《思想集》是一部杂感作品。拉罗什富科（1613—1680），写有《回忆录》（1662）和《箴言录》（1665）。——译者

机以便引导人们达到美德,从而使人成为基督徒;另一部是一个深受上流社会熏陶的人的作品,他思维敏锐又洞察入微,认为自尊心是人的一切弱点的根由,所以不管他身处何方都不遗余力予以攻击,而这唯一的思想在以无数不同方式的反复阐述中,通过选择词语,变换表达方式,一直以内容新颖赢得人们的好感。

附在《品格论》译本后的作品[①],我们不采用这些途径的任何一种。这部作品跟我刚才提到的那两部完全不同:它没有第一部那么意旨高远,没有第二部那么细腻入微,它只致力于使人明理,不过没有采取许许多多方法,而是通过简单而普通的途径,通过不加区别地考查人,从各种年龄、性别、社会地位以及从与这种品格紧密相关的各种恶行、弱点和可笑行为,以不同的章节来达到使人明理的目的。

我们更专注于泰奥弗拉斯托斯没有注意到的精神恶习、心底秘密和内心世界,而且我们可以说,在他的《品格论》中,通过这些品格所指出的存在于人内心的万千外部事物,通过人的行为、语言、思维方式,告诉我们什么是人的本质,从而追溯到人放纵行为的根源。新的《品格论》与此截然相反,首先展示人的思想、感情和活动,发现人恶念的本原和弱点,从而使我们预见到人们有可能说出来或做出来的一切事情,而且使人们对充斥于生活中的无数邪恶或无聊的行为不再感到惊讶。

必须承认这两部作品的书名所遇到的尴尬几乎是一样的。对

[①] 译本指拉布吕耶尔翻译的泰奥弗拉斯托斯希腊文《品格论》的法文译本;作品指作者自己的《品格论》。——译者

于愿意分享后一部书的人,如果他不大满意,他可以用别的书来取代;可是对于泰奥弗拉斯托斯《品格论》的标题,却无法给予同样的自由,因为我们不是别人财产的主人,我们必须遵循作者的思想,以最接近希腊语的意思来翻译,同时必须最正确地与其章节相一致。这可不是一件容易的事,因为往往一个希腊词语直译成法语,其意义跟我们的语言并不一样:例如,"讽刺"在我们的语言里指的是谈话中的"嘲笑"或者是修辞学的一个修辞格,可是在泰奥弗拉斯托斯的语言里,则是既狡诈又伪善,可既不完全狡诈又不完全伪善的意思,而精确的意思就是他在其最后一章中所描述的。

另外,希腊人有时用两三个相当不同的词来表达相当不同的事物,可我们却只能用一个词来翻译;这种词汇的贫乏令人为难。事实上我们在这部希腊文的作品中注意到有三种吝啬、两种不识时务,有两种方式的阿谀奉承以及同样多不同的夸夸其谈者,以至于这些人物的品格似乎总是你中有我,我中有你,而使标题无法概全。这些品格也并不都是一以贯之,并不完全相符,因为泰奥弗拉斯托斯有时受他的意图驱使,决心通过他所描绘和嘲讽的品格和风俗做出这些改变。

每章开头的定义有一定的难度。在泰奥弗拉斯托斯的作品中,根据希腊文字的形状和亚里士多德的风格,定义简短而凝练,亚里士多德的风格向他提供了定义的初步概念,我们在翻译中把这些概念加以拓展,以便可以理解。在这部论著中也有些半截句子,意思不完整,不过把真正的意思补充上去是容易的。书中含有各种寓意,有些地方一点也不连贯,这些部分可以作不同的解释;为了在有疑问之处不发生错误,我们遵循最好的诠释。

最后，由于这部作品只是就人的风俗进行简单的训示，目的不在于使人博识而在于使人善思，我们不想让这部书充满冗长而猎奇的评论或者准确介绍古代的博古通今的评说。我们只在某些我们认为必要的地方加上一些小注释，其目的在于使得一切能够正确判断，思维敏锐，只是读书不多的人，绝不会因为这小小的缺点而自责，绝不会对《品格论》的阅读半途而废，也不会有一刻对泰奥弗拉斯托斯的意思产生怀疑。

泰奥弗拉斯托斯的《品格论》①

我经常欣赏,整个希腊都处在同一个天空之下,所有的希腊人都受着同样方式的哺养和培育,但我得承认,尽管我认真地反复思考,却不明白为什么他们的风俗这么不相似。亲爱的波利克雷斯②,我年届99岁,我觉得我已经饱经沧桑足以了解世人。在我的一生,曾见过不同气质的各色人等,我总是专心地研究有德之士和以恶行闻名的人,似乎我应该指出这两种人的一切品格③,而不应只满足于描绘整体而言的希腊人,即使这种描绘会涉及属于个人的以及在他们中诸多人看来是司空见惯的事情。我希望,亲爱的波利克雷斯,这本书对后来人会有所裨益:这本书将为他们勾勒出他们可以效法的人,告诉他们如何识别他们需要与之交往的人,而交往中的竞争会促使他们去仿效这些人的智慧与美德。因此我将进入正题:而由你来深入了解我的意思,注意检查我的话是否事实;我不写更长的序言,我将首先谈到伪善,对这种恶性进行定义,说明一个伪善的人是什么样子,我将描述他的习俗,然后我将根据已经拟就的计划讨论其他情感。

---

① 译自希腊文。——拉布吕耶尔注
② 波利克雷斯,古希腊雕塑家,创作活动时期约在公元前370年前后。——译者
③ 泰奥弗拉斯托斯本打算讨论各种美德和各种恶习。——弗拉玛里翁注

论伪善矫饰

要很好地定义伪善矫饰并不容易;如果我们满足于对它作简单的描述,那我们可以说伪善矫饰就是为了一个不良的目的而编造话语和编排行动。一个伪善矫饰的人以这种方式行事:他主动接近他的敌人,跟他们交谈,好让他们相信他不记恨他们。他当面公开称赞他暗地设置圈套要坑害的人,而如果这些人遇到不幸,他跟他们一道悲痛万分。别人说了得罪他的话,他装出原谅他的样子;别人为败坏他的名誉用最难听的话说他,他可以若无其事地加以转述。别人因他对自己不公而恼火,他可以使用最讨人喜欢的话来打消他们的埋怨。有人急匆匆来找他,他却装着有事,打发那个人以后再来。他小心翼翼地隐瞒他所做的一切;可照他的说法,人们会始终以为他正在认真考虑;他表面上不会事不关己,高高挂起,而是借口说他刚从乡下回来,或者说来到城里已经天色很晚;或者推托疲惫不堪,或者推托身体不好。有人向他有息借钱或者请他在朋友们同意借的那笔款中凑一份,他说生意不好,什么也没卖掉,从来没有像这样身无分文;可他对别人却说生意再兴隆不过,虽然他其实什么也没有卖出去。他经常听清了别人对他说的话,却要让人以为自己根本没有注意听;明明对某个东西瞥了一眼,却装出什么也没看见,或者他明明谈妥一件事,却要装着记不起来。对跟他谈事情的人,他只有这么一句答复:"我考虑考虑。"他或者知道某些事,或者不知道别的事;这个时候,他对这个事件感到惊讶,换个时候,他会跟你一样想这究竟是怎么回事,总之,怎么说完全视他的利益而定。他最常说的话是这样的："我根本不相信这件事，我不明白会有这回事，我不知道我会这样。"或者是："他跟我说的不是这样；这是件不可思议的事情，令人难以置信；去跟别人说吧；我会相信你吗？或者我能够相信他跟我说的是真的？"总之是这样一些有双重意思和老奸巨猾的话。这样的人应当作为世上最危险的东西加以提防。这种行为，一个淳朴有教养的人是做不出来的，只能出自于居心不良的人或者存心害人的人；眼镜蛇的毒汁也没有这种人那么可怕。

论阿谀奉承

阿谀奉承是待人接物的一种可耻行为，它只有利于阿谀奉承者。一个拍马屁者跟一个人在集市散步，他会对那个人说："您注意到没有，所有人的眼睛都看着您？只有对您才这样。昨天大家都在谈论您，对您赞不绝口；那时在斯多葛柱廊[①]的一个地方我们有30多人，大家谈着谈着，谈到城里最值得尊敬的善人时，异口同声提名您，没有一个人反对。"他跟这个人谈了许许多多这类的事情。他假装发现有那么细细的绒毛粘在你的衣服上，于是把它拈起来，吹到地上。如果碰巧风把几片小树叶刮到您的胡子上或者头发上，他小心翼翼地替您把叶子拿掉，同时笑嘻嘻地对您说："好

[①] 柱廊，建筑入口处带列柱的门廊或由列柱支撑的带顶走廊，是古希腊神庙建筑的主要特征之一。大写的Portique指古希腊一个哲学学派，其创始人芝诺（前340—前265）通常在集市的柱廊下讲学，而柱廊的古希腊语发音为"斯多葛"，所以这个哲学学派被称为斯多葛学派或柱廊学派。——译者

极了,两天没见,您人都白多了。"他补充说道,"再说,像您这么大岁数的人①,黑头发还相当多。"如果他奉承的那个人要说话,他会让所有在场的人都静下来听,而且要大家盲目地赞成那个人提出的一切;那个人话一讲完,他便喊道:"说得好极了,我们再幸运不过了。"有时候,即使他要冷嘲某个人,也少不了先向那个人鼓掌,然后才开始这恶毒的玩笑;而且尽管他一点也不想笑,却用大衣的袖口遮住嘴巴,好像他忍不住让却尽力要忍住哈哈大笑的样子。如果他陪那个人在城里走,会在路上让所有遇到的人都停下来,直至那个人走过去。他买花捧着送到这个公民的家,当着这个人的面把花送给他的孩子们,亲吻他们,抚摩他们,说道:"真漂亮的孩子,有什么样的父亲就有什么样的孩子。"如果那个人出门,他就跟着;如果那个人走进一家店铺试皮鞋,他就对这个人说:"您的脚比这鞋还漂亮。"他陪同那个人到朋友们的家,抢先第一个走进屋子对他们说:"某人跟着我来拜访你们。"接着转身返回说道:"我已经替您通报了,他们感到能接待您是莫大的荣幸。"拍马屁的人干什么都恬不知耻,插手最卑鄙的、只有过于妇道的人才干得出来的事情。如果他被邀请吃晚饭,总会在客人中第一个赞扬葡萄美酒,他坐得最靠近请吃饭的人,经常反复赞扬:"讲实在话,您做的菜味道太好了,"然后端起一盘菜,指着它对其他人说道,"这是一块肉末千层酥。"他关怀备至地问那个人冷不冷,要不要添一件袍子,极其殷勤地给他把袍子披上。他不断地跟那个人咬着耳朵说话;如果在场有人问他事情,他满不在乎地回答,看都不看一眼,眼睛里只

---

① 他在跟一个年轻人说话。——弗拉玛里翁注

盯着一个人。千万别以为他在戏院里会忘记把坐垫从正在分发的跟班手中夺过来,铺在自己座位上好坐得舒服些。我还应该说他人没走出家门,就在赞扬戏院的建筑,对一切都啧啧称赞,说花园树木花草栽得好;如果他看到什么地方挂着主人的肖像,这肖像比本人好看千百倍,只有他会说他非常激动看到这肖像多么像画的本人,他欣赏这幅杰作。总之,阿谀奉承者决不随便说任何话,做任何事;他所说的每句话,所做的每个行动都是为了讨好某个人,以求赢得他的欢心。

论东拉西扯或者空话连篇

由于养成了说话滔滔不绝、不假思索的习惯,所以总是愚蠢地喜欢高谈阔论。一个喜欢说话的人坐在他从未见过,根本不认识的人旁边,他先进入话题,跟那个人谈自己的妻子,对他大加颂扬,告诉他自己做了什么梦,详细叙述他吃过的饭,大盘小碟,每一道菜都没有忘记。说着说着,他激动起来,痛骂现在世风日下,断言时下的人不如他们的祖先。然后谈到市场上卖的东西,谈到麦子昂贵,谈到城里外来人很多。他说春天酒神节①开始时,大海可以航行了;说下点雨对地里庄稼有好处,有望获得好收成;说明年他要种自己的田地,开发农田;说这个年代日子艰难,活得不容易。

---

① 酒神节,又称狄俄尼索斯节,指在古希腊罗马宗教中,为酒神巴克斯(狄俄尼索斯)举行的任何一个节日。——译者

他告诉这个不认识的人,在密祭节①上,点燃刻瑞斯祭坛前最亮的火把的人是达米普;他问这个人,音乐厅有几根柱子,今天是这个月几号;他对这个人说他昨天消化不良;而如果跟他说话的那个人有耐心听他,他就会寸步不离,他会像宣布一件新闻一样,对那个人预告密祭节将在8月举行,阿帕图里亚节②在10月,而在乡下,酒神节③则在12月举行。对于这样的乱扯淡者,如果您不想焦急得发烧的话,只有一个办法,那就是逃之夭夭;因为这种人根本分不清你是有空还是有事,你有什么办法对付呢?

论粗鄙不文

粗鄙不文似乎不是别的,就是由于缺乏教养而对社交礼仪完全无知。的确,我们看到一些没有头脑的粗鲁人,某一天服罢药④出来,就这样来到公共场所人群中,他们分不清百里香或者牛至草浓烈的味道跟最淡雅的清香有什么不同;他们随随便便地拖着宽大的鞋;高声说话,不会克制自己把声调压低下来;哪怕最小的事,他们都不相信自己的朋友,可是他们却跟仆人谈,甚至把公共集会

---

① 刻瑞斯密祭节在夜间举行,雅典人进行比赛看谁的火炬最大。——弗拉玛里翁注

② 阿帕图里亚节:法国称为愚人节,纪念巴库斯,其来源与本章所说的风俗毫无关系。——弗拉玛里翁注
　　阿帕图里亚节是希腊宗教节日,几乎每年10至11月间在爱奥尼亚城镇都要举行,为期三天。——译者

③ 第二个酒神节,冬节在乡下举行。——弗拉玛里翁注

④ 希腊文指某种药服用后当天口气很臭。——弗拉玛里翁注

上人家谈到的事告诉他们等级最低的跟班。我们看到他们坐着,肆无忌惮地把长袍卷到膝盖上。一生中,没有任何事情会让他们赞叹不已,路上遇到任何最特别的事情也不会让他们感到惊奇;可是如果遇到的是一头牛,一头驴子,一头老公山羊,他们就会停下脚步,不停地端详。如果什么时候他们走进厨房,会馋得把那里所有的东西都吃光,一口气把一大杯纯葡萄酒喝下肚子;他们不让女佣知道这些事;不过他们跟女佣一起走进磨房,向佣人了解最鸡毛蒜皮的事情。打断他们晚餐,起身给牲畜棚里的耕牛喂一把草。你在他们吃饭的时候敲他们的门,他们显得心情激动,十分留心。你会注意到在饭桌旁边总是有一条看家狗,他们喊狗的名字,抓住狗的尾巴,说道:"这就是守院看家、保护家人的那条狗。"这些人在别人付钱给他们的时候总是挑三拣四,许多银币他们认为重量太轻或者觉得不够亮而拒绝接受,于是别人只得另换钱币。夜里他们总是惦挂着某一张犁,某一个袋子,某一把长柄镰刀,某一个篮子,做梦都见到向他们借这些用具的人,而当他们在城里走的时候,一遇到人,便打听:"咸鱼价钱多少?毛皮好卖吗?不是在今天赌钱时给我们带来一个新月[1]吗?"有时,他不知道该说些什么,便对您说,他想让人给他刮胡子,他出门就为了这件事。这种人还会在洗澡的时候唱歌,把钉子钉在鞋底下,赶到阿西亚斯[2]店去买咸肉,手提着咸肉走在大街上。

---

[1] 这是粗俗的说法,应该说"新月时再开始赌钱"。另外就像在复活节那天,有人说"今天不是复活节吗"一样,这是多余的话。——弗拉玛里翁注

[2] 阿西亚斯,著名的出售咸肉这种老百姓普通食品的店铺。——弗拉玛里翁注

论献殷勤者①

某些人想讨好所有的人。要想对这种情感给出比较正确的定义,我们可以说这是一种生活方式,它寻求的远不是合乎道德和正派诚实而是讨人喜欢。有这样心态的人,在集市上老远望见一个人,便一边打招呼敬礼,一边高喊道:"这就是我们说的一个好人。"他迎上前,对那个人哪怕最微小的东西都大加赞赏;两只手紧紧抓住,唯恐那个人溜掉;一起走了几步后,他急切地询问哪天可以前去拜访,最后说了千百遍颂扬的话之后才彼此分手。如果某人打官司选他当仲裁者,千万可别指望他会比他的对手对这个人更好些:因为他想两边讨好,所以他两边都不得罪。正是出于这种打算,为了取得城里所有外来人的支持,他有时对他们说他觉得他们比自己的同胞更有理由,更公正。如果他被邀请吃饭,在进门的时候,他询问请他吃饭的主人的孩子们在哪里,他一见到孩子便惊呼他们是多么像他们的父亲,两个面孔长得再相像不过了。他让孩子们走近他,他亲吻他们,让他们坐在他的两旁,跟他们开玩笑:"小瓶子是谁的?"他说,"漂亮的小挂珠②是谁的?"然后他把他们抱起来,让他们睡在自己的怀里,虽然自己觉得不舒服。总之这个总想讨人喜欢的人经常刮胡子,十分保养自己的牙齿,每天都要变换衣着,衣服几乎还是崭新的就不要了;要是出门去公共集市,身

---

① 又名"论讨好的愿望"。——弗拉玛里翁注
② 希腊人挂在小孩脖子上的小玩具。——弗拉玛里翁注

上总要喷洒香水。在公众大厅里,他总是站在银行家的柜台前①,在学校里,站在年轻人锻炼的地方②,而在剧场上演的日子,他的座位一定是最好的,紧靠着行省总督。这些人从不为自己买什么东西,但他们把珍贵的首饰寄往拜站西翁③,把斯巴达④狗寄往库齐库斯⑤,把胡梅托斯山⑥的蜂蜜寄到罗得岛,而且还想方设法让全城的人都知道他买了这些东西。他们总是房子装满许多稀奇古怪的玩意儿引人观赏,或者拿出他们所喂养的猴子和狒狒,西西里⑦的鸽子,山羊骨做的色子,香水瓶,在斯巴达造的弯曲拐杖,绣着人物的波斯地毯。他们家里甚至有个网球场和一个可以用来练习格斗的斗牛场;如果他们在城里散步,路上遇到哲学家、诡辩家、击剑者或者音乐家,他们一视同仁地邀请这些人到自己家里练习各自的本事,他们到场观看,并且跟来参观的人说:"你们知道这么漂亮的房子和这么合适的斗牛场是谁的吗?"然后他们指着在场的某个有权有势的人说道:"你们瞧,那个人就是这些东西的主人,他可以支配这一切。"

---

① 这是城里最体面的人聚集的地方。——弗拉玛里翁注
② 好让年轻人认出他来并让所有在场的人看着他。——弗拉玛里翁注
③ 拜站西翁,古代色拉斯城市,公元前470—前411年被雅典人占领。——译者
④ 斯巴达,亦称拉西第梦,古希腊在伯罗奔尼撒的城市。——译者
⑤ 库齐库斯,古代希腊城市,位于马尔马拉海东岸,在现土耳其巴勒克埃西尔境内。——译者
⑥ 胡梅托斯山,希腊雅典东南阿提喀的山。胡梅托斯山以出产蜂蜜著称。——译者
⑦ 西西里,意大利西南地中海上的大岛屿。——译者

论无赖的形象

无赖就是什么最可耻的事情都敢说、都敢做的人。他主动对天赌咒,在法院宣誓,要他怎么做,他就怎么做;他名誉扫地,再受侮辱也若无其事,他专门无理取闹,厚颜无耻,什么事都敢于插手。这种品格的人可以清醒冷静地不戴面具跳滑稽舞①,在最淫秽的舞蹈②中以最下流的姿势来引人注目。这种人在看玩把戏的场所向每个观众收钱,跟那些认为已经买了票进场就不需要再掏钱的人吵架。不仅如此,他什么行当都干,有时他开个小酒店,有时他在下流场所打杂,换个时候,他又成了收租员,没有什么肮脏的勾当是他不能做的:今天你看到他是宣读公告的差役,明天他又是伙夫或者赌徒,他干什么都可以。如果他母亲在,他可以让她饿死。他可以去小偷小摸,可以让人在城里把他拖到牢房里去,牢房是他的常住地,他一部分生命就是在那里度过的。就是这样的一些人,我们看到他四周围着人群,他喊着从身旁走过的人的名字,粗声粗气地向他们抱怨,辱骂跟他顶嘴的人。有的人挤进人群去看他们;还有的人已经看过,便心满意足地走出人群,继续走自己的路而不想听他们说话;可这些厚颜无耻的人继续说个不停:他们跟这个人谈某件事开头的情形,跟另一个人讲上那么几句别人几乎听不明白究竟怎么回事的话;而且您会注意到他为此选了公共集会的日

---

① 在舞台上跟闹剧演员一起跳舞。——弗拉玛里翁注
② 这种最放荡的舞蹈,希腊语叫作"绳舞",舞者用一根绳子摆出各种姿势。——弗拉玛里翁注

子,那时会聚集着许多人,来见证他们是何等傲慢不逊。他们总是官司缠身,不是别人告他们,就是他们告别人;他们因为发伪誓而吃官司,因为官司而必须出庭,他们从不会忘记怀里揣着他们的盒子①,手上拿着一扎证件。你会看到他们对卑贱的律师指手画脚,因为他们向这些律师放高利贷,每个德拉克玛里每天抽利一个半奥波尔②;他们出入小酒馆,逛卖鲜鱼或者咸鱼的店铺,然后用这类交易赚来的钱美吃一顿。总而言之一句话,这些人爱好吵架,刁蛮难缠,说话声音令人头昏脑涨,响得所有的市场和店铺都能听到。

论夸夸其谈者③

所谓废话连篇,其实就是说话无边无际,滔滔不绝。"你说的事不是这样子,"一个夸夸其谈者,别人不管想说什么事,他总会这样说道,"我什么都知道,如果你有耐心听,我把一切都告诉你。"可如果那个人继续说话,他会接着说:"这你已经说过了,想想看,别忘掉什么。好极了;这事情就是这样,因为你正好让我想起了这件事;你瞧,这就叫作互相了解。"然后又说道:"我想说什么来着?啊,我忘了一件事!对了,就是这件事,我想看看你说的跟我了解

---

① 一种非常轻的铜盒子,打官司的人用来放置有关官司的义书和证件。——弗拉玛里翁注

② 德拉克玛,古希腊银币名和货币单位;奥波尔,古希腊银币,一个奥波尔合六分之一的德拉克玛。——译者

③ 或论废话连篇。——弗拉玛里翁注

的一样不一样。"他就是以这样或者类似的办法,打断人家的话,不让跟他说话的人有喘息的时间,他一边这样烦死人地对每个想跟他谈事情的人讲废话,一边又加入神态严肃的人们的圈子,他们正在一起讨论重要问题,见了他便都溜走了。于是他走进公共学校和锻炼场所,他讲没有意思的话让老师开心,却妨碍了年轻人学好功课①。如果某个人脱口说道:"我走了。"这个人就跟着他走,寸步不离,一直到那个人的家才放手,如果他碰巧听到城里大会上说的事,他立即四处奔走传播消息。他把在演说家阿里斯托芬②治下那场著名的战役,跟拉西第梦人在里桑德尔领导下跟雅典人的那场有名的战斗③天花乱坠地大说一通。另一次,他叙述他向公众做的演讲受到何等的欢迎,把其中一大部分都重复讲一遍,他在这令人厌烦的叙述中掺杂着对老百姓的谩骂,结果听他讲话的人,有的睡着了,有的走开了,没有一个人记得他讲过的哪怕一句话。总之,这是一个无与伦比的夸夸其谈者:如果在法庭上,他不让人有时间进行判决;在餐桌上,他不让别人好好吃饭;而如果在剧院里,他不仅不让人听到演员说话,甚至不让人看到演员的样子。他老实承认他不可能闭嘴不说话,他的舌头要像水中的鱼一样一直在嘴巴里动着,虽然别人指责他比一只燕子还叫个不停,可他必须说话,因此他对别人在这个问题上的所有冷嘲热讽全都漠然置之,

---

① 根据梭伦的法律,这在雅典是要被判处死刑的罪行。在泰奥弗拉斯托斯时代,人们有点违反这条法律。——弗拉玛里翁注
② 指蜜蜂战役和亚历山大的胜利,随后是大流士的死亡,消息传到雅典时,著名演说家阿里斯托芬担任第一大法官。——弗拉玛里翁注
③ 这次战斗比蜜蜂战役时间更古老,但家喻户晓。——弗拉玛里翁注

以至于他的孩子们,要想禁不住打起瞌睡来,也会对他说:"给我们讲个故事吧,好让我们睡着。"

论传播消息

消息传播者或者无稽之谈传播者是这样一种人:他随心所欲地编造充满谎言的话语和事件;朋友路上相逢,他脸上堆出笑容:"你从哪里来?"他微笑地对那个人说:"你有什么好消息告诉我们?有什么新鲜事儿?"然后继续问道:"怎么!什么新闻也没有?不过我可有惊人的事儿告诉您。"他不让对方有回答的时间:"你说什么?"他继续道,"城里的事儿你一点也没听说?我看得出来你什么也不知道,我可要告诉你最新出炉的消息了。"说着他就谈到一个士兵,此人或者是吹笛子①的阿斯代或者是武器技师里孔的儿子,总之,全是刚从部队回来的人。他什么事儿都知道:因为他提出来为自己所说的事情作证的人都是寂寂无名的人,别人也无法把他们找来证明他的假话。他言之凿凿地说,这些人告诉他国王和波利斯佩雄②打了胜仗,他们的敌人卡桑德尔被他们活捉了③。当有人对他说:"可事实上,这条消息可信吗?"他反驳说这个消息传遍全城,所有人都这么说,关于战斗的事大家全是这么说的,战斗中

---

① 部队里使用笛子的习俗已经十分古老。——弗拉玛里翁注
② 国王指亚历山大大帝的弟弟阿里代;波利斯佩雄,亚历山大大帝的将领。——弗拉玛里翁注
③ 这是个谣言。安底帕特之子卡桑德尔跟阿里代和波利斯佩雄争夺对亚历山大孩子的监护权,他的势力占他们上风。——弗拉玛里翁注
安底帕特(约前397—前319),马其顿将军。——译者

血流成河。他又补充说他从当官的人脸上看出这个事件,说有一个人躲在一个大官家里已经整整三天了,这个人从马其顿回来,什么都亲眼看见,也把所有的事告诉了他。然后他转了话题:"你们对这场胜利有什么看法?"他问听他说话的人。"可怜的卡桑德尔!可怜的王子!"他以动人的语调喊道,"你们看看,运气就是这样子:因为不管怎样,卡桑德尔曾经是强大的,他率领着强大的军队。"他继续说道:"我跟你们说的是个秘密,只告诉你们,必须严格保密。"可他自己却跑遍全城,跟愿意听他说的人讲这桩事情。我得向你们承认这些传播消息的人令我钦佩不已,可我想象不出他们这样做究竟为了什么,因为且不谈他们老是这么撒谎是多么无耻,他们这么做没有引起丝毫轰动,相反他们有的人在公共澡堂,一心想着吸引一群人在他们身边听新闻的时候,自己的衣服却被偷走了。另外一些人,在柱廊①下吹嘘在陆地和海上都打败敌人时,却因为打官司没有出庭而受到罚款。还有的人就在拿下一座城市的当天,却没有吃午饭,至少是因为他们讲得天花乱坠而没空吃饭。我认为没有什么比这些人的身份更卑劣的了:因为有哪家店铺,哪个柱廊,公共集市里有哪个地方,他们没有整天在那里,用他们的谎话把人讲得头昏耳聋或者疲惫不堪呢?

论因贪婪而无耻

为了让人了解这个恶习,必须指出这是一种为了卑劣的私利

---

① 参阅"论阿谀奉承"章。——弗拉玛里翁注

而对荣誉的糟蹋。一个因贪婪而厚颜无耻的人，居然敢于又向他曾经借过钱却赖账的人借一笔钱。就在他要祭祀神灵的那一天，他不在家里吃供祭神的肉①，却把供肉腌起来好分几顿来吃。然后他去一个朋友家吃晚饭，在那里，在饭桌上，当着大家的面，他喊来他的跟班，想让他的跟班也吃这家主人的，于是他切了一片肉放在一块面包上。"拿着，我的朋友，"他对跟班说，"别客气，吃吧。"他亲自到市场上买烤肉，谈妥价钱后，为了让商人优待一点，提醒对方上次帮过他的忙。他让商人称肉，把肉堆得尽量高。要是卖肉的人不肯，他至少在天平上还要扔进点骨头。如果天平能够装得下，他就满意了；要不然，他就从肉案上捡起几片丢下来的肉作为补偿，然后笑眯眯地走了。又有一次，他收到几个外地人托他在戏院里订座位的钱，他发现自己有办法得到免票的座位，于是第二天他就让他的孩子跟他们的老师去看戏了。他什么都想要，他买便宜货，他大胆地请求随便什么人把刚买的一件东西给他。在外地人开的商号里，他连燕麦和麦秆都会问人借，而且还要人免费把东西扛到他家去。一句话，这个厚颜无耻的人，不买票进入公共澡堂洗澡，尽管澡堂老板叱骂他，他还是当着老板的面，随便拿起一个水瓮，浸入装满水的青铜水桶，用水冲洗全身②。"我洗好了，"他补充说道，"洗得真舒服，而且没有劳任何人的驾。"然后，穿上袍子走掉了。

---

① 希腊人的风俗。参阅"论不识时务"章。——弗拉玛里翁注
② 最穷的人就这样洗澡便宜点。——弗拉玛里翁注

论可鄙的节省

这种贪婪是没有任何正经目的,而要把最微不足道的东西节省下来的一种爱好。正是出于这种想法,有的人每个月收房租时,不会忘记亲自去索取上个月对方少付的半枚奥波尔;有的人很不情愿地让人在他家吃饭,可在吃饭时,心里只惦着计算每个客人要了几次酒。还是这些人,送到狄安娜祭坛上作为第一次献祭的肉总是最小①。他们对东西的估价总是低于该物的价值,而不管别人告诉他们这已经是多么便宜的了,他们总是坚称买得太贵。一个跟班把一个泥罐掉在地上或者不幸打破一个陶土花瓶,他们毫不容情在他的伙食上把这个损失扣回来;老婆掉了哪怕一个德尼埃的钱,他们也要把整个房子搞得翻天覆地,把床铺挪开,把箱子搬走,最隐蔽的角落都要找个遍。如果他们卖东西,一门心思就要购物的人吃亏。他们不让任何人在他们的花园里采摘一颗无花果,不让人从他们的田里穿过,捡起一根棕榈树小树枝或者几粒就要从树上掉下来的橄榄;他们每天到自己田间散步,查看田地的界桩,看看有没有人动了手脚;如果一切如常,他们就利上加利,只有按这样的条件才给予欠债的人以宽限。如果他们邀请某些朋友吃饭,而这些人只是老百姓,他们就连表面功夫都不做了,让他们只吃肉末子,而且我们会看到他们为了这顿饭亲自到市场去,可他们

---

① 希腊人在公共就餐时以这种献祭开始。——弗拉玛里翁注
狄安娜,古罗马宗教信奉的女神,司掌野兽与狩猎,兼管家畜。她是化育之神。——译者

觉得那里什么都太贵,结果两手空空地回来。"不要养成习惯,"他们对自己的妻子说,"不要把你们的盐巴,你们的大麦,你们的面粉,甚至枯茗①、牛至②、祭坛糕点③、棉花、羊毛借给别人,因为这些东西虽然微小,可到了年终,也是一大笔款子。"总之,这些贪财的人有几串从不使用的生锈的钥匙,一些从不打开的存放银子的珠宝箱,他们让这些东西在他们书房角落里发霉;他们穿的衣服太短太窄;最小的瓶子里装着的油用来擦拭这些东西也绰绰有余;他们的头剃得光光的可以看见头皮;为了节省鞋子,在日到中天的时候,他们光着脚去找绒毛工,要工人们在给他们加工的羊毛中用上白垩土,他们说,这样他们的织物就会干净一点④。

论恬不知耻者或厚颜无耻者

恬不知耻容易加以定义:只要指出这是公开主张对最可耻和最悖礼仪的事情完全视同儿戏就可以明白了。比如这样的人就是恬不知耻的:他看到一个有身份的女人向他走来,便以不正派的方式,装着有事出现在她面前;在戏院里,所有的人都不说话,他却鼓起掌来,或者别人很高兴地在听戏、看戏的时候,他却发出嘘声;整个大厅的人鸦雀无声,他却仰卧着,发出令人讨厌的打嗝声,引得

---

① 植物名称。——弗拉玛里翁注
② 植物名称,作用跟百里香和月桂一样可以防止肉腐烂。——弗拉玛里翁注
③ 祭坛糕点,用面粉和蜂蜜制成,用于献祭。——弗拉玛里翁注
④ 事实如此,因为这种用白垩土上浆是最坏的做法,它会使织物又硬又粗,所以最便宜。——弗拉玛里翁注

观众们掉过头来,打断了他们听戏的注意力。一个这种品格的人,在市场上买核桃,买苹果,买各种水果,然后在大庭广众中吃了起来;他站着跟卖水果的人聊天;喊自己几乎不认得的过路人的名字;让急着有事从集市跑过的人停下来,而如果他看到某个讼棍走过来,便迎上前,跟他开玩笑,祝贺他打赢一场他辩护的重要官司。他买肉自己挑选,为了一顿晚餐而赞扬吹笛子的女人。他遇到什么人就把自己刚买的东西给他们看,笑眯眯地邀请他们来吃。我们看到他停在一个剃须匠或者一个香水商的店铺①门前,在那里他宣布要吃一次大餐,一醉方休。如果什么时候他去卖酒,那么不管买酒的是他的朋友或者别的什么人,他都要在酒里掺水。他不许他的小孩们在节目开始前到圆形剧场去,因为那时候座位要付钱;而只能在戏演到快完了的时候进去,那时建筑师②对座位管理得松,他们就可以白看戏。如果他跟别的公民一道被派出差,他就把公家给他出差的钱留在家里,而向他的同事们借钱;这时他惯常的做法是:要他的跟班给他背东西,重得背不动也要背,可是却按照平常那样扣下给跟班的钱。由于各个城市里往往会给派来办事的人一些礼物,他把自己的那一份要来变卖掉。他对服侍他洗澡的年轻奴隶说:"你总是给我买差的油,我真受不了。"于是他便用别人的油,而把自己的油省了下来。他的跟班要是在路上拾到一枚最小的硬币,他也要眼红而且必定要扣下他的那部分,说什么:"墨丘利是大家共有的。"③更坏的是他给仆人发放口粮的量具底

---

① 游手好闲者和没事干的人常常聚集在他们的店铺里面。——弗拉玛里翁注
② 共和国把座位租金给予建造圆形剧场的工程师作为付款。——弗拉玛里翁注
③ 希腊谚语,意思相当于我们的"拾到的东西见者有份"。——弗拉玛里翁注

部从下面空心朝里凹陷,内部突出得像金字塔,量具装得满了,他亲自用滚棒刮得越低越好。同样,如果他把欠的 30 个米内[①]的钱还给某人,他会算得刚好差 4 个德拉克玛,这样他就赚下来了;可是在大型饭局上要招待的是整个家族[②],于是他让自己的仆人把桌上吃剩的肉仔细收集下来并向他报告,要是他们落下一根吃了一半的萝卜,他都要气得火冒三丈。

论不识时务

这种对时间和场合的无知造成的待人接物方式总讨人嫌和令人尴尬。一个不知趣者是这样的人:他挑选朋友正忙着自己事情的时候去谈他的事情;在他情人发烧的那天晚上去她家吃晚饭;他明明看到某人刚刚被法院判决偿还另一个人的钱,可他却请求这个人为他向那个人作担保,因为他欠那个人的人情;他出庭为一个刚刚已经作出判决的官司做证人;他被邀请参加婚礼却在婚礼上对女人们大发脾气;他非要让一个经过长途跋涉刚刚到达、一心只想休息的人跟他一起散步。这样的事他完全做得出来:让生意人把已经卖掉的东西报出更高的价钱;在大会上起身把一件事向已经听得腻烦、比他了解得更清楚的人从头到尾再叙述一遍;常常是热心地要别人参与一件事情,而这个人虽然不感兴趣却不敢不参

[①] 米内,这里指的是一种硬币。在雅典 100 德拉克玛等于 1 个米内。——弗拉玛里翁注

[②] 雅典曾经受若干家族控制。——弗拉玛里翁注

与。如果城里有人在祭祀后举办宴会①,他便去讨要那个人准备好的一份肉。再有这样的情况,他看到一个主人在他面前惩罚奴隶,便说道:"有一次我的一个奴隶在同样情况下死了;因为我鞭打他,他受不了,上吊了。"总之,如果两个人发生争执请他评判,他只有这样的本事,那就是让这两个愿意言归于好的人重新争吵起来。另外还有一个行动对他来说非常适合,那就是人们正吃着饭,他却去请一个只喝了一点点酒、头脑非常清醒的人跳舞②。

论献殷勤的神态

过分周到的殷勤似乎是要通过自己的话语和自己的全部行为,想方设法或者装模作样地表示自己对别人的关怀照顾。这种企图令人讨厌,这种做作亦属徒劳。一个献殷勤者的做法就是把一个自己力所不及、无法体面解决的事件的后果担待在自己身上,或者对一件所有与会者都认为合理且没有丝毫困难的事情,长时间强调细枝末节然后才同意他人的意见;在餐桌上敬酒超过对方的酒量;在一场争吵中由于他的参与更加火上加油。还有再常见不过的,就是在道路拐弯时,自己也不认得路却主动要当向导,结果找不到出路;就是来到他的将军跟前,还在询问何时排兵布阵,哪一天需要打仗,明天有什么命令下达给他。有一天,他走近他的

---

① 希腊人在祭祀的当天,或者跟朋友一道吃晚饭,或者给每个朋友送去一份肉。——弗拉玛里翁注
② 希腊人只是饭后把饭桌搬开之后才跳舞。——弗拉玛里翁注

父亲,神经兮兮地对父亲说:"我母亲刚刚躺下,才睡着。"他走进病人的房间,医生禁止病人喝酒,他却说我们可以试试看酒到底对他有没有害处,于是轻轻地扶起病人喝酒。他听说城里一个妇人去世,便插手为她写墓志铭,在墓志铭中刻上她的名字,她丈夫、她父亲、她母亲的名字,刻上她的家乡,她的出身,以及这样的颂词:"他们全都美德高远。"①如果他必须在监誓的法官面前宣誓,他离开人群走到法庭前面说道:"这对于我来说已经不是第一次了。"

论愚蠢

愚蠢就是我们言语行动时思想迟钝。一个傻瓜自己用筹码数钱,还要请看他数钱的人算一算这笔款总额是多少;一场别人告他的官司,他必须在规定的日子出庭为自己辩护,可他却忘得一干二净跑到乡下去了;他在看戏时呼呼大睡,而在戏演完、人散场空好久才醒过来;他晚上吃了许多肉,夜里不消化,起身到街上去方便,结果被邻居的狗咬了。他到处寻找别人刚刚给他的东西,把这些东西放到再也找不见的地方,这是常有的事。别人告诉他一个朋友去世了,让他去参加葬礼,他心酸、痛哭、悲痛欲绝,可是说话的方式却像个不相干的人,而且还补充说"好极了,赶早不赶晚",或者类似的蠢话。聪明人没有见证人②在场不还钱给债主,可他却在欠债人还钱的时候要证人。我们看到他在大冷的冬天责骂他的

---

① 墓志铭的套语。——弗拉玛里翁注
② 希腊人在付款或其他一切行为中常常要有见证人。——弗拉玛里翁注

跟班没有给他买来黄瓜。如果某一天他打算让他的孩子练习摔跤或者跑步,他们不练得满身大汗或者喘不过气来,他都不让他们休息。他亲自去摘宾豆,煮宾豆,却忘记已经放了盐,便再放一次,结果咸得谁都吃不下。淫雨绵绵的天气,人人都在叫苦不迭,他却失声笑道:"天降甘霖,是好事情。"如果有人随意问他看到拉了多少死人从圣门出去①,他当时也许正想着金钱或者谷物,便回答道:"你我能够拥有多少就有多少。"

论粗暴蛮横

粗暴蛮横就是在我们的行为方式中、言语上所表现出来的某种强悍,甚至我敢说是某种凶狠的态度。如果你问一个粗暴的人:"某人现在怎样了?"他粗暴地回答你说:"你别来缠我!"如果你跟他打招呼,他根本不屑回礼;如果某一天他把东西拿来出售,你可别跟他询问价钱,他根本不听你的,对于跟他讨价还价的人,他高傲地说:"你对这个价格有什么好说的?"他嘲笑那些在大节庆日子把祭品送到寺庙里的人,说道:"如果他们的祈祷能够传到诸神的耳朵,如果他们能够得到他们所企求的东西,那我可以说,这是他们为这些东西付了足够的钱,这并不是上天所赐。"他对于无意中轻轻碰到或者踩了他一下的人声色俱厉;他对于这种过失决不原谅。一个朋友向他借几个铜板的钱,他答复的第一句话就是根本不借,过后他又去找那个人,不情愿地把钱借给他,还补上一句说

---

① 根据梭伦法律,为了把死人埋葬在城外,要从圣门出去。——弗拉玛里翁注

他就当作这钱丢掉了。他要是在路上脚碰了石头,总要大骂一通。他不愿等待任何人,要是别人到达跟他约好的地方稍微晚了一点,他就走掉了。他总是以极其与众不同的方式来表现自己。轮到他唱歌的时候不肯唱,在餐桌上不肯朗诵诗歌,饭后也不肯跟别人跳舞①。总之,我们很少看到他们在庙宇里麻烦诸神,向神许愿和贡献牺牲。

论迷信

迷信似乎不是别的,就是对神明没有分寸的畏惧。一个迷信的人用洗礼净水②洗好手、纯净了全身后,走出庙宇,嘴里含着一片月桂树叶,大白天绝大部分时间都在街上溜达。如果他看到一只鼬鼠,顿时停下脚步,直至有一个人比他先从鼬鼠穿过的那个地方走了过去,或者他必须在路上扔三块石头以便让这个不吉利的预兆远远消逝之后,才继续前行。他在家的某个地方,看见一条蛇,便立即在那里垒个祭台;他在摆放这些石头的十字路口一看到有虔诚的老百姓在那里贡献牺牲,便走上前,把自己小瓶里的油全部倒在祭台上,在石头面前跪下来,对石头顶礼膜拜。如果有老鼠咬破他的面粉袋,他便跑去求教算卦人,算卦人必定叫他在破的地

---

① 希腊人在餐桌上往往要朗诵他们诗人的某些优美篇章,并在饭后一起跳舞。——弗拉玛里翁注

② 这种水放置于神庙大门边,把从烧烤牺牲的祭坛上取来的火热的未烧完的木头放在水里熄灭,人们用这种水来清洗自己或者让教士给自己清洗。——弗拉玛里翁注

方补上一块布,可他不满意这种答复,因为他被一个如此异常的怪事吓倒了;他再也不敢使用这个袋子,便把它扔掉了。他有这样的毛病:没完没了地清洗他居住的房子,不坐在坟墓上也不参加葬礼,或者避免走进正在分娩的女人的房间。如果他睡觉时产生某种幻觉,便去找占梦者、算卦人和占卜师,好让他们告诉他该向哪个神祇、哪个女神献祭。每个月底他必定准时去拜见俄尔浦斯祭师[①]请求传授该教的奥义。他把老婆带去见祭师,如果老婆有事去不了,他便让小孩的保姆带着小孩跟他一道去。当他从城里走过时,总是用广场上喷泉的水把整个头洗个干净。有时他求助于女祭师用另一种方式给他纯净身体:把一条小狗或者一只虾姑捆在他身旁躺着。最后,如果他看到一个人得了癫痫,他怕得要命,便往自己手掌心吐唾沫,好像这样就可以摆脱他遇到的这个不幸事件。

论愤世情绪

愤世情绪使得一个人永远对任何人都不满意,无根据地百般埋怨别人。如果某人办一个酒席并记得送一盘菜给这种脾气的人,他得到的答谢不是别的,而是听到对方责备说自己被人遗忘了。这个爱吵架的人说:"我不配喝他的酒,也不配吃他的菜。"在他看来,一切,连自己情人的爱抚,都值得怀疑,他对她说:"我非常

[①] 俄尔浦斯教,古希腊的一种秘密宗教,相信传奇的古希腊半神半人的俄尔浦斯的箴言和歌曲。——译者

怀疑你的真诚,怀疑你所有亲热的表示是否都出自内心。"一场大旱之后终于下雨了,他无法埋怨雨水,便责怪老天爷不早一点下雨。如果他碰巧在路上看到一个钱包,便俯下身子说道:"有的人运气好;可我,从来没有捡到财宝的幸运。"又有一次,他看中了一个奴隶,便立刻请求这个奴隶的主人开价出卖,那个主人被他缠得无奈,便把这个奴隶卖给了他。可他又后悔买了下来,"我没搞错吧,"他问道,"一个东西要价这么低会没有缺点?"别人因为他家里生子添丁、按照惯例向他表示祝贺,他就对他们说道:"别忘记了,还有一点,那就是我的家产少了一半了。"一个愤世的人从他的审判官那里赢得了他所要的东西,并以完全的胜利压倒对手,可他仍然埋怨为他写状纸、替他辩护的人,说他没有为他的官司动用最好的办法;又比如当他急需的时候,他的朋友们为他凑了一笔款,这时如果有人为此祝贺他并说他有望走好运,他回答道:"怎么,当我想到我必须向每个借钱给我的人还钱,而且我还欠着他们的人情债的时候,我能够感到有丝毫的快乐吗?"

论猜疑

猜疑心使我们认为所有的人都有可能欺骗我们。例如,一个多疑的人,如果他叫一个佣人到市场去买食物,会派另一个人跟踪着,那个人必须老实向他报告这些东西的价钱。有时,如果他身上带着钱外出旅行,他在每一站停留时都要计算钱的数目对不对。有时,他跟老婆躺在床上,他问她有没有留意保险箱是否关紧,首饰盒是不是一直锁着,门厅的门是不是小心关好;虽然她保证一切都安排妥当,他还是不放心,从床上起身,穿着睡衣,光着双脚,提起卧房里点着的灯,亲自检查房子的每个角落,如此这般地巡查一番之后,他好不容易才睡着了。他去要债的时候,带着见证人,以便不让欠钱的人日后起意赖账。他不是把袍子送到大家认为最优秀的工人那里去染色,而是送到同意给担保金才收袍子的那个人那里去。如果某人大着胆子向他借器皿,他往往予以拒绝,或者即使他肯借,也要把这些器皿称好,才让搬走;他派人跟着把东西搬走的人,并从第二天起就派人去要求对方把这些东西送回来。如果他有一个疼爱的奴隶陪他到城里去,就让这个奴隶走在他前面,唯恐万一他看不到,这个奴隶会溜走逃掉。要是有一个人从他家里拿走什么东西,并且对他说:"你把这估个价,记在我的账上。"他会回答这个人说:"这东西是从哪里拿走的,就得把它放回到哪里去。"他除了忙着挣钱,还有别的事要做。

论肮脏家伙

这种品格的人从来都极端肮脏,极其不修边幅,令看到他的人都耻于与其为伍。你会看到他有时浑身麻风,指甲又长又脏,老是挤在人群中,以为只要说一声这是家族的一种疾病,他父亲和他祖先都得过这种病就可以万事大吉了。他腿上生疮,手上长疣,还有别的地方龌龊流脓,可他没去医治,或者当他想治疗的时候,因为拖得时间太久,病情已经严重得无可救药了。他腋窝下和全身长毛,就像野兽一样。他满口蛀牙,污黑不堪,简直让人无法跟他接触。不仅如此,他一边吃饭,一边吐痰或者擤鼻涕;他说话时嘴里塞满东西,喝酒时做出不文明的举动;洗澡时从来只使用一种味道难闻的油,而且总是穿着污迹斑斑的旧袍出现在大庭广众中。有时他不得不陪同他母亲去见占卜者,可他说的都是一些不吉利的事情。另一次,在庙宇里进行烧祭①时,一只酒杯或者别的什么瓶子从他手上掉了下来,他对这个意外会开口笑起来,仿佛做了一件非常漂亮的事情。一个如此怪诞的人不懂得听音乐或者听优秀的吹笛手吹笛,他使劲地拍打手掌似乎是为他们鼓掌,或者他用难听的声音唱着吹笛手演奏的调子;他讨厌交响乐,询问是不是演出就要结束了。最后,如果在饭桌上他要吐痰,那么他的痰一定正好是吐在他身后侍候他喝酒的人身上。

论讨人嫌者

所谓不知趣的人是这样的,他对别人并没有巨大的伤害,却总是令人十分为难、尴尬:他在朋友开始睡着的时候进入其卧室,把他吵醒,瞎扯一通;他在海边,当一个人就要上船动身的时候,无缘无故拉住那个人,让那个人不知不觉地跟他一起在海边散步;他把一个正在吃奶的婴儿从奶妈的怀里抱过来,让小孩吞下他咀嚼过的东西,在小孩面前拍掌,百般抚摩,用做作的声音跟小孩说话;吃饭时,汤已经端到桌上,他却说自己已经病了两天,病情起伏不定,粪便里混着黑棕色的胆液;他在众人面前肆无忌惮地问他母亲哪一天生下他来;他没话找话,告诉大家他的蓄水池里的水是新鲜

---

① 古代用洒酒、奶或油来祭神。——译者

的,园子里蔬菜长得很好,他殷勤地向客人们介绍他家里养的一个食客,吃饭时他请这个食客愉快地入座,好让在场的人都舒心开怀。

论愚蠢的虚荣心

愚蠢的虚荣心似乎是一种想以最微不足道的事物来炫耀自己,或者通过最无聊的事情来追求名声和荣耀的浮躁的欲念。因此,一个虚荣的人如果出席餐宴,总是眼巴巴地要坐在邀请者的旁边;他把刚出生的儿子的头发献给阿波罗①,儿子一到成年,他便亲自把儿子带到德尔菲②,剪下头发放在庙里,作为他还了一个庄严愿望的标志;他喜欢带一个摩尔人③作为自己的跟班;他付钱的时候,总爱说自己付的是一种崭新的钱币,其实只不过是刚刚打造出来的而已。他在把一头牛作为牺牲供在某个祭坛上之后,自己留下牛额头的皮,用饰带和鲜花装饰一番,然后把牛皮挂在自己房子里过路人一眼就能够看到的最显眼的某个地方,以便没有一个人不知道他供奉了一头牛。另一次,他和其他公民参加花车巡行回来,打发跟班把所有车马服饰送回家,只留下一件穿在身上的华丽锦袍,这一天余下的时间他就这么在公共广场上逛着。如果他死了一条小狗,把小狗埋葬了,给它立墓碑,上面写着"此犬系玛尔

---

① 阿波罗,古希腊神话的光明之神。——译者
② 德尔菲,古希腊地名,该地阿波罗庙的神谕十分有名。——译者
③ 摩尔人,西撒哈拉居民,主要居住于今毛里塔尼亚、西属撒哈拉和塞内加尔等地。西方人过去长时间把穆斯林,特别是占领西班牙的穆斯林称为摩尔人。——译者

特①种"字样。他向埃斯居拉普②供奉一个环,他用力掰,好把花圈挂进去;他每天在身上洒香水;他在整个执行公务的时间里摆出盛大的排场,而在公务之后,他以骄傲的口吻向民众宣布他贡献的是什么供品,供品的数目与品质。这时,他穿着白色的袍子,头上戴着花环,出现于公众集会上,他说道:"我们可以向你们,向雅典人保证,我们在治理期间,已经向西贝尔③贡献了牺牲,我们已经向众神之母表示了她应得的敬意,所以,你们可以指望这个女神会给你们带来一切福祉。"说罢,他返回家中,向他的妻子作了冗长的叙述,说他万事顺意,甚至取得意想不到的成功。

论吝啬

这种恶习表现为为了避免极其菲薄的花费而不顾荣誉与光荣。如果一个吝啬鬼获得了悲剧奖④,他向酒神巴克斯献上用树皮做成的花环或者细带,他让人在这个如此光彩夺目的礼品上刻上自己的名字。有时,日子艰难,人民不得不聚在一起商讨维持共和国运作的捐税,这时他站起身来,一言不发⑤,或者最常见的是假装有急事,溜之大吉。他出嫁女儿时,按照习俗要贡献牺牲,可

---

① 玛尔特,意大利西西里南部地中海上的岛屿,所产的狗十分著名。——译者
② 埃斯居拉普,古罗马宗教中的医神,等于古希腊的阿斯克雷皮奥斯。——译者
③ 西贝尔,古希腊罗马代表自然繁殖力的神祇,被称为"圣母""众神之母"。——译者
④ 这出悲剧是由他编写的或演出的。——弗拉玛里翁注
⑤ 愿意缴纳的人起身并缴纳一笔款;不愿意的人起身,不讲话。——弗拉玛里翁注

他只留下供品身上要在祭台上烧掉的那部分①,而把其余部分拿走卖掉;而由于他没有仆人上酒菜和料理婚礼,他租用一些人照管整个婚礼事务,他给他们一点钱,可这些人的饭食还要他们自理。如果他是帆桨战船的船长,他想省下他的床铺,他可以满不在乎地睡在他向领航员借来的草席上。你有时还会看到这个吝啬透顶的人,在集市的大庭广众下购买已经煮好的肉、各种野菜,旁若无人地把这些东西塞在胸前长袍里面带走。要是某一天他把长袍送到洗衣店去洗掉污迹,然后没有第二件可以穿着出门,便只好待在家中,杜门不出。在集市上他见到穷朋友便扭头打道回府,因为这个人可能会像见到别人一样,向他请求接济。他不给老婆雇女佣,只是当她要出门时租个人陪她进城去。最后,你千万别以为给他打扫卧室、整理床铺、洗涤床上用品的会是别人,他肯定亲力亲为。还要补充一点:他穿着一件破旧的、脏兮兮、布满污垢的大衣,连他自己也觉得不好意思,所以他在不得不出席集会时,只好把大衣翻过来穿。

论自我吹嘘

自吹自擂是指人的这样一种欲念,那就是极力显示他并不具有的某种福气或某些优势,我认为这是对自吹自擂概念的再正确不过的阐述。一个满心自我吹嘘的人,在比雷埃夫斯②城里,在商

---

① 后腿和内脏。——弗拉玛里翁注
② 比雷埃夫斯,希腊城市,濒临地中海萨罗尼克湾,是雅典的外港。——译者

人炫示货物、聚集着一大群外地人的地方停下来。他跟他们谈起了正题,说他在海上有许多钱;他跟他们谈论这笔生意的好处,谈到从事这笔生意的人有望得到的巨大利润,尤其是谈到那些在这笔生意中赢利的人们。在一次旅行中,在路上随便遇到什么人,他便凑上去跟那个人结伴同行,很快就告诉那个人他曾为亚历山大①效力,他从亚洲带回了多么漂亮的花瓶,全都镶嵌着宝石,在亚洲见到多么优秀的工匠,欧洲的工匠是多么不及他们。在另一个场合,他吹嘘收到安底帕特的信,信中说他是第三个进入马其顿的人;又一次,他说虽然大法官允许他不必交纳任何捐税②,愿意出口什么木头就出口什么木头,但是为了避免老百姓嫉妒,他不想运用这个特权。他还说,在一次食物价格飞涨期间,他发给雅典贫穷公民的钱款高达5个塔朗③;而如果他这些话是讲给互不认识的人听,他会让他们拿起筹码来数数受他如此慷慨施与的人的数目,尽管这数目说明有600多人,他会给所有这些人起个适当的名字告诉他们,在估算了他给其中每个人具体的钱数之后,他发现这笔款项比他原先想象的翻了一番,他用于赈济的达到10个塔朗,"这还没把我自掏腰包装备的帆桨战船,和我自费无偿承担的公共差事计算在内",他继续说道。这个好摆阔气的人去一个著名的卖马商那里,叫他从马厩里牵出最漂亮、最好的马来报个价钱,仿佛他

---

① 亚历山大,古代马其顿五个国王的名字,最著名的是亚历山大三世,世称亚历山大大帝。——译者
② 因为松木、冷杉、柏木以及一切适合建造船只的木头在阿提卡十分稀有,要运到其他地方需缴纳巨额税款。——弗拉玛里翁注
③ 所说的阿提卡塔朗约等于我们货币的600埃居。——弗拉玛里翁注
埃居,古代法国货币,种类很多,价值不一。——译者

要买的样子。同样,他参观最有名的市集,进入商人的帐篷,让人为他摊开最华丽的价值2个塔朗的袍子。随后他责骂他的跟班:跟他出门竟敢身上不带钱以备他现在之需。最后,如果他住的房子需要付房租,他脸不红心不跳地对不认得他的人说,这是他家族的房子,他是继承父亲的遗产,不过他想卖掉这房子,只是因为房子太小了,住不下他从家里带出来的那么多外来人[①]。

论倨傲不逊

必须把倨傲不逊定义为一种世上万物、唯我独尊的强烈情感。一个骄傲、自视甚高的人,在广场上有人走近他,要跟他谈事情,可他不加理睬,让那个人跟随一段时间,最后才说可以在晚饭后接见他。如果别人得到他哪怕一丝半点的好处,他要别人永远铭记在心,否则他就要在大街上,在众目睽睽之下予以指责。不管他在什么地方遇见你,可别指望他会向你走过来,首先跟你说话;同样,他也不会立即把货物送到你那里或者把工人派到你家去,他会毫不犹豫地在第二天早上起床时才把这些给你送去。你看到他低着头走在城里的马路上,不屑跟来来往往的任何人讲话。如果他有时随和得居然邀请他的朋友吃饭,他总以某些理由为借口,不跟他们同桌进餐,而是让他的主要仆人照料他们的饮食。他如果去看望某人,总要做足准备,先派一个下人去通知他即将来到。他在家里

---

① 根据接待权。——弗拉玛里翁注
接待权,古代互相在对方那里取得膳宿和保护的权利。——译者

吃饭或者用香油喷洒身子的时候不会客,他不会不辞劳苦亲自去付款结账,而是随随便便叫一个跟班计算费用、结算账目和付清账款。他在信中从不会写"我请您给我荣幸或者我恳请劳驾您",而是"我同意此事如此处理;我派人赴你处接受此事;我不希望事情有变卦;我说的立即照办,切勿拖延"。这便是他的风格。

论恐惧或缺乏勇气

这种害怕是面对一个真实的或想象的危险而产生动摇或退缩的一种心情。下面我将对胆怯者加以描绘。如果一个胆怯的人在海上远远望见沙丘或者岬角,恐惧的心理使他相信这是在此处海岸上发生海难的船只的残骸碎片,于是一有波浪他便战栗不已,连忙打听跟他一道航行的人是否都已经接受了宗教奥义①。如果他发现船长做了一个新的调度或者船只似乎掉头躲过暗礁,他便盘问船长,忐忑不安地询问是否肯定没有走错路线,是否一直有把握在大海上航行,是否诸神保佑大家吉祥如意②。然后他讲述他夜里产生的一个幻觉,现在想起来还胆战心惊,他认为这是个不祥的预兆。接着,他越来越害怕,便脱掉衣服,直至脱下衬衣,好更方便跳水逃生,在采取了这种预防措施之后,他不断请求船夫把他放到岸上去。这种懦弱的人,在一场他参加的军事远征中,听说敌军已

---

① 古人很少与被视为不信神的人一道航行,他们在动身前都要接受入教,即被传授某个神祇的奥义以便在旅途中吉祥如意。——弗拉玛里翁注

② 他们用牺牲或占卜,也就是用唱歌和吃飞鸟以及用动物的内脏求诸神保佑。——弗拉玛里翁注

经临近,便把战友召集在一起,观察他们对流传的这个谣言的态度,对他们说这个谣言没有根据,奔跑的人根本分不清他们在战场上发现的究竟是朋友还是敌人。但如果听到的叫喊声已经毋庸置疑,如果他自己远远看到战斗已经开始,他亲眼看到有的人倒了下来,他会假装说因为时间仓促和声音喧闹,忘了带武器,便跑回帐篷去拿,或者他把剑藏在床头,为了找剑花了许多时间;在此期间,他的跟班根据他的命令,在外头打探敌人的消息,观察敌人走哪条路和事态的发展。他一看到受伤浑身流血的人被抬到营地来,便向那个人跑去,给予安慰,给予鼓励,为伤员止住伤口的流血,赶走飞来飞去的苍蝇,不惜给予任何救护,除了参加战斗。他在伤员房间时,眼睛一刻没有离开伤员,但如果他听到冲锋号声,便咒骂地说道:"该死的号手,真该活活吊死,号子老是吹个不停,闹哄哄吵得这个可怜人睡都睡不着了。"甚至他自己弄得浑身是血,可这不是他的血,而是伤员伤口溅到他身上的血,他让从战场返回的人相信,他冒着巨大的生命危险,救了朋友的性命;他以伤员的亲戚或者同乡的身份,把对这件事感兴趣的人们带到伤员身边,然后脸不红心不跳地讲述他是在什么时候、以什么办法,把这个人从敌人手中解救出来,背回到帐篷里的。

论共和国的大人物

一个国家里身居要津的那些人,其最大的欲望不是企求谋取利益或者增加收入,而是急不可耐地尽可能扩大或建立自己对人民的至高无上的威力。如果人们集会讨论要委托哪个公民帮助首席大法官管理一个庆典或者一场演出,这个野心勃勃的人就会像我刚才所描述的那样,站立起来要求授予这个职务,并且声称没有别的任何人能够更好地胜任此事。他不赞成由许多人来治理政务,他在荷马的所有诗句中只采用这一句:

只让一人治理,人民幸福无比。

他最常说的话是:"让我们避开这四周的民众,一道开一个人民不得参加的会议,我们甚至要设法堵住他们执掌管理大权的道路。"如果他被告知要提防某个失去公职的人,而他认为自己曾受那个人的某种伤害,他会说道:"这简直无法忍受,不是他,就是我,必须离开这个城市。"你会看到他大白天在广场散步,指甲修剪得干干净净,胡须头发梳理得整整齐齐,傲慢地赶走挡住他去路的人;他不管遇到什么人,都要感慨地对那个人说,这个城市成了一个让人没法再住下去的地方,他招架不住这么一大群打官司的人,再也受不了律师们没完没了的叫嚷和谎言;在公共集会或者法庭上,他开始耻于坐在一个衣冠不整、邋邋遢遢、令人恶心的人的旁边,这些效忠人民的演讲者,没有一个他能够受得了。他还说,我们可以把忒色斯①称为所有这些祸害的始作俑者,他对来到城里的外国人说着这样的话,仿佛他跟他们风俗相通,情感交融。

---

① 忒色斯,雅典共和国的奠基者,建立了公民之间的平等。——弗拉玛里翁注

论迟到的教育

本节在于描述此类的缺陷:某些人在青春年少时视知识与实践如草芥,而到暮年却往往徒劳无功地企图弥补过去的荒废。于是,一个60岁的老人执意熟读诗篇,打算在宴会上即席朗诵,可他到时却记不起来,只得中途停住而不知所措。另一回,他向自己的儿子学习在队伍左排或者右排所要做的动作,使用武器的方式以及矛和盾在战争中的用途。他骑上别人借给他的马,夹紧马刺让马疾行,他要马听他支配,打圈或者半转,结果重重地摔了下来,跌破了头。我们看到他时而为了练习标枪,整天把标枪掷向一个木头人;时而弯弓射箭,跟他的跟班争吵两个人谁的箭更接近靶心,他先是向人家学习,然后就教起人家来,给人家纠正动作,仿佛他最为擅长此道。最后,他赤身裸体从浴缸出来,模仿决斗士的姿势,可由于没有养成习惯,摆的样子很可笑,姿势很难看。

论诽谤中伤

我这样定义诽谤中伤:这是人心的一种秘密习性,以邪恶之心来看待所有的人并通过言语表现出来。至于诽谤中伤者,他们的风俗是这样的:如果有人向他询问某个人,征求他对这个人的看法,他先摆出此人的家谱,"他父亲,"他说道,"名叫索西[①],在部队

[①] 索西,古希腊人给跟班或者奴隶起的名字。——弗拉玛里翁注
索西也是古罗马喜剧家普劳图斯(约前254—前187)喜剧《安菲特律翁》中的人物。——译者

当兵的名字叫索西斯特拉斯,后来这个奴隶获得了自由,被城里一个部落①所收容。"他接着说道:"至于他的母亲,是个高贵的色雷斯②人,因为大部分色雷斯女人都以一个古老的贵族出身而自鸣得意。可这个出生于如此正派人家的家伙,却是一个无赖,只配上绞刑架。"他在以如此美好形象描绘了这个人之后,又回过来谈其母亲:"她是属于这样的女人,她们在大路上等待路过的年轻人③,可以说是把他们绑架抢走。"在他参加的某个集会上,有人说不在场人的坏话,他接茬说道:"我同意你的看法,我觉得这个人恶劣得很,我可受不了。他的面孔简直让人看都看不下去!还有比他更坏的骗子和更荒唐的做法吗?你知道他每一顿饭给他老婆多少钱开销?3个奥波尔,一个子儿都不多;而且你知道,在12月严冬,他一定要他老婆用冷水洗澡吗?"如果这时听他说话的人中有的起身走掉,他几乎用同样的话来说这个人,连最熟悉的朋友也不能幸免;甚至坟墓里的死人也没有藏身之地能够躲过他的恶毒毁谤。

---

① 古代雅典人分为若干个部落。——弗拉玛里翁注
② 色雷斯,巴尔干半岛一地区。——译者
③ 她们在公路旁开旅馆,从事肮脏的买卖。——弗拉玛里翁注

品格论或当代风俗论

序言

> 我们的本意是提防恶习而非讽刺挖苦,是与人为善而非恶语中伤,是移风易俗而非损害他人。
>
> ——伊拉斯谟①

我把公众借给我的东西还给公众。我向公众借用了这部作品的材料,我十分留心地尽我所能做到力求真实。在这方面公众对我帮助很大,在此书脱稿之后,我把借来的还给公众,这是理所应该的。公众可以随自己的心意看看我给他们画的写生肖像,如果公众看出我写到的某些缺点,请予以改正。(Ⅳ②)这是我们写作时应该抱有的唯一目的,而成功与否则不要多加考虑。但是由于人不会嫌弃恶习,所以也不要厌于责备他们。因为如果没有审查者或者批评者,也许他们的情况会更糟,这就是人们在演说或者写作时所要做的。演说者和作家在受到欢迎时不禁会感到高兴,但是最确切和最肯定的赞扬是风俗的改变和听众、读者的变化,如果

---

① 伊拉斯谟(1466—1536),荷兰人文主义者。《新约全书》希腊文编订者,北方文艺复兴运动中的重要人物。——译者

② 拉布吕耶尔的《品格论》多次再版,再版时往往有所增添。括号中的罗马数字表明下面文字是某一次再版的增添。第4版:1689年;第5版:1690年;第6版:1691年;第7版:1692年;第8版:1694年;第9版:1696年。——译者

演说或者写文章追求的只是赞扬,那么演说者和作家就该自感羞愧了。我们应该只为了给人以教育才去演说,才去写作;如果演说和写作受到欢迎,而且能够逐渐灌输和让人接受应该传授的真理,那么他就没有什么可后悔的了。因此在一部书中不经意地写入一些思想或者杂感,虽然写得没有别人那样热情充沛,那样有技巧,那样生动,但为了书本内容多样化,为了调剂精神,为了使思想更加专心,更加留意下面将要谈到的问题,这一切似乎是可以允许的,除非普通老百姓对这些接受不了、不熟悉,认为没有教育意义、不合适,对此我们不应予以忽视;否则,读者可以加以谴责,而作者应该予以删除,这就是写作的规则。还有另一条规则,我希望人们愿意遵守,那就是记住我的书名,在阅读这部作品的整个过程中,一直想着我所描绘的是品格或者本世纪的风俗,(Ⅷ)因为虽然这些品格或风俗,我往往是从法国宫廷和我的国人中萃取的,可是大家不能把这局限于一个宫廷、一个国家,否则我的作品就会极大地失去它的广度和用处,就会偏离我为自己规定的计划,那就是:在书中描述一般的人们,把这些品格或者风俗作为论据按照顺序写入各个章节,写入某种循序渐进的杂感系列以构成各个章节。(Ⅳ)在采取了如此必要的预防措施而且充分看到其后果之后,我认为可以对一切愤激言论、一切指控投诉、一切恶意解释、一切错误的对号入座和批评,对冷漠的打趣者和不怀好意的读者提出异议;(Ⅴ)必须善于读书,然后懂得缄默不语,或者能够转述所读过的东西,而且转述得不多不少;如果我们有时能够做到这一点,还不够,还必须愿意这么做;这是一个正直而审慎的作者有权向某些人提出的要求,并作为其劳动的酬报。如果没有这些条件,这个作者还想自我得到满足更甚于谋求众人的利益和对真理的热爱,那么我就会怀疑他是否应该继续写作了。不过我得承认,在1690年本书第5版前,我一直犹豫不决,一方面急于使我的书更加直言不讳,并通过介绍另外一些品格使书的形式更加优美,可另一方面又害怕某些人会说:"这部《品格论》怎么没完没了,这个作家难道就不会写别的了吗?"一些聪明人在一旁对我说:"这素材是确实的,有用的,讨人喜欢的,无穷无尽的,你多活些日子吧,只要你活着,就可以加工这些材料:不然你还能干什么?疯狂的人类没有一年不会给你提供写一卷书的素材的。"另一些人非常理智,提醒我注意众人喜好无常和读者的态度轻率,不过我对于读者还是有充分理由感到满意的,我总是提醒自己,30年来已经不再有人纯粹为了读书而读书的了。为了让人们高兴,必须有新的章节和一个新的书名,而这种懒散之风使得这么长时间以来,充斥于店铺书肆和上流社会的是一些平淡无味、令人厌烦、文体粗鄙、毫无技巧、不合规则、全不正确、伤风败俗、一味求新而匆匆写就和匆匆阅读的书籍,因此如果我只求增加一部中规中矩的书,那么我最好就是休息。于是我从这两种建议中汲取了某些东西,同时保持着对这两种意见进行调和的折中态度:我不加掩饰地把本书第1版的随感翻了一倍,又增添了一些新内容。但是为了免得公众需要把旧的内容再浏览一遍才能够看到新的内容,和为了让他们想读的东西就呈现在眼前,我留心用一个特殊的标记向读者指出这第二次添加的部分,我还认为用另一种更简单的标记把第一次添加的内容区别开来是有用处的,因为这可以向公众指出我的《品格论》的发展,帮助他们在阅读中选择他们想读的东西;而且由于公众可能害怕这种扩张会没完没了,我除了所有这些精确的标志外,还添上一个真诚的许诺,即在这方面不再做任何新的尝试。(Ⅵ)如果有人责备我没有恪守承诺,在第 3 版中塞进相当多的新的杂感,那他会看到在新旧掺杂的同时,这些用旁注标出的不同之处全部被删除,我根本不想让他读到毫无新意的东西,而只是想给后世留下一部更完整、更完美、更始终如一的有关风俗的作品。(Ⅰ)另外,我要写的不是一些箴言,箴言在伦理学中犹如法律,而我承认自己既没有这样的权威,也没有这样的天才去充当立法者;我甚至知道,我可能违反撰写箴言的惯例而犯下错误,因为箴言就像神谕一样,要求简短而且凝练。我的这些杂感中,有些达到这个要求,有些则广泛一些:人们考虑事物的方式不同,解释事物的手法也不一样,使用一句警句、一个推论、一个隐喻或者某种别的修辞手段,使用对比手法,使用一个简单的明喻、一个完整的事实、一笔简单的勾勒,或者一段描述、一幅绘画,我的杂感就因此有长有短。最后撰写箴言的人总希望别人相信他的话,而我相反,同意别人说我有时没有很好地看出问题,只要他比我看得更加清楚。

论精神作品

1(Ⅰ)① 一切事情前人都已说过②,而自从世上有人且人会思想

---

① 每段开头括号中的罗马数字专指这段文字是《品格论》第几次再版时添加。该书在作者生前共出了 9 版。——译者

② 泰伦提乌斯说:"没有一句话不是言别人之已言。"(《阉奴》)但博舒埃则相反:"经过 6000 年的观察,人类的思想并未枯竭,它还在寻找,还能找到,直至无限的境地。"而梅尔斯则认为:"想象我们不能说出前人没有说过的话,这是错误的看法。"——特卢瓦注

泰伦提乌斯,见前注。博舒埃(1627—1704),17 世纪法国天主教教士,演说家,支持路易十四,鼓吹绝对君权论。——译者

以来,已经7000多年①,我们的到来已为时过晚。关于风俗的事情,最卓绝、最美好的东西都已经收割一空,我们所能做的只是步古人和现代人中的精明者之后尘,拾捡残余的麦粒罢了。

2(Ⅰ) 必须只求自己想得正确、说得恰当,而不要总想让别人赞成我们的见解和看法;此事非常重要。

3(Ⅰ) 写书跟制造钟表一样是一门行业:当作者要有过人的才智。一个官员靠自己的业绩取得一级官位,他是一个办事仔细而实干的人;可如果他要出版一部伦理学作品,那就是可笑的稀罕事了。

4(Ⅰ) 要靠一部尽善尽美的书出名并非易事,除非是借助已经成名的人来让庸碌之辈扬名于世。

5(Ⅰ) 一部讽刺的或者纪实的书,被装订成册秘密给人,条件是如果此书系平庸之作可以原样奉还,那么这本书就会被视为珍品;印刷却是危险的暗礁。

6(Ⅰ) 如果把一些伦理学著作中过多的"告读者""诗体献词""序言""目录""批准"②去掉,剩下的那么几页几乎就不配称之为书了。

---

① 拉布吕耶尔采用苏依达(11世纪)的编年学把世界的创造定于公元前6000年。——特卢瓦注

② 指审查官的批准。——P.R.注

7（Ⅰ） 有些事物：诗歌、音乐、绘画、演说，无法忍受平庸之作。

听人家用华丽的词语做一个平淡无味的演讲，或者用一个蹩脚诗人极端夸张的语气朗诵平庸的诗句，那是多么受罪的事情。

8（Ⅰ） 某些诗人①在悲剧中善于写一连串冗长的，似乎铿锵有力、情操高尚而且洋溢着崇高感情的华丽诗句。民众听得津津有味，抬起眼睛，龇牙咧嘴，觉得很惬意；他们越是听不懂越欣赏。他们没有时间呼吸，几乎只有时间欢呼和鼓掌。我从前年少，曾以为这些地方对于演员，对于正厅后排和楼厅包厢的观众来说，是可以看得懂、听得明白的，可是尽管我专心致志地听他们叙述故事，我的错误就是什么也没听明白：于是我醒悟了。

9（Ⅰ） 我们迄今还没有看到一部精神杰作是几个人的作品：荷马②创作《伊利亚特》，维吉尔③创作《埃涅阿斯纪》，李维④创作《罗马史》和罗马的演说家⑤创作他的演讲词，都是如此。

10（Ⅰ） 艺术有一个臻于完美之点，就像自然中有达到善良的点和

---

① 指高乃依（下面对《勒·熙德》的赞扬，特别是要为难法兰西学院院士丰特奈尔和托马斯·高乃依，他们既是剧作家的继承者又是他的毁谤者）。——P. R. 注
高乃依（1606—1684），法国悲剧诗人，著作有《勒·熙德》等。——译者
② 荷马，指创作古希腊两大史诗《伊利亚特》和《奥德赛》的一个或几个诗人。——译者
③ 维吉尔（前70—前19），古罗马最伟大的诗人，其声誉主要建立在其民族史诗《埃涅阿斯纪》上。——译者
④ 李维（约前64/59—17），古罗马历史学家，著有《罗马史》142卷。——译者
⑤ 指西塞罗。——P. R. 注

成熟的点一样。感受到和喜爱这个完美点的人具有完美的鉴赏力；感受不到完美点，对完美点喜欢得过分或者不够，他的鉴赏力就有缺陷。因此鉴赏力有优劣之分，而鉴赏力之争是有根据的。

11（Ⅰ） 人的内心冲动甚于鉴赏，或者说得更透彻点，很少有人思想中既有可靠的鉴赏力又有鞭辟入里的批判力。

12（Ⅰ） 英雄们的生活丰富了历史，而历史美化了英雄们的行动：因此我不知道谁更受益，是写历史的人受惠于向他提供如此崇高素材的人们，还是这些伟大人物欠他们的历史学家的情。

13（Ⅰ） 修饰语重叠堆砌，奉承话庸俗不当：这便是歌功颂德的事实和转述这些事实的方式。

14（Ⅰ） 一个作者的全部精神就在于正确地定义事物和完美地加以描述。摩西①、荷马、柏拉图、维吉尔、贺拉斯②只是由于他们表达的内容和塑造的形象而居于其他作家之上。只有表述真实才能够写得自然、有力、细腻。

15（Ⅴ） 我们本应该像从事建筑那样来构建风格。我们完全抛弃

---

① 尽管这样，人们还只是把他视为一个写过文章的人。——拉布吕耶尔注
摩西，创作活动时期约在公元前8世纪，先知，以色列宗教和国家的奠基人。——译者

② 贺拉斯（前65—前8），古罗马杰出诗人，对西方文学发生重大影响的主要是《歌集》和《信札》。——译者

了基于野蛮而被引进到宫殿、庙宇的哥特式柱型。我们恢复使用陶立克式柱型,爱奥尼亚式柱型和考林斯式柱型;这些只有在古罗马和古希腊废墟上才能够见到的,如今又时髦起来,在我们的柱廊和我们的列柱廊上大放异彩。同样,我们在写作时只能靠模仿古人来臻于完美,而如果能够做得到的话,我们就会超越古人了。

(Ⅰ) 在科学和艺术方面,当人们重新领略到古人的品位,终于恢复淳朴与自然的时候,岁月已经流逝了多少世纪啊!

(Ⅳ) 人们从古人和机灵的现代人那里提取食物;榨取他们之所有,尽可能地汲取得越多越好,用这些来填满自己的作品;而一旦成为作者,认为自己可以独自行走的时候,便起来反对他们,虐待他们,就像那些靠吮吸营养丰富的奶汁而长得身强力壮的孩子殴打自己的乳娘一样①。

---

① 批评《杂论古人与今人》的作者丰特奈尔,其次是《古人与今人的比较》的作者、"现代派"的查里·佩洛特,对他们的文章作出反驳的有布瓦诺的《对隆吉安的批评性感想》、拉封登的《致于埃的信》和拉辛。——P. R. 注

自文艺复兴以来,尤其是17世纪古典主义时期,法国文坛厚古薄今和尊古、仿古一直处于上风。1687年,佩洛特在法兰西学士院宣读了《路易十四的世纪》一诗。他认为古人的"伟大是确实的,但同我们一样也是人"。所以"我们可以拿路易十四的世纪同奥古斯都美好世纪媲美,而不用担心有什么不对"。他明确提出,在艺术上,今人应超过古人,不必墨守古人的成规。同时,他还认为,当代文学比古希腊罗马文学成熟得多。这种观点引起布瓦诺、拉封登和拉辛等人的激烈反对。这就是17世纪法国文学史上著名的"古今之争"。丰特奈尔(1657—1757),著有《宇宙万解说》;查里·佩洛特,法国作家(1628—1701),主张现代人优于古人;布瓦诺(1636—1711),法国作家,著有《讽刺诗》《书简诗》等。拉封登(1621—1695),法国诗人,以《寓言诗》闻名于世。拉辛(1639—1699),法国悲剧作家,著有《安德洛马克》《费德尔》《阿塔莉》。——译者

（Ⅳ） 一个现代派的作者通常言之凿凿地说,古人在两个方面劣于我们:理性和范例;可他的这理性取自于他的特殊口味而范例取自于他自己的作品。

（Ⅳ） 他承认古人无论多么参差不齐,无论多么乏善可陈,却讽刺得入木三分;他引用了这些俏皮话,这些话说得如此贴切,以至于使人不禁要去读读他的批评。

（Ⅳ） 有那么几个博学才子[①]替古人说话而反对现代人,但是他们的动机可疑,似乎是为了自己的利益来作出判断,因为他们的作品是按照古代人的口味撰写的,所以别人不接受他们的看法。

16（Ⅰ） 我们应该乐于把自己的作品读给对这些作品相当了解的人听,以便对这些作品进行修改和给予评价。

（Ⅳ） 不愿意听取别人对自己作品的建议和加以改进的人,是自以为是的人。

（Ⅳ） 一个作者应该以同样谦逊的态度接受别人对自己作品的赞扬和批评。

---

① 指布瓦诺和拉辛。——特卢瓦注

17（Ⅰ） 有各种不同的方式可以表达我们某种唯一的思想,但其中只有一个是确切的。这在我们说话或者写作时并不都能够找到,不过这个表达方式的确是存在的,而其他所有表达方式都贫乏无力,无法满足一个想让人理解自己的才识之士的需要。

（Ⅰ） 一个认真写作的优秀作者经常会遇到这种情况:他长时间寻找的表达方式一直不知道是什么;可一旦终于找到时,却发现这个表达方式正是最简单、最自然,似乎应该毫不费劲地一下子就出现的那一个。

（Ⅰ） 出于一时兴起而动笔的人必然要对他们的作品重新润色,因为这种一时的灵感并非始终固定不变,而是在心中随情况而变化;他们对自己最喜欢的表达方式和词语会很快失去热情。

18（Ⅰ） 出于正确的想法,我们想把一些美好的东西写出来;但是我们又怕这些可能还不配给人阅读,这想法也同样有道理。

（Ⅰ） 平庸者自信能够写出绝妙良辞;老实人自信能写得合情合理。

19（Ⅰ） 亚里士多德说:"有人劝我把我的作品读给佐依洛斯[①]

[①] 佐依洛斯,创作活动时期约在公元前6世纪,古希腊诡辩学派成员,因狂热攻击荷马而得到"荷马的祸害"的绰号。——译者

听,我这么做了。这些作品一上来便抓住了他,他因为还来不及找到我作品中的缺陷,便在我面前勉勉强强地说了几句赞扬的话,以后就再也没有在任何人面前赞扬过我的作品了。我原谅他这种态度,我不要求一个作者更多地称赞别人,我甚至可怜他听人朗读了自己从来没有写过的好作品。"

（Ⅰ） 那些由于自己的条件而没有作家的妒忌心的人,出于某些情绪或者某些需要而对别人的想法心不在焉,冷漠对待;人们由于自己的精神状态、内心情绪或财产状况,几乎没有人能够沉浸于一部完美的作品所给予的快乐之中。

20（Ⅰ） 乐于批评别人使我们丧失了受极其美好的事物强烈感动的乐趣。

21（Ⅰ） 许多人感受到别人读给他听的手稿的价值,可是他们不会公开称赞这手稿;他们不敢随便表态而宁愿受众人的裹挟而人云亦云,直至最后看到手稿出版后,在上流社会流行或者在那些博学多才的人面前的命运,这时他们说是自己首先赞扬这部作品而公众是受他们的意见指引的。

（Ⅴ） 这些人听任失去最好的机会来让我们信服他们有能力、有智慧、善于判断,好的东西他们能够看出好,更好的能够看出更好。一部优异的作品到他们手中,作为第一部作品,作者尚未成名,没有任何迹象预示他会成功,那么不必去讨好他或者不必为了拍大人物的马屁而给大人物的著作捧场。佐依洛斯,我们并不要求你大声疾呼:"这是一部精神杰作;人类的发展到此为止达到顶峰了,这是人的言语所能达到的最高境界;我们只要根据某人现在对这作品爱好的程度,就能判断出他的鉴赏力未来会达到什么程度了。"这些语句过于夸张,令人反感,听起来有觊觎年金或者教士俸禄的铜臭之嫌,甚至有损于值得称赞或者人们要加以称赞的作品。您为什么不简单地说这么一句"这是一部好书"呢?的确,当这部书在整个欧洲出版并被翻译成多种语言的时候,您跟所有法国人一道,跟外国人和您的同胞一道,是这么说了,可是时间太晚了。

22(Ⅳ)　有的人读一部书,介绍书的某些特点时,没有理解其意思,却把自己的意思加入其中而使原意走样,这些被改变、被歪曲的特点于是面目全非,成为他们自己的思想和他们的表达。他们把这些提交给审查官,坚称这些内容伤风败俗,于是所有人都同意这些的确是伤风败俗;这些批评家自称引证了作品的某个部分,其实他们并没有引证,而书中的那个部分并不比他们提出来的要差。

23(Ⅳ)　"你觉得赫尔莫多①的书怎么样?""他的书是坏书",安蒂姆回答道。"真的坏吗?""就是坏。"安蒂姆继续道,"这不是一本

---

① 赫尔莫多,古希腊几个哲学家的名字。其中一个的活动时期是公元前5世纪,赫拉克利特的朋友,据说是罗马法《十二铜表法》的编制者之一;另一个是柏拉图的学生,写过论柏拉图的书。——译者

书,或者说至少不是一部值得人们谈到的书。""那么,你读过这本书吗?""没有",安蒂姆说。那为什么他不进一步说他是福尔维亚①和梅拉尼娅②的朋友,她们没有读过这部书也加以谴责呢?

24(Ⅳ) 阿尔塞尼③以至高无上的心灵端详众人,他远望人们,看到人们是如此卑劣而感到惊讶。某些相互应允彼此欣赏的人称赞他,赞颂他,把他捧到天上。他相信,以他所具有的某种长处,他可以支配别人可能拥有而他却永远也不会有的一切。他满怀崇高的思想而且沉浸其中,几乎抽不出空来宣讲几个神谕,他的品格使他超出一般人的见解,于是他丢弃了生活有条不紊、单一不变的优点而去适应平庸之辈的要求。他之所以这样操守不坚,其责任就在于这一圈朋友,他们把他这类人当作偶像崇拜,认为只有他这类人明于判断,善于思想,擅长写作,应该著书立说;任何别的精神作品都没有这么受到上流社会的欢迎,这么普遍受到高雅有识之士的欣赏。我不敢期望他会赞成,只希望他屑于一读。他不可能由于这段描述而得到改正,因为他是不会去读的。

---

① 福尔维亚(?—前40),马可·安东尼之妻,与马可·安东尼的兄弟卢西乌斯起兵反对屋大维,兵败逃到希腊。——译者
② 梅拉尼娅(约349/350—420),古罗马贵族,22岁成为寡妇,抛弃家庭与财产,在埃及生活。——译者
③ 阿尔塞尼(约350—约445),古罗马教会六品修士。——译者

25（Ⅵ）　狄奥克里内知道的事情都相当无用,他的见解总是令人感到古怪;他颇有条理但欠深刻,只是施展自己的记忆力;他耽于沉思,态度倨傲,似乎总是内心窃笑那些他认为不及他的人。一次偶然机会我把我的作品读给他听,他听了。虽然书读了,可是他却跟我谈他的作品。"可是,请您告诉我,对于您的作品,他是什么看法？""我已经跟你说过,他跟我谈他的作品。"

26（Ⅳ）　任何再完美的作品,如果作者听信所有审查官的话,把他们最不满意的地方通通删掉,那么这作品将在批评界的声讨下灰飞烟灭。

27（Ⅳ）　下面是做过的实验：如果有十个人主张删掉一本书的一个词组或者一个看法,我们可以轻而易举地提供同样多的人主张采用这个词组或者这个看法。这些人会喊道："为什么要删掉这个观点？这个观点新颖,优美,表达手法令人叹服。"相反,另一些人则坚称这个观点不值一提,或者说他们可以换一种手法来表达这个观点。张三说："你的作品中有个词语表现力独特,把事物描绘得合情合理。"李四说："有个词用得稍欠斟酌,而且没有充分表达您可能想表达的意思。"可所有这些人这样意见纷纭的正是针对这同一个词,而所有的人全都是这方面的内行或者被视为行家里手。在这种情况下,一个作者除了大胆地同意赞成他的人的意见之外,还能怎么办呢？

28（Ⅳ）　一个严肃的作家没有必要把别人针对其作品某个地方可

能说出来的一切胡言乱语,一切脏话粗话,一切恶意的话,以及别人能够做出来的牵强附会地对号入座,全都装在自己的脑子里,更不要因此把这些地方删掉。我们都确信,不管写作时如何小心翼翼做到精确无误,都免不了遭到恶作剧者的冷嘲热讽;而被人家胡说八道一通,往往是可能碰到的唯一的最好遭遇了。

29(Ⅷ) 如果某些人性情急躁、专横而又态度生硬,那么用词语来表达看法就是多余的。跟他们说话,必须借助手势或者干脆不说话来让他明白自己的意思。不管你怎么注意文字紧凑简洁,也不管你素以文字紧凑简洁著称,他们总是认为你的文字含混不清。你必须让他们对你的一切创作进行补充,而你必须只是为了迎合他们而写作。他们从开头的一个词来想象一大段话,用一段话来想象整个章节;你只要给他们读了作品的一个地方,就足够了,他们已经洞悉了事实,了解了作品。一篇晦涩的文字对于他们来说是一次愉悦身心的阅读,如果这种会博取他们欢心的不正常的文笔少了,而又少有作家去迁就这一点,这对于他们来说简直是个损失。设想这样的情景:一条大河流水虽然湍急但水势平稳均匀,或者一场大火,风高火急,在远方蔓延到森林,吞噬了橡木和松树,即使根据这样的情景造出的比喻,他们也丝毫不认为有什么表现力。如果你向他们点燃一束令他们出其不意的希腊火硝,或者打出一道令他们头晕目眩的闪电,他们干脆就离开你了。

30(Ⅷ) 一部令人满意的作品和一部完美的或者中规中矩的作

品,这两者之间有着多大的距离啊!我不知道如今是否还有后一类作品。对于罕有的天才来说,遇到伟大与高尚的东西也许比避免犯各种错误更容易些。《勒·熙德》①在初演时只听到一个声音,那就是赞赏之声,它比徒劳地企图摧毁它的当局和政治更加强大有力,它使意见和感情总是分歧的人们,使大人物与小百姓都团结起来支持它,他们一致同意要牢记这部诗篇,要去戏院提醒朗诵这剧本的演员。《勒·熙德》终于成为人们能够创作的最卓越的诗篇之一,而对《勒·熙德》的批评,则成为对任何题材所曾经作出的最佳的评论。

31(Ⅷ)　当阅读陶冶着你的心灵,令你产生高尚而坚毅的感情时,别去寻找其他尺度来评断作品了;这个作品是好的,它出自创造者之手。

32(Ⅳ)　卡皮斯②自命为优美风格的评判者,而且自认为文笔可与布乌尔③和拉比丹④媲美。他反对人民的声音,只身一人说达米斯⑤不是个优秀的作者。达米斯顺从多数人的意见,巧妙地

---

①　《勒·熙德》,17世纪法国剧作家高乃依的代表作,也是古典主义戏剧的奠基作品。——译者
②　指布尔索(1638—1701),喜剧作家,布瓦诺的文敌。——P. R. 注
③　布乌尔(1628—1702),法国耶稣会士,语法学家与批评家,布瓦诺和拉辛的朋友。——译者
④　布西·拉比丹(1618—1693),法国作家,著有讽刺小说《高卢人情史》(1665),《回忆录》(1856年遗著)内有大量与当时的才子,尤其是跟他的表妹塞维涅夫人的通信。——译者
⑤　达米斯指布瓦诺。——弗拉玛里翁注

跟公众一道说卡皮斯是个冷漠的作家。

33(Ⅳ)　包打听的职责就在于说,现在有一部什么书在流行,它是在卡拉莫瓦西出版社①以什么字体出版的,纸张优良,装订精美,相当畅销。他还应该知道经销这本书的书店的招牌。可是他的荒唐之处就在于他要做这本书的批评家。

(Ⅳ)　这个包打听至高无上的优点就是对政治夸夸其谈,言而无物。

(Ⅳ)　这个包打听晚上安安静静地躺在一条消息上,可这消息夜里已经过时,结果早上他一觉醒来只好把这消息扔掉了。

34(Ⅳ)　哲学家耗尽他的生命去观察人,运用自己的理智去剖析生命中的恶习和荒诞。他之所以用一些技巧来表达自己的思想,不是出于作者的虚荣,而是为了对他发现的真理作必要的完整阐述,以留下印记,有助于体现自己的构思。然而有些读者认为,如果他们郑重地说自己读过他的书,这本书颇有文采,这是对他连本带利的回报;可是哲学家拒绝了他们所有的称赞,因为他并没有企图通过他的作品和他夜以继日的劳作来获取称赞。他的计划有着更高的追求,他的行动是为了更崇高的目的;他希望从人们那里得到的不是赞扬,甚至也不是回报,而是更伟大、

---

①　著名的出版与书店王国。——P.R.注

更罕有的成功,这成功就是使人们变得更好。

35(Ⅳ) 蠢人读一本书可是不懂得书的意思;平庸之辈认为自己已经完全读懂这本书;伟大的人有时并没有完全读懂:书中晦涩的地方他觉得晦涩,明白的地方他觉得明白;虚夸的才子则要把一点也不晦涩的地方说成是晦涩难懂,而把非常易懂的说成看不懂。

36(Ⅳ) 一个作者企图通过他的作品得到别人的赞赏那是徒劳之举。蠢人有时会赞赏,可那是一些蠢人;才识之士内心孕育着所有的真理和所有的感情,在他们看来,没有任何东西是新鲜的,他们很少赞赏,他们只是赞成而已。

37(Ⅳ) 我不知道还有谁比巴尔扎克①和瓦蒂尔②赋予他们的文学更多的才情,更多的手法,更多的情趣和更多的风格,他们的文学中没有那些从他们的时代以来才充斥于写作中的靠女人而产生的感情。女性比我们男性更善于此类写作。那些写作手法和表达方式很自然地在她们笔下流淌出来,而这些我们却要靠长时间的劳动和艰辛的寻找才能得到;她们选词用字得心应手,

---

① 让-路易·吉·德·巴尔扎克(1597? —1654),著作有《谈话录》《君王》《基督徒苏格拉底》。——拉布吕耶尔注

巴尔扎克,法国文学家,批评家,法兰西学院元老之一,曾给予法国古典散文的发展以重要影响。——译者

② 瓦蒂尔(1567—1648),法国诗人。对法国17世纪文体风格产生过双重影响:劝导诗人放弃意大利诗体,建议散文家恢复散文的抒情风格和简练文笔。——译者

遣词造句如此得当,乃至于虽然这些词是那么熟悉,可它们却具有充满新意的魅力,仿佛是专门造出来应用于她们放置的地方;唯有她们能够让人从单独一个词中读出全部感情,把一个细腻的思想表达得淋漓尽致;她们一串串话语,只是靠意思紧紧相扣,十分自然地彼此相连,你想模仿也模仿不来。如果女人始终都是端庄贤淑的,那么我敢说她们中某些人的信函也许是我们语言中写得最出色的作品了。

38(Ⅳ)　泰伦提乌斯要弥补的只在于要少些冷漠:他的著作内容是那么纯净,表达是那么准确,人物是那么文质彬彬,那么优雅,品格是那么高尚!莫里哀①要弥补的只在于要避免土话和粗话,文字要纯粹:他的人物是那么激情火热,那么朴实无华,巧妙的玩笑是那么容易脱口而出,风俗模仿得那么逼真,形象描绘得那么生动,对于可笑之事鞭挞得那么入木三分。可是这样一来,我们有可能把这两个喜剧作家造就成什么样的人呢?

39(Ⅴ)　我读过马莱伯②和狄奥菲鲁斯③的书。他们两人的著作都朴实自然,不同之处在于前者文笔浑厚而匀称,把自然中美好

---

① 莫里哀(1622—1673),17世纪法国最伟大的剧作家。著有《冒失鬼》(1655)、《多情的医生》(1658)、《太太学堂》(1662)、《达尔杜夫》(1664)、《吝啬鬼》(1668)等。——译者
② 马莱伯(1555—1628),法国诗人。坚持格律严谨、用词审慎和纯正,是为法国古典主义开辟道路的理论家。——译者
③ 狄奥菲鲁斯(亚历山大的圣狄奥菲鲁斯),创作活动时期约在5世纪初,埃及基督教神学家。——译者

与高尚,淳朴与单纯的东西都同时表现出来,他把自然绘成画卷或者写成历史。后者则不拘一格,不讲规矩,信笔写来,变幻不定,时而连篇累牍描写,精雕细刻细节——他在进行解剖;时而虚构夸张,把真实置于自然之中,他把自然写成小说。

40(Ⅴ)　龙沙①和巴尔扎克在各自领域中各有优缺点,从而为他们身后培养出一些在诗歌和散文方面非常伟大的人物。

41(Ⅴ)　马罗②由于他的写作手法和文笔,似乎是龙沙之后写有所成就的人:在马罗和我们之间几乎只有几个字的差别。

42(Ⅴ)　龙沙和他同时代的作家对文风的危害甚于对文风的建树:他们使文风在走向完善的路途中停滞不前,导致文风始终不得完善而再也无法自拔。令人惊诧的是:马罗的作品如此自然而流畅,却无法使龙沙成为一个比龙沙和马罗更伟大的诗人,尽管龙沙也充满狂热与激情;相反的情况是,在贝洛③、若代尔④、

---

　①　龙沙(1524—1585),法国文艺复兴时期最杰出、最多产的诗人,著有《颂歌集》(1550)、《龙沙的情歌》(1552)等。——译者

　②　马罗(1496?—1544),法国文艺复兴时期最伟大的诗人之一,有早期的讽刺诗《地狱》和1532年出版的《克莱芒的青少年时代》等。——译者

　③　贝洛(1528—1571),法国文艺复兴时期的学者和诗人,七星诗社成员之一,著名作品有《羊圈》《女名流》《宝石情深》等。——译者

　④　若代尔(1532—1573),法国戏剧家、诗人,七星诗社的成员之一,成功地创作了法国最早的近代喜剧和近代悲剧。——译者

巴塔斯①之后,像拉康②和马莱伯这样的人便接踵而至,于是我们的语言刚刚受到破坏便被修正过来了。

43(Ⅴ) 马罗和拉伯雷③不可原谅之处在于他们作品中脏话连篇。他们两人都有足够的天才和禀性摆脱这些,即使是那些不想去欣赏而是企图去取笑他们的人也是这么认为。拉伯雷尤其令人无法理解,他的书是一团谜,不管怎么说,是说不清道不明的谜,是离奇的怪物,是美丽女子的脸加上蛇的尾巴和脚,或者是别的更加丑陋的野兽;是细腻而聪敏的道德与淫秽下流的伤风败俗的怪诞的结合。或者说他坏,坏到远比最坏的还要坏,成为下流人之最爱;或者说他好,好到精美极致和卓越无比,可以成为最美味可口的菜肴。

44(Ⅴ) 两个作家④在他们的作品中攻击蒙田⑤,不过我并不这么认为。可虽然没有任何攻击,他们两个似乎丝毫也不尊重他。一个思考得不够深入,所以无法欣赏一个思想深刻的作者;另一

---

① 巴塔斯(1544—1590),法国诗人,法国新教胡格诺派成员。——译者
② 拉康(1589—1670),法国诗人,法兰西学院院士,马莱伯的弟子。《牧歌》(1679)是形式严谨但充满真诚激情的诗篇,诗中传达了作者不幸的爱情。——译者
③ 拉伯雷(1494—1553),法国作家,作品《巨人传》是一部政治性很强的讽刺作品,是反映16世纪上半叶法国封建社会的巨幅画卷。——译者
④ 指尼科尔和马勒伯朗士。——P. R. 注
　尼科尔(1625—1695),法国天主教神学家、著作家、伦理学家、论辩家。著有《波尔罗瓦尔逻辑学》(1662)。马勒伯朗士(1638—1715),天主教教士、神学家和笛卡尔主义的主要哲学家。——译者
⑤ 蒙田(1533—1592),法国思想家、作家、怀疑论研究者,著有《随笔集》等。——译者

个想得过于钻牛角尖,所以无法适应淳朴自然的思想。

45(Ⅴ)　庄重、严肃、一丝不苟的文笔会有相当长久的生命力,我们至今还阅读阿米欧①和科埃非多②的作品。跟他同时代的人,我们读谁呢?就遣词造句和表达方式而言,我们阅读巴尔扎克③,他没有瓦蒂尔④老;但就写作手法、意趣和淳朴自然而言,瓦蒂尔不时兴,跟我们的作家毫无相似之处,那是因为在一些人眼里,可以比较容易把瓦蒂尔忽略掉,而要模仿他却不容易;那些少数追赶他的人却无法达到他的水平。

46(Ⅰ)　LeM++G++⑤立即落得一无是处。有许多别的作品与他的作品十分相似。用来发财的发明花样百出,靠一本愚蠢的书便是一种,因为有傻瓜会去买;不过偶尔做做十分无聊的事,说说傻话,那就是不了解老百姓的口味了。

47(Ⅰ)　我们清楚地看到:歌剧就是一出大戏的粗坯。歌剧告诉

---

①　阿米欧(1513—1593),法国主教和古典著作研究者。翻译普鲁塔克的《道德论丛》和《名人传》,特别是《名人传》对文艺复兴时期法国和英国的人文主义发展有重大贡献。——译者
②　科埃非多,《罗马史》和《人的感情描述》(1615)的作者。——P.R.注
③　指让-路易·吉·德·巴尔扎克。——P.R.注
④　上流社会的诗人,风流的书简作家。——P.R.注
⑤　《风流信使报》由多诺·德·维则主编,是现代派的讲坛。——P.R.注
　　有的版本写为 LeH+++G+++,即 HermèsGalent。Hermès(赫尔墨斯),古希腊神话的信使,相当于古罗马神话的 Mercure(墨丘利)。HermèsGalent 即 Mercuregalant,《风流信使报》。——译者

人们大戏究竟怎么回事。

（Ⅰ） 我不知道歌剧的音乐如此完美动听，花销如此浩大，为什么还会让我感到腻烦。

（Ⅰ） 歌剧里有些部分让人巴望看到别的部分，有时又让人情不自禁地希望整场戏赶快结束：这种情形，其错在于戏，在于情节，在于某些与其相关的事情。

（Ⅳ） 歌剧迄今都不是一首诗篇，而是几行诗句。而自从安菲翁及其一伙人的精心设置①，不用机关布景以来，歌剧也不成为戏剧，而是一场音乐会，或者说是一些用乐器支撑住的声音。他们说机关布景只是让小孩开心的玩意，只适用于提线木偶戏：它增添了虚构的想象而且加以美化，使观众保持着美好的幻想，这种幻想便成为戏剧全部快乐之所在，或者说它还让人们突然置身于不可思议的神奇之中。他们这么说，而且也这么做了，这就是要让人上当受骗和养成低俗的品位。贝蕾尼丝②和珀涅罗珀③不需要飞行，不需要战车，也不需要换景，可是歌剧却需要

---

① 安菲翁-吕里取消了"机关布景"。——P. R. 注
　　安菲翁，古希腊神话宙斯的儿子，诗人和音乐家。吕里（1632—1687），法国宫廷歌剧作家，其歌剧创造了一种与众不同的新风格，被称为"用音乐写成的悲剧"。他建立了法国序曲的形式，摒弃了朗诵体的枯燥形式，使用有伴奏的宣叙调。——译者
② 拉辛的《贝蕾尼丝》和高乃依的《提图斯与贝蕾尼丝》。——P. R. 注
③ 珀涅罗珀，古希腊神话中斯巴达人伊卡里俄斯和仙女珀里波亚的女儿，英雄奥德修斯的妻子，荷马史诗《奥德赛》中的女主人公。——译者

这些,这种表演的特点就是以始终如一的魅力来扣人心弦,来抓住人的眼睛和耳朵。

48(Ⅳ) 这些热心的人组建了剧团,布置了机关布景,创作了芭蕾,写好了诗句,谱就了音乐,排出了整个戏剧,乃至于建造了演戏的大厅,从奠基之时起,我就听到屋顶与四面墙壁的响声。谁会怀疑,水上的追逐,转桌的魔力①,迷宫的奇迹②也是他们的创造呢? 我从他们身体的动作,从他们对整个成功扬扬自得的满意神情,作出这样的判断。如果我搞错了,如果他们对这种如此壮丽,如此优雅,如此经久不衰的游园会没有作出任何贡献,或者只要一个人就可以作出策划,承当费用,那么我要赞赏两件事:那就是把一切搞得翻天覆地的这个人的安详和冷静,与那些啥事不干的人的尴尬和举动。

49(Ⅳ) 那些内行人,或者自命内行的人,赋予自己对所有戏剧的表决权和决定权,他们还固执己见,分成对立的几派,每一派的人不是出于公心或者公正的考虑,而是出于别的利益,欣赏某一诗篇或者某一乐曲,而对别的全都嗤之以鼻。他们由于这样狂热地为他们的偏见辩护,既损害了对立的一派,也损害了他们自

---

① 指尚蒂依森林的狩猎聚会。——拉布吕耶尔注
② 指孔代亲王举行的游园会上,"在尚蒂依曲径纵横的森林中给人吃的十分精美的点心"。——拉布吕耶尔注
　　大孔代亲王(1621—1686),法国最后一次投石党人反叛中左右局势的人物。善于独立思考,既不听命于上帝的教诲,也无视王室的权威,与当时的哲学家斯宾诺莎等交往。——译者

己一帮人；他们的话矛盾百出，使诗人和音乐家们无所适从，从而耽误了科学与艺术的进步，因为他们剥夺了诗人和音乐家们本可以从许多优秀的大师们在各自的领域和根据自己的才能，通过竞赛与自由所创作的非常优秀的作品中取得的成果。

50（Ⅳ） 为什么我们如此放纵地在剧院里发笑而羞于在那里哭泣呢？是不是人的本性就是对可怜的事情欠缺同情而对可笑的事情却会开怀大笑呢？吸引我们注意的是否就是人性的变坏？这种变坏在放纵的嬉笑中比在最辛酸的痛苦中表现得更为明显，于是我们在大人物面前，在所有受尊敬的人面前，转过脸偷着笑而表面装着哭的样子。特别是当遇到一个虚假的题材，而自己似乎受这题材欺骗的时候，人们是否觉得，让人看出自己心软或者显示出某种弱点，这是在受某种惩处？那些一本正经的人，那些我行我素的人，他们不管对于过分的笑还是哭，都认为是懦弱的表现，所以他们既不笑也不哭。我们且不谈他们了，既然如此，对于悲剧的场面，我们还能期待什么呢？要它逗笑吗？何况真理难道不是以自己的形象，跟在悲剧场面中一样，也强烈地体现在喜剧场面中？在这两种戏剧类别中，心灵难道不是都先追求真实然后才会被感动？难道心灵本身就如此容易得到满足？它难道不是还需要像真的东西？因此，在喜剧进展到某处时，听到整个圆形剧场到处响起笑声，就根本不是什么奇怪的事情了，相反这让人设想它很有趣，表演得非常逼真，于是每个人都极力强制自己忍住眼泪；至于人们想用来掩盖眼泪的不适当的笑声则清楚地证明，伟大的悲剧场面的自然效果，就是在大庭广众下大家一起痛痛快快地大哭一场,除了擦拭眼泪,没有什么不好意思的,这样大家不仅会习惯于尽情流泪,还会经常焦急地等待在剧院里流泪,而且觉得这没有什么可害怕的。

51(Ⅵ) 悲剧诗从剧情一开始便揪住你的心,让你在剧情的整个进展中几乎不能自由呼吸和没空恢复心灵的平静,或者它即使给你喘息的时间,也只不过要把你再投入新的深渊和让你产生新的不安。悲剧诗把你从怜悯引向恐怖,或者反过来从恐怖引向怜悯;它用眼泪,用呜咽,用游移,用希望,用害怕,用惊奇以及用厌恶,乃至于用灾难来支配着你。因此,随着最后一场真相大白而来的并不是一串柔情蜜意的交流,温情脉脉的爱情表白,卿卿我我的谈话,娱人悦目的人物描绘,甜言蜜语或者有时非常有趣的逗笑的话,这时叛逆者都不讲任何道理①,而为了符合社会礼仪,最后总要流血,某个倒霉鬼就要丢掉性命。

52(Ⅴ) 戏剧里的风俗不能腐败这还不够,它还必须中规中矩,有教育意义。戏剧里可以有十分低俗,十分粗鲁,或者甚至十分平淡,十分没意思的笑料,诗人不必予以注意,观众也不会加以嘲笑。农夫或者醉鬼可以给闹剧演员提供几场戏,不过他也只不过勉强进入真正的喜剧而已:他怎么能够成为喜剧的实质内容或者主要情节呢?有人说:"这些品格符合自然的天性。"那么,根据这条规则,人们很快就要让一个吹口哨的跟班,一个穿着睡

---

① "悲剧的一般结局——造反。"——拉布吕耶尔注
参阅高乃依的《庞贝之死》或莫里哀的《纳瓦尔的唐加尔西》。——P. R. 注

袍的病人,一个睡着觉或者正在呕吐的醉汉占据整个圆形剧场了;这岂不是再自然不过的吗?一个女人味十足的人迟迟起床,花半天时间梳妆打扮,照镜子,喷香水,贴假痣,收情书,回复情书,这就是她的本性。你把这个角色搬到舞台上,你让她上演的时间越长,一幕戏,两幕戏,她就越自然,越符合她古怪的样子,但戏剧也就越没有生气,越索然无味了[①]。

53(Ⅰ)　似乎小说和喜剧都可能是既有益又有害的。我们在小说和喜剧中看到坚贞、德行、温情和无私,如此优美和如此完善的品格的伟大范例,以至于一个年轻人从小说和喜剧里抬头举目环视他周围的一切,看到的只是一些跟他方才所欣赏的东西毫不相称、远远不如的对象,因此我诧异他对于这些对象会有哪怕一丝半毫的偏爱。

54(Ⅰ)　高乃依在他所擅长的方面是无与伦比的,他具有一种在当时来说独特而无法模仿的品格,但是他的作品参差不齐:他早期的戏剧枯燥乏味,了无生气,根本不会让人料想到他以后会取得如此巨大的成就;可他晚期的作品则令人惊讶地看到他居然会从那么高的地位一落千丈。他最好的剧本中有几部存在着违背风俗的不可原谅的错误,一种使情节停滞不前、委顿无力的夸张的风格;一个如此伟大的人物在诗句和表达方面会发生的我

[①] 对当时风俗喜剧《卖弄风情的女人和假正经女人》《时运亨通的男人》作者巴龙的批判。——P. R. 注

巴龙(1653—1729),法国喜剧演员和剧作家,莫里哀的学生与朋友,当时最优秀的喜剧演员之一,留下有十余部的作品。——译者

们无法理解的一些疏忽。他身上最卓绝之处,就是智慧,他具有崇高的智慧。正是有这种智慧,他才能够写出我们曾经读到的最优美的诗句,才能够有时试图违背古人的规则来驾驭戏剧的情节,最后才能够设置其戏剧的结局,因为他并不总是唯希腊人的爱好是从和追随希腊人的极端简单质朴,相反他喜欢让戏剧中充满事件,而他又几乎总是能够从这些事件中成功地超脱出来。他的戏剧值得赞赏,特别是由于他所写的这么多诗篇,构思极具多样性,彼此之间很少有共同之处。拉辛的诗似乎相似之处更多,使得这些诗有点趋于雷同;但是拉辛的诗音步均匀,格调典雅,不管就剧本的构思和情节的驾驭而言,还是就诗的韵律而言,都是如此:构思和情节符合情理,整齐规矩,取自于良知和自然;而诗的韵律正确,韵脚丰富,诗句高雅,格律多样,声调和谐,准确地模仿古人,严格遵循古人的要求,做到情节明晰而简洁,就像高乃依一样,诗中不乏伟大甚至神奇,也不乏感人与悲怆。还有什么戏剧比整部《勒·熙德》《珀利厄特》[①]和《贺拉斯》[②]中所流露出来的更加温柔多情?米特里达特、波罗斯和布鲁斯[③]身上难道没有表现出伟大的崇高?人们称之为恐怖与怜

---

① 《珀利厄特》(1641),高乃依的五幕悲剧。——译者
② 《贺拉斯》(1640),高乃依的悲剧。该剧更富悲剧色彩,艺术形式更完整,更符合古典主义的三一律,但艺术成就却不及《勒·熙德》。——译者
③ 拉辛《米特里达特》《亚历山大大帝》《布里塔尼库斯》中的人物。——P. R. 注
　米特里达特(约前554—前489),在马拉松战役中打败波斯军队的古希腊名将。拉辛借用阿庇安和普鲁塔克的《米特里达特》题材写出五幕诗体悲剧《米特里达特》(1673)。波罗斯,活动时期约在公元前4世纪,印度王公,曾统治海达斯帕斯河(吉拉木河)与阿塞西纳斯河(哲拉布河)之间的广大地区,后臣服亚历山大。拉辛悲剧《亚历山大大帝》于1666年上演。布鲁斯(? —62),古罗马皇帝尼禄的主要顾问,禁卫军长官。《布里塔尼库斯》于1669年上演。——译者

悯的这些激情,是古人所至爱的,而悲剧则喜欢在舞台上将其激发出来,这些激情是这两位诗人所熟知的。拉辛的《安德洛马克》中的俄瑞斯忒斯①,同一作家的费德尔②和高乃依的俄狄浦斯③和贺拉斯,便是明证。但是如果允许我在他们之间作某种比较,并通过最符合他们特性的东西和他们作品中通常最光彩夺目的特点来对他们分别说明,那么我们可以这么说:"高乃依要我们服从他的品格和理念,拉辛则适应我们的品格和理念;高乃依根据人应该是什么样子而把人描绘成什么样子,拉辛根据人是什么样子便把人描绘成什么样子;在高乃依的作品中,更多的是我们所仰慕乃至于我们应该模仿的东西,而在拉辛的作品中,更多的是我们可以在别人身上辨认出来甚至在自己身上感受到的东西;一个培育情操,发人深省,掌控观众,教导他人,另一个令人喜爱,感人肺腑,触动心灵,深入内心。前者驾驭着理性中最优美,最高贵,最不可或缺的事物,而后者则驾驭着激情中最讨人喜欢,最细腻敏感的成分。在高乃依作品中我们看到的是箴言,是规矩,是告诫,而在拉辛作品中则是情趣和感情。有的人受高乃依剧本的吸引,有的人则更受拉辛剧本的震撼和

---

① 《安德洛马克》(1667)。俄瑞斯忒斯,古希腊神话中迈锡尼国王阿伽门农的儿子。阿伽门农死于其妻子的情夫之手。俄瑞斯忒斯长大后为父亲复仇,杀死母亲及其情夫,受到复仇女神的惩罚。在阿波罗的催促下,他到雅典最高法庭为自己辩护。雅典娜投出赞成无罪释放的决定性一票。——译者
② 《费德尔》(1677),拉辛为公演而写的最后一出悲剧。费德尔是瑞典国王岱赛的妻子。——译者
③ 俄狄浦斯,古希腊神话人物,底比斯国王,他无意中杀死父亲并娶生母为妻。《俄狄浦斯王》(1659),高乃依不成功的作品,与索福克勒斯的古希腊悲剧《俄狄浦斯王》不是一回事。——译者

感动。高乃依更注重道德,拉辛更师法自然。似乎一个是模仿索福克勒斯①,另一个则更像欧里庇得斯②。

55（Ⅰ） 老百姓把某些人能够以激昂的手势、洪亮的声音和鼓足的力气轻松自在地长时间说话称为有口才。那些老学究只允许在演说中采用这种雄辩术,认为它跟修辞手段的堆砌,夸夸其谈的言辞和圆通直接的起承转合没有什么区别。

（Ⅰ） 似乎逻辑是令人信服某种真理的技术,而口才则是生命的天赋,这种天赋使我们主宰着别人的心灵和精神,启发他们或者说服他们接受我们所喜欢的一切。

（Ⅰ） 口才可以体现于交谈和各种类型的书面文字中。我们要口才的时候很少能够找到,而我们不寻找的时候,它有时就在那里③。

（Ⅳ） 当各种因素具备时,口才是臻于崇高之物。

---

① 索福克勒斯(约前496—约前406),古希腊三大悲剧诗人之一。——译者
② 欧里庇得斯(前484—前406),古希腊三大悲剧作家之一。——译者
③ 宣称口才是一种形式上的装饰,这与西塞罗、李维或昆体良所定义的雄辩术是说服人的艺术相去甚远。——P. R. 注
　昆体良(约35—96),又译昆体利安,古罗马修辞学家与教师。著有《雄辩家的培训》《长篇雄辩术》和《短篇雄辩术》等,强调教育的目的是造就熟练的演说家,其重点是道德教育,优秀的演说家必须首先是优秀的公民。——译者

（Ⅳ）何谓崇高？似乎它并不像人们所定义的那样①。崇高②是个修辞手段吗？它产生于修辞手段或者至少产生于某些修辞手段吗？是否各种类型的书面文字都接受崇高？或者只有伟大的题材才有可能使用崇高？在田园诗中，除了一种自然美之外和在亲密的书信和谈话中，除了一种十分细腻的情感外，崇高还能使别的东西闪烁光芒吗？或者不如说，自然和细腻不就是使作品达到完美境界的崇高之物吗？究竟什么是崇高？崇高存在于何处？

（Ⅳ）同义语是表述同一个事物的若干不同的话语或者若干不同的句子。对照是将两个互相启示的事实进行对比。隐喻或者明喻是借用一个不相干的事物来赋予一个事实以感性而自然的形象。夸张是过分地表述一个事实使人对其有更透彻的认识。崇高只描绘事实，不过是把它作为一个庄重的题材来描绘，崇高从原因到结果全面描绘整个事实，是这个事实最相称的表达方式或者形象。庸碌之辈找不到唯一的表达方式便使用同义词。年轻人赞赏鲜明的对比，便运用对比的手法。循规蹈矩的人喜欢使用尽可能精确的形象，自然倾向于使用明喻和隐喻。冲动的人充满热情，巨大的想象使他们超出了规矩与限度，无法满足于夸张。至于崇高，甚至在大天才中，也只有天分最高的人才能

---

① 与布瓦诺的《论崇高》(1674)有别，拉布吕耶尔指出这个概念的丰富程度是一切定义都不可企及的。——P. R. 注

② 崇高体，修辞格之一，古典美学中为使精神升华所使用的三种文体中的一种。——译者

够使用。

56(Ⅶ) 任何作家,为了写得清楚明了,应当设身处地为读者着想,把自己的作品作为对对方来说是新的、第一次读到的,或者跟阅读者毫无关系、作者请他指正的东西来考查,然后才相信所写的作品之所以能够被人理解,不仅因为自己能够读懂,还因为这作品的确是可以理解的。

57(Ⅳ) 人们只是为了让人听到自己的声音而写作,但是在写作时至少要让人看到某些美好的事物。作者固然应当语句规范和用词确切,但是这些意义确切的词应该表达一些高尚的、敏锐的、有理有据的、蕴意美好的思想。让纯净和明晰的论述用于一个枯燥乏味、不结果实、缺乏风趣、一无用处、了无新意的题材,那是物非所用;让读者轻而易举、毫不费劲地了解一些无聊而幼稚,有时是平淡而普通的事情,使他们更加无法把握一个作者的思想,从而厌烦他的作品,这对于读者来说有什么好处呢?

(Ⅳ) 作家之所以使某些作品具有一定的深度,之所以运用精巧的手法以及有时运用非常细腻的描绘,只是为了得到他的读者的好评。

58(Ⅳ) 在阅读由某些心怀偏见和心存诡诈的人写的书时,会发生这样令人不快的事情,那就是发现书里写的并不都是实话。其中事实经过伪饰,没有原封不动地道出相互提出的理由,也没有完全正确地加以叙述;而且最令读者厌烦的,就是要读到一些道貌岸然的人,由于对某个学术观点或者某个事实意见不一,发生个人争吵时彼此说出的大量刻薄骂人的词语。这些作品的特别之处,就是根本不配如此风靡一时;而当激情和分歧终于泯灭,它们成为明日黄花时,也不该被人们久久遗忘。

59(Ⅶ) 某些人的荣耀或者功绩在于写得好,而另一些人则在于根本不写。

60(Ⅳ) 有人20年来一直不停写作,有人成为篇章结构的奴隶,有人以新词丰富了语言,挣脱了拉丁语的桎梏,把文体简约为纯粹法文的句子;有人几乎又得到了马莱伯和巴尔扎克首先达到,而被他们以后那么多作者听任丢失的文句的和谐;有人终于尽其可能使文章条理分明,表达清晰,这便不知不觉地使文章具有了灵动的特点。

61(Ⅳ) 一些创造者或者能干的人,其精神跟他们所从事的艺术和知识一样宽广。他们把从精神和精神的本原中通过天才和创造所得到的东西,成功地还给精神。他们为了使艺术高尚而超脱艺术;他们背离规则,如果规则不能引领他们走向伟大和崇高。他们形单影只,彳亍前行,但是他们总是攀登弥高,深入弥远,始终坚信自己,并通过不时从打破常规中得到的好处而肯定自己的行为。那些循规蹈矩、温顺听话、谨小慎微的人,不仅不及他们,不欣赏他们,而且还不理解他们,更不愿仿效他们。他们心安理得地局促于自己领域的范围,在他们能力与智慧所及的界限内行走,而不再前行,因为他们根本无法看得更远;他们至多在二等中名列前茅,是平庸之辈中的佼佼者。

62(Ⅴ) 有些人,容我大胆这么说,智力低下逊人,他们似乎生来只是收集、登记或者保存天才人物的各种作品:他们就是抄写员,翻译匠,编书人。他们没有思想,说的都是作者们想过的事情,而由于对思想进行选择是一种创造,所以他们选择错误、选择不当,这决定了他们只是转述许多事情而不是转述优异的事情;他们丝毫没有属于自己的独特之物;他们只知道自己学过的东西,而那些都是大家希望不知道的,它是一门这样的学科:枯燥无味,毫无乐趣和用途,在交谈时根本谈不到,交际中根本用不上,犹如一枚不能流通的硬币。人们既对他们阅读的内容感到惊讶,也对他们的谈吐或者他们的作品感到厌烦。大人先生和普通百姓把这些人跟学者混为一谈,而贤人智者则把他们归于老学究之流。

63(Ⅶ) 评论往往不是一门学问,而是一个行业;评论更需要的是健康而不是思想,是劳动而不是能力,是经验而不是天才。如果这评论是来自于一个书读得多而判断力差的人,或者是就某些章节进行批评,这种批评既误导了读者也曲解了作家。

64(Ⅵ) 我建议一个天生没有创意、非常谦卑地跟着别人亦步亦趋的作者,专门选择需要投入才智,投入想象,甚至投入广博知识的这一类作品作为自己效法的典范。即使他达不到原作的水平,至少能够接近原作,这样就有人读他的作品了。反过来,他应该像躲开暗礁一样避免模仿这样的人:他们率性写作,凭心说话,用词语与形象来启迪人们,而且可以说他们写在纸上的一切全部都掏之于自己的心窝。这种人是危险的榜样,会把一切企图追随他们的人陷于平淡、陷于粗俗、陷于可笑。的确,我会嘲笑一个想正儿八经地用我的腔调说话,或者让他的面孔长得跟我一模一样的人。

65(Ⅰ) 一个生来就是法国人和基督徒的人,对于讽刺诗会感到束手束脚,因为不允许他写重大的题材。有时他刚开始写,随即就转向他出于卓越的天才和优美的文笔而注意到的小事情。

66(Ⅰ) 必须避免空洞而幼稚的文体,以免像多里拉和曼布尔①那样。相反,在某种作品中,可以尝试某些表达手段,使用移植的词语来作生动的描绘;而对于那些没有兴趣使用和听到这些表达手段、这些词语的人,我们深表惋惜。

67(Ⅰ) 那些在写作时只考虑他那一个时代口味的人,想的只是他本人而不是他的作品。必须时刻想到完善作品,这样,我们同时代的人拒绝给予我们的公道,我们的后代会还给我们。

---

① 多里拉指瓦里拉,行文冗长的历史学家;曼布尔,文笔累赘的历史学家。——P. R. 注

曼布尔(1610—1686),法兰西耶稣会士、历史学家,最著名的著作是《从历史上评述罗马教会及其历任主教的建立和权力》(1685)。——译者

68(Ⅰ)　不要在不可笑的地方放上可笑之事,那样会败坏胃口,损害自己的判断和别人的判断;但是如果某处有可笑之事,就应该在那里看出,并出于好心以令人开怀和给人启迪的方式把这可笑之事揭示出来。

69(Ⅰ)　贺拉斯或者戴斯普雷欧①在你们之前曾经说过这件事,我根据你们的话相信此事;但是我已经把它作为我想过的事说出来了,难道我不能在他们之后想另一件真实的事情,而让别人在我之后也想这事情吗!

论个人长处②

1.(Ⅰ)　一个人尽管具有最为罕见的才华和最为优异的长处,但当他想到自己临死而留下来的世界将对他的去世无动于衷,而且有那么多人在等待取他而代之的时候,谁会不相信自己是百无用处的呢?

2.(Ⅰ)　许多人只有名字还值几个子儿。你就近看他,他分毫不值;你远处望他,他神气十足。

---

①　戴斯普雷欧,跟前面提到的布瓦诺是同一个人,因尼古拉·布瓦诺也被称为布瓦诺·戴斯普雷欧。——译者

②　庸碌之辈根据其无能的程度而得到擢升,真正的长处却受到蔑视,这是社会腐败的征候。拉布吕耶尔提倡把等级制度建立在真正的价值基础之上。——P.R.注

3(Ⅳ) 虽然我深信按照各自的才能和业务专长,被挑选来担当不同职务的人能够很好履行职责,但我敢说世上有许多认得或者不认得的人,他们并没有被使用,但他们也有可能做得非常好。因此根据某些人所取得的辉煌成就,我得出这样的看法:纯粹是偶然的机会把这些人放置于这样的地位,从而做出料想不到的非常伟大的事情。

(Ⅰ) 多少可钦可佩、天才横溢的人无声无息地死去!多少还活着的人,没有人提到而且永远也不会被人提到。

4(Ⅰ) 一个人孤独一身,别无所有,只有诸多长处足以得到各种褒奖,使他可以从默默无闻中脱颖而出,达到一个正受宠信的纨绔子弟的地位;可是没有吹捧者为他鼓吹,没有党羽为他奥援,他没有参加任何团体,这是多么痛苦的事情!

5(Ⅰ) 几乎没有一个人会自己察觉出别人的长处。

(Ⅰ) 人们过于专注自身之事而没有闲空去深入理解和识别他人,结果一个长处过人却十分谦逊的人很长时间不为人所知。

6(Ⅰ) 天才和具有巨大才干的人经常缺乏机会,有时连一点机会也没有;有的人可以因他做过的事情而受到赞扬,有的人可以因他可能做的事情受到称赞。

7(Ⅳ) 发现才智之士这种情况常有,而运用自己的才智或者发挥别人的才智并加以运用的人罕见。

8(Ⅵ) 工具多于工人,而工人中差的工人多于优秀的工人。对于用刨子锯木头和把锯子当刨子用的人,你有什么办法呢?

9(Ⅰ) 世上没有比追求成名更艰难的事情了:刚刚着手为作品打个草图,生命却要结束了。

10(Ⅴ) 埃热西普要找工作,怎么办?让他到金融界还是到部队,这都无关紧要,只看哪个有利来决定,因为他既善于摆弄金钱或者编造账册,也善于舞刀弄剑。"他什么都能干",他的朋友这么说,这种说法从来就意味着他既没有能力干这件事,也没有能力干那件事,换句话说,他什么都干不好。因此大多数人年轻时忙于自己的事情,耽于怠惰或者声色犬马之乐,错误地认为到了年老时,只要他们不会做事或者生活贫困,共和国就会负责给他们安置,对他们救助。他们很少汲取这条如此重要的教训,那就是:人应该运用生命的早期岁月,通过学习和工作,变成共和国需要其技艺和智慧的人,他们应该像一块石头,整个建筑物哪里都需要,他们应该受自己利益的驱使,去追求成功或者去改善自己的命运。

(Ⅴ) 我们应该致力于使自己非常胜任某个职务,其余的事儿跟我们无关,那是别人的事情。

11(Ⅶ) 或者通过一些不取决于别人,而仅仅取决于自己的事情来让人家看重自己,或者不要人家看重自己;这是极其宝贵的箴言,在实践中具有无穷无尽的精神力量。它有益于弱者,有益于有德之士,使他们成为自己命运的主人或者保持着自己心灵的安宁。这个箴言不利于大人先生,因为它可能会减少他们的臣属,或者不如说减少他们奴隶的数目;打下了他们的威风和他们的一部分权势,使他们几乎沦于次要的和扈从的地位;它会剥夺他们的这种快乐,即让别人请求自己,敦促自己,哀求自己,让别人等待答复或者拒绝别人的请求,答应别人却不给予;它会妨碍他们满足这样的爱好,即有时当需要他们去识别人才的时候,他们却让傻瓜出名而把人才埋没掉;它会把阴谋诡计、结党营私、暗地捣乱、卑劣行为、阿谀奉承、狡猾欺诈从宫廷清除出去;它会把一个动荡不安、云谲波诡和明争暗斗的宫廷变成近似一出喜剧甚至悲剧,而智者则是这出戏剧的观众;它会使不同社会地位的人恢复尊严,使他们的脸上恢复安详;它会扩大他们的自由,在他们的内心除了天赋的才能之外,还唤醒了劳动与实践的习惯;它会激励他们进行竞争,追求荣誉,热爱德行;它不是使他们成为那些不安分、无用处、共和国难以承受的卑劣佞臣,而是使他们成为或是精明的管家,或是杰出的家长,或是廉正的法官,或是优秀的军官,或是伟大的船长,或是演说家,或是哲学家;它吸引他们所有人去做的不是别的什么不好的事情,而是留给他们继承人的财产少些而好榜样多些。

12(Ⅰ) 在法国,必须具有极其坚定的意志和十分广阔的心胸才能够辞掉官职,同意赋闲在家,不做任何事情。几乎没有人具有足够的品德能够郑重地担当起这种角色,也没有足够的金钱来排遣由于没有老百姓称为事务的东西所产生的空闲时间。不过智者的无所事事,少的只是一个更好听的名字而已:沉思、说话、看书和恬静,这就是所谓的工作。

13(Ⅰ) 一个有贤德的在位者,绝不会因为自己的虚荣心而令人生嫌。他不会因他所担任的职位而飘飘然,也不会因为没有担任上更高的而自己认为可以胜任的职位感到丢脸。他担心的只是自己对别人态度的骄傲或者蔑视,他只不满意自己。

14(Ⅳ) 一个贤德之士,要他坚持不懈地去趋奉他人是非常为难的。他这样做的缘由跟人们认为的完全相反,那是出于极大的谦卑;这种谦卑使他认为自己在君主们路过时在场,站在他们眼前,让他们看到自己的面孔,并没有一丝半点讨好君主的意图,相反他更相信自己是在打扰他们,于是他需要从惯例和自己的责任中找出各种理由来说明自己必须在场。反过来,自视甚高、被老百姓称为自命不凡的人则喜欢出头露面,因为他在趋奉他人时深信:那些见到他的大人物对他这个人的看法,跟他自己对自己的看法如果会不一样,那是完全不可想象的事情。

15(Ⅰ) 一个有教养的人用自己的双手完成他责任攸关的事情,他怀着高兴的心情这么做,而并不在意有时没有得到别人的赞扬、尊敬和承认。

16（Ⅰ）　如果我可以对两个完全不对等的条件进行比较的话，我会说一个高尚的人思考着完成自己的任务，就像一个跑手想着跑路一样，谁都不会不顾自己的生命，可谁也不想逃避危险。死亡对于他们来说是职业生涯中的一个麻烦，但绝不是一道障碍。前一种人跃身战壕，夺取了一个堡垒或者突破了一个防御工事，跟后一种人登上顶峰或者钟楼之顶，这两者都一样是过眼烟花，他们两人都只是专心致志地做好自己的事，而喜欢自吹自擂的人则力求别人说他干得好。

17（Ⅷ）　谦逊对于品德的作用，犹如一幅画里的阴影之于图像：它使品德更有力地凸现出来。

（Ⅷ）　一个普通的外表就是老百姓的衣裳，是为他们而剪裁，量身定造的；但对于那些一生充满伟业的人来说，则是一个华丽的服饰，我把他们比作不施脂粉但更加惹人喜爱的美女。

（Ⅷ）　某些人对于他自己，对于他不算失败的某些行动或某些作品沾沾自喜，听说伟大的人物都虚怀若谷，于是争当谦逊者，假装淳朴自然的样子：他们就像这些人，个子不高，走过门的时候却弓着身子，唯恐撞到门楣上。

18（Ⅵ）　你的儿子是个结巴，不要让他登上讲台。你的女儿是为了这个世界而生的,不要让她去当侍奉女灶神的贞女。你的那个浪荡子桑索斯,既软弱又胆小,赶快让他从军团和部队回来吧。"我要让他出人头地",你说。那你就在他口袋里塞满金银财宝,给他土地、头衔和领地好了。抓紧时间干吧,我们当今的时代,这些东西比德行更会让人增光。"这样我花费太多了",你又会这么说。你这么说是认真的吗,克拉苏? 你想过没有,比起你要让所疼爱的桑索斯富有,和为了免得他要承担无法完成的义务所引起的可耻后果来,这只不过是从台伯河①里取一滴水而已。

19(Ⅵ)　对待朋友,唯一要重视的是把你跟他们联系起来的那个德行,而丝毫不要考虑他是走运还是倒霉。当他们身处不幸时,如果你觉得自己可以跟他们相依相随,就应该大胆而且满怀信心地维持友谊,直至他们时运亨通取得最大的成功。

20(Ⅰ)　如果说看到稀罕的事会被强烈地感动这是人之常情,那么我们为什么对于美德这么无动于衷呢?

21(Ⅳ)　人为出身好而感到幸福,但别人不去打听你是什么出身,同样也是一件幸事。

22(Ⅴ)　在这世上不时出现一些德行出众,品质卓绝,非凡杰出的

---

①　台伯河,意大利河流,流经罗马,全长396公里。——译者

人。这些人就像不同寻常的流星,人们既不知道他们如何产生,更不了解他们消失之后何去何从,他们既无祖先,也无后代,他们整个家族就由他们组成。

23(Ⅳ)　良知告诉我们有责任,有义务去实现良知,而如果有危险,就应该冒着危险去实现良知;良知启迪了勇气或者弥补了勇气的不足。

24(Ⅰ)　一个人精于技艺并尽可能使之尽善尽美,那他在某种程度上就会超脱其技艺的范围从而跻身于最高尚、最崇高的境地。V**是画家,C**是音乐家,而《皮拉姆斯》的作者是个诗人,但是米亚就是米亚,吕里就是吕里,高乃依就是高乃依①。

25(Ⅰ)　一个自由而尚未娶妻的人,他如果有一点才智,就有可能超脱他的境遇而与最有教养的人并驾齐驱。可这对于一个已经有家室的人来说就不那么容易了,似乎婚姻使所有的人都听命于它。

26(Ⅳ)　除了个人才识之外,必须承认,人们从高官的职位和高贵的头衔取得更大的荣誉与光彩;不会成为依拉斯姆的人应该想

---

① V**指维农,C**指吕里的弟子柯拉斯;《皮拉姆斯》的作者是普拉东,是拉辛戏剧《费德尔》的对手。——P. R. 注

维农(1593—1671),法国画家;吕里(1632—1687),意大利裔法国作曲家;普拉东(1644—1698),法国悲剧诗人;米亚(1612—1695),法国画家、设计师。——译者

到当主教。某些人为了进一步扬名于世,浑身堆满贵族爵位、荣誉勋位、首席主教、王室宗亲的荣誉,而且他们可能还需要一顶教皇的三重冠;可是特罗菲姆当上红衣主教需要什么呢?

27(Ⅴ) 你会说,菲里蒙①衣服上金子发光,可是金子在商人身上也一样发光。他身上穿着最漂亮的衣着,这些衣着难道在店铺里不如在戏剧里展现得淋漓尽致?绣的花边和挂着的装饰更增加了衣着的富丽堂皇;所以我称赞工人的劳动。如果你问他现在几点钟,他打开挂表,而这挂表是个杰作;他使用的剑,护手是玛瑙的;他戴在手指上的金刚钻闪闪发亮而且完美无瑕。人们为了实用也为了虚荣而放在身上的这些稀奇古怪的小玩意,他一样也不缺。他也不会拒绝佩戴娶了一个富婆的年轻小伙子所佩戴的各种饰物。最后你这些话令我感到好奇,你至少要让给我一些这么珍贵的东西:把这件衣服和菲里蒙的这些首饰寄给我吧,我就不盯着看你的外表了。

(Ⅰ) 你坐在华丽的四轮马车上,后面跟随着一大群市井无赖,前面六匹马拖着,你认为这样别人会更尊敬你。你错了,菲里蒙:去掉你所有这些身外之物,深入到你的内心,你只不过是个花花公子。

---

① 菲里蒙(前361—前262),古希腊喜剧诗人,与梅朗德罗斯同时代,且是梅朗德罗斯的对手。——译者

(Ⅰ) 有时应该原谅这样的人:他因为有扈从前呼后拥,衣着绚丽多彩,装饰豪奢华丽,便自认为出身比人优越,才智超过他人。情况不是这样的:他从跟他说话的人的举止和眼神中看出了这一切。

28(Ⅰ) 一个人出入朝廷,经常居住城里,身披丝的或者荷兰绒大氅,宽腰带系在腰上,脚穿摩洛哥皮的鞋子,头戴摩洛哥皮的无边帽,上浆的衣领硬挺,头发油光滑亮,面色红润,回忆起某些纯属精神的荣誉,解释何谓荣誉之光,清清楚楚知道如何见到上帝,这种人被称为神师。一个谦卑微贱的人,整天埋头在办公室,一生都在思考、探寻、咨询、对比、阅读、写作,这种人是个学究。

29(Ⅰ) 在我们国家,士兵英勇,法官博学,这一点,我们是不会有所改进的。至于罗马人,法官勇敢而士兵博学;一个罗马人是士兵与法官结合的整体。

30(Ⅰ) 似乎英雄只有一个行业,即打仗的行业,而伟人从事的是各种行业:或者当法官,或者当军人,或者当职员,或者当朝臣,所有这些职业加在一起,善良的人都能够承当得起来。

31(Ⅰ) 在战争中,英雄与伟人的区别非常微妙:军人的所有品德都可以造就英雄和伟人。不过似乎前者要年轻、大胆、勇猛无比,遇到危险坚定无畏;而后者则需要通情达理,远见卓识,能力超群,经验丰富。也许亚历山大只是一个英雄而恺撒则是一个伟人。

32(Ⅶ) 埃米尔①生来就具有那些最伟大的人物只是靠规矩,靠思索,靠经验方能具有的品质,他在幼年时期只要实现其天生的才能和顺应他的天赋就可以了。他在明白事理之前,就去做了,行动了,或者不如说,他已经知道了他未曾学习过的东西。我要说出他童年时期在游戏中就取得了多次胜利吗?只要看到他青年时期做出的行动,就可以说明伴随他一生的极大幸福和长期的经历。此后所有呈现出来的取胜机会,他都把握住了;而没有出现的机会,他靠德行和运气也创造了出来:通过做过的和可能做的事,他甚至令人赞叹不已。人们把他视为不会向敌人退让,不会因敌众我寡或者障碍重重而屈服的人;视为一个充满本领和智慧、所有的人都已经看不见而他仍然看得清楚的一流人物;视为只要他率领着军团,便预兆着军团会取得胜利的人;视为一个人抵得上几个军团,在成功时伟大,在不走运时更为伟大,撤围、撤退比打了胜仗和夺取城池更加增添他的荣誉的人;视为集光荣与谦逊于一身,因此人们乐意听他说"我们打败敌人",也心甘情愿听他说"我逃走"的人;视为忠于国家,忠于他的家庭,忠于他的家长,对上帝、对众人忠贞不二的人;视为一个仰慕贤德,即使自己做得不够、做得不好,也同样心存钦佩的人,一个真实、淳朴、高尚,只是最微不足道的德

---

① 指雷里达围城战和若库亚战役的英雄孔代。——P.R.注

行略嫌不足的人。

33（Ⅰ）　可以这么说，诸神之子①超脱了自然的规则，成为自然规则的例外。他们几乎什么事情都不需要等待时间与岁月。他们身上的长处超前于他们的岁数。他们生下来就有教养，而当普通人还没有走出童年时他们已经成为完美的人。

34（Ⅴ）　目光短浅的人，我说的是思想偏狭，局限于他们狭窄范围的人，无法理解某些能人有时在同一问题上表现出来的这种普遍性——他们看到了惬意的事就无视扎实的理由，相信自己发现了身体的优美、灵活、柔软、敏捷，却再也不愿意允许其中存在着灵魂的天赋、深邃、反思、智慧；他们把苏格拉底的历史中他曾经跳过舞这件事剔除掉了。

35（Ⅴ）　很少有人如此完备，如此为他的亲朋好友所必不可少，以至于什么事都让他操许多心。

36（Ⅰ）　一个品性纯真而正直的机智的人有可能陷于某种陷阱，他没有想到有人会设置陷阱，选定他作为陷害的对象；这种信心使他不提防别人，而那些恶作剧者就从这个地方着手。但是再次这么干的人必败无疑，他只会受骗一次。

---

① 指出身王室的子孙。——拉布吕耶尔注

（Ⅰ） 如果我是公正的人，我会极力避免伤害任何人；但如果我丝毫不关心我的利益，那么我在任何事情上都是一个聪明人。

37（Ⅰ） 任何再纤细，再简单，再难以觉察的事物都会把我们显示出来。一个傻瓜像个聪明人一样不进也不出，不坐下也不起立，不沉默寡言也非站立不住。他还是个傻瓜。

38（Ⅴ） 我跟莫普斯是在他不认得我而来拜访我的时候认识的。他请一些他不认识的人把他带到他不认识的人家里去；他给只认得面孔的女人写信。他加入一个可尊敬的人组成的小团体，可这些人不知道他是谁。在小团体里，他没有等待别人询问，也不觉得自己打断了他们的聚会，便说起话来，而且往往说得可笑。有一次，他闯进一个会议室，不管什么地方就坐了下来，根本不注意别人，也不注意自己。别人不让他坐在部长的席位，他就坐在公爵和议员的位置上。他在那里成为众人嘲笑的对象，可只有他一本正经，一点也不笑。叫他把一条狗从国王的太师椅上赶走，他却爬到讲道者的椅子上，无所谓地看着大家，一点不觉得尴尬，一点不感到害臊，他跟傻瓜一样，没有什么事会让他感到可耻。

39（Ⅶ） 塞尔斯地位平庸，但有一些大人物庇护着他；他不是学者，可他跟学者有联系；他没有什么长处，但他认识一些有诸多贤德的人；他并不灵巧，可他有舌头可以表达思想，有腿可以让他从一个地方到另一个地方去。这是个天生要担任这样角色的人；四处奔走活动；听取和传达某些主张；充当事务的代理；交代的任务做得过头结果被取消委托；让第一次会晤争吵起来的人言归于好；办成一件事情而办坏一千件事情；把成功的光荣全部归于自己，而把失败的怨气都推到别人头上。他知道普通的小道消息，城里的趣闻逸事；他什么事也不干，他叙说或者听人家谈论别人做的事情，他好传播消息，他甚至知道别人家庭的隐私；他了解最高度的机密；他会告诉你为什么这个人被流放，为什么那个人被召回；他知道两个兄弟争吵的来龙去脉和两个部长的关系破裂。他不是已经向前者预言他们的不和会产生何等悲惨的后果吗？他不是已经谈到这两个部长的团结不会长久吗？当人们说某些话的时候他不是在场的吗？他不是曾经参与某种谈判的沟通？"别人愿意相信他吗？人们听信他的话吗？"你在跟谁谈这些事情？宫廷里的所有这些明争暗斗有谁比塞尔斯更了解？如果这件事不是这样的话，如果他没有至少梦想过或者至少想象过的话，他会设法让你相信这件事吗？他会流露出一个完成使命回来的人的那种神气活现、神秘莫测的神情吗？

40（Ⅶ）　梅尼普①是用各种羽毛打扮起来的鸟，可这羽毛不是他自己的。他不说话，没有见解，重复别人的看法和言论，甚至如此自然地使用别人的思想，以至于他成为第一个受骗者。他往

---

① 德·维尔路瓦元帅，圣西门曾谈到他说过的宫廷"行话"，这些"行话"没有什么内容，却会让傻瓜们赞叹不已。——P. R. 注

德·维尔路瓦（1597—1685），法国元帅，为人勇敢但无能，多次打败仗。——译者

往自以为在说出自己的爱好和解释自己的思想，可实际上他不过是刚刚道别的那个人的应声虫而已。他可以连续一刻钟行为得体，可是过了一会便自制力降低、衰退，丧失了他那微弱的记忆力所给予他的那么一点点知识，结果表现得进退失据了。只有他不知道自己离崇高与英勇有多远，而且因为他不知道别人会有多大的才智，便天真地相信别人能够知道的他全都掌握了，所以他才表现出那种自认为在这个问题上通晓一切，故不会有任何心怀妒忌的人所具有的神情与举止。他经常谈他自己，对去看望他的那些人也不隐讳这一点。他似乎总是在作出决断，或者以不容置辩的口吻对某事作出决定。如果你有时跟他打招呼，这会使他十分为难，因为他不知道是不是应该回礼。当他在高谈阔论的时候，你的水平根本不足以理解他的意思。他出于虚荣，表现出正派的样子，极力超越自己，变成跟本人不同的人。别人见到他时会觉得他在顾盼自怜，他认为自己身上一切都很合适，装饰得体，他相信所有人的目光都专注在他身上，一个接着一个端详着他。

41（Ⅳ）　某甲住着宫殿般的房子，不同的季节换不同的套间；可是来到卢浮宫，出于谦卑，他睡在空置不用的夹层里。某乙为了保持身材修长，戒掉了饮酒，每天只吃一餐清淡节制的饭。某丙有个穷朋友上门求助，最终给了点资助把那个人打发走，人们说这是用钱买下安静而根本不是出于豁达大度。这些是人们做出优异行动的唯一动机，而无私则使这些行动臻于完善。

42（Ⅳ）　假充高尚的人怯于跟人接近因此无法被人接受。正因为他感觉到自己的弱点，所以他掩盖自己或者至少不直接表现出来；他只是尽可能地为了使人敬畏而展示自己，但并不把真实的自己，我的意思是自己真正的卑劣的一面显现出来。真正高尚的人为人做事不受束缚，温柔随和，受人喜爱，平易近人；他让人接触和使唤，认为被人逼视也纤毫无损；人们对他越了解，就越钦佩他。对下级他出于垂爱而欠身致意，然后毫不造作地返回本来的样子。有时他放任自己，不顾自己的健康，不在意自己的利益，但他总有办法再弥补回来而且使它增值。他嬉笑，玩耍，聊天，但举止庄重。所有的人都可以无拘无束地接近他，但保持一定分寸。他的品性高贵而随和，令人油然产生敬意和信任，就像君王们在我们眼中显得伟大，非常伟大，但并没有使我们觉得自己渺小。

43（Ⅳ）　智者以野心来克服野心。他的追求是如此巨大，以至于无法只局限于所谓的珍宝、职位、财产和宠信；他在这些蝇头小利中，看不到任何令人满意而可靠的东西能够满足其内心的愿望和值得他关怀和追求；他甚至需要极力使自己不至于过分蔑视这一切。唯一能够诱惑他的是这种主宰着极其纯粹、极其纯朴的德行的荣誉。但是人们并不大同意他的看法，他对此一笑置之。

44（Ⅳ）　向别人行善者是好人；因行善而受苦的人是很好的人；如果他因施善于人而受这些人的苦，那么其善莫大焉，以至于受苦愈重，善行愈大；如果他因此而死，那么他的德行便到此为止了，这种德行壮烈无比、完美无缺。

论女子特性

1（Ⅰ）　对于一个女子的美德，男人和女人很少会有一致的看法，他们的兴趣极其不同。女子不会以取悦于男人的那种可爱来互相取悦：有千百种方式可以激起男人的强烈激情，可这些在女人心中引起的则是厌恶和反感。

2（Ⅰ）　某些女子身上存在着一种假装的高尚，这从眼睛的顾盼，面部的神态，走路的方式可以看得出来，可这种高尚不会造成强烈的印象。一个令人赞赏的人会引人注目，但人们之所以重视她，可能只是因为她并不深刻。另外一些女子身上有一种淳朴自然的高尚，它不靠手势和步态来表现，而是源自于心灵，仿佛是因为她们的高贵出身。这是一种宁静而扎实的品质，伴随着这一品质的是她们再谦虚也无法掩盖的万千美德，这些美德溢于言表，有目共睹。

3（Ⅰ）　我曾经看到有人从13岁到22岁都希望做女人，一个美丽的女人；可是22岁以后，她希望成为一个男人。

4（Ⅳ）　某些年轻人不大了解顺应天性的好处和极力做到这一点多么有益，她们以装腔作势的方式和蹩脚的模仿削弱了上天赏赐的这些如此稀罕、如此脆弱的礼物。她们的声调和步态是做作的；她们装出某种表情，装模作样，对着镜子看看自己的本性是不是掩盖得好：这样的女人要想讨人喜欢是很困难的。

5（Ⅶ） 我承认，女人梳妆打扮，涂脂抹粉，并不是她们说的跟想的不一样；其实不如说这是她们在乔装打扮，戴假面具。她们并不想装出她们所呈现的样子，只想把自己掩盖起来，让自己也认不出自己，从而给人一个假象，让人看到不真实的外表。这是在作假。

（Ⅶ） 评价女人，必须从鞋子到头发，特别必须有点像量一条鱼一样，从头到尾地量鱼的长短。

6（Ⅴ） 如果女人的美丽只是想给自己看和让自己喜欢，那么她们完全可以按照自己的口味和爱好来装扮自己和选择饰物和首饰；可是如果她们想要讨男人的喜欢，如果她们是为了男人而梳妆打扮，我曾收集意见，我代表所有的男人，或者大部分男人说，白色和红色会让她们变得难看和令人恶心，单是红色就会使她们变老和使她们面目全非；男人也讨厌看到女人脸上涂着白粉，嘴里装着假牙，腮帮挂着蜡环；男人强烈反对她们为了使自己变得丑陋所使用的一切化妆；虽然我不敢在上帝面前对此作出担保，但相反上帝似乎给男人留下了这个百试不爽的最后手段，来医治某些女人的毛病。

(Ⅳ) 如果女人这样的天生尤物要靠化妆使自己变得具有女人的韵味的话,那么她们一下子就会丧失肤色的全部鲜艳;如果她们得靠化妆用的胭脂让面孔泛红有色,那她们便会痛苦莫及了。

7(Ⅶ) 一个风情万种的女人总想讨人喜欢,总认为自己美貌长在,她把时间和岁月视为仅仅会使别的女人满脸皱纹,变得丑陋的东西,她至少忘记了年龄是写在脸上的。过去在她年轻时把她打扮得美丽的饰物,如今终于让她换了模样,把她年老色衰的缺陷暴露无遗。伴随故作媚态和矫揉造作而来的是痛苦与焦虑;她死时仍然盛装打扮,挂着彩色的绣带。

8(Ⅶ) 丽兹听人谈论另一个娇媚女人时说她不屑于炫耀年轻,不屑于使用对40多岁女人不适合的装饰品。丽兹已经40岁了,但是她的岁数显得年轻12个月,一点也不老;她相信她是如此。当她揽镜自照时,当她在脸上涂胭脂、贴假痣时,她承认一个上了一定岁数的人是不能够打扮成年轻的样子的,事实上,克拉丽兹贴假痣、涂胭脂显得十分可笑。

9(Ⅳ) 女人如果在等候情人,她们就要为情人装扮自己;如果情人突然来到,她们会无地自容。她们不再照镜子了,她们有更多空闲跟不相干的人接触,她们感觉到自己衣冠不整的样子,于是她们当着这些人的面打扮自己,或者离开一会,梳妆好了再出现在人前。

10(Ⅰ) 一个漂亮的面孔是所有景物中最美的景物;而最优美的和声是心爱的女人的声音。

11(Ⅳ) 装饰物是随人心意,各有所爱的;而美丽则更真实,不取决于人的爱好和大家的意见。

12(Ⅰ) 我们有可能为某些绝色美貌和某种杰出的优点所心动,以至于眼里只看到这些,嘴上只谈着这些。

13(Ⅰ) 一个有着正派男人的优点的美丽女人,是世上人们交往中最令人赏心悦目的,因为我们在这个女人身上看到两种性别的人的所有优点。

14(Ⅰ) 一个年轻女子会不由自主地流露出某些很能说明问题,并明显地让她所委身的人感到愉快的小事情,但是男人不会有任何不经意的流露:他们的爱抚是有意识的,他们说话,他们行动,他们急切,但不大能够令人信服。

15(Ⅳ) 女人的恣情任性与美色密切相关,它是美色的解毒剂,使美色对男人少些危害,因为男人对于美色是无可救药的。

16(Ⅰ) 女人通过给予男人的恩爱而依恋于男人,男人也正因这种恩爱而在精神上得到康复。

17（Ⅰ）　一个女人忘掉一个她不再爱的男人,连她给予这个男人的恩爱都忘却了。

18（Ⅰ）　只有一个情郎的女人觉得自己不够娇俏;有多个情郎的女人别无所有,只有娇俏。

（Ⅰ）　由于坚定地挚爱一个男人而避免成为风流女子,这样的女人如果选择不当就会被视为疯了头。

19（Ⅳ）　一个旧情人如此薄幸,把位子让给了新的丈夫;可是这个丈夫如此短暂,结果一个新情人骤然取而代之了。

（Ⅳ）　旧情人根据他所伺候的那个人的性格,而害怕或者蔑视一个新对手。

（Ⅳ）　往往有这样的情况:一个旧情人在一个女人身边,如果这个女人迷恋着他,那么他所缺少的只是丈夫这个名称而已,这已经足够了;否则他就彻底完蛋了。

20（Ⅳ）　似乎风流增添了一个女人的娇媚。相反,一个风流男子故作娇态是更糟糕的事。娇媚的男人和风流的女子,真是般配的一对。

21（Ⅰ）　很少有秘密的风流韵事。许多女人不是靠丈夫的名字而是因情人的名字出名的。

22(Ⅴ)　一个风流的女子要别人爱她;一个娇媚的女子只想人家觉得她可爱,觉得她美丽。风流女子力求成婚;娇媚的女子只要别人喜欢她就心满意足了。前者结了一次又一次婚,后者同时享受许多快乐。主导前者的是激情与乐趣;主导后者的是虚荣和轻佻。风流是爱情的弱点,或许说是性格的恶习;而娇媚则是精神的放纵。风流女子令人害怕;娇媚女子令人憎恨。我们可以从这两种品性中抽取出第三种品性来,那就是最坏的品性。

23(Ⅴ)　一个意志薄弱的女人是这样的:别人责备她一个错误,她便责备自己,她的内心与理性进行着斗争,她愿意克服,但克服不了或者为时已晚。

24(Ⅴ)　一个爱情不专的女人是个爱情不再的女人,是个轻佻的、已经爱上另一个人的女人,一个水性杨花的女人,一个不知道自己爱还是不爱,不知道自己究竟爱的是什么的女人,一个无所谓的女人,一个什么也不爱的女人。

25(Ⅴ)　虚情假意,如果可以这么说的话,是一个彻头彻尾的谎言。对于一个女人来说,这是用一句话或者一个行动,有时是利用某些她根本不打算履行而存心违反的誓言和许诺来欺骗人的技术。

（Ⅴ） 一个对爱情不忠实的女人，如果有关的那个人知道她不忠实，那么她只是爱情不忠而已；如果那个男人还相信她对自己一片忠贞，那她就是虚情假意。

（Ⅴ） 从女人的虚情假意中可以得到这样的好处：虚情假意可以医治嫉妒。

26（Ⅰ） 有些女人一生中需要维持既难以解除又无法隐瞒的双重的百年好合：一种百年好合缺少的是婚约，另一种百年好合缺少的是爱情。

27（Ⅰ） 从这个女人的美貌、年轻、傲气和蔑视一切的态度来看，没有人怀疑必须某一天出现一个英雄才会取得她的欢心；可是她已经心有所属了：一个没有头脑的小怪物。

28（Ⅰ） 有些女人已经容颜衰退，可由于她们的禀性和不良的品行，很自然地成为某些没有什么财产的年轻人的财源。我不知道究竟谁更可怜：是一个需要骑士的上了岁数的女子，还是一个需要老女人的骑士。

29（Ⅳ） 宫廷的渣滓①被收留在巴黎城的一个小巷子里，他让法

---

① 指曼特侬夫人的兄弟欧比尼伯爵，圣西门说他"行为怪诞"，"挥金如土，疯疯癫癫，该关进精神病院，但讨人喜欢"。——P.R.注

官戴着领带和穿着灰衣服,而市民则披着装武器的肩带,他不愿做这两类人而要成为广场的主人:人们听从他的话,他受人们爱戴。人们有段时间几乎再也抵挡不住一个披着金肩带和插戴白鹅毛的人①,一个可以跟国王说话、会晤部长的人。他拥有艳羡他的男男女女,他让人眼红。可是离那里六法里以外的地方,他却是令人怜悯的对象。

30(Ⅰ) 外省女人心目中的城里男子,就像城里女人心目中的宫廷男子。

31(Ⅰ) 一个人,尽管他虚荣多嘴,夸夸其谈,招人嫌恶,谈起自己充满自信,谈论别人充满蔑视,盛气凌人,傲慢无礼,胆大妄为,道德败坏,丧廉寡耻,没有见解,胡思乱想,可是只要他脸蛋漂亮,身材优美,就会赢得许多女人的欢心。

32(Ⅰ) 是不是因为被抓住秘密或者出于神经病般的爱好,所以这个女人爱上一个跟班,那个女人爱上一个僧侣,而多琳娜爱上了她的医生呢?

33(Ⅶ) 是的,雷妮,罗西乌斯进入舞台的姿态优雅,我还要指出,他双腿舞步优美,表演得好而且角色的分量很重,因此就像大家

---

① 拉布吕耶尔在这里批评滥用社会的等级标记:贵族要经批准才能插戴白羽毛,法官禁止戴领带,市民禁止佩剑。——P.R.注

说的,他只差用嘴说话,就可以说朗诵得尽善尽美了。不过是不是只有他在表演中有令人赏心悦目的东西?他所做的是不是人们所能够做到的事情中最高贵、最适当的?何况罗西乌斯不能属于你,他属于另一个人;而即使情况不是这样,他也另有所属,即使他讨厌梅莎里娜,克劳迪也在等着要得到他。那么就选巴迪耶吧,雷妮,且不说在你瞧不起的骑士团里,即使是在闹剧演员中,你在什么地方能够找到一个跳着舞高高跃起,做策马踏步动作的年轻人?你想要那个把双脚伸前,在空中翻了一番然后才落地的翻筋斗杂技演员科比斯吗?你难道不知道他年纪已经不小了吗?你说,追求巴迪耶的人太多了,被他拒绝的女人多,得到他喜欢的女人少,可是你有吹笛手德拉贡。干他这一行的人,没有一个不因为吹二簧管或者竖笛而腮帮鼓鼓的,因为要吹奏的乐器数目无穷无尽;不过他表演得很有趣,连小孩和小妇人都会笑个不止。在吃饭时,有谁比德拉贡吃得好,喝得好?他迷醉了所有聚会的人,而他是最后一个走的。雷妮,你叹气了:是不是德拉贡已经作出了选择?或者不幸别人已经告诉了你什么,或者是因为塞索尼放弃了这么多情人,我甚至可以说放弃了罗马人中的全部精英,这样热烈地追求他,而塞索尼又是出身贵族家庭,如此年轻貌美而又生活检点,所以他已经跟塞索尼订下了终身?雷妮,如果你受传染而养成了那么多罗马女人都有的这种新爱好,也就是爱好所谓的公众人物,而由于他们的社会地位使自己展示在众目睽睽之下,我真替你可惜。如果这类人中最优秀的都已经被夺走,那你怎么办?还有行刑者布隆特。老百姓谈起他,都说他有力气,动作灵活,这是个肩膀宽阔、身材敦实的小伙子,不过此人是个黑奴,一个黑人。①

34(Ⅰ) 对于上流社会的女人来说,花匠就是个花匠,泥瓦匠就是个泥瓦匠;对于别的一些跟外界接触比较少的女人来说,泥瓦匠是个男人,花匠也是个男人。对于害怕受到诱惑的人,一切都是诱惑。

35(Ⅰ) 某些女子在修道院和在她们情郎面前的表现是:风流女子和女慈善人;她们甚至在教堂和祈祷室的祭坛围栏内读情书,而没有一个人看出她们不是在祈祷上帝。

36(Ⅶ) 一个接受灵修指导的女人是个什么样的女人呢?是指一个对丈夫比较顺从,对佣人比较和气,对家庭和家务比较专心,对朋友比较热情,比较真诚,比较不受自己情绪的左右,比较不那么斤斤计较自己的利益,比较不那么喜欢生活舒适的女人吗?我不是说大手大脚把钱撒给自己已经富有的孩子的女人,而是说这样的女人:她自己十分有钱,不仅应有尽有,连多余的东西也有的是,但她给她的孩子们必需的东西,并至少承认他们应有的权利;她比较不那么只顾自己而冷漠对待别人;她更能够摆脱人情世故的羁绊,是这样的女人吗?你说:"不,完全不是这么回事。"我不肯罢休,问你:"那究竟什么样的女人是个接受灵修指

---

① 拉布吕耶尔在这里提到的是巴龙,新桥的喜剧演员们,歌剧院的两个舞蹈演员、一个音乐家和行刑者(布隆特)。——P.R.注

导的女人呢?"我听见你说:"这是个有灵修导师①的女人。"

37(Ⅰ)　如果忏悔师和灵修导师在行为准则上意见不一,那么一个女人让哪个第三者作为超级裁判呢?

38(Ⅰ)　一个女人的资本不在于有一个灵修导师,而是和睦生活得可以不要灵修导师。

39(Ⅰ)　如果一个女人除了别的弱点之外,能够把自己对待灵修导师的弱点以及跟灵修导师聊天所花的时间告诉她的忏悔师的话,那么她受到的惩罚也许就是不要跟灵修导师聊天了。

40(Ⅴ)　我希望允许我用全身的力气,去向这些过去曾经被女人伤害的男人大声疾呼:"远远地避开女人吧,不要再指导她们的灵修了,她们的灵魂让别人去拯救吧。"

41(Ⅵ)　我没有早些把这一点说出来,心里觉得难过,但我终于忍不住说出来了。我希望我的直言不讳对于那些没有诸多忏悔师来指导她们的行为,所以在选择她们的灵修导师时不作任何区别、来者不拒的女子有所裨益。我看到某些人物(我不写出他们的名字)时,总不免既赞赏又惊讶。我睁大双眼打量他们;他们说话,我注意倾听;我打听情况,人们告诉我实情,我把这些事实

---

① 天主教中专门个别指导信徒信仰与灵魂的教士。——译者

收集起来,可是我不明白,某些我所信任的人对一切事情的看法,却跟良知、跟直觉、跟世界万物的经验、跟人的知识、跟宗教和风俗的科学截然相反。他们推断说他们即使是再普通、再渺小不过的人物,上帝也会通过让他们担负指导灵魂的职务,在我们这个时代再现传教事业的奇观,并在他们身上出现所有奇迹中最微妙最崇高的奇迹。更让我不明白的是他们自以为天生就是要担任这个如此高尚、如此困难,只给予如此少的人的职务的,而且他们自信他们从事这个工作只是发挥自己天生的才干和履行一个普通的使命而已。

(Ⅵ) 我看得出来,这些人就喜欢别人向他倾诉家庭的私密,成为调解纠纷,跑腿办事,安排仆人的必不可少的人;喜欢在大人先生的家庭受到欢迎,经常参加盛宴,坐着华丽的四轮马车在大城市逛街,到乡间过过惬意的闲居生活;喜欢许多有名望,有地位的人物关心他的生活和他的健康;喜欢为他人,也为自己谋取人间的所有利益。我再一次说,我看得出来,仅仅为了这一点,人们就可以想象出这种医治灵魂的似是而非但又无可指摘的借口,并在世界上广建这种产生无穷无尽灵修导师的苗圃了。

42(Ⅵ) 某些人,特别是女人,虔诚①之举犹如一种激情,或者犹如一定岁数固有的弱点,或者犹如某种人追随的时髦。她们以

---

① 拉布吕耶尔从第六次再版起明白指出"假虔诚"。我们在下面的许多地方还可以看到"假虔诚者"这种同类型的修改。——P.R.注

前根据赌博、看戏、音乐会、化装舞会的日子,或者一个精彩的讲道的日子来计算一周。她们星期一在依丝梅娜家输了钱,星期三在克莉梅娜家浪费了时间,星期五在瑟丽梅娜家玷污了名誉;她们前一天晚上就知道以后的日子和第二天她们会享有的一切快乐;她们同时享受着所有现有的乐趣和她们不可缺少的乐趣;她们可能希望能够只用一天的时间就把所有的乐趣尽归己有,于是这成为她们唯一的焦虑和她们消磨时光的唯一事情。她们有的时候坐在歌剧院里,却会后悔错过了喜剧。不同的时代,不同的风俗。她们摆出过分严肃和与世无争的样子,她们不睁开长着就是用来看的双眼,她们根本不再使用她们的感官;而且令人难以置信的是,她们很少说话,她们还会思索,可是总往好处想自己,而往坏处想别人。她们心中存在着一种有点出自于妒忌的、在显示德行和变换新花样方面比试高低的竞争心。她们喜欢在这种新的生活中超过别人,就像她们出于政治的原因或者出于厌恶而刚刚离开的那种生活中所表现的那样。她们在风流快活、美食佳肴、游手好闲中高高兴兴地迷失了自我;她们也由于骄傲自大和满怀欲望而郁郁寡欢地迷失了自我。

43(Ⅶ)　海尔玛斯,我娶的老婆如果是个吝啬的女人,她不会毁掉我的家产;如果是个快乐的女人,她可能会发财;如果是个学识渊博的女人,她知道如何教我;如果是个规矩的女人,她不会被勾引走;如果是个性情急躁的女人,她会锻炼我的耐心;如果是个轻佻的女人,她会讨好我;如果是个风流女子,也许她会风流到爱上我;如果是个虔诚的女人,那么海尔玛斯,你告诉我,对于这种想欺骗上帝和自己欺骗自己的女子,我究竟能够等待些什么?

44(Ⅳ)　女人容易驾驭,只要男人设法去做,一个男人甚至能够驾驭好几个女人。他培养她们的思想和记忆,确立和决定她们的信仰,他甚至可以支配她们的心灵;而如果她们不表示赞成也不表示反对,不称赞也不遣责,那么在琢磨了她们的眼神和神色之后,他可以成为她们倾诉自己的快乐和自己的惆怅,自己的愿望和自己的妒忌,自己的憎恨和自己的爱情的人。他使她们与她们的情郎断绝关系;他使他们不和,使她们跟她们的丈夫言归于好而他则利用这个出现空缺的时期获益。他关心她们的事情,为她们的官司奔走,去见她们的法官。他把自己的医生、自己的商人、自己的工人借给她们使用。他参与安置她们的住宿,布置她们的住所,指挥她们的随从。人们看到他跟女人们一起坐在华丽的四轮马车里,出现在城市的街道上,在散步场中,以及在宣道室和戏院的包厢里。他跟她们一起去参观,他陪她们去浴室,去温泉,去旅行;他在她们乡下的住所里有最舒适的房间,他虽然老了,可是权威依然不减;他只要有那么一点机灵劲和有充分的时间可以浪费,就足以让他保持着自己的权威了:孩子们、继承人们、媳妇们、外甥女们、仆人们,一切全都取决于他的权威;他开始的时候让人肃然起敬,而最后则让人感到害怕。这个认识了这么久、这么必不可少的老朋友,在他去世的时候,没有一个人为他流泪;受他专横独断统治着的那10个女人,因他的死亡所继承得到的则是自由。

45（Ⅴ） 某些女人想以羞涩腼腆的外表来掩盖她们的行为,可是每个女人通过这么一种连续不断、从来没有被揭穿的假装所获得的全部东西,就是别人会说她:"我差一点把她当作维斯太①了呢。"

46（Ⅳ） 女人洁白无瑕的名声要获得定评,其强有力的证据,就是她们甚至不跟某些与她们的作风不相似的女人有任何亲密的接触,可由于人性总是从恶意去解释事情,所以人们在谈到这种待人接物的态度时,所说的理由便跟风俗礼仪完全不相干的了。

47（Ⅶ） 一个喜剧演员在舞台上把他的人物表演得过分,一个诗人在诗歌中堆砌着描写,一个写生画家把一种激情,一个对比,某些态度表现得过分和夸张;而模仿的人,如果不用圆规来测量大小和比例,就会夸大他的人物形象,就会使进入画的布局中的所有东西的体积比原件大;同样,睿智被模仿得过分那就成了假正经了。

（Ⅶ） 假谦虚就是虚荣,假荣誉就是轻率,假伟大就是渺小,假德行就是虚伪,假睿智就是假正经。

（Ⅶ） 一本正经的女人,受罪的是她的言行举止;睿智的女人,善于检点自己的行为。前者遵循自己的脾气和性情,后者遵循

---

① 古罗马侍奉灶神的贞女,引申作"贞洁淑女"讲。——译者

自己的理性和内心。前者严肃而不苟言笑,后者在不同情况下都表现得恰如其分。前者靠差强人意的外表掩盖自己的弱点,后者以无拘无束和自然的神情隐含着丰富的内容。假正经约束了精神,却掩盖不了年龄和丑陋,它往往加以伪造;相反,睿智减轻身体上的缺点而使精神臻于高尚,使青春更令人喜爱,使美貌更有危险性。

48(Ⅶ) 为什么埋怨女人见识短浅呢?究竟哪条法律,哪个敕令,哪个诏书禁止她们张开眼睛,阅读书籍,记住她们读到的东西,在她们的谈话中或者作品中加以引用呢?正相反,难道不是她们自己,或者是出于她们禀性的弱点,或者由于她们思想的懒惰,或者为了忙于保养美貌,或者由于她们的浅薄而无法长时间地学习,或者由于她们只有做手工织物的才能与天才,或者由于对某个仆人的琐碎事情使她分了心,或者由于对正儿八经、需要出力的事情有一种天生的趋避心理,或者出于一种跟满足精神需求的好奇心完全不同的好奇,或者出于跟锻炼记忆力完全不同的某种爱好,而使自己囿于对一切都无知的习惯?但是不管男人认为女人没有见识的原因是什么,男人幸运的是,在别的许多地方支配着男人的女子,在这个方面没有男人的优势。

(Ⅶ) 人们把一个有学问的女人视为一件漂亮的武器:武器经过精雕细磨,光滑无比,做工精益求精。这是放在书房里让好奇的人观看的一件摆设,而不是实用的东西,不能用来打仗和狩猎,它还不如一匹用于训练的马,尽管她受到最好的教育。

（Ⅶ） 如果科学跟智慧在同一问题上意见一致,那我就不再打听性别了,我对此表示赞赏;而如果你告诉我一个聪明的女人并不怎么想成为博学之士,或者一个博学的女人并不大聪明,那你已经忘记了你刚刚读到的事情:女人只是由于某些缺点而背离了科学,于是你会得出这样的结论:女人这样的缺点越少就越聪明,因此一个聪明的女人更适合于成为博学之士,或者说,一个博学的女人,她之所以博学,是因为她克服了许多缺点,所以她变得更加聪明了。

49（Ⅰ） 两个都是我们朋友的女人,由于跟我们没有丝毫关系的利益冲突而决裂,我们要在她们之间保持中立是困难的,往往必须在她们之间作出选择或者失去她们两个人。

50（Ⅰ） 有这样的女人,她爱金钱胜于爱朋友,爱情人胜于爱金钱。

51（Ⅰ） 我们惊奇地看到,在某些女人心中有比对男人的爱更热切、更强烈的东西,我要说,那就是野心与赌博。这样的女人使男人毫无情欲,只有衣服能够看出她们的性别。

52（Ⅰ） 女人爱走极端,她们要么比男人好,要么比男人坏。

53（Ⅰ） 大部分女人没有什么原则,她们的行为随自己的心意,在习俗方面,她们以所爱的人的习俗为习俗。

54（Ⅳ） 在爱情方面,女人比大多数男人更执着;但男人在友谊方面则胜过她们。

（Ⅳ） 女人不会相爱,其原因在于男人。

55（Ⅴ） 作假是危险的。丽丝已经老了,却想让一个年轻女人出丑,结果她自己变得不伦不类,让人害怕。她做鬼脸和怪样子来模仿那个女人,结果她奇丑无比,反而把她嘲弄的那个女人衬托得更漂亮了。

56（Ⅶ） 在城里,人们希望许多男女傻瓜有思想;在宫廷上,人们希望许多很有思想的人没有思想,而在这后一类人中,一个美丽的女人只是跟别的女人一样,好不容易才逃脱出这种命运。

57（Ⅰ） 男人对别人的秘密比对自己的秘密更加忠实信守;而女人则相反,保守自己的秘密胜过保守别人的秘密。

58（Ⅰ） 在一个年轻人心中,任何再炽热的爱情都掺杂着利益与野心。

59（Ⅰ） 过去有个时期,所有最富有的姑娘都要自己找对象,她们没有放过任何一个机会,可每次她们都要后悔很长一段时间。似乎随着自己美貌的消退,财产也没有那么吃香了。相反,如果是一个年轻女子,那么所有一切,乃至于人们的意见,全都对她优渥有加,因为人们喜欢把所有的好处都给予年轻人,好使她更加成为追求的对象。

60(Ⅰ) 有多少女子,她们那如花的容颜,从来只是让人们更加觊觎她们的巨大财产!

61(Ⅶ) 美丽的女子总会对她们的情人中或者长得丑,或者年纪老,又或者跟丈夫不般配而受她们慢待的女人给予补偿。

62(Ⅳ) 大部分女人根据一个男人给她们留下的印象,来判断这个男人的美德和美貌,而她们对不感兴趣的人,则既不认为他有美德,也不认为他有美貌。

63(Ⅳ) 一个男人如果担心自己是否模样改变,开始变老,那么他可以探询他心爱的女人的眼睛,感觉她跟他说话的语气,他就会明白他害怕知道的事情。这是个严酷的考验。

64(Ⅳ) 一个女人眼睛一直盯着同一个人或者眼睛老是转过来,这说明了同样的问题。

65(Ⅳ) 女人说话言不由衷这不算一回事;男人说出他自己的感受更不算一回事。

66(Ⅰ) 有时一个女人向一个男人隐瞒她对他的一片深情,而他则对她虽然无情却装有情。

67（Ⅰ）　假设一个薄幸男子想让一个女人相信自己对她具有其实并不存在的强烈爱情，那么人们不免寻思：他去欺骗他爱的女人是不是比欺骗他不爱的女人更容易些。

68（Ⅰ）　一个男人可以用假装的深情厚意欺骗一个女人，只要他在别的女人那里没有表现出真正的爱恋。

69（Ⅰ）　一个男人跟不再爱他的女人暴跳如雷，那么他终于可以解脱失恋的痛苦了；而一个女人不吵不闹地跟他分手，那么这种痛苦将长时间难以解脱。

70（Ⅰ）　虚荣和爱情可以医治女人的懒惰。

（Ⅳ）　相反，活跃的女人表现出慵懒则是爱情的预兆。

71（Ⅳ）　一个带着急切心情写信的女人可以肯定她激情似火；一个内心受到感动的女人则表现得不那么明显。似乎强烈但是温柔的爱情是暗淡无声的，而使一个已婚女子焦虑不安、最迫切想得到的利益，不在于让人相信她在爱，而在于让人断定她被人所爱。

72（Ⅶ）　格里塞尔不喜欢女人，她讨厌跟她们交往，不喜欢她们来访，躲避她们，因此往往躲避她为数不多的女朋友；她对男人态度严肃，不越雷池半步，不让他们有任何超出友谊的界限。她心不在焉地跟他们谈话，用一个字来回答他们的话，似乎极力要摆脱他们。在家里她孤身一人，落落寡合，她的大门关得紧紧的，她的房间更是难以进入，比蒙多龙和埃梅里①更有过之而无不及。只有一个人，柯林娜在她家受到欢迎，受到接待，而且是什么时候去都可以。格里塞尔多次拥抱她，觉得自己喜爱她，她们两个人单独在书房里窃窃私语，格里塞尔聚精会神听她说话，向她埋怨除她之外所有的人，跟她无话不谈，但不教她任何事情，她们两人互相信任。人们看到她在舞会上跳男女四人对舞，出现在公园剧场，出现在维露兹②的路上，在那里她吃应季的水果，有时她一个人坐着轿子走在大郊区的公路上，因为她在那里有一个幽雅的果园；或者到卡尼迪家去，因为卡尼迪掌握着那么多引人的绯闻，答应给少妇举行第二次婚礼，会预告婚礼的天气和情况。她通常漫不经心地戴着扁平的帽子，穿着不带上装的袒露的普通内衣，拖着高跟拖鞋，她这样的装扮很漂亮，而且她要的就是凉快。不过人们注意到她受到许多人的爱恋，她小心地不让她丈夫看到。她奉承他，爱抚他，每天给他起个新的名字，她只睡她这个亲爱的丈夫的床，她不愿在外头过夜。早上的时间她花在梳妆打扮和写几封信上。一个被解放的奴隶来跟她

---

① 蒙多龙的比热和埃梅里的巴迪塞里，是路易十三和奥地利的安娜时代著名的包税官。——P. R. 注

蒙多龙的比热指彼埃尔·迪·比热，是蒙多龙的领主；埃梅里的巴迪塞里指米谢尔·巴迪塞里，是埃梅里的领主。——弗拉玛里翁注

② 维露兹，意为"大郊区"，指巴黎圣热尔曼郊区。——P. R. 注

密谈,这个人名叫法梅农,是她的宠信,她支持这个人来对抗令人反感的主人和心怀妒忌的仆人们。法梅农这个说话滴水不漏的人,谁能够比他更领会各种意图,更好地传达一个回信,又悄悄地打开一扇密门,灵活地领着人从小楼梯上去,又比他更熟练地把人从进来的原路带出去呢?

73(Ⅰ) 我不明白一个恣情任性,不掩盖自己的任何缺点,把自己坏的一面展现出来——吝啬,过于不修边幅,答复问话态度粗鲁,没有教养,对人冷淡,沉默寡言的丈夫,怎样保护他年轻妻子的心不受她的情郎用标致的服饰,慷慨的举止,讨人喜欢的态度,关怀照顾,殷勤体贴,百般恭维的诱惑呢?

74(Ⅶ) 一个丈夫的情敌都是他自己一手造成的,就像他以往给妻子送礼物一样。他当着妻子的面称赞那个人美丽的牙齿和漂亮的面孔;他接受那个人的关怀,他接待那个人的到访,在接受那个人带来的土特产后,他觉得没有任何东西比这个朋友捎来的野味和块菇更可口的了。他晚饭时请人吃这些,对客人们说:"尝尝这个吧,这是雷昂德地方出产的,我只是收受礼物,说一声多谢罢了。"

75(Ⅵ) 有这样的女人,她让丈夫销声匿迹或者隐藏不露,以至于社交界没有人提到他。他还活着吗?他死了吗?大家猜不准。他在自己家里,没有别的作用,只是表现为怯怯的,沉默的,完全服从。亡夫遗产和结婚合约中的夫妻财产条款都不用他来签署,除了不会分娩之外,他就是妻子而她就是丈夫。他们成年累月待在同一座房子里,但彼此不存在威胁。只有这一点是真实的,那就是他们像邻居:先生付钱给烤肉商和厨师,而吃晚饭总在夫人家里。他们完全没有共同的东西:没有共用的床,没有共用的餐桌,甚至没有共同的姓氏,他们的生活是罗马式或者希腊式的,各有各的活法。只是随着时光的流逝,人们在学会了一个城市的俚语之后,才终于知道B先生正式成为L女士的丈夫已经20年了。

76(Ⅶ) 另外有这样的女人,她本来行为检点,不会伤害丈夫的自尊心;可是由于出身高贵,有显赫的亲朋,由于带来的丰厚嫁妆,由于面容艳丽,由于她的贤惠,由于某些人所谓的德行,她却适应了过一种放荡的生活。

77(Ⅶ) 很少有女人会这么完美,她使丈夫在有外遇的日子里,至少有一次感到后悔,或者觉得没有外遇的人是幸福的。

78(Ⅳ) 傻兮兮的无声的痛苦已经过时了,应该是号啕痛哭,呼天抢地,反复叙说,因丈夫的去世而悲恸万分,以至于完全忘记了所处的情景。

79(Ⅰ) 为什么找不到让自己的妻子爱上自己的技能呢?

80(Ⅳ) 一个性欲冷淡的女人是因为没有找到值得自己心爱的

男人。

（Ⅳ） 在士麦那①有个十分美丽的姑娘名叫埃米尔，可她不是因为美丽而是因为端庄，特别是对所有男人都无动于衷而闻名全城，据她说，她见到男人没有感到任何危险，她的心情就像跟朋友或者跟兄弟相聚那样。她一点也不相信人们所说的古往今来爱情所产生的各种疯狂行为，以及她自己亲眼看到的爱情的疯狂行为；她无法明白这一切，她只知道友谊。她对一个年轻而可亲的人产生了友谊，那个人也以温馨的友谊作为回报，使得她一心只想让这友谊持续下去。她无法想象有什么别的感情有一天会使得她如此满意的、充满尊敬与信任的友谊冷淡下来。她老是提到欧弗洛西娜，这是她那个忠实朋友的名字。士麦那全城的人都在谈论她和欧弗洛西娜，她们的友谊众口传颂。埃米尔有两个兄弟，年轻而且非常俊美，让全城的女子都着了迷。埃米尔的确像姐姐爱弟弟那样爱他们。有一个朱庇特②教士，可以出入她父亲的家，他喜欢埃米尔，也敢于这么说而不会遭到蔑视；有个老头靠着自己的出身和大笔财产，也有同样的胆量和同样的经历。可是她成功了，正是在她兄弟，一个教士，一个老头这样的环境中，她做到心如止水。上天似乎要让她经受更严峻的考验，而这场考验更没有作用，更肯定了她的名誉，证明她是个爱情无法诱惑的女子。她的艳丽先后吸引了三个追求她的男

---

① 士麦那，爱琴海士麦那湾土耳其港口。——译者
② 朱庇特，古罗马神话中的主神。——译者

子,她对他们强烈的爱情都无动于衷,结果一个人出于爱情的冲动,自戕在她的脚下;第二个人因为她不接受他的爱情表白,充满绝望,便去战场,死于克里特[①]战争;第三个人因郁郁寡欢和失眠而去世。替这三个人报仇的人还没有出现。那个在爱情上如此不幸的老头,考虑到自己的岁数和他钟爱的那个女子的性格,也醒悟过来;他想继续去看她,可她又会让他痛苦。一天,他带着他的儿子去看她,这个青年面貌姣好,身材非常标致;她蛮有兴趣地看着他,他因为父亲在场,没有多说话,所以她觉得他不够风趣,希望他更俏皮一点。他单独来看她的时候,他谈得多而且妙趣横生,可是因为他眼睛很少看着她而且更不谈她和她的美丽,她觉得惊奇,仿佛有点生气:一个长得这么好,这么聪明的男子居然不会向女人献媚。她跟她的女友谈这个人,女友想见见他。他的眼睛只盯着欧弗洛西娜,说她长得美丽,而埃米尔这个原先对此无所谓的女人变得妒忌了起来,她明白这个契西封说的是真心话,他不仅会向女人献媚,而且温情脉脉。从此她跟她的女友相处就没有那么自在了,她希望再一次看到他们两人在一起以便看出究竟来。这第二次会面让她看到了她更害怕看到的情景,原先的猜疑变成了确凿的事实。她跟欧弗洛西娜疏远了,欧弗洛西娜以前让她喜爱的优点不见了,于是没有了跟她聊天的兴趣。这种改变使她感觉到在她心中,爱情已经取代了友谊。契西封和欧弗洛西娜每天会面,他们相爱,想到结婚,

---

[①] 克里特,希腊最大岛屿。1689年土耳其占领克里特,岛上居民起来斗争。——译者

终于结婚了。消息传遍了全城,人们公开说这两个人终于获得了这种罕有的快乐,能够跟他们的至爱结婚。埃米尔知道了这件事,绝望至极,她强烈感受到自己的爱情,她去找欧弗洛西娜,就想再见到契西封。但是这个年轻人仍然是他妻子的情人:他把一个新婚妻子视为自己的情妇,而把埃米尔只作为他亲爱的人的朋友而已。这个不幸的姑娘睡不着觉,吃不下饭,身体虚弱不堪,精神恍惚,她把她的兄弟当作契西封,跟她兄弟说话就像跟情人说话一样。当她醒悟过来时,她对自己的失态感到羞愧,可是很快她陷入更严重的失常:她不再羞愧了,她认不出他们来了,于是她害怕见人;但是太晚了,她发疯了。她的理智间歇性地恢复,这时她为理智的恢复感到痛苦。士麦那的年轻人曾经看到她是那么骄傲,对爱情是那么无动于衷,弄成这样,觉得诸神对她的惩罚过重了。

论心灵

1(Ⅰ) 纯洁的友谊具有一种品位,那是生来平庸的人们无法达到的。

2(Ⅰ) 不同性别的人之间可以存在着不含有任何粗俗成分的友谊。不过女人总是把一个男人视为男人,而男人则把一个女人视为女人;这种关系既不是爱情也不是友谊,而是单独的一类。

3(Ⅰ) 或是出于本性,或是出于弱点,爱情不假思索地突如其来产生：一瞥美丽的身影会使我们一见钟情，痴心不移。友谊则相反，是通过实践，通过长期的交往，随着时间逐步形成的。朋友中尽管心意交流，善意相处，彼此钦慕，互相效劳，殷勤对待，但是多年努力的结果，比一张漂亮的面孔或者一只美丽的手所起到的作用，还要差得多。

4(Ⅳ)　时间巩固友谊，削弱爱情。

5(Ⅳ)　只要还有爱情，那么即使某些东西似乎会使爱火熄灭，即使爱好会变化无常，即使有严格的约束，即使有所疏远，即使产生妒忌，爱情还会继续存在。可友谊则相反，友谊需要给予救助：没有悉心照顾，没有互相信任，没有相互宽容，友谊便会消亡。

6(Ⅳ)　极端的爱情常有而完美的友谊少见。

7(Ⅳ)　爱情与友谊是互相排斥的。

8(Ⅳ)　经历了强烈爱情的人疏于友谊；而在友谊方面殚精竭虑的人则还没有为爱情做出丝毫努力。

9(Ⅳ)　爱情一开始便是爱情，即使最强烈的友谊也不可能变成最微弱的爱情。

10(Ⅳ)　强烈的友谊跟我们出于爱情而培植维系的关系是再相似不过的了。

11(Ⅳ)　真正的爱情只有一次,那就是初恋;以后的爱情都是不那么不由自主的了。

12(Ⅳ)　突如其来产生的爱情一旦受阻,心灵需要很长的时间才能愈合。

13(Ⅳ)　一步步逐渐发展起来的爱情太像交朋友了,所以不会产生强烈的激情。

14(Ⅳ)　爱得至深从而可以爱得超过千百万次的人,在爱情上不敌那些爱得不能再爱的人,其差别就在于此。

15(Ⅳ)　如果我同意说,受到巨大激情的强烈推动,一个人可以爱某个人胜过爱自己,那么,我会给谁带来更大的快乐呢?是给爱的人,还是给被爱的人?

16(Ⅰ)　男人往往想爱却爱不上;他们想寻找失败的机会却遇不到;我敢说,他们不得不过着单身自由的日子了。

17(Ⅳ)　那些一上来便彼此爱得死去活来的人,结果不久各自的爱情都淡薄了,最后就不再相爱了。一个男人和一个女人,在这场感情的破裂中,谁的责任大呢?这很难断定:女人指责男人见异思迁,男人说女人生性轻浮。

18(Ⅳ)　在谈情说爱时,不管人们多么挑剔,比起交朋友来,总是更多地原谅错误。

19(Ⅳ)　一个人很善于以一切手段把一个薄情人变成非常薄情的人,在这种人看来,这是一个轻微的报复。

20(Ⅳ)　没有大量财产却要去喜爱什么,那是可悲的;财产使人们有办法满足自己所喜爱的东西,使得他幸福得不再喜爱别的什么了。

21(Ⅳ)　如果有这么一个女人,你对她满怀深情她却无动于衷,那么在以后的生活中,不管她对我们给予多大的帮助,我们也很有可能成为无情无义的人。

22(Ⅳ)　深深的感激本身,就蕴含着对有恩于己的人之强烈的感情和深厚的友谊。

23(Ⅳ)　跟所爱的人在一起,这就足矣;遐想联翩,跟他们交谈还是不跟他们交谈,想着他们还是想着其他无足轻重的事,这都无所谓,只要跟他们在一起就好。

24(Ⅳ)　从憎恨到友谊,比从反感到友谊,距离更近一点。

25(Ⅳ)　从反感到产生爱情,似乎比从反感到产生友谊更为常见。

26(Ⅳ)　出于友谊,人们把自己的私密告诉朋友;而在谈情说爱中,人们是不经意地把私密流露了出来。

(Ⅳ)　人们可以信任某人但并不爱他。得到爱的人不需要对方坦言什么或者表示信任,因为一切对他都是敞开的。

27(Ⅳ)　在友谊中,我们看到的可能只是危及朋友的缺点;在谈情说爱中,我们在所爱的人身上看到的缺点,只会令我们自己受苦。

28(Ⅰ)　在谈情说爱时第一次出现的怄气事情,就像在交朋友时发现的第一个错误一样,要善于引以为戒。

29(Ⅳ)　看来如果一种不正确的、莫名其妙的、没有根据的猜疑一旦被称为妒忌的话,那么另一种正确的、合乎自然的、建立在理性和经验基础上的猜疑就应该起另一个名字了。

(Ⅳ)　妒忌跟人的脾气有很大关系,它并不总是出于一种巨大的激情。如果爱情强烈却不敏感挑剔,就会成为一种不合常态的悖论。

(Ⅳ) 人们经常独自一人为爱情的敏感而痛苦。可人们受妒忌的煎熬时,也让别人受煎熬。

(Ⅳ) 那些对我们丝毫不假辞色,不惜一切机会让我们妒忌的女人,如果我们根据她们所流露的感情和她们表现的行为,而不是根据她们的内心想法来处置的话,是丝毫不值得妒忌的。

30(Ⅳ) 友谊中出现冷淡或疏远总是有原因的。在爱情中,不再相爱没有什么别的原因,就是因为彼此爱得太深。

31(Ⅳ) 不爱可以自行决断,可是爱却不见得都能控制得住。

32(Ⅳ) 男欢女爱因彼此生厌而亡,因相互遗忘而灭。

33(Ⅳ) 爱情的萌发和消退,从彼此独自相处时的尴尬神情可以感受得出来。

34(Ⅳ) 不再去爱,这是人思想偏狭,心存界限的明显证据。

(Ⅳ) 爱是软弱的表现,消弭爱情往往是软弱的另一种表现。

(Ⅳ) 消弭爱情就是自我安慰:心中已经没有东西值得一直惋惜和一直喜爱的了。

35(Ⅳ)　人心中对某些损失可能会一直痛苦不已,只是靠德行或者精神力量才能够摆脱巨大的悲痛。人们哀伤痛哭,悲恸欲绝;但是人情是如此脆弱、如此淡薄,以至于接着便要靠自我安慰,才能安然如故了。

36(Ⅳ)　如果一个丑女人被人爱上了,那么也许会爱得死去活来;这或者是由于她的情郎有着奇怪的弱点,或者是由于她具有比美貌更秘密、更难以抵御的魅力。

37(Ⅳ)　人们习惯使然地长时间相会,而且亲口对对方说彼此相爱,可他们相处的方式已经说明不再相爱了。

38(Ⅳ)　想忘掉某人,就是在想念着这个人。爱情跟内心盘算在这一点上有共同之处,那就是:心里想摆脱掉什么东西,可由于反复思考和掂量,结果却令人感到难受。因此,为了减弱爱情,就根本不要去想它,如果能够做到的话。

39(Ⅳ)　人们要给所爱的人以完满的幸福,或者如果做不到的话,就给所爱的人制造全部的不幸。

40(Ⅰ)　比起跟憎恨的人一起生活,沉痛地怀念所爱的人是一件好事。

41(Ⅳ)　不管自己对所爱的人们是何等无私,有时为了他们得勉强自己欣然地接受给予。

(Ⅳ) 这样的人是可交的:他以同样不可言说的愉悦心情,来接受他朋友以不可言说的愉悦心情对他的给予。

42(Ⅴ) 给予就是作为①,这不是迫不得已的善举,也不是屈服于向我们请求给予者的纠缠,或者照顾他们的在所必需。

43(Ⅳ) 如果你给予了所爱的人什么东西,那么不管发生什么事,在任何情况下,都不要想到自己做过的善举。

44(Ⅴ) 拉丁语里说:恨比爱的代价小;换句话说,友谊的负担比仇恨重。诚然,人们不会给予自己的敌人什么东西,但是对敌人进行报复难道不要付出任何代价？或者说,如果伤害自己仇恨的人是愉快而自然的事,难道给自己热爱的人做好事就不是愉快而自然的事？不为他们做好事岂不是艰难而痛苦的事情？

45(Ⅰ) 跟自己刚刚给予馈赠的人的目光相遇是一件愉快的事情。

46(Ⅴ) 我不知道如果一个善举给了忘恩负义的人,给了不配享

---

① 拉布吕耶尔对于慈善行为有严格的概念。他揭露出于私利的假馈赠,也谴责某些受惠人的忘恩负义和不该赈济而接受赈济。相反他鼓吹一种自我奉献的馈赠,对最贫穷者的馈赠,以及在精神方面对新入教者的馈赠。——P. R.注

有的人,那这个善举是否仍然是个善举,是否更值得感激。

47(Ⅶ) 馈赠不在于给得多而在于给得适时。

48(Ⅴ) 如果怜悯或同情真的会使我们反躬自省,设身处地为不幸者着想,那为什么这些不幸者的灾难得不到多少缓解呢?

(Ⅴ) 宁愿做好事遇到忘恩负义的回报,也不要亏欠了受灾受难者。

49(Ⅴ) 经验证实对自己放纵或者宽容,跟对别人严酷恰恰是同样的一种恶行。

50(Ⅴ) 一个工作刻苦,不怕辛劳,严于克己的人,如果他宽以待人,那完全是出于过分的理智。

51(Ⅴ) 尽管负担一个穷人的生活非常麻烦,可我们几乎享受不到从我们的辛劳中所获得的新的好处;同样,朋友的提升所带来的快乐,会由于看到他超过自己或者跟自己地位相当产生小小痛苦,从而打一些折扣。人自身就是这样矛盾,既想有人依靠又想不花任何代价;人们也希望他的朋友好,但如果真的好了,在开始的时候,人们并不总是高兴的。

52(Ⅶ) 你宴请宾客,你邀请客人,你请人上你家,请他吃饭,给他好处,给他帮忙,但这一切都抵不上信守诺言。

53(Ⅳ)　有一个忠实的朋友对自己来说已经足够了,而能够结交上忠实的朋友甚至是了不得的事儿:我们不可能有太多为别人效力的朋友。

54(Ⅳ)　人们为某些人做了够多的事,足以赢得他们的心,可结果也许不是如此,那么还有一个办法,就是再也不要做什么了。

55(Ⅴ)　跟自己的敌人生活在一起,设想有一天他们会成为我们的朋友;跟自己的朋友生活在一起,设想有一天他们会成为我们的敌人。这既不是出于仇恨的天性,也不是基于友谊的规则,这不是道德学的格言而是政治①。

56(Ⅴ)　我们不要把那些比较了解,有可能成为我们朋友的人当作敌人。我们应该挑选出非常可靠、非常正直的朋友,但愿做不成朋友的人不要辜负我们的信任,也不要让我们害怕他们会成为敌人。

57(Ⅳ)　出于爱好和尊敬去看望朋友是愉快的事;出于利害考虑而去培植友谊是痛苦的事,因为这是在谋划。

---

① 通过皮布里乌斯·西路斯的这个格言,拉布吕耶尔揭示了阿梅洛·德·拉·胡塞依(1683)翻译的《君主论》中所再现的马基雅维里关于道德与政治关系的概念(参阅本书下面章节中关于外交伦理学问题的论述)。——P.R.注

58(Ⅶ)　你想为这些人好,而争取他们的关爱,这是可以的;你希望得到这些人的好处,而争取他们的关爱,这是不应该的。

59(Ⅳ)　为了发财致富与为了无聊荒诞的消遣,使用的办法不一样。人有一种率性行事的自由感,它跟为了自己的地位而古板守旧的做法完全相反。所以人们自然希望自由感多而刻意经营少,相信自己完全能够找到这种自由感而不必苦苦寻觅。

60(Ⅴ)　善于等待所希望的财富的人,即使财富迟迟不来,也不会走绝望的道路;相反,急不可耐地企求某个东西的人,投入的精力太多,即使成功也得不偿失。

61(Ⅶ)　某些人热切地下定决心非要得到某个东西,他唯恐得不到这个东西,可是他所做的一切却足以使他失去这个东西。

62(Ⅳ)　最希望得到的事物没有来到,或者即使来了,其时间和情景也不让人十分高兴。

63(Ⅳ)　在得到幸福之前就该笑,以免死了还没有笑过。

64(Ⅰ)　如果生命只配与愉快搭界,那么生命是短暂的;既然我们要跟令人高兴的人一起度过分分秒秒,那么我们几乎会把多年的时间换作几个月的生命来度过。

65（Ⅰ）　对一个人感到满意是多么困难的事啊！

66（Ⅴ）　看到一个坏人死去不免有点高兴：这时我们享受到自己仇恨的果实，而且可以从他那里取得我们由此可望得到的一切东西，那就是对他死亡的喜悦。他终于死了，但是他死得不是时候，我们的利益不允许我们对此感到高兴：他死得太早或者太晚了。

67（Ⅳ）　骄傲的人要体谅别人当场抓住了他的错误，蛮有道理埋怨他的人是很难有的；只有当他重新占了上风，指出对方理亏时，他的骄傲才会有所减弱。

68（Ⅰ）　我们为某些人办了好事，我们会越来越喜欢他们；同样，我们会强烈憎恨那些严重冒犯我们的人。

69（Ⅰ）　把受侮辱感扑灭于萌芽状态，跟把受侮辱感一直保留若干年，这两者同样困难。

70（Ⅶ）　由于软弱而恨一个敌人并想对他进行报复；由于懒惰而平息火气，不去报复。

71（Ⅴ）　让人摆布，这既有懒得管的因素，也有心性软弱的原因。

（Ⅶ）　在一件对某人和对他家人利益攸关的重要事情中，别指望不做各种准备工作,一下子就能够控制住这个人。他首先会感到你要控制和影响他的思想,出于羞耻心或者一时性起,他想挣脱这个枷锁,这时你必须对他先施以小的笼络,然后逐步扩大到重大的、利益攸关的事情。这些最初只能从让他决定出发打仗或者返回城里这些事情开始,最后要达到的结果就是由他口述遗嘱,而让他的儿子只获得财产的遗留的份儿。

(Ⅶ) 为了长期而彻底地控制某个人,必须手腕灵活,让他尽量不感觉到自己的依赖性。

(Ⅶ) 某些人可以受人控制到一定的程度,可是再进一步,就不再让步,不受控制了:我们一下子不知道他们的心怎么打算,脑子怎么想法。不管是用高傲的态度还是用灵活的手段,用武力还是用技巧都无法驯服他们,他们之间的差别,就在于有的人这么做是出于理智和有根据的思考,有的则是性情和脾气使然。

(Ⅶ) 有的人既不讲理又不接受忠告,只是害怕受人控制而心甘情愿地误入迷途。

(Ⅶ) 另一些人在几乎是无关紧要的事情上同意按照朋友们的意思办,可是对某些严肃而重大的事情,他们就要行使权利自行掌管了。

(Ⅷ) 德朗士①想让人认为他能够控制他的主子,可是他的主子不相信,公众也不相信。他在最不适宜的地点和时间,当别人伺候一个大人先生吃饭时跟这个大人先生滔滔不绝地讲话,跟他窃窃私语或者使用心照不宣的字眼,当着这个大人先生的面哈哈大笑,打断他的话,插身在这个大人先生和跟他谈话的人们之间;有的人前来对大人先生讲奉承话或者焦急地等待别人走开,他对这些人摆出瞧不起的神态,他以十分随便的姿势站在大人先生身旁,背靠着壁炉跟大人先生在一起,拉拉他的衣服,跟着他亦步亦趋,装出亲密的样子,举止放肆,这一切表明这种人不是受宠信者,而是一个不知天高地厚的人。

(Ⅵ) 明智的人既不让别人控制也不想控制别人,他希望永远只靠理智来控制。

(Ⅶ) 我并不讨厌出于信任而把自己交付给一个明白事理的人,并在一切事情上绝对而且永远受这个人的控制,条件是:我确信办得对,无须进行讨论;我将享受着受理性控制的人的平静生活。

72(Ⅴ) 一切爱情都是骗人的,它尽可能乔装打扮出现在别人眼前,而把自身掩盖起来。没有一种恶习不跟某种德行有虚假的相像之处,并从中渔利。

---

① 指克莱蒙-托莱尔伯爵,此人言语尖酸刻薄,令人生畏。——P.R.注

73(Ⅳ) 我们找到一本宣扬宗教虔诚的书,这本书令人感动;我们打开另一本谈情说爱的书,这本书给人留下了印象。我可不可以说,只有心灵能够调和彼此对立的事物和接受互不相容的东西呢?

74(Ⅴ) 人不耻于自己犯下的罪行,而耻于流露出自己的弱点和虚荣。人们掩盖自己的爱情或者强烈的追求,别无其他目的,只是加以掩盖而已。这样的人公开表现出自己无公正之心,怀强制之意,心术不正和对别人的中伤。

75(Ⅴ) 人们不太敢说"我在强烈追求",这或者是他根本没有追求,或者是他一直在追求;当这个强烈追求的时候终于来到,他承认说他爱上了。

76(Ⅴ) 人以爱开始,以野心结束,往往只是在死的时候才处于比较平和恬静的状态。

77(Ⅳ) 只有当强烈爱情占据理智上风的时候才会不计一切代价;爱情的最大胜利就是压倒了利益。

78(Ⅰ) 用心比用思想可以更容易相处和更好地交往。

79(Ⅰ) 某些伟大的感情,某些高尚和有教养的行动,不是靠我们绞尽脑汁想出来的,而是靠我们的善良天性做出来的。

80(Ⅰ)　世上不管什么东西,它们再多,也几乎没有比十分感谢更弥足珍贵的了。

81(Ⅳ)　如果爱情、狡诈、需要,都不能让人产生思想的话,那么人的思想是太匮乏了。

82(Ⅰ)　有一些地方令人欣赏,有另一些地方令人感动,从而让人喜欢在那里生活。

（Ⅰ）　在我看来,人的精神、脾气、激情、爱好和各种感情都取决于所处的地方。

83(Ⅳ)　只有做好事的人值得羡慕;可如果他们还没有下定决心做得更好,那是为了对令我们妒忌的这些人进行温和的报复。

84(Ⅰ)　某些人不让自己去爱和作诗,这就像他们不敢承认有两个缺陷,一个是不敢表白自己的内心,另一个是不敢坦露自己的思想。

85(Ⅰ)　有时在人生的过程中,人们不让我们享受如此昂贵的快乐和如此温馨的盟誓,以至于我们很自然希望至少允许我们享受这些;如此巨大的诱惑是无法抵挡的,除非我们出于德行,知道放弃这一切。

论社交与言谈

1（Ⅰ） 非常枯燥乏味的性格就是没有任何性格的性格。

2（Ⅰ） 傻瓜的角色就是不合时宜；精明的人能感觉到自己是否来得正是时候，是否令人讨厌，他会在自己显得多余之前便销声匿迹。

3（Ⅰ） 我们踩死恶作剧者，可普天之下都是这类昆虫。一个会开玩笑的人是稀罕的，这种人即使是天生的人才，要长久扮演这样的角色还是很困难的；逗人笑的人还令人尊敬，这事情可不常见。

4（Ⅰ） 出语猥亵的人多，讲人坏话或者讽刺挖苦的人更多，而言谈优雅的人少。要想玩笑得体而且巧妙地在最小的事情上开玩笑，需要掌握太多的规矩，懂得太多的礼节，甚至拥有非常丰富的想象力：这样的开玩笑实际上就是创造，是举重若轻。

5（Ⅳ） 如果我们认真留意日常谈话中人们所说的一切平淡无味、空洞无聊的话，我们可能会耻于说，耻于听，也许会把自己永远禁锢于缄默之中，这在人际交往中比说无用的话更不好。因此必须跟各色人等都合得来，像允许不得已的祸患一样，允许叙述虚假的消息，对当今的政府和君王的利益作泛泛的评论，发表一些几乎总是千篇一律的高明见解；必须听任阿龙斯谈经论道，和让梅朗德谈他自己，谈他的头晕、偏头痛和失眠。

6(Ⅳ)　有些人在言谈中或者在我们与他为数不多的交往中令人生厌，因为他们言语可笑，用词标新立异，其实就是用词不当，因为某些词只有在他们嘴里才会这么组合，而要表达的意思连第一个发明这些词的人也不敢这么说。在说话时，他们既不依照情理，也不根据习惯，而是凭他们古怪的禀性，可由于他们总想逗笑，或者总想出语惊人，结果他们说着说着不知不觉就用上了他们特有的俚语，最后这变成他们自然的语言。他们不仅语言如此怪诞，而且说话时指手画脚，装腔作势，发音造作别扭。可他们全都对自己感到满意，也满意自己思想的情趣；我们不敢说他们完全没有情趣，但我们惋惜的是他们的情趣不足，而更糟糕的是我们对他们的这一点点情趣叫苦不迭。

7(Ⅴ)　你说什么？怎么？我不明白，请你再说一遍好吗？我完全不明白这是什么意思。我终于猜出来了，阿西斯，你对我说天冷，那你为什么不说"天冷"呢？你要告诉我下雨或者下雪，那你就说："下雨了，下雪了。"你觉得我长得漂亮，你想赞扬我，那你就说："我觉得你长得漂亮。"——但是，你回答说，这完全无关紧要，是非常清楚的，何况这样的话谁不会说呢？——有什么关系，阿西斯？你说话让人家听懂，你跟所有的人一样说话，这难道有这么难吗？阿西斯，你以及跟你相似的人，腓比斯①占卜者

---

① 腓比斯，太阳神阿波罗的另一名称。——译者

就缺少一件东西,你可别不相信,我说出来会让你大吃一惊,你们缺少的东西,就是思想;不仅如此,你们还多了一件东西,那就是自命比别人更有思想;这就是你们言语浮夸,表达混乱,夸夸其谈,言而无物的根源。你接触这个人,你走进这个房间,我扯扯你的衣服,在你耳边对你说:"你别想有思想,你根本就没有思想,你的角色就是这个样子。如果你能够的话,请你说话简短一点,这样,那些你认为丝毫没有思想的人也许就会觉得你有思想了。"

8(Ⅳ) 在社交场合,谁能够保证自己不会遇到这样一些华而不实、轻浮而随便,在一起时总是自己讲话而要别人倾听的人呢?我们在候见室就听到他的声音。你可以随便闯进去打断他们的话,可他们照样继续说下去,根本不管什么人进来或者出去,也不管聚会成员的地位多高和怎样德高望重;他们不让正在讲述一件新闻的人说下去,而要按自己的方式去说,认为自己这样说最好,自己说话的方式得自于扎梅特①、卢彻来、孔希尼②的真传,可是他们根本不认识这些人,也从来没有跟这些人谈过话,而如果跟这些人谈话,他们是要采取对待老爷那样的态度的。他们

---

① 扎梅特(1549—1614),意大利裔法国包税官,深受亨利四世信任,曾任王后总管。——译者

② 没有"先生"两字。——拉布吕耶尔注

这些人都是玛丽·德·美第奇的宠信。扎梅特,包税官;卢彻来,神父;孔希尼,著名的安可元帅,他的回忆录助长了马扎然分子的反意大利情绪。——P. R. 注

孔希尼(1575—1671),意大利政治家,其妻子受到玛丽·德·美第奇的宠信,所以他在亨利四世去世后得到迅速提拔。——译者

有时会凑近集会上最有身份的人的耳朵,告诉他一个谁也不晓得而他们也不愿意让任何人知道的事情。他们会把某些名字去掉,来对他们叙述的故事掩饰一番,让这故事影射到别人身上去。你请求他们,催促他们,没有用,总有一些事情他们不便说出来,总有一些人他们不便说出名字,他们是下了保证的,这是天大的秘密,这是个奥秘;你怎么能要他们做办不到的事情呢,因为他们对于你向他们打听的事情和人根本一无所知。

9(Ⅷ)　阿里亚思什么都读过,什么都见过,他相信自己是这样的:他是个万事通,自命通晓一切,他宁愿撒谎也不愿意不说话或者显得对某件事情一无所知。在北方一个宫廷大员的宴会上有人在讲话,他抢着发言而不让对情况了解的人有机会说话;他对这个遥远的地方熟悉得仿佛是土生土长的人;他对这个宫廷的风俗,对这个国家的女人,对它的法律,对它的习俗说三道四;他叙述这个地方发生的逸闻轶事,觉得很逗人便第一个笑了起来,笑得捧腹。有人大着胆子表示不同意他的说法,明确指出他所说的并不是事实。阿里亚思神色自若,相反跟打断他讲话的人发起火来,说道:"我所提出来的,我所叙述的,没有一件事不是原原本本的事实,我是从法国驻这个朝廷的大使塞顿那里听到的,他刚回到巴黎几天,我跟他熟悉得很,我问得很仔细,他丝毫都没有隐瞒我。"接着他比开始时更加自信地叙述下去,这时有个宾客对他说:"跟你说话的人就是塞顿本人,他正是从大使馆来到这里的。"

10(Ⅳ)　在谈话中,要么我们懒于说话,或者有时城府很深的人会使我们谈话离题万里,他们提出不恰当的要求,我们作出愚蠢的答复;要么有人纠缠不休地盯着我们,等待我们脱口说出片言只语,好拿来取笑一番,从中找出别人没有看出来的奥秘,寻找敏锐和精妙的话语,其目的仅仅为了等待机会,作为自己的东西放进谈话中去。在这两者之间,我们必须作出取舍。

11(Ⅳ) 自命不凡,强烈地相信自己才智出众,这种不寻常的事情仅仅发生在丝毫没有才智或者略有才智的人身上。于是跟这种人谈话就惨了。人们要承受多少动听的话语,会听到多少别出心裁的词突然出现,存在一段时间,接着便再也不见踪影。如果他讲一条新闻,不是把新闻告诉别人,而是为了显示他讲新闻的才能,能够讲得娓娓动听。这条新闻在他嘴里变成了一部小说,他让别人按照他的方式去思考,让自己庸俗的说话方式从他们嘴里说出来并且长时间一直这么说;然后他一下子扯到题外话,这题外话会被当作插曲,让跟你谈话的他自己和忍受他谈话的你忘掉了故事的主要内容。要不是幸亏有人突然来搅乱了这个聚会,让我们忘记了这次讲述,否则你和他会怎么了结这件事情呢?

12(Ⅴ) 我从候见室就听到泰奥德特①的声音;他越走近,声音就越大,最后他进来了,他笑,他喊,他哈哈大笑;人们掩住自己的耳朵,这简直是打雷。他所说的事和他说话的语气都令人害怕;

---

① 影射欧比涅伯爵。——P.R.注
  欧比涅伯爵,曼特侬夫人的兄弟。——译者

他终于平静了些,并终于不再大声喧哗了,可那只是为了嘟囔一些吹牛的话和蠢话。他说话根本不管什么时间,不管什么人,不管什么礼节,以至于每个人都知道他的事,虽然他并不想把这事告诉别人;他还没有坐下来就不知不觉地得罪了全体在场的人。吃饭的时候,他第一个入席而且坐在首席。女人分坐在他左右两旁;他吃着,喝着,说着,开着玩笑,不分什么人,不管是主人还是来宾,他随便打断人家的讲话,别人对他的过分尊敬让他忘乎所以。是他还是俄迪戴姆请客吃饭?他在餐桌上耍尽了威风,不管是听任他逞强还是跟他一争高低,都是一样的麻烦。酒肉丝毫不会影响他的品性。他去赌钱,要是赢了,他会嘲笑输钱的人,伤害输家,取笑的人都站在他这一边;人们听任他大讲特讲愚蠢的大话。我终于退避三舍走掉了,因为泰奥德特和那些吹捧他的人让我再也无法忍受下去了。

13(Ⅶ) 特洛依勒对于有太多财产的人是蛮有用的,他可以省掉他们财产过多的不便,免除他们堆积金钱、缔结合同、关闭保险箱、把钥匙挂在身上和害怕家贼的麻烦;他帮助他们寻欢逐乐,然后他能够在他们的爱情上给予效劳,最后他支配和掌握了他们的行为。他成为一个家庭的权威,成为……怎么说呢,总之成为一个这样的人:主人要等待他作出决定,猜测他会怎样决定,迎合他所作出的决定。他说这个奴隶"必须加以惩罚",于是主人就鞭打这个奴隶;他说那个奴隶"必须予以解放",于是主人就解放了那个奴隶。我们看到某个食客不讨他喜欢,令他不高兴,于是主人就对这个食客下逐客令了。如果特洛依勒让主人的老婆孩子安然无事，那这个主人就万幸了。如果特洛依勒在饭桌上说某道菜美味可口，主人和宾客一边吃着这道菜，一边想也不想地也说这道菜美味可口，而且大快朵颐；如果相反，他说另一道菜淡而无味，那么开始品尝的人，便不敢把进了嘴里的这口菜吞下去，而要把它吐在地上。每个人的眼睛都看着他，琢磨他的举止和面孔，才敢对端上来的酒和肉发表意见。除了在这个受他统治的富人家里，可别去其他地方找他。就是在这个家里，他吃饭，睡觉，消化，责骂他的跟班，见他的工人，打发他的债主。他在大厅发号施令，统治一切，在那里接受人家的追捧和赞扬，这些人比别人机灵，不去找主人而是找特洛依勒来办事。如果某人走进来，不幸长相不讨他喜欢，他皱起眉头，掉眼不顾；这个人走近他，他不起身；这个人在他旁边坐了下来，他便离得远些；这个人跟他说话，他不回答；这个人继续说，他便走到另一个房间去；这个人跟着他，他便走上楼梯，他宁愿登上所有楼层或者从窗户跳下去，也不愿让长相或者声调让他厌恶的人跟他接触。如果两个人都讨特洛依勒喜欢，他便巧妙地加以利用，好赢得他们的心或者加以征服。随着时间过去，一切都在他的照管之下，而他如愿以偿地靠着开始让他出人头地的那一点点才能，维持着自己的地位和使自己继续讨人喜欢。有时他走出沉思和沉默进行反驳，甚至允许自己一天有一次以机智的思想进行批评，这已经是了不起的了。你别指望他会同意你的见解，会随和待人，会称赞你；你根本不能肯定他究竟是一直喜欢得到你的赞赏还是对你的殷勤感到苦恼。

14(Ⅳ)　你让那个在参加一个节日活动或者一场演出的公共车辆上偶然坐在你身旁的陌生人随便讲话好了,你付出的代价只不过是因为听他说话从而认识他;你会知道他的名字,他的住所,他的家乡,他的财产状况,他的职务,他父亲的职务,他母亲出生的家庭,他的父母,他的联姻,他家庭的武器;你知道他是贵族,他有一座府堡,有漂亮的家具,有跟班和一辆四轮马车。

15(Ⅰ)　有些人不经思考说了一阵子,另一些人则无聊地注意这些人所说的话。跟这些人谈话你会感到他们表达思想是多么费力,因为他们满脑子堆满了句子和细微的表达方式,这一切都得通过他们的手势和所有举止表达出来。他们是语言纯正癖者①,即使要取得最好的效果,也不敢随便使用半个字;他们不会不经意地说出任何巧妙的措辞,他们说的任何话都不会轻松自如地流淌出来。他们说得中规中矩,但是让人听得厌烦。

16(Ⅰ)　言谈的实质根本不在于表现得说话饶有风趣,而在于让别人觉得有风趣:跟你谈过话的人如果对他自己的话和对他自己的风趣感到满意,那么他也会对你感到完全满意。人们并不喜欢欣赏你,他们要自己被人喜欢;他们不想受到教育,甚至也不想得到快乐,而是要得到别人的欢迎和称许,因此最微妙的乐趣就是让别人快乐。

---

① 要求言语极端纯正的人。——拉布吕耶尔注

17(Ⅰ) 在我们的谈话和文章中,不应该有过多的想象。想象往往只是产生于空虚而幼稚的念头,它丝毫无助于改进我们的品位和使我们变得更好。我们的思想应该来自于良知和正确的理智,而且是我们判断的结果。

18(Ⅰ) 缺乏足够的思想却想使自己的话说得精辟,和缺乏足够的判断力而闭口不谈,两者都是极大的悲哀。这就是一切话不得体的本原。

19(Ⅳ) 把握尺寸地说一件事好或坏以及好或坏的理由,这需要常识和表达;这是一件事。另一件事:以断然的口吻,对所提出的问题不加论证,而宣布这件事糟透了或者好极了,这是更直截了当的做法。

20(Ⅰ) 上帝和众人都认为,用冗长而骗人的赌咒发誓来支持谈话中说的一切事,乃至于最无所谓的事情,是最不值钱的了。一个正直的人说的是或否就值得相信,因为他的品行为他下了誓言,使他的话可信,从而为他赢得了完全的信任。

21(Ⅰ) 一个人没完没了地说自己珍惜荣誉,清廉正直;不危害任何人;说自己愿意让别人做的坏事落到自己头上;他信誓旦旦地让人相信这一点,可是他却连去仿效一个好人这样的事都不懂得去做。

（Ⅰ） 一个善良的人即使再谦逊也无法阻止别人说他好,而没有教养的人却十分善于说自己好。

22（Ⅴ） 克雷翁说话不大客气或者不大正确,这是免不了的事;可是他又说自己生来如此,他说出了所想的事。

23（Ⅴ） 有的人会说话,说得轻松自如,说得正确,说得合乎时宜。跟最后这种方式反其道而行之的是:对没有面包糊口的人大谈特谈刚刚吃过的一席盛宴;在残疾人面前把自己的健康状况说得好得不能再好;跟一个没有年金,没有住所的人谈自己的财产,自己的收入和自己的家具。总之,对不幸者谈自己的幸福:这样的言谈对他们来说刺激太大,因为他们把自己的状况跟你比较,会觉得自己过得太差劲了。

24（Ⅶ） 俄迪弗龙说:"你嘛,你是富人,或许你应该是富人:10000利弗尔①的年金,还有地产,这太美了,这太好了,再少一点你也是幸福的。"当他这么说的时候,他自己有 5000 利弗尔的收入,可是他觉得自己该有多一倍的收入才对。他计算你的纳税数额,估算你的身家,确定你的开销,如果他认为你应该有更多的财产,应该有他认为的那么多的财产,他一定会提出来的。作出这样错误的估计或者这样令人不快的比较的并不仅仅是他一个人,世界上充斥着俄迪弗龙这样的人。

---

① 法国古代记账货币,相当于一古磅银子的价格。——译者

25（Ⅴ） 某个人根据人们喜欢听人称赞的禀性和出于自己喜欢奉承和夸张的习惯，对狄奥代姆的一次讲话赞不绝口，可他根本没有听过这个讲话，而且也没有人跟他说起过这个谈话。他没完没了地跟狄奥代姆谈狄奥代姆的天才，他的伟业，尤其是他记忆力的牢靠，狄奥代姆真的目瞪口呆，不知道说什么好了。

26（Ⅳ） 某些粗鲁、不安分、自负的人，虽然游手好闲，没有任何事情在等着他去办，可是，这么说吧，他用三言两语把你打发走了，满心只想把你摆脱掉。人们刚刚还在跟他们讲着话呢，可他们却走了，消失了。他们行为的不得体不亚于那些拉着你不放，完全让你感到厌烦的人；不过前者也许没有后者那么令人讨厌。

27（Ⅴ） 说话和得罪人，对于某些人来说，完全是一回事。他们说话尖酸刻薄，谈吐中混合着胆汁和苦艾：嘲笑、粗话、辱骂就像唾液一样，从他们唇齿之间流淌出来。他们如果生来就是哑巴或者傻瓜，也许会更好些。他们拥有的机敏和睿智对他们所造成的伤害，比他们的愚蠢对别人造成的伤害更大。他们并不总是满足于以尖刻的口吻反唇相讥，他们往往毫不讲理地进行攻击。他们打击谈到的一切，打击在场的和不在场的；他们像公牛一样用额头顶，从旁边撞；人们会问这些公牛没有角吗？同样，通过这个画面，难道人们不想改造如此生硬，如此粗野，如此桀骜不驯的本性吗？我们能够做的事就是，不管离得多远，只要一发现他们，就立即掉头不顾，用全部力气赶快逃走。

28(V)　鉴于有些人的某种本事或者某种品性,绝不要跟这种人相处,尽量少去埋怨他们,甚至也不要跟他们讲道理。

29(V)　两个人发生剧烈争吵,其中一个有道理,一个没道理;大部分目击者总不免这么做:或者是不作评判,或者是以不太适当的脾气,对两个人都谴责一番。有一条重要的教训,一个迫切而必不可少的办法,那就是如果那个自命不凡的人在西边,你就逃往东边,以免跟他犯同样的错误。

30(V)　如果我不喜欢这个人,却先跟他攀谈,在他跟我打招呼之前跟他打招呼,这样我便在他心目中作践了自己,而且也会助长他的自鸣得意。蒙田说:"我喜欢我行我素,有分寸地做到殷勤有礼,和蔼可亲而心无愧疚,也不计后果。我决不扭曲我的禀性,违背我的天性,而是自然地走向我认为正在寻求与我相会的人。如果他跟我身份相等而且不是我的敌人,我先迎上前,向他嘘寒问暖,我主动向他提供帮助,根本不斤斤计较,就像人们所说的,不存戒心。对于我不喜欢的人,根据我对他的习惯和行为方式的了解,我就没有这样随便与坦率了。可是当遇到这种人时,为了能够立即想起这一切而且不管离多远,一看到他,就摆出一副满脸庄重、不可一世的样子,从而告诉他,我认为自己比得上他甚至更胜于他,为此我必须想起我的优点和好的条件以及他的缺点和坏的条件,然后加以比较,我该怎么做呢?这对于我来说是个太艰巨的工作了,我完全不能这么一下子就紧张地集中起注意力来,即使这对于我来说只是生平第一次,我必然无力应付;至于我做不到的第二件事情,那就是我无法强迫自己和勉强自己对什么人摆出骄傲的样子来。"

31(Ⅳ)　一个人品德优,能力强,品行好,却可能令人无法忍受。你认为是无足挂齿的举动,往往成为别人断定你为人好坏的理由;稍微注意举止温良文明可以避免别人给你不好的评价。我们几乎无缘无故就会让人认为你骄傲,粗野,瞧不起人,拒人千里之外,而只要一点点更微不足道的事情就会令人对你产生截然相反的评价了。

32(Ⅳ)　文雅并不都意味着善良、公正、殷勤和心怀感激,但文雅至少给人以表象,它显现出人的外表,并表明人的内心也应该如此。

(Ⅰ)　我们可以定义文雅的精神,但无法规定如何做到文雅:文雅随已经形成的惯例和习俗而定,跟时间、地点、人密切相关,不同性别和不同社会地位的人,文雅的表现并不相同;单靠文雅的精神无法让人揣度文雅是什么样子,但文雅的精神可以让人通过模仿去体现文雅,从而使自己在文雅的举止中完善自己。有的人的气质只能接受文雅,另一些人的气质则只为才干卓绝或者德行高远的人服务。的确,彬彬有礼的举止可以展现出人的长处,使得这个长处令人喜欢;而不文雅的人,必须具有非常突出的优点,才能够在社会上站得住脚。

（Ⅰ） 我觉得文雅精神就是注意通过我们的言语和行为,使别人对我们和对他们自己感到满意。

33（Ⅰ） 你让某些人唱歌或者弹奏乐器,可你又当着这些人的面称赞另外某个具有同样才能的人,就像你在向你朗读自己诗篇的人们面前称赞另一个诗人那样,这是犯了违背文雅精神的错误。

34（Ⅳ） 在招待别人酒席和为别人举办宴会时,在向别人赠送礼物和为他们提供各种享乐时,有的做得好,有的做得合乎他们的品位;后者更可取。

35（Ⅰ） 有一种不文明就是不加区别地不接受各种赞扬:我们应该感激有教养的人对我们的赞扬,因为他们真诚地赞扬我们值得赞扬的事情。

36（Ⅳ） 一个有才情的、生来骄傲的人,不会因为自己穷而失去丝毫的骄傲和矜持;相反如果有什么东西会削弱他的脾气,使他变得温和和易于相处,那就是他稍微富裕一点。

37（Ⅳ） 不能容忍充斥于这个世界的一切不良品性,这是一种不大好的品性;在生意中,需要金币,也需要钱币。

38（Ⅳ） 跟某些彼此吵架的人相处,就必须听双方彼此的抱怨;这可以说就像是待在法庭里,从早到晚一直听人家辩护和打官司。

39(Ⅴ) 我们知道有些人和好无间地一起生活:他们的财产是共有的,他们住在一个屋檐下,他们整天见面。可到了80多岁的时候,他们发现他们必须分手而结束交往。他们剩余的时日已经无多,可是他们不敢在一起度过这剩余的日子;他们在去世之前急急忙忙地分手,缘分就到此为止了;他们生活得太久却不可能成为好榜样;如果他们早一点去世,他们也许会情感交融地死去,而在身后留下友谊天长地久的罕有范例了。

40(Ⅰ) 家庭内部往往受猜疑、妒忌和不睦的困扰,而外表的满意、安详与快乐欺骗着我们,使我们以为这个家庭洋溢着一片其实并不存在的和睦。很少有家庭经得起深入考查。你去拜访一个人,你正好打断了一场家庭争吵,而只等你一走,争吵便马上重新开始。

41(Ⅰ) 在人际交往中,总是理智首先让步。最聪明的人往往受最疯狂、最怪诞的人的驾驭:他们研究他的弱点,他的脾气,他的任性。他们顺着这一切,避免冒犯他,所有的人都让着他,他稍微显得和颜悦色便引起一片赞扬。人们小心翼翼地不要总是让他受不了。他被别人害怕,他受到别人的照顾,他得到别人的服从,有时他为别人所爱戴。

42(Ⅳ) 一个人只有在这种情况下才能够说自己究竟价值若干,

那就是他曾经有过或者现在还有老的旁系亲属,而他可以继承这些亲属的遗产。

43(Ⅰ)　克莱昂特是个非常有教养的人,他挑选了一个世上最好、最讲道理的妻子。他们各自给自己的社交圈带来快乐和愉悦。人们在别的地方根本看不到更正直、更文雅的人了。可他们明天就要分手了,离异文书已经在公证人那里全部写好。说真的,某些品质使人不适合生活在一起,某些德行使人彼此无法相容。

44(Ⅰ)　嫁妆、亡夫的遗产和各种协议是肯定可以指望的;但膳食①则不大靠得住,因为这些取决于婆媳间脆弱的结合,这种结合往往在结婚的当年便破裂了。

45(Ⅴ)　公公喜欢女婿,喜欢媳妇②;婆婆喜欢女婿,不喜欢媳妇;一切都是互相的。

46(Ⅴ)　后母最不喜欢的,就是她丈夫的孩子;她越狂热地爱她的丈夫,就越是个后母。

(Ⅴ)　后母使外省城市和村镇凋敝,而让大地上贫困,遍布着乞

---

① 指婚约中规定由夫妻在一定时期内由某一方父母承担伙食费用的条款。——弗拉玛里翁注

② 可能应该是"公公不喜欢女婿,喜欢媳妇",但我们尊重原版本。——弗拉玛里翁注

丐、流浪汉和佣人。

47（Ⅰ） G和H是乡下的邻居,他们的土地毗连;他们住在人烟稀少的偏僻地区。他们这样远离城市,跟外界没有任何交往,那么为了摆脱极端的孤寂和喜爱社交,似乎应该珍惜相互之间的联系才是。可是说不清道不明的小事情使他们断绝了关系,互相势不两立,而且他们之间的仇恨延续到他们的后代。父母,甚至兄弟从来都不会因为微不足道的事情而闹翻的。

（Ⅰ） 假设地球上只有两个人,他们单独拥有这块土地,地上的一切都由他们平分,我相信他们很快就会因为什么事而闹翻,甚至只是由于地界的问题。

48（Ⅶ） 自己去适应别人,往往比让别人符合我们的要求更简单,更有用。

49（Ⅴ） 我走近一座小城市,我已经站在可以把城市一览无遗的高处。城市位于半山腰,一条小溪顺着城墙流过然后流入一片美丽的草地。浓密的森林为她挡住寒冷的朔风。我看到她沐浴着明媚的阳光,以至于我可以数清她的塔楼和钟楼;我似乎觉得她是被画在丘陵的山坡上;我高喊,我说道:"在这么美丽的天空下,生活在这么幽美的地方,是多么快乐的事啊!"我走下来进入这个城市,我在那里只睡了两宿,就像长住在那里的人一样,想从里面出来了。

50（Ⅳ） 有一种情况普天之下都没有见过而且看来也永远不会见到，那就是一个没有派别纷争的城市，那里家庭团结和睦，亲友信任相待，婚姻不会引起内战，不会由于奉献物、香火和祝圣面包，由于巡行仪式和葬礼而随时重新掀起等级的争吵。那里，饶舌、谎言和诽谤无置喙之地；那里，大法官和主席，税务官和陪审官在一起言谈；那里，教长和议事司铎和睦相处，议事司铎不会瞧不起教堂神甫而教堂神甫则受到众人的赞扬。

51（Ⅳ） 外省人和傻瓜们总是动辄发怒，并且认为别人在嘲笑他们或者蔑视他们。千万别随随便便跟他们开哪怕是最不足道、最无伤大雅的玩笑，玩笑是要跟文明的人，跟有头脑的人开的。

52（Ⅴ） 别去跟大人物争强斗胜，他们以自己威严的地位来保卫自己；也别去跟小人物争强斗胜，他们满怀戒心地排斥你。

53（Ⅴ） 一切优秀的品质可以相互被感知，被识别，被猜度出来：如果你想被人尊敬，就得跟可尊敬的人生活在一起。

54（Ⅰ） 地位居于众人之上从而别人不敢立即反驳的人，绝不要开伤人的玩笑。

55（Ⅰ） 人们愿意让别人批评自己的某些小缺点，而且也不会因为这些缺点被人嘲笑而生气。我们应该选这样的缺点来嘲笑别人。

56(Ⅳ) 嘲笑睿智的人,这是傻瓜的特权。世上有傻瓜,就像宫廷有疯子一样。我的意思是说,这些人是无足轻重的人。

57(Ⅰ) 讥讽往往是智力贫乏的表现。

58(Ⅰ) 你以为他被你骗了;如果他是假装受骗,那么谁上当了呢,是他还是你?

59(Ⅳ) 如果你留意观察:谁不肯赞扬别人,老是责怪别人,对任何人都不满意,那么你就会看出,正是这些人,没有一个人喜欢他们。

60(Ⅰ) 社交中,如果想以目空一切和趾高气扬的表现来获得人们的尊敬,其结果就会适得其反。

61(Ⅰ) 朋友间在关于风俗问题上爱好相似,而在学术问题上意见有某些差异,这会增进社交之乐趣。这样,或者人们坚定了自己的见解,或者通过争论得到锻炼,受到教育。

62(Ⅰ) 如果我们在小缺点上不准备互相原谅,那么友谊就不可能发展。

63（Ⅰ）　对于满怀对立情绪的人，要想让他平静下来，得向他阐述多少漂亮而无用的理由啊！人们称为事件的外部事物，其力量有时比理智和天性更为强大。"吃吧，睡吧，别让自己郁郁而死，想着活吧。"这种冷冰冰的说辞，其结果是希望的事根本不可能做到。"你这样担心有道理吗？"就等于说，"你不幸得发疯了吗？"全都是无用的话。

64（Ⅰ）　忠告对于办事是在所必须的，可是在社交中，有时却对提出忠告者有害，而对被忠告者毫无用处。关于风俗问题，你指出某些缺点，可人家并不承认，或者人家认为那是美德；关于作品，你划掉的地方正是作者所欣赏的，结果他对于这些地方自我感觉更好，自认为在这个地方他超越了自己。这样你就失去了朋友的信任，而并没有使他们变得更优秀、更能干。

65（Ⅰ）　前不久我们看到有一群男女聚集在一起谈天说地，交流思想。他们用凡夫俗子听得懂的方式说话；而在他们之间，一件事已经说得不清不楚，接下来的一桩事情更加听不明白，其中还要加上真正的谜语，可这样的话总会得到长时间的鼓掌；他们自认为自己说话精细、充满情感、表达完善和技巧完美，可最后的结果是没有人能够听懂他们的话，连他们自己也彼此听不懂。为了使这种谈话得以进行下去，需要的不是见识，不是判断，不是记忆力，也不要最起码的能力；需要的是风趣，不是最值得称道的风趣，而是虚假的、掺杂着过多想象的风趣。

66(Ⅵ) 我知道,提奥巴尔德①,你已经老了;但是你愿不愿意我指出你的声誉已经降低,已经不是诗人和才子,对各类作品你现在只是低劣的评论家和蹩脚的作者,你的谈吐中再也没有任何纯真和正直的成分了呢?你那放纵和傲慢的神态使我断定和相信,一切截然相反。这么看来,你曾经是什么样子,今天还完全是什么样子;也许更好一些,因为你这么大岁数还这么急躁,这么容易冲动,那么当你年轻的时候,当你还是某些女人的宠儿和痴心人的时候,提奥巴尔德,应该怎么说你呢,她们迷信着你,只相信你的话,她们总是说:"这真好吃,他是怎么说的?"

67(Ⅰ) 在言谈中,人们往往出于虚荣或者由于情绪的关系,说话冲动而很少专心倾听,心里老想着去回答自己根本就没有去听的事情;他顺着自己的想法,解释这些想法,而根本不注意别人的推理,结果彼此根本不可能一起找到真理,因为大家连要寻找什么也没有达成一致的看法。谁会去听这样的谈话并把它写出来,让人偶尔知道某些有意思但没有得出任何结果的事情呢?

68(Ⅰ) 有一段时间盛行一种乏味而幼稚的谈话,谈话的内容全部涉及爱情以及所谓的激情和柔情这些无聊的问题。由于阅读几部小说的缘故,这些问题被传到城里和宫廷里最有教养的人那里;他们丢弃了这些问题,可是市民却把这些连同讽刺话和暧

---

① 指班瑟拉德。——P.R.注
　依萨克·德·班瑟拉德(1613—1692),法国诗人,先后受到黎希留和马扎然的庇护,因给路易十三、路易十四宫廷写作芭蕾舞剧而负有盛名。——译者

昧不明的话全盘接受了下来。

69(Ⅳ)　某些城里的女人讳于知道或者不敢说出道路、广场和某些公共场所的名字,她们认为知道这些名字是不雅的事情。她们说卢浮宫,王家广场,可是对某些地方,她们宁愿换一种说法或者使用一个句子,却不愿说出其名字来;而如果她们一不小心脱口说出,那么至少要把这个词变一变,还要采取一些会让她们放心的方式。在这方面她们不如宫廷妇女率性自然,宫廷妇女在谈话时需要说到中央菜市场、夏特莱或者类似东西的时候,她们就说中央菜市场、夏特莱。

70(Ⅳ)　如果某人有时假装不记得某些他认为是不能登大雅之堂的名字,而且如果他在说出这些名字时有意读错,那真正的理由就是他在其中有难以言说的东西。

71(Ⅰ)　人们在情绪好的时候和在随便谈话中谈论一些没有意思的事情,其实大家也都认为这些事情没有意思,人们之所以觉得好玩,那只是因为这些事情太庸俗的缘故。老百姓所独有的这种低俗的玩笑方式,如今传到了宫廷的大部分青年人里,他们已经受到了感染。诚然,老百姓在这些玩笑话中掺杂着太多庸俗和粗鲁的内容,所以不必害怕这会漫延开来,会在一个成为高尚品位和文雅之都的国家里不断发展;但是我们应该使那些说这样话的人对此感到厌恶,因为虽然人们绝不会把这认真地当作一回事,但这不免在这些人的思想里和在平常的交往中取代了更为优雅的东西。

72(Ⅴ) 是讲一些不好的事情呢还是讲一些大家已经知道却要被当作新闻的好事情,在这两者之间,我用不着选择。

73(Ⅰ) "吕山①说了一件逗人的事……克洛蒂安②讲了一句俏皮话……一段引用塞涅克③的话",讲到这里,往往当着众人念了冗长的拉丁文,可人家根本都不听,却假装听着的样子。其奥秘就在于说话要有见识和十分风趣,因为人们或者根本不读古人的书,或者在认真阅读之后,还要善于选择最精彩的话并引用得恰当。

74(Ⅴ) 赫尔玛格拉斯④不知道匈牙利国王是谁;他很惊讶根本没有听人提到波西米亚国王。别跟他谈弗朗德⑤和荷兰的战争,至少别要他来回答你的问题,他会把所有的时间都搅和到一起,他不知道这些战争什么时候开始,什么时候结束;战斗,围城,这一切对于他来说都是新鲜事;可是他了解巨人之间的战

---

① 吕山(39—65),拉丁诗人,塞涅克的侄子,暴君尼禄的伙伴,26 岁时被尼禄逼迫自杀。——译者
② 克洛蒂安(370—404),拉丁诗人,有《埃比格莱姆信札》等诗篇。——译者
③ 塞涅克(前 4—65),古罗马政治家,作家与哲学家。——译者
④ 除了佩龙神甫,拉布吕耶尔在这里还嘲笑一切满腹经纶却不知道当代历史的学究。拉布吕耶尔尽管是古典派的拥护者,却认为对过去的了解只有服务于当前才有价值。其原因,就文学而言,是(通过模仿)与大师们比试高低的愿望所产生的竞争心;从政治而言,是对作为经验知识的源泉的伟大人物的行动进行思考。——P. R. 注
⑤ 欧洲一个平原地区。——译者

争,他会一丝不漏地叙述这些战争的进程和最小的细节;他同样能够把巴比伦和亚述①两个帝国之间可怕的纷争辨析得一清二楚;他透彻了解埃及人和他们的帝国。他从来没有见过凡尔赛,他也永远不会见到凡尔赛;但是他几乎已经看到了巴别塔②,他数过巴别塔台阶的数目,他知道有多少建筑师主持这项工程,他知道这些建筑师的名字。难道我还要说他相信亨利四世③是亨利三世的儿子吗?不过他至少疏忽了对法兰西王族、奥地利王族和巴伐利亚王族的了解。他说道:"这完全是细枝末节!"可是与此同时,他凭记忆能够背出米底④或者巴比伦全部国王的名单,而他熟悉阿普洛纳尔、赫里热巴尔、诺色莫达克、马多肯帕德这些名字,就像我们熟悉瓦卢亚和波旁⑤的名字一样。他询问皇帝究竟结过婚没有,不过可没有人告诉他尼鲁斯⑥曾经有两个妻子。别人对他说国王十分健康,可他想起的是一个埃及国王特莫西斯身体羸弱,而他的这种体质来自于他的祖先阿里法姆托西斯。他什么事情不知道?可敬的古代有什么事情对他是

---

① 巴比伦,上古最著名城市之一,曾是古巴比伦王国(前2000—前1000年末)和新巴比伦王国(前7—前6世纪)国都。亚述,古美索不达米亚北部的王国,在今伊拉克北部。——译者

② 《圣经·创世记》所载的神话。巴比伦人想建造一座城和"塔顶通天"的高塔以扬名。上帝变乱他们的语言,使之不能沟通,结果塔未能建成。——译者

③ 即亨利大帝。——拉布吕耶尔注

④ 米底,古代国家,在伊朗西北部。会元前612年与巴比伦结盟,猛攻尼尼微;前614年,消灭亚述帝国。——译者

⑤ 瓦卢亚,这个家族是从1328年至1589年统治法国的卡佩王朝的一个旁支。波旁家族从1589年至1830年在法国建立波旁王朝并加以统治。——译者

⑥ 尼鲁斯,古希腊神话中的亚述国王。——译者

个秘密？他会告诉你，塞米拉米斯，或者照某些人的说法，塞里玛里斯，讲话就跟他儿子尼尼亚斯一样，人们光听说话根本分辨不清是哪个人；不知道这是因为母亲有跟儿子一样的男人声音，还是因为儿子有跟母亲一样的女人声音，他不敢断定。他会告诉你说：南布诺是左撇子，塞索斯特利斯左右手同样灵巧；设想阿尔塔薛西斯①是因为手长及膝所以被称为"长手"这是错误的，也不是因为他一只手比另一只手长；他进而指出，一些严肃的作者断言，长的这只手是右手；不过他认为左手长的说法是有根据的。

75（Ⅷ） 阿斯卡涅②是法定的继承人，赫吉翁是奠基人，阿埃西纳是编绒工，而西迪亚斯③是才子：他的职业干的就是这个活。他有块招牌，一间工场，一些定做的作品，他率领着几个伙计干活。他要一个多月才能够给你送上他答应给你的小诗，可是多西狄奥斯④请他写的一首哀歌，他却忙不过来要失约了。目前正在着手写的是一首牧歌，是给克朗托尔的，克朗托尔催促他而且还答应给他优厚的润笔。散文，诗篇，你要什么？他在这两方面都一样精通。你请他写封慰问信或者请假信，他可以一挥而就；你

---

① 阿尔塔薛西斯，波斯阿契美尼德王朝国王。——译者
② 阿斯卡涅是传说中埃勒与克雷乌斯之子，维吉尔在其史诗《埃涅阿斯》中称，在特洛伊城被攻陷后，他父亲把他带到意大利，后来建立了朱利安皇帝的家族。——译者
③ 指佩若或者丰特奈尔。拉布吕耶尔认为这些人汲汲于名利、肤浅和缺乏原则，是多重性格的人物。——P.R.注
④ 多西狄奥斯（1641—1707），东正教耶路撒冷牧首，希腊教会中重要的政治家与神学家。极力主张以东正教为正统，反对抬高天主教。——译者

如想要现成的,那么走进他的商店,可以任意挑选。他有个朋友,此人在世上没有任何别的工作,就是早就答应把他引荐给某些人,最后终于把他作为罕有的、言谈优雅的人介绍到各个府邸。在那里,西迪亚斯就像在俯允赐听的人面前歌唱的音乐家和弄笛的吹笛手一样,清了清嗓子,卷起袖口,伸手张开巴掌,庄重地阐述他那细致入微的想法和鞭辟入里的推理。他跟别人不同,别人在原则上已经取得一致之后,认识到理由或者真理只有一个,所以争先恐后发言,表示赞同别人的见解。而西迪亚斯只是为了反驳才张口说话,他文雅地说道:"我觉得这跟你们说的正相反。"或者说"我无法同意您的意见";或者说:"过去我一直固执地这么认为,就像您今天这么固执一样。但是……有三点必须考虑……"接着他就补充了第四点。这真是言语无味的高谈阔论者,他脚刚刚踏进集会的门,就寻找有没有女人,以便他可以混到她们身旁,炫耀他的才情或者他的哲学,并把他稀罕的观念付诸实践,因为他不管说话还是写作,都不让人家怀疑他对于事情的真伪,对合理和可笑,已经心有定见;他唯一要避免的是完全赞成别人的意见或者同意某人的看法,所以在聚会时,他等待每个人就提出的问题先发表意见,或者他经常随心所欲地以专断的不容置辩的口吻主动谈一些新鲜的事情。西迪亚斯要与吕西安①和塞涅克②媲美,自居于柏拉图、维吉尔和忒奥克里

---

① 吕西安(约125—约152),古希腊作家,著有《死者的对话》《梦与公鸡》等98部作品。——译者

② 哲学家和悲剧诗人。——拉布吕耶尔注

托斯①之上,而奉承他的人每天早上都把他吹捧得确信这一点。他跟蔑视荷马的人有同样的爱好和兴趣,他心安理得地等待着这个事实:醒悟的人们更喜欢近代诗人而不喜欢荷马。在这种情况下,他居于近代诗人榜首,他知道他该把第二把交椅交给谁。总而言之,这是冬烘先生和附庸风雅者的混合体,专门为了受市民和外省人的欣赏而结合产生出来的。在这些人身上,人们看不出有任何崇高的东西,可公众认为他们自以为崇高得很。

76(Ⅰ)　专横的语气来自于极端的无知。一无所知的人以为在教导别人,其实他所说的是自己刚刚学来的东西;所知甚多的人几乎不会认为,他所说的事情别人有可能不知道,所以他说话就没有那么自以为了不起。

77(Ⅰ)　最大的事情只需要简简单单地说出来就行了;夸大就会走样。最微不足道的事情要郑重其事地说出来,因为这些事情只能靠表情,靠声调,靠表达方式来支撑。

78(Ⅰ)　我觉得事情可以说得更加细腻,可是却不能写下来。

79(Ⅰ)　几乎只有出身正派或者受过良好教育才能使人懂得保守秘密。

---

①　忒奥克里托斯(约前310—前250),古希腊诗人,牧歌的创始人。他的诗被称为"田园诗"。——译者

80(Ⅳ)　任何信任,如果是完全而毫无保留,那是危险的:必须全部说出或者完全隐瞒,这样的场合很少。对于我们认为应该向其掩盖某种情况的人,我们已经把自己的秘密过多地告诉他了。

81(Ⅴ)　有些人答应你保守秘密,可他们却在不知不觉中把秘密泄露了出来。他们不动嘴巴,可是别人听到他们说的话:别人从他们的额头和眼睛里明白他们要说什么,通过他们的胸膛,看出是什么意思,他们是一眼就能被看穿的。另一些人没有把别人告诉他的某件事明确地说出来,可是他的话语和行动却使别人看出了这件事。最后,有的人不管会发生什么后果,根本不把你的秘密当作一回事:"这是个秘密,是某人告诉我的,他不让我说出来";可是他们却把秘密说出来了。

(Ⅷ)　不管是谁透露了秘密,错就错在那个告诉他秘密的人。

82(Ⅴ)　尼康德跟艾丽莎谈他自从选定他妻子之日直至她去世,彼此一起生活得何等温馨和惬意;他一直后悔她没有给自己留下孩子,而且他一再这么说。他谈到他在城里的房屋,接着又谈到在乡下的地产:他计算他妻子给他带来的收入,画出楼房的平面图,描述楼房的位置,夸张地叙述房间的舒适以及家具的富丽堂皇和纤尘不染;他承认自己喜欢美食和车马扈从;他惋惜他妻子不大喜欢赌钱和社交。他的一个朋友对他说:"你这么富有,可你为什么不买下这个官职呢?为什么不拿下这块地产来扩大你的领地呢?"他便说:"别人以为我很有钱,其实我没有那么多财产。"他念念不忘他的出身和他的姻亲:财政总监先生是我的表兄,掌玺大臣夫人是我的亲戚。这就是他的风格。他叙述一件事证明他对他的近亲,甚至对继承他财产的人的不满事出有因。"我错了吗?"他对艾丽莎说,"我有必要对他好吗?"接着他自己对此作出了评判。然后他把话题引到他体弱多病,谈到他将要入土的墓穴。他对他希望攀交的人身旁所有的人讨好、奉承、献媚。可是艾丽莎不敢因为他富有而嫁给他。正当他说着的时候,通报说一个骑士来临,这位骑士一出面就拆穿了这个城里人的把戏;他张皇失措、郁郁不欢地起身,到别的地方说他要再婚了。

83(Ⅰ) 聪明人有时唯恐被人讨厌而避免社交。

论家产

1(Ⅰ) 一个非常富有的人可以吃了主菜吃甜食,可以让人油漆他的护壁板和夫妻卧室,可以在乡下有一间别墅而在城里又有一间,可以拥有许多车马随从,可以在家里招待一个公爵和让儿子成为大老爷;这完全没错而且他有这样的权利;可是要说生活得快乐,也许却要数上别人了。

2(Ⅰ) 一个高贵的出身或者一笔巨大的财产昭示了价值,而且使这价值更早地让人觉察出来。

3(Ⅳ)　使野心勃勃的狂妄自大者放弃野心的办法,就是说他有一种自以为具有而其实从未具有过的优秀品质。

4(Ⅰ)　随着一个人不再受人喜爱,不再拥有大量的财产,他身上原来被掩盖着无人发觉的荒唐可笑的东西全都暴露出来了。

5(Ⅰ)　如果我们不是亲眼目睹的话,我们怎么能够想象出人与人之间由于钱币的多寡会产生如此奇怪的不相称的现象?

 (Ⅰ)　这个多寡是靠佩剑,靠法官长袍或者靠教会来决定的:几乎没有别的选择。

6(Ⅵ)　一些商人店铺比邻做同样的买卖,可是后来彼此家产悬殊。他们各自有个独生女,两人原先在一起哺育长大,当年因为年龄相同,地位相等,生活得亲密无间。现在其中一个为了摆脱极端的贫困,要去做工,她便到宫廷最显耀的一家贵妇人那里干活,这个贵妇人就是她童年的伙伴。

7(Ⅶ)　如果包税官失手,廷臣们就会说他:"这是个市民,一个什么也不会的人,一个没有教养的人。"可如果他成功了,他们就要娶他的女儿。

8(Ⅵ)　有的人年轻的时候学会某种职业,可是以后他一生所从事的是另一种非常不同的行业。

9(Ⅰ)　一个人长得丑,个子矮,脑子不灵活。有人偷偷告诉我:"他的年金有5万利弗尔。"这完全是他个人的事,跟我没有什么关系。如果我开始用另一种眼光来看他,如果我无法控制自己不这样做,那是多么愚蠢的事情!

10(Ⅳ)　打算取笑一个非常愚蠢但是非常富有的人是办不到的,因为自己会成为被取笑的对象。

11(Ⅳ)　N此人有一个粗野的近似御前侍卫的乡巴佬门房,这个门房管一个门厅和候见室,他可以随便让某人在那里苦苦等待,心焦似火;最后他终于出现了,摆出严肃的面孔,迈着四方步子;人家说话他爱理不理,也不送客。尽管他做着相当低级的职务,可他让人感觉到自己有那么一点好像被人尊重的样子。

12(Ⅷ)　克里迪芬,我来到你家门前,我有求于你,所以我不得不起床离开房间。上帝保佑,我不是受你保护的人,也不是给你惹麻烦的人!你的奴隶对我说你杜门不出,你只有一个小时听我说话。我在他给我指定的时间之前又来了,可他对我说你已经出去了。克里迪芬,你在房子里面最隐蔽的地方干什么?你竟忙得不能听我说话?你在叙述某些往事,你在核对一份簿册,你签字,你画押。我只有一件事问你,你只要回答我一个字:是与否。你要成为非凡的人吗?那么你就替有求于你的人办点事吧,这样比起你拒不见人会使你更加非凡、不同寻常。啊,公务缠身的要人啊,当轮到你需要我帮忙的时候,你来到我门庭冷落的书斋:哲学家是可以见到的,我不会打发你另一天再来。你会看到我正在阅读柏拉图论述灵魂的精神性及其与躯体的区别的书,或者手里拿着笔正在计算土星和木星的距离:我仰慕上帝,赞赏他的作品,我力图通过对真理的认识来调节我的精神,使自己变得更加完美。进来吧,所有的门都向你打开。我设立候见室不是为了让人等我等得不耐烦,你可以事先不通报就来到我跟前。如果我有机会为你效劳,那你就给我带来比金银更加宝贵的东西。说吧,你要我为你做什么?是不是需要我放下我的书本,我的研究,我的作品,放下这一行刚开始写的文章?这种中断工作只要对你有用,对于我来说都是十分幸福的事情。实业家,生意人,是无法驯服的熊,好不容易才能够看到它关在牢笼中。我怎么说这种话?我们根本看不到它,因为首先,直至目前,我们还没有见到过它,而过不久就再也看不到它了。相反,文人墨客则是平庸之辈,就像广场角落里的一块界石,不管是谁,不管在什么时候,不管什么状况下:在饭桌上,在床上,赤身裸体还是穿着衣服,健康还是有病,都能够见到他。他不会是个重要的人物,他也根本不想成为重要的人物。

13(Ⅰ)　不要羡慕某种人非常富有,他们获得这些财富是花了很大代价的,这并不适合于我们:他们放弃了他们的休息,他们的健康,他们的荣誉和良心才获取了这些财富,而这是过于昂贵的,这样的买卖一无所得。

14(Ⅰ) 征税官①使我们相继感受到各种感情:由于他们出身微贱,我们先是瞧不起他们;接着是羡慕他们,仇恨他们,害怕他们,偶尔也器重他们,尊敬他们,可当我们有了足够的经历,最终我们将以怜悯的心情对待他们。

15(Ⅰ) 穿奴仆号衣的索西从小拥有征收特别税的合同,通过贪污、暴力和滥用权力,最后在许多家庭破产的废墟上,他终于爬到某个官阶。他捐职而成为贵族;他别无所缺,缺的就是做个好人:教士财产管理员的职务创造了这个奇迹。

16(Ⅰ) 阿尔费尔独自一人步行向圣徒门廊走去,听到远处传来一个加尔默罗会修士②或者一个教会神师在讲道的声音。她正眼也不瞧他一下,他的许多话她都没有听到。她的美德人们不大清楚,可她的虔诚却是有目共睹。她的丈夫成为八分之一德尼埃税③的包税官,不到六年时间,就有了一笔惊人的财产!她从来都是坐着马车来到教堂,人们给她抬来一个沉重的木桶,在她就座的时候,讲道者停止了演讲,她直瞪瞪地瞧着他,没落下他的每一句话,每一个动作。教士间每个人都心怀鬼胎,想让她忏悔自己的秘密:所有的人都想为她赦罪,可本堂神甫占了上风。

---

① 征税官,指征税中的收款方,他们是国家和收税员的中间人。——P. R. 注
② 加尔默罗会,由一群(拉丁)隐士组成的、生活在以色列加尔默罗山的天主教修会,后由于躲避穆斯林的迫害于13世纪进入欧洲。——译者
③ 八分之一德尼埃税是对世俗人士和教士征收的公共所得税。——P. R. 注

17(Ⅰ)　人们把克雷苏斯抬到公墓:他靠偷窃和贪污得到的大量财富,由于豪奢生活和花天酒地而花得一干二净,倾其所有只够把他入土埋葬。他死时负债累累,无力偿还,没有财产,求告无门;家里没有治病糖浆,没有壮身补药,没有医生,没有最低级别的大夫来救他的命。

18(Ⅰ)　尚巴尼吃了一顿丰盛的晚餐,在阿维奈酒或者希耶利酒①令人微醺的清香中,他酒醉饭饱,签发了人们呈上的一道命令,这道命令如果不作修改,会剥夺掉全省人的面包。我们应该原谅他:在刚开始消化一餐美食的时候,怎么会想到某个地方会有人饿死呢?

19(Ⅳ)　希尔万靠他的钱财获得他的出身和另一个名字:他是堂区的老爷,因为这个堂区的达依税②是他的祖先代为缴纳的。他从前可能进不了克雷奥布尔家族当侍从,可现在他是克雷奥布罗斯③的女婿。

20(Ⅳ)　多路斯坐着轿子从阿皮亚大道④走过,他的自由奴⑤和奴隶们在前面赶走老百姓为他开道。他缺少的只是手持棍棒的侍

---

① 这些地方特产的香槟酒。——P.R.注
② 达依税是法国封建时代对平民百姓征收的一种军役税,最初是在有战事时征收,以后成为常税,僧侣贵族免交,有时资产阶级也可以豁免。——译者
③ 克雷奥布罗斯,公元前6世纪古希腊六贤人之一,半传说人物。——译者
④ 阿皮亚大道,古罗马时代修建的始于罗马经卡普亚到布林底西的大道。——译者
⑤ 指已经得到解放的奴隶。——译者

从官了。他这样前呼后拥地进入罗马,仿佛洗刷了他父亲桑加的微贱和贫穷。

21(Ⅴ) 谁也比不上佩朗德尔那样会利用他的财产:他的家产给了他门第,给了他信誉,给了他权威;人们已经不是祈求得到他的友谊,而是在哀求他的保护。他原先谈到自己时说:"一个像我这样的人。"而现在他这么说:"一个像我这种身份的人。"他自命是这样的人,可没有一个向他借钱的人,没有一个受他邀请吃饭的人,总之没有一个审慎的人愿意反对他。他的住屋富丽堂皇,整个外部是多利安柱形,这与其说是门,不如说是个柱廊。这是私人住所还是一座庙宇,老百姓都糊涂了。他是统治着整个社区的老爷。人们妒忌他,所以都希望他垮台;正是他的珍珠项链使得他的妻子成为邻居所有太太的敌人。此人的一切作为都得到肯定;他所取得的这种辉煌,没有丝毫名不副实;他的这种显赫对他来说完全实至名归,因为他已经买了下来。他的老弱父亲不是早在 20 年前世上还没有任何人提到佩朗德尔的时候就死掉了吗!这些可恶的地卷①打乱了贫富的地位,往往令遗孀和继承人蒙羞丢脸,他怎么受得了?他是想当着满城心怀妒忌、一肚子坏心眼、明白他底细的人的面,把这些地卷销毁掉,而不顾那么多在葬礼中坚持无论如何要按照等级站位的人吗?他是想把他父亲变成一个高贵的人,或是一个可敬的人,被称为

---

① 指"埋葬证"。——拉布吕耶尔注
  埋葬证上面要列举死者的爵位封号。——P. R. 注

阁下的人吗①?

22（Ⅰ）　多少人像这些被移植到花园里的树木,它们已经长得高大粗壮,然后被栽在一些优美的地方,十分引人注目,人们在花园里从来没有看到有这些树木生长,人们不知道它们是怎么来的又是怎么长大的。

23（Ⅰ）　如果某些死人复活来到世上,如果他们看到其显赫的姓氏,他们得到荣誉封号的领地,他们的城堡和他们古老的房屋,被其祖先是他们佃农的人所占有,那这些死人对我们的时代会有什么看法呢?

24（Ⅰ）　上帝掌管着财富、金钱、高官厚禄和其他财产,但有人拥有得最多,我们因此充分明白上帝的这种良苦用心:那就是由于这些东西是要交给人支配的,赐予人的东西应该菲薄才对。

25（Ⅴ）　如果你走进厨房,你会看到迎合你的口味,让你吃得餍饱的秘密已成为一种艺术和手段;如果你仔细观察,会看到人们招待你的美宴上,肉有各种各样的烹调方法;如果你看到这些肉要经过许多人的手,经过各种各样的形式才变成如此干净,如此美观,令你赏心悦目的美味佳肴,那简直会让你犹豫不决,不敢尝试吃那道菜了。如果你看到每次吃饭不是在餐桌上,不是有人

---

① 此处是等级的递升:手艺人、大资产者、贵族。——P.R.注

侍候着吃,你会觉得那是多么肮脏,多么恶心!如果你走到戏台的后面,点数那些用来飞行和做机关布景的重锤、轮子、粗绳,如果你想到做这些动作要用多少人,他们手臂要使出多少力气,要花多大的劲,那你会说:"这些如此生动,如此自然,仿佛自己会活动,自己会动作的节目,它们的原理,它们的动力就是这些吗?"你会喊道:"太带劲了!太刺激了!"与此同理,你也不要去深入了解征税官的财产。

26(Ⅰ) 这位如此容光焕发,如此神采奕奕而且身体如此健康的小伙子[①]是一个修道院和其他10处封地[②]的领主:这些合计给他带来12万利弗尔的收入,全用金币[③]付给。可是在别的地方有12万户穷苦家庭,冬天衣不蔽体又无法取暖,还常常没有面包。他们穷到了极点,令人目不忍睹。分配多么不公,难道这不是明明白白地昭示了我们的未来吗?

27(Ⅴ) 克里斯普,是个新秀,是他家族出现的第一个贵人。30年前,他向往自己的全部财产能够达到2000年金:这就是他当时最高的愿望和最大的野心。他曾经这么说过,他的话我们还记忆犹新。可不知道他靠什么手段,居然能够做到把他原先期

[①] 影射兰斯大主教勒特雷,圣西蒙曾揭露他举办的那些穷奢极欲的宴会和对耗资巨大的建筑的爱好。——P.R.注
[②] 中世纪封主赐给封臣的领地。——译者
[③] 金路易。——拉布吕耶尔注
  法国旧时的货币,1个金路易相当于20个法郎。——译者

望自己一生拥有的全部财产,给了他的一个女儿做嫁妆。他的保险箱里存放着一份份同样数目的钱,准备给他抚养的每个孩子,而他的孩子多得很。这只不过是生前遗赠,在他死后还可以指望有大笔财产分配。他还活着,虽然已经年迈,可他仍然用他的余生挣钱发财。

28(Ⅳ)　如果你听任埃噶斯特为所欲为,那他就会对所有在河里喝水或者在陆地行走的人收税;他甚至能够把芦苇、灯心草和荨麻换成金子。他倾听各种意见,然后向所有他曾经倾听过的人提出建议。君王完全是靠埃噶斯特的贡献才能够赐给其他人东西,而君主赏赐他们的只是属于埃噶斯特的东西而已。他贪得无厌,什么都想拥有和掌握。他贩卖艺术与科学,甚至要从音乐的和声中取利。照他的说法,老百姓因为很荣幸地看到他富了起来,看到他拥有马匹和马厩,必定会忘掉俄耳甫斯[①]的音乐而只满足于听他的音乐。

29(Ⅴ)　别跟克里顿谈论什么,他只对有利于他的事情感兴趣。如果别人的职位、田地和所拥有的东西令他妒忌,他便设置圈套来陷害他们:他会向你提出极其苛刻的条件。这么一个满心只有自己的利益而根本不顾你的利益的人,别想从他那里得到任何照顾,取得任何妥协。他需要的是给他设个骗局。

---

① 俄耳甫斯,古希腊神话中善弹竖琴的歌手。——译者

30(Ⅳ)　据说,布隆丹引退归隐,跟一些圣人闭门索居八天:这些圣人沉思着他们的事,而他则默祷着自己的事情。

31(Ⅰ)　老百姓往往喜欢悲剧:他们看着自己最为痛恨的、在不同场合做了最多坏事的最卑劣的人在人生的舞台上死去。

32(Ⅳ)　我们可以把收税官的生活分为半斤八两的两个部分,第一部分是风风火火,四处活动,一心只想着骚扰百姓;第二部分近似于死亡,一心忙着互相揭老底,把对方弄得倾家荡产。

33(Ⅳ)　这个人曾经让许多人发财,曾经令你发家致富,却没有保住自己的财产,也无法在生前保证给他的妻子和孩子留下家产:他们生活得默默无闻,十分凄惨。虽然你十分了解他们生活贫穷,可是你并没有想到要改善他们的条件,因为你办不到,你要请客吃饭,你要盖房造屋;不过你出于感激之情还保留着你恩人的照片,这张照片原来挂在书房,现在实际已经放到候见厅,那又有什么关系!它完全可能被堆放到储物间里去的。

34(Ⅳ)　有的人心性冷酷,有的人生活条件和境况艰难。这种艰难和冷酷造成了有人对别人的贫困熟视无睹的狠心肠,我甚至还要说他连自己家庭的不幸也无动于衷。不会怜悯自己的朋友,不会为自己的妻子和孩子忧伤的人,才会成为一个好的理财人。

35（Ⅴ）　"你赶快逃走吧，你离开吧：你离得太近了。""我生活在另一条回归线上。"你说，"到极地去，到另一个半球去，如果能够的话，到别的星球上去。""我到那里了。""那好极了，你安全了。我发现地球上有一个贪婪的人，一个贪得无厌、冷酷无情的人，他为了将一切占为己有，发家致富，可以不惜牺牲在他的道路上挡住他的一切存在者，一切遇到的东西，尽管这会危害到他人的利益。"

36（Ⅳ）　发家致富这句话是如此动听，道出了一个如此美妙的事实，因此它是四海通用的：我们在各种语言里都能找到这句话。这句话让外国人和蛮族人皆大欢喜，它统治着宫廷和城市，穿过隐修院的围栏，越过男修道院和女修道院的墙垣，没有哪个再神圣不过的场所它不能进入，没有什么人迹罕至、荒凉僻静的地方会有人不认识它。

37（Ⅶ）　由于不断签订新合同，由于钱箱里的钱不断增加，于是他终于相信自己才识过人，几乎有能力管理大众了。

38（Ⅰ）　要想发财，尤其是发大财，得成为某种人：这不是老实巴交的人，也不是有小聪明的人；不是伟大的人，也不是高尚的人；不是意志坚强的人也不是谨小慎微的人；我也讲不好究竟是什么样的人，我期待有人愿意教我。

（Ⅴ）　发财靠的不是才气而是习惯或者说是经验；你想发财想

得太晚了，而当你终于打算发财时，你开始起步就错了，这种错误你并不总有机会予以改正：发财是如此稀罕的事情，其原因也许就在这里。

（Ⅴ）　一个小有才气的人想得到提升，他别的什么都不在意，从早到晚只想着一件事，夜里只梦见一件事，那就是提升。他老早从一成年就走上升官发财的道路，如果迎面有障碍，他不假思索地绕着走，或者往左，或者往右，根据看到的亮光和迹象而定；而如果又有新的障碍挡住，他便返回原先离开的小路。根据困难的性质，他决心或者予以克服，或者设法避免，又或者采取别的措施，根据他的利益，根据惯例，根据机遇而定。一个赶路人先是走大路，要是大路拥挤难行，便走到田里，斜插过去再走到原先的路上，继续前行直至到达终点。这难道需要那么大的才能和那么聪明的脑袋吗？为了达到他的目的，需要那么多的才智吗？一个傻瓜腰缠万贯又受人信任，这难道是什么奇迹吗？

（Ⅴ）　甚至有一些低能儿，而且我敢说一些蠢汉，身居要职，死时家产万贯，可人们却无论如何不相信他们是靠自己的工作或者哪怕是一丝半点的本事而得到这一切的：有人把他们带到河流的源头，或者纯粹是偶然的机会让他们找到了河源，对他说："你们要水吗？打水吧。"于是他们就把水取走了。

39（Ⅴ）　人年轻时往往穷，或者他还没有挣到财产，或者还没有继承到遗产。人变得富有时已经年迈，要想集所有好处于一身实在是太罕见了！而如果这种情况发生在某些人身上，那我们也没有什么可妒忌的：他们会因死亡而丧失太多，没有什么值得羡慕的。

40（Ⅰ）　人要到30岁才有条件想到发财；可是不要到50岁去发财；如果人到老年才发财，那么当画家来给自己画像和装上相框的时候，自己已经死掉了。

41（Ⅴ）　巨额财产意味着什么果实？岂不就是享受我们前人所付出的虚荣、技艺、劳动和花费的力气，以及我们为了后代而亲自干活、种植、建造和获得财产？

42（Ⅰ）　人们每天早上打开大门，展示自己和欺骗他的亲朋好友；到了晚上，在欺骗了一整天后把门关上。

43（Ⅷ）　商人陈列货样是要把他商品中坏的东西给人；他会利用光照和货物的光泽来掩盖商品的缺陷使之显得良好；他虚抬货价好卖得更贵；他的商标是来路不明的伪造，好让人相信自己付钱购买的东西物有所值；他的量尺有弊，好克扣尺寸，给得越少越好；而且他有一台秤金银的小天平，好让购物的人付给他分量足够的金币。

44（Ⅰ）　在各种身份的人中，穷人与好人非常接近；而豪富则跟诈骗相距不远。靠专门技能和心灵手巧无法让人达到十分富有。

（Ⅰ） 不管做什么手艺或者从事什么商业活动，人们可以通过展示某种诚信来致富。

45（Ⅴ） 所有发家致富的办法中，最便捷、最好的办法就是让人清楚地看到给你做好事符合他们的利益。

46（Ⅰ） 人迫于生活的必需和有时出于逐利求名的愿望，而培育某些难登大雅之堂的本领或者从事某些暧昧的职业，而他们对这些所带来的风险与后果视若不见：然后出于某种难以启齿的虔诚，他们放弃了这些，可他们只是在获利甚丰，享有一笔可观的财产之后才重新拾起这种虔诚的。

47（Ⅴ） 世上有些苦难令人揪心，有些人甚至缺乏食物[①]：他们害怕冬天，他们担心生活。不过在别的地方，有人吃早熟的时令水果；有人竭尽地力，违反季节为自己提供食品来满足挑剔的口腹之欲。某些普通的市民，就因为有钱，一口吞下百户之家的口粮。谁愿意就去反对这天地之别的悬殊吧；可我，如果做得到，我既不要不幸，也不要幸福，我潜身蛰居于中等状态就可以了。

48（Ⅴ） 我们知道穷人苦于一无所有而没有人可以减轻他们的痛苦；但富人呢？真的发怒的话，他生气的是他居然缺少这微不足

---

① 第五次再版增添的这段话预示了大饥荒（1693—1710）的情景，在 R. 夏尔、雅梅利-杜瓦尔等人的作品中对这些大饥荒都有描述。——P. R. 注

道的东西,或者某人居然会抗拒他的意愿。

49(Ⅶ)　那个人富有,他的收入花不完;那个人贫穷,他入不敷出。

(Ⅶ)　那个人年金有两百万,可是他每年却因为短少五十万利弗尔成为穷人。

(Ⅶ)　什么财富也比不上中产之家能够维持更长时间;什么结局也比豪奢巨富的结局更好。

(Ⅶ)　贫穷离巨富的机遇仅一步之遥。

(Ⅶ)　如果能够拥有不需要的东西便是富人,那么博学的人便是非常富有的人。

(Ⅶ)　如果什么东西都想要而没能得到便是贫穷,那么野心家和吝啬鬼便是在极端贫穷中穷愁潦倒。

50(Ⅳ)　各种嗜欲支配着人的心灵,而野心则凌驾于人的其他嗜欲之上,使人暂时显示出各种美德的表象。这个特里丰有各种恶习,可我原先却以为他朴实、端庄、豁达、谦卑甚至虔诚;要不是他终于发了财,我至今还认为他是这样的人。

51(Ⅳ)　人的占有欲和发财欲是不达目的决不罢休的——烦恼丛

生,死亡将至,面容憔悴,两腿无力,可他还在说:我的钱财,我的产业。

52(Ⅳ) 要想升官发财,世上只有两种办法,要么靠自己的本事,要么靠别人的愚蠢。

53(Ⅰ) 表情揭示人的性情与习俗;可面色会让人看出一个人的家产:年金最多或者最少1000利弗尔,这都全部写在脸上。

54(Ⅳ) 克里桑特富有而傲慢,不愿让人家看见自己跟优秀但贫穷的欧仁在一起,觉得那样会丢自己的面子。欧仁对于克里桑特也怀着同样的情绪,他们谁都不想遇见对方。

55(Ⅷ) 当我看到某些人过去见到我赶忙跟我寒暄,如今相反等着我向他致敬,而且还要计较我的礼数周到不周到,我心里想道:"好极了,我太高兴了,他们愿意怎样就怎样吧。你看到这个人比一般人住得舒服,家具齐全,吃得好;他几个月来从事某种生意,已经赚了一大笔钱。天知道过多久他就会发展到连我都瞧不上眼的!"

56(Ⅴ) 如果思想、书本和书的作者沦于依赖富人和财主的地步,那是多么荒唐的事情!往事不堪回首。对于学者,这些人什么样的语气,什么样的腔调不会用出来!对于这些纤弱的人,他们什么不可一世的样子不会摆出来!这些学者,他们的才识并没有让他们得到荣华富贵,可他们仍然以自己的睿智进行思考和写作!必须承认,当下是富人的世界,而未来则是有德之士和灵巧的人的世界。荷马依然活着而且将永远活着;那些包税官,那些税吏则不复存在;他们曾经存在过吗?人们知道他们是哪个国家的人,知道他们叫什么名字吗?在希腊有过包税官吗?他们蔑视荷马,在公共集会上避之犹恐不及,不向他打招呼,或者说,这些人只是尊敬他的名字,可是却不屑于邀他参加他们的酒席,把他视为一个不富有只是会写书的人。这些重要人物而今安在?那些弗国勒①,而今安在?他们会像生于法国、死于瑞典的笛卡尔那样名垂千古吗?

57(Ⅰ) 对地位低于自己的人傲慢地凌驾其上,而对地位高于自己的人,则卑躬屈节地俯首帖耳,其相同的根源是骄傲,它是这种坏品行的本性,这种坏品行不是根据个人的优点,也不是根据德行,而是根据财富、职位、声望以及夸夸其谈的学问,使我们既瞧不起那些在这类财产方面少于我们的人,又过分尊敬那些拥有此类财产超过我们的人。

58(Ⅰ) 心灵高尚的人追求荣誉与德行,而心灵肮脏,言行卑劣的人,热衷于争名逐利,他们唯一要满足的嗜欲就是赢取或者是不损失;他们对最后的十分之一也要孜孜以求,贪得无厌;他们唯

---

① 弗国勒,当时非常著名的总包税官。——弗拉玛里翁注
  指因盐税而发财的总包税官,此处泛指包税官。——P.R.注

一关心的是他们的债户,整天担心的是钱币的贬值,埋头于,甚至说陷身于合同、证券和贵族证书而不能自拔。此种人不配为亲戚,不配交朋友,不配当公民,不配做基督徒,也许连人也称不上;他们有的只是钱。

59(Ⅵ) 首先我们把心灵高尚而令人敬佩的人——如果世上还有这些人——除外,这些人乐善好施,敏于做好事,一旦被挑中作为朋友,那么不管任何患难,任何差异,任何算计,都无法使人们跟他们分开;在采取了这种审慎的预防性说明之后,我们再大胆地说出一件想起来都令人忧伤和痛苦的事情:有人由于社交和厚爱而跟我们如此亲密地联系在一起,他爱我们,欣赏我们,千百次提出要为我们效力,而有几次也帮了我们的忙,可世上没有一个人不是出于对自己利益的眷念,而在内心存在着某些情绪,他们随时都会跟我们闹翻而成为我们的敌人的。

60(Ⅰ) 当奥伦特的财产和收入随着年龄的增长而增长时,一个女孩子出生于普通家庭,她在那里哺育长大,成为美丽的姑娘而进入二八年华。奥伦特 50 岁的时候被请求娶这个年轻貌美而又聪明的女子:他既不是名门出身,又无才识,一无长处,可是却比他所有的对手更加受到青睐。

61(Ⅰ) 婚姻对于男人来说本应是一切财富的一个来源,可是由于命运的安排,往往成为一个他不堪承担的重负:正是在这种情况下,女人和孩子成为从事欺诈、欺骗和非法牟利者的强烈诱惑;男人身处于诈骗和贫穷之间:这是多么奇怪的场面!

(Ⅳ) 娶一个讲一口标准法语的寡妇,意味着行时走运发大财;可是所意味的并不总是心想事成。

62(Ⅳ) 一个除了当讼师之外别无什么可以跟他的兄弟们分享的人想当官员;普通的官员要当法官,而法官则想主持政务,各种地位的人莫不如此,他们经过力不从心地碰运气从而可以说是抗拒天命之后,只好在各自的条件下,受拮据而清贫生活的煎熬,因为不可能同时既不屑当富人又一直当富人。

63(Ⅴ) 克雷雅克,午饭要吃得好,晚上吃夜宵,火炉添木材,购买件大氅,房间铺地毯:你不喜欢你的继承者,你不认得他,你没有继承人。

64(Ⅴ) 年轻时,我们积攒钱财以度晚年;年老时,省吃俭用以备死亡。挥霍的继承人举办像样的葬礼,然后把余下的吞掉了。

65(Ⅴ) 吝啬者死时仅仅一天所花费的钱,比他活着时10年花费的钱还要多;而他的继承者10个月花费的钱,多过他自己一生花费的钱。

66(Ⅴ) 人们浪费的东西是从继承人那里克扣下来的;人们吝啬地节省下来的东西,是克扣自己省下来的。走中间道路对自己和对别人都公平。

67（Ⅴ）　孩子对于他们的父亲来说，也许是很珍贵的；反过来，孩子也许会把他们的父亲看得更为珍贵，但前提是他还没有成为继承人。

68（Ⅴ）　人的悲惨条件令人对生活感到厌倦！为了取得一点财产，必须辛劳流汗，彻夜不眠，让步屈服，依赖他人，或者靠我们亲人生命垂危。急不可耐地希望他的父亲不久去世的人还算是个好人。

69（Ⅴ）　希望继承某人财产的人的品性属于献媚者的品性：只有认为在我们死后有利可图因而希望我们早死的人，才会更拍我们的马屁，更服从我们，更听我们的话，对我们更奉承，更有礼貌，更迁就，更温顺。

70（Ⅶ）　所有的人由于职位的不同，由于封号和遗产，彼此把自己视为别人的继承人；出于这种利益的考虑，在他们一生的进程中，孕育着一种秘密而隐蔽的愿望，那就是希望他人死亡。因此，各种身份的人中最幸福的人，就是死后丢下更多的东西留给其继承者的人。

71（Ⅵ）　人们说消除社会地位不平等的是赌博；但是社会地位有时失调得如此严重，而身份差距的深渊是如此巨大而深刻，以至于人们不想看到这两个极端彼此接近起来:这就像一曲不协调的音乐,就像一些不调和的色彩,就像一些难听的赌咒发誓的话,就像这些令人不寒而栗的声响和音调;总之,这是对全部社会习俗的颠覆。如果有人反对我说,这是整个西方实际发生的事情,我会回答说,这或许也是一件使世界另一部分人认为我们野蛮,而让来到我们这里的东方人铭记不忘的事情;我甚至相信这样过分的不拘礼节会使他们更加不快,就像我们会因他们的宗法①和他们其他跪拜仪式而感到不愉快一样。

72(Ⅵ) 穿着一身国事活动的衣着,或者聚在房间里研究重大事务的人,在人们心目中丝毫不及一桌正在豪赌的一群人那么威严庄重:他们满脸严肃得不苟言笑,在整个赌局期间彼此是毫不容情的死对头;什么交情,什么亲戚关系,什么出身身份,什么头衔称号,他们都不顾了;只有命运这个盲目而不讲情义的神明主宰着这个赌局,颐指气使地决定一切。这些赌徒以深深的沉默和在别的地方根本办不到的专注态度敬重这个神明;所有的情感仿佛蓦然中止似的都服从于唯一的一个:廷臣于是变得既不温柔,不奉承人,不讨人喜欢,甚至也不虔诚。

73(Ⅰ) 在他们身上我们看到的只有赌博,赢钱洗刷掉了他们哪怕一丝半点微贱出身的痕迹:跟他们等级相同的人根本不在他们眼里了,他们跻身于最大领主的行列。不过骰子或者纸牌的

---

① 看看暹罗王国人与人之间的关系吧。——拉布吕耶尔注

运气往往使他们重新沦为原先运气没有光顾时一贫如洗的境况,这是千真万确的。

74(V) 我对此不感到奇怪:一些公共赌场就像一个个陷阱,诱引着人们的贪财心理;就像一些深渊,金钱掉下去就一去不复返;就像一些可怕的暗礁,赌徒前来触礁而粉身碎骨。一些密使从这些地方出发,为了定时了解谁带着刚铸造的新钱币来到世上;谁赢了一场官司,结果人家赔了巨款;谁得到一笔嫁妆;谁赌博赢了一大笔钱;谁家的孩子刚刚收受了巨大的遗产;或者哪个不谨慎的职员愿意把他钱箱里最后一笔钱拿到一张纸牌上来碰运气。不错,欺骗人,这是个肮脏而可耻的行业,可这是个古老的、任何时代都存在,都由我称之为老赌客的人从事的行业。招牌就挂在赌场的门上,上面写的差不多就是这样的话:"此处,欺骗出于善意。"他们不是自命为无可指摘的吗?可是谁不知道进入这些赌场跟输钱是一回事呢?因此,为了维持他们的生活,他们手头需要掌握多少受骗者,那就不是我关心的事了。

75(V) 无数人因赌博而倾家荡产,可你却无动于衷地说这些人不能不赌:这是什么理由!有哪一种不管多么强烈或者多么可耻的狂热行为不能用上这同样的话语呢?我们是否可以接受这样的说法,人不能不去偷窃,不能不去杀人,不能不匆忙行事?在一场可怕的、没完没了的、没有节制、没有限度的赌博中,人们只巴望对手输得精光。兴高采烈地想赢,垂头丧气地输钱,满脑子想的都是钱;人们把自己的财产、老婆的财产和孩子的财产押在一张纸牌上或者骰子盘上,这是可以允许的事还是应该避免的事呢?

（Ⅴ）　我不允许任何人做骗子,但我允许一个骗子进行大赌博。我不许他成为正直的人。冒着巨大损失的危险去当正人君子,那是太幼稚的事情了。

76(Ⅰ)　只有一种悲痛经久不衰,那就是丢失财产。时间会缓和所有其他悲痛,却会加剧这种悲痛。在我们一生,我们随时都会感受到由于丧失财产而缺钱的痛苦。

77(Ⅳ)　他跟一个不必花自己的钱出嫁女儿,偿还债务或者签订合约的人关系良好,只要这个人不是他的孩子也不是他的妻子。

78(Ⅷ)　芝诺比阿①,不管是困扰你的帝国的动乱,还是自从你的国王丈夫去世以来,你以堪与男子汉比试的勇气跟强大的国家进行的战争,都丝毫没有降低你生活的豪奢。比起任何其他地方,你更喜欢在幼发拉底河边建造一座漂亮的建筑:那里空气新鲜温和,风景秀丽,靠山坡一侧一株奇木把房子掩映在浓荫之中;从前有时来到地上居住的叙利亚诸神,也找不到比这更美的住所。四周农村里到处是人,修剪树枝,收割稻麦,人来人往,驾

---

①　芝诺比阿(? —274 以后),在其丈夫被暗杀之后,担任古罗马属下巴尔米拉殖民地(在今叙利亚)的女王,与古罗马进行斗争,公元 272 年被奥雷连打败。——译者

着车辆或者运输黎巴嫩木头、青铜和斑岩;吊车和机器的声音在空气中震响,这令前往阿拉伯旅行的人期望在他们回到家时看到这座宫殿已经竣工,而且金碧辉煌,令你们,你和你的君王孩子们在住进这所宫殿之前,已经把它铭记自己心中。伟大的女王,在这方面不要节省任何东西,把金钱和最杰出的工人的技术用到这里来吧。你那时代的菲迪亚斯和泽西斯①把他们的所有技艺运用在你的天花板和护墙板上;你在这里设计巨大而优美的花园吧,这花园具有如此引人的魅力,真是巧夺天工;你把所有的财宝和工艺运用到这座无可比拟的作品上,芝诺比阿!在你对这个作品进行了最后的整修,居住在巴尔米拉附近沙漠里、靠在你的河流上征收过桥税而发财的某个牧人,在某一天会用现钱买下这座豪华的房屋,把它装修美化,好让房子更配得上自己的身份和自己的财产。

79(Ⅳ)　这座宫殿,这些家具,这些美丽的喷泉,令你欣喜若狂,令你乍看到一座如此别致的房子,看到拥有这座房子的主人的无限幸福不禁赞叹不已。物是人非,这个主人没有像你这样愉快而平静地享有这一切:他没过过一天安心的日子,没过过一个平静的夜晚;为了把房子盖得如此美丽令你心醉神迷,他背了一身的债。他的债主把他从这座房子里赶出来。他调转头来,远远地看了这房子最后一眼;最后他郁郁而亡了。

---

① 泽西斯,古希腊画家,公元前5世纪在意大利和雅典作画。——译者

80(Ⅴ)　从某些家族的变迁,我们不免会看到所谓的机缘巧合或者命运无常。这些家族 100 年前根本没有人提起,他们并不存在,上天突然垂顾他们:财产、荣誉、高官厚禄纷至沓来,他们沉浸于荣华富贵之中。欧默浦斯①就是这些没有高贵祖先的人中的一个,但他至少有父亲臻于这么显赫的地位,因此他在自己漫长一生中所能期望的,就是达到他父亲的地位,而他已经赶上父亲了。这是他们两个人有卓绝的思想、实在的能力?还是一些猜想揣度?运气终于不再向他们微笑了,运气到别处耍弄去了,对待他们的后代就像对待他们的祖先那样。

81(Ⅳ)　两种不同身份的人:长袍贵族和佩剑贵族,破产和垮台的最直接原因就是只根据等级而不根据财产来决定自己的花费。

82(Ⅳ)　如果你为了财产什么也没有遗忘,这是多么了不起的事情! 如果你疏忽了哪怕最小的事情,那是多么值得后悔的事!

83(Ⅵ)　吉同面色红润,面孔饱满,两颊鼓着肉,目光直视而淡定,肩膀宽阔,行为大胆,举止坚定果断,说话自信;他让奉承他的人重复自己说的甜言蜜语,可是他只是若无其事似的品味着那人所说的一切。他打开一个大手巾大声地擤鼻涕;他痰吐得远远的,大声地打哈欠。他白天睡觉,晚上睡觉,而且睡得很沉。他

---

①　传说人物,色拉斯行吟诗人。——译者

当着众人的面打呼噜。他在餐桌上和在乘车散步时占的位置比别人大。他散步时走在跟他同等身份的人中间；他停下来,别人也停下来；他继续走,别人也跟着走：一切都以他为准。他打断、矫正别人的讲话；可别人不会打断他的话,他愿意讲多久别人就听多久。人们赞同他的意见,相信他讲的新闻。要是他坐下来,你会看到他整个身子埋在扶手椅里面,一条腿架在另一条腿上面,皱着眉头,压低帽子,遮住眼睛,谁也不看一眼；或者接着掀起帽子,骄傲而大胆地露出额头。他性情快活,喜欢玩笑,生性急躁,态度傲慢,喜好发怒,放荡不羁,彬彬有礼,对当前的事情讳莫如深：他自命有才干和有智慧。他是富人。

费东眼睛凹陷,面色暗红,身体干瘪,面孔消瘦。他睡得少而且睡得很浅。他漫不经心,耽于幻想,内心机智但外表愚蠢：他不记得把他知道的事或者他了解的事件讲出来,即使有时这么说了,也说得不好,他觉得自己的话会让听他讲话的人不舒服,他话短而且冷冰冰的,说得人家不喜欢听,也不会发笑；别人跟他说的事他都接受,都赞成,他同意别人的意见；他跑着,飞跑着去帮人做些小事；他为人随和,讨人喜欢,对人殷勤；他对自己的事情闭口不谈,有的时候撒撒谎；他拘泥细节,谨小慎微,瞻前顾后；他走路轻轻的,慢慢的,仿佛害怕踩在地上；他走起路来垂着眼睛,不敢抬眼看过路行人。他从来不加入谈话圈子参加讨论,他站在说话的人后面,悄悄地把听到的话记住只言片语；要是别人看着他,他便走开。他不占地方,不占位子；他缩着肩膀,帽子压到眼睛上,不让别人看到自己；他用大衣裹着躲在里面。

再堵塞、再拥挤的道路、长廊,他也有办法不费劲地穿过而且不被人看见。要是人家请他坐下,他便屁股紧挨着椅边坐了下来。他谈话声音低低的而且发音不清;不过他对于公众事务说话肆无忌惮,对于这个时代满腹牢骚,对于部长和政府没有多大好感。他只有回答问话时才张口;他咳嗽,用帽子揞嘴,把痰几乎吐在自己身上,他等到没有别人在场时打哈欠,如果他实在要打哈欠,也不让在场的人看到:任何人见到他都不跟他打招呼,也不向他致意。他是个穷人。

论城市

1(Ⅰ) 在巴黎,人们没有约定,但每天晚上在王宫①或者杜伊勒里②相会,像是一个非常准时的公共聚会,大家彼此见面,但互相瞧不起。

(Ⅰ) 这一个世界,人们虽然不喜欢它而且嗤之以鼻,可同时我们却不能没有它。

(Ⅶ) 人们在公共散步场所等待着别人走过,检阅着一个接着一个走过的人:四轮马车、马匹、侍从的号衣、纹章,什么也不会漏掉,人们好奇可又心怀恶意地观察着一切;同时根据扈从的多

---

① 指王后宫。——P.R.注
② 杜伊勒里宫,在卢浮宫与香榭丽舍之间。——译者

寡,要么尊敬,要么蔑视别人。

2(Ⅴ) 大家都认识这条长堤①,它从塞纳河吸纳了马恩河进入巴黎之处起一直紧挨着塞纳河,把河床紧紧揽在怀中:盛夏酷热时节,人们在这里洗脚;我们可以贴近地看到他们跳入水中,从水中钻出来,玩耍嬉戏。这个季节尚未来到时,城里的女人还不会到这里散步;而当这个季节过去,她们也不会再到这里来散步了。

3(Ⅴ) 女人们聚集在一起显摆一件漂亮的衣裳和享受她们梳妆打扮的效果,在这些众人荟萃的地方,人们不是为了聊天的需要找个同伴散步,而是为了落实戏院究竟演什么戏,为了从众人那里获得谈资,为了求得支持来应对批评,才相聚在一起。正是在那里,人们彼此交谈可什么也没说,或者不如说是为了让过路人听见而讲话,甚至提高嗓门就是为了替那些人讲话;人们做出各种手势,互相开着玩笑,随随便便地歪着头,走过来又走过去。

4(Ⅰ) 城市分成各种各样的团体,这些团体就像一个个小共和国,有他们的法律、他们的习俗、他们的俚语和他们的笑话。只要这样的团体正当盛年而且一直执着存在,那么人们便会认为:凡不是他们团体说出来或者做出来的都不好,而且大家也不可能品味来自于别处的东西,乃至于会蔑视那些不了解这些团体的名不见经传的人。具有更优秀思想的上流社会的人,偶然的

---

① 圣贝尔纳长堤。——P.R.注

机会使他置身于这些人之中,他会被他们视为异类,他在那个团体里犹如身处遥远的国度,他不了解这个地方的道路,也不了解其语言、风俗、习惯,他看到一群人在聊天,七嘴八舌,交头接耳,哈哈大笑,然后又死沉沉地一言不发;他手足无措,插不上一句话,甚至什么都没有听见。在那里总会有一个爱作弄人的家伙,像是这个团体的英雄成为中心人物:这个人负责让别人高兴,他总是还没有说话就让别人笑起来。如果有时候一个女人突然来到而她不喜欢他们的玩笑,这群寻欢作乐的人无法理解:她为什么对她不明白的事情无法发笑,对那些无聊的废话无动于衷,而这些废话,他们自己也只是因为说了出来才听到的。他们不能原谅她说话的声调,不能原谅她沉默不言,不能原谅她的身材,她的面孔,她的衣着,她的进来和出去的方式。但是这样一个小集团存在不了两年;从第一年起必定就会有分裂的萌芽使得这个团体在随后的第二年便分崩离析;对美色的爱好,赌博的输赢,以及最初是简易的餐饮,不久就变成肉堆如山的豪奢盛宴的离谱美食,这一切都扰乱了共和国,最终给共和国以致命的一击:很短的时间便使得人们谈起这个国家就像谈起去年的苍蝇一样。

5(Ⅳ)　城里有大小穿袍贵族;前者因为被宫廷轻视和在宫廷受到小小的侮辱而拿后者出气。要想知道他们之间的界限:大司法人员到何处为止,小司法人员从何处开始,这可不是一件容易的事情。甚至存在着一种巨大的团体①,它不愿成为二流角色,可

---

① 这里指的是律师团体。——弗拉玛里翁注

人们又不承认它属于一流:可是它不屈服,相反通过装腔作势和大量花费,极力要与法官并驾齐驱或者勉强地稍逊一筹:人们听到他说自己担任的高贵职务,独立的职业,说话的才干和个人的长处,这些至少可以抵得上包税官或者银行家的儿子由于他的效劳付给他的装着1000法郎的钱包。

6(Ⅴ)　你不屑于乘坐着四轮马车遐想,或者也许不屑于在四轮马车上休息是吗?那么快点,拿起你的书本或者你的文件去读吧,别跟那些侍从簇拥着的与路过的人打招呼:这样他们就会觉得你太忙了;他们会说:"这个人勤奋得很,孜孜不倦,甚至在路边或者公路上还读书,还工作呢。"告诉那些小律师必须显得忙得不可开交的样子;皱着眉头看来非常深沉,其实却一无所思一无所想;要善于适时地忘掉喝水吃饭;要像个幽灵似的只出现在自己家里,消失在阴暗的书房中不让别人看见,而在公众面前要把自己隐藏起来,避免到戏院去,把戏院让给那些在那里出现没有任何风险,有空去看戏的人,让给戈蒙、杜阿梅尔①这样的人。

7(Ⅳ)　有不少年轻的法官,人们因为他们有巨额财产和喜欢玩乐,而把他们跟那些被法院称为纨绔子弟的人联系在一起:这些法官仿效那些纨绔子弟;他们高高凌驾于庄重的穿袍贵族之上,自认为他们由于年龄和财产的关系可以不必慎思节行。他们从法院里汲取其中坏的东西:他们养成的是虚荣、怠惰、行为无制、

---

① 前不久去世的两个著名的律师。——P.R.注

放荡不羁,仿佛所有这些恶性都是他们该有的,结果他们具有这样一种品格,这种品格跟他们本应该坚持的品格相距甚远,他们最后如愿以偿地成为非常坏的典范之不差分毫的复制品。

8(Ⅳ) 同一个法官在城里和在宫廷里判若两人。他回到自己家里,恢复了自己留在家里的习俗、身材和面貌,于是他既不那么局促不安,也不那么一本正经。

9(Ⅳ) 克里斯班家族凑份子在他们的家里养多达六匹马来扩大侍从队伍,这队伍有许多穿号衣的人员,他们每个人作为一分子,使自己能够在王后大道或者在万尚①凯旋,跟新娘,跟破产的雅松,跟要结婚而且已经缴纳押金②的特里松并肩而行。

10(Ⅴ) 我听到人们谈论萨尼翁家族:"同样的名字,同样的纹章;长房支系,幼房支系,二房的幼子们;那些人佩戴着单色没有图案的纹章,这些人以三齿耙形图案作为标记,而其他人则以锯齿状边框为标记。"由于波旁家族的缘故,他们纹章的颜色都是金银色,跟波旁家族的人一样是二加一纹章,虽然这不是百合花徽③,可他们以此自慰:也许他们心里觉得他们的纹章同样令人肃然起敬,而这些纹章跟大贵族们满意的纹章是相同的:我们看

---

① 王后大道,巴黎沿塞纳河从协和广场到加拿大广场的散步道。万尚指建造于马恩河谷省万尚森林的城堡,国王圣路易曾在那里居住。——译者
② 向国库交钱以购买一个重要职务。——拉布吕耶尔注
③ 法国王室标记。——译者

到他们把纹章印在丧帷上,贴在玻璃窗上,画在他们府堡的大门上,挂在他们刚刚吊死一个该死的人的象征领主裁判权①的处刑柱上,刻在家具和铁锁上,撒在四轮马车上,到处都可以看到。他们的仆役号衣不会玷污他们的徽章。我很乐意对萨尼翁们说:"你们高兴得太早了,至少你们要等到家族终结的时代到来:那些见过你的祖父,跟你祖父谈过话的人都已经年老,不会再活多久了。谁能够像他们那样说:'他把东西摊开摆在那里,不过卖得太贵了。'"

(Ⅶ) 萨尼翁家族和克里斯班家族的人还希望人家说他们花销巨大不过他们并不喜欢这样。他们对他们举办的一次节庆和宴会啰啰嗦嗦讲得令人厌烦;他们谈他们赌博输掉的钱,他们非常大声地惋惜他们没有想到那个人会死掉。他们用俚语和暧昧的话谈论某些女人;他们彼此有许许多多好笑的事告诉对方;他们前不久有新的发现;他们互相告诉对方他们的风流韵事。他们中的某个人在乡下睡得晚,他为了早点睡着,便一早起来,打上绑腿,穿上一件布衣,系上一条挂着弹药盒的带子,挽好头发,拿一把枪,这样,要是他枪法好的话,他就成为一个猎人了。他夜里回来,浑身湿淋淋,精疲力竭,可他没有打到任何猎物。第二天,他们又去打猎,同时他们整天吃鹞和山鹑。

(Ⅷ) 另一个人,养了几条恶狗,便想说:"我的猎犬群。"他知道

---

① 古时授予领主生杀予夺的权力。——译者

有一个狩猎约会,他便到那里去围猎;他进入猎场深处,混杂在领犬者中,他有一把牛角号。他不像梅纳里普那样说:我玩得开心吗?他认为是开心的。他玩得忘记了法律和官司:这是个像希波吕托斯①的人,梅朗德尔昨天因为手头的一个案子见到他,但今天可能认不得这个检察官了。明天,他的法庭分庭将要判决一个严重大案,你会见到他吗?他让同事聚集在身旁,告诉他们,他的猎犬追逐的鹿没有丢失掉;他的猎犬追错了方向,或者别人的猎犬弄错了那六条猎犬捕捉的目标,他在后面没有喊叫出声来。时间紧迫,他结束了关于猎狗喊叫和猎狗分吃猎物的谈话,跑着跟别人坐在一起审理案件去了。

11(Ⅴ) 某些人何等荒唐!他们刚刚继承了父亲的买卖而有钱,便仿效王公贵族的华丽衣着和车马随从,他们过分的花费和荒谬的豪奢,本以为会令人赞赏,却引起全城人的挖苦和嘲笑,结果倾家荡产而成为笑料。有些人甚至连到自己住地以外的地方挥霍这一点点荣幸都没有:他的街区是他们展示虚荣的唯一舞台。在岛上②,人们不知道安德烈在菜地③大出风头并在那里花光他的全部财产;至少,即使全城和郊区的人都知道他,可在并不都能够对任何事情作出正确判断的这么多人中,很难找到

---

① 希波吕托斯,欧尼皮德的悲剧《头戴王冠的希波吕托斯》,拉辛的《费德尔》和拉漠的《希波吕托斯和阿丽丝》中的人物。——译者
② 指圣路易岛。——P.R.注
③ 现巴黎第三区南部和第四区全部,该地因原先为沼泽,以后成为菜地而得名。从中世纪起,那里成为贵族区:图雷尔府邸(14世纪)、桑斯府邸(15世纪)和教会区(圣殿,12世纪),同时是繁华的商业区。——译者

人说他这个人真了不起,感谢他在桑托斯和阿里斯通招待的盛宴和在埃拉米尔举办的晚会。他倾家荡产时默默无闻;他只是为了两三个根本瞧不起他的人而落到清贫的境地,他今天虽然乘坐着四轮马车,可六个月后,他连步行都走不了了。

12(Ⅰ) 纳西斯早上起床,晚上睡觉;他跟女人一样在规定的时间梳妆打扮;他每天按时参加费扬派修士或者小兄弟派①修士的弥撒;他平易近人,在 *** 区,有三分之一或者五分之一的人相信他玩翁布尔牌和勒维希牌②牌技高超。他在阿里西牌场连续四个小时坐在靠手椅上,一个晚上要输赢五个金皮斯托尔③。他每期必读《荷兰消息报》和《风流信使报》,他阅读贝尔热拉克、马雷、莱斯卡拉斯的著作,阅读巴班书屋④的小故事,以及某些诗集。他跟一些女人在平原⑤和林荫道散步,他每次拜访都十分准时。他明天做的事就是今天做的事和昨天已经做的事。他就这样活过之后死掉了。

13(Ⅴ) 有这么一个人,你说我在什么地方见过他;可要知道在哪

---

① 小兄弟会是法朗索瓦·德·保罗(1416—1507)创立的天主教修会。——译者
② 翁布尔牌,西班牙的一种牌戏,扑克牌中去掉10、9、8点共40张牌的一种3人牌戏。勒维希牌,一种旧式纸牌戏,以吃牌和得分最少为赢。——译者
③ 皮斯托尔,法国古钱币,1个皮斯托尔等于10个利弗尔。——译者
④ 贝尔热拉克,指萨维尼安·德·西拉诺,作家,著有《月亮和太阳的国家与帝国》《阿格里斌之死》等。马雷,即圣奥兰领王戴马雷,作家,著有《幻想家》等。莱斯卡拉斯,具有现代思想的语法学家和教育学家。巴班书屋,著名的书店。——P. R. 注
⑤ 萨布隆平原。——P. R. 注

里见过很难,不过他的面孔我很熟悉。见到他的地方有很多,如果能够的话,我会帮助你想起来的。是在散步道①坐在折叠式座椅②上,或者是在杜伊勒里宫的大道上,或者是在戏剧院的楼座里?或者是在讲道时,在舞会上或者在朗布伊埃③?你在什么地方见不到他呢?有哪个地方他不会到?如果在广场上有个名人受处决或者有一场欢乐的烟火,那他会出现在市政厅的窗户前;如果人们等待一个盛大的入城④,那么在观礼台上有他的座位;如果举行骑兵竞技表演,你会看到他进场坐在楼厅里面;如果国王接见大使们,他会参加他们的召见,看着他们走进来;当他们召见完出来时,他夹道欢送。在瑞士联盟典礼⑤的宣誓中,他的在场跟掌玺大臣的出席和联盟本身的存在同样重要。在年画⑥上,我们看到上面雕刻着代表人民或者出席者的头像是他的面孔。如果有一场公众狩猎,一场带着圣于贝尔犬⑦的狩猎,那么我们会看到他高骑在马上;要是有野营,有检阅,那他就在乌依,就在阿谢尔⑧;他喜欢部队,喜欢民兵,喜欢

---

① 在接近圣安东尼门的时兴的新散步道。——P. R. 注
② 挂在四轮马车边上的活动的折叠椅。——P. R. 注
③ 朗布伊埃,此处不是指朗布伊埃城或朗布伊埃城堡,而是位于圣安东内郊区由银行家尼古拉·朗布伊埃开辟的一座大花园。——译者
④ 新国王就位时对大都市的巡视访问仪式。——译者
⑤ 瑞士联盟典礼是为庆祝和重申法国与瑞士的联盟而举行的仪式。——弗拉玛里翁注
⑥ 反映当年重大事件的版画。——P. R. 注
⑦ 一种猎犬,因最初由圣于贝尔修道院豢养而得名。——译者
⑧ 乌依,伊夫林省城市。法国国王亨利三世、亨利四世和路易十三、路易十四在狩猎季节曾在这里检阅队伍。阿谢尔,位于法兰西岛伊夫林省的城市,有著名的军营。——译者

战争,他近在咫尺地,直至进入贝尔纳迪①要塞观看如何打仗。尚利知道行军布阵,亚吉埃了解军需,杜梅②熟悉炮战;这个人都观看了,他通过观看而老于行伍,他是专业的看客;他对于一个男人应做的事一无所知,但是他说,所有能够看到的事情他都看到了,他死而无憾了;可他的去世对整个城市来说是多大的损失!在他死后,谁会说"王后大道关闭了,大家不再到那里散步了;万尚的泥坑干了,填高了,不会再往里面倾倒了"呢?谁来宣布一场音乐会,一场盛大的仪式,一场庙会的盛况呢?谁会通知我们博玛维埃尔昨晚死了,罗素娅③感冒,八天不唱歌了呢?谁能够像他那样根据纹章和号衣认识一个市民呢?谁会说"司卡班④佩戴着百合花"显得更有精神呢?谁会以更加自负,更加夸张的口吻来说出一个普通市民的名字呢?谁会更适当地被提供为小滑稽剧的材料呢?谁会把《风流年鉴》和《爱情日记》⑤借给女人呢?谁能够跟他一样在饭桌上唱出歌剧的整段对话,在小巷子里唱出罗兰⑥的全部愤怒呢?总之,既然在城

---

① 贝尔纳迪,著名的兵法教师。在卢森堡公园建造了一所模拟要塞,让他的学生学习对要塞进行围攻。——弗拉玛里翁注
② 尚利公爵,国王军队骑兵中士,对行军布阵十分内行。亚吉埃,军需官。杜梅,炮兵少将。——弗拉玛里翁注
③ 博玛维埃尔,巴黎歌剧院著名男低音,1688年去世。罗素娅,巴黎歌剧院女歌手。——P. R.注
④ 司卡班,意大利喜剧中刁钻机灵的仆人。路易十三时,这个人物第一次出现在法国,莫里哀在《司卡班的诡计》(1671)中将此人物引进法国舞台。——译者
⑤ 维尔迪埃夫人以 M. C. 戴亚丹笔名发表的小说《年鉴》(1668)和《日记》(1670年)。——P. R.注
⑥ 《愤怒的罗兰》,意大利诗人阿里奥斯特(1474—1533)的喜剧,由基诺和吕里于1685年改编。——译者

里和在其他地方有一些十分愚蠢的人,一些庸俗乏味、游手好闲、无事可干的人,谁能够像他那样当之无愧呢?

14(Ⅴ) 泰拉梅内①有钱而且有才干;他继承了财产,于是非常富有而且非常有才干:你瞧,所有的女人想方设法要他当情人,所有的女孩想方设法要他来求婚。他逐家走访,让母亲们怀着他就要娶亲的希望。要是他坐下来,母亲就会走开,好让女儿毫无拘束地表现出可爱的样子,好让泰拉梅内完全不受约束地求爱。他堪与法官匹敌;在那个地方他让骑士或者绅士黯然失色。一个风华正茂、机灵活跃、幽默诙谐的小伙子也不如他受到那么热烈的追求,那么好的接待:人们争相跟他握手,几乎没有空跟其他来客微笑招呼。他会让多少情郎甘拜下风!别人什么样的好对象会是他的对手?他会满足于这么多女继承人的追求吗?他不仅让丈夫们害怕,而且让所有希望成为丈夫和等待通过结婚来弥补押金短缺的人望而生畏。人们应该把这些如此幸福,如此值钱的人从一个十分文明的城市驱逐出去,或者谴责那些女人犯傻或心地不好,对只有才干的男人没有更好地予以对待。

15(Ⅷ) 巴黎通常对宫廷亦步亦趋,可并不总善于仿效;它丝毫不会模仿宫廷的某些臣子,特别是女人,对一个有才华,甚至只有

---

① 泰拉梅内(Terramène)是以掌玺大臣泰拉的名字(Terrat)做的讽刺性的文字游戏。——P.R.注

才华的人所自然而然表现出来的愉悦温柔的面色；宫廷里的女人既不打听他有什么契约也不打听他的祖先何人；她们看到他在宫廷里，这就够了；她们接受他，尊重他；她们不问他是坐马车来还是步行来，是否有职位，有领地或者有随从：她们因为自己扈从簇拥，家世显赫和有爵位封号，所以往往以哲学或美德来消闲。可城市里的一个女人，要是听到一辆四轮马车停在门口的声音，她会对车上不认得的人洋溢着喜爱和殷勤的心情；而如果她从窗户上看到一辆由牲口驾着的漂亮轿车，跟随着许多穿着号衣的侍从，如果好几行精美包金的纹章使她赞赏不已，她是多么急不可耐地想看到这个骑士或者这个官员已经在她的房间里！她会多么百依百顺地接待他！她会把她的眼睛从他身上移开吗？他在她身边一无所失：人们感谢他的马车上有双层车架和使马车滚动得更滑的弹簧，她因此更加尊敬他同时更加爱他。

16(Ⅳ)　某些城市女人这种令她们拙劣模仿宫廷女子的自命不凡，是比平民女子的庸俗和乡下女人的粗鲁更坏的东西：它在这两者之上还多了矫揉造作。

17(Ⅳ)　献上不花一分钱但让人要用现金归还的华丽的婚礼礼物，这是个巧妙的发明。

18(Ⅳ)　把妻子带来的三分之一嫁妆花在婚礼的费用上，一开始便用成堆成垛的多余东西使自己沦于贫穷，同时在这之前已经从自己的财产里拿出钱付给戈蒂埃①来偿付家具和服装,这可真是有益而值得称许的行为!

19(Ⅳ) 一个男人不顾礼仪和廉耻,几乎不知羞耻地把一个仅仅过了一夜的妻子②像在戏台演出那样展示在床上,连着几天扮演一种可笑的人物,并且让她以这种姿态接受男男女女好奇的目光,而在这几天期间,他们,不管认得的还是不认得的,从全城各地跑来看这出戏,这可真是个高尚而合理的习俗!这么一种风俗,除了在关于曼格雷里③的叙述中存在之外,岂不是十足地荒谬绝伦和不可理喻吗?

20(Ⅰ) 令人感到痛苦的风俗,令人无法接受的规矩!急不可耐地不断设法避免彼此相遇;即使相遇也只是为了互相聊一些没有意思的话,为了彼此告诉对方一些已经了解,而且知道与否都无关紧要的事情;走进一个房间只是为了走出来;午后出门只是为了晚上回家;非常满意在短短五个小时中见到五个御前侍卫,一个几乎不认识的女人,和另一个不大喜欢的女人!谁会重视时间的价值,谁会认识时间的浪费是多么无可挽回,谁会为这么巨大的损失伤心痛哭!

---

① 著名的布料商人。——P.R.注
② 指新娘。一种相当不雅的习俗要求她在新婚的三天内躺在床上接待来访的人,忍受所有来看她的人的各种玩笑。——弗拉玛里翁注
③ 曼格雷里是黑海边上古代格鲁吉亚西部的一个省份,曼格雷里人是格鲁吉亚人的一个支族。此处用来表示蛮荒地区的化外之民的意思。——译者

21(Ⅶ) 人们在城市里受到的教育是对农村和乡下的事物因不了解而漠不关心；人们几乎分不清大麻和亚麻，分不清小麦和黑麦，更不知道小麦黑麦的杂交麦跟小麦或者黑麦有什么区别：人们只知道吃和穿。跟许多市民谈话时，如果你想让对方听你讲话，别跟他们谈什么休耕田，什么轮伐树，什么树枝压条，什么割草后的再生草：这些词对于他们来说不是法语词。你得跟他们中的某些人谈布料的长短，谈物品的价目，或者谈可以换钱的土地；而跟另一些人谈上诉程序，谈再审申诉，谈调停，谈提审。他们了解人世，以及其他方面，因为这世间有不那么美好和不那么光鲜的东西。他们不了解自然，不了解它的开始，它的发展，它的恩赐，它的赠予。他们的无知往往是有意为之，是基于他们对自己的职业和自己的才能的重视。再低级的开业律师，尽管身处阴暗和烟雾弥漫的事务所，心里还惦记着一桩更为卑劣的官司，也自命比耕夫优秀；而耕夫享上天之赐，耕种土地，适时播种，获得丰收，要是他有时听到别人谈论初民，谈论族长，谈论他们的乡间生活和他们的经营，他会惊讶人们居然能够生活在这样一个还没有事务所，没有佣金，没有法院院长，没有检察官的时代；他们不明白人们居然可以不需要书记员，不需要检察院和不需要小酒吧间。

22(Ⅴ) 罗马的皇帝们在与风、雨、灰尘和太阳斗争中，从来没有像巴黎市民那样如此从容，如此自如，甚至如此自信地善于在全城招摇过市：这种习俗跟他们祖先驴子般的倔犟有多大的距离！他们还不知道为了得到多余物宁愿不要必需品，喜欢豪奢排场甚于有用的东西。我们没有看到他们用蜡烛照明和用火炉取暖:蜡烛是在祭台上和卢浮宫用的。他们不会吃了一餐差劲的晚餐后乘坐四轮马车回来;他们认为人长着两条腿是用来走路的,于是他们就步行了。如果天气干燥,他们身子保持得干干净净;如果天气潮湿,他们就像猎人在狩猎区来回搜索,或者像士兵在战壕里浑身湿透那样,穿街走巷一点也不怕弄坏鞋子。他们还没有想象出由两个人抬一辆轿子。甚至有好几个法官心甘情愿地步行上法庭或者去调查,就像从前奥古斯都①走着去卡皮托尔②一样。当时餐桌上和餐橱里闪烁发光的是锡,而在炉灶上闪亮的是铁和铜;至于金银则是藏在保险柜里。女人们由女仆来服侍自己,乃至于让女仆下厨房。我们的父辈不会不晓得太傅和女管家动听的名字:他们知道国王和最大的亲王们的孩子是交给谁来照管的,不过他们跟他们的孩子们一道共享他们仆人们的服侍,并很满意自己直接监督孩子们的教育。他们对待任何事情都自视甚高;他们量入为出,他们的仆役,他们的扈从,他们的家具,他们的饭食,他们城里的房屋和乡间的院落,一切的一切,全是根据他们的年金和身份来量身定制的。他们之间存在着外在的差别,从而别人不会把开业医生的老婆当作法官的夫人,不会把平民百姓或者普通跟班当作贵人。他们孜孜以求的不是扩大他们的财产,而是如何把财产

---

① 奥古斯都(前 63—14),古罗马皇帝。——译者
② 卡皮托尔,指罗马七丘之一以及该处的全部建筑物。传说罗马的奠基者和第一个国王罗慕洛就是在这山丘上由母狼喂养成人,以后卡皮托尔成为古代罗马的宗教中心。——译者

保存得完完整整地传给他们的继承人,他们生活简陋也死得安详。他们从不说:日子艰辛,生活赤贫,银钱缺少;他们钱比我们少,可他们也有相当多的钱;他们更多的是靠积蓄和节俭,而不是靠收入和领地富有起来。总之,那个时代,深入人心的是这样的箴言:大人物的炫耀、豪华、骄奢,在普通百姓看来就是浪费、疯狂、荒谬。

论宫廷[①]

1(Ⅰ) 对一个人所能给予的最无伤大雅的责备,就是说他不了解宫廷;哪一种美德人们不能把它归到宫廷这么一个词上!

2(Ⅰ) 一个了解宫廷的人能够掌握自己的手势,自己的眼睛和自己的面孔。他深沉莫测,喜怒不形于色;他掩盖自己的险恶用心,微笑对待敌人;他克制情绪,伪饰感情,心口不一,言行违心。所有这种极端的矫情,归结为一个恶行,人们称之为虚伪,这虚伪对于臣子们的升官发财有时跟坦率、诚信和美德一样没有用处。

3(Ⅳ) 某些颜色随观看时光线的不同而千差万别,谁能够说出这些千变万化的颜色的名称? 同样,谁能够确切解释宫廷究竟是

---

① 拉布吕耶尔跟圣西蒙一样不"了解"他那时的宫廷,跟斯泰奈一样以"旁观者"的身份观察宫廷。作为想象者,他并没有揭示出宫廷的真面目,而仅仅是表面的华而不实的面貌和臣子们的装腔作势也无法掩盖的人性的软弱。——P. R. 注

什么？

4(Ⅳ) 只要脱离宫廷一会,那就不想再来了。臣子早上看到它,晚上还要再看到,以便第二天能够认得出来,或者说,为了让别人在宫廷里认得自己。

5(Ⅳ) 在宫廷里人是渺小的,而不管自己有多大的虚荣心,人在宫廷里总是觉得自己渺小;不过这种痛苦是共同的,甚至大人物在宫廷上也是渺小的。

6(Ⅰ) 从外省的眼光来看,宫廷似乎是令人赞叹不已的地方;人们越走近它,它的吸引力越是减弱,就像远景画一样,离得太近看起来,它的迷人之处就消失了。

7(Ⅰ) 人很难习惯这样一种整天在候见厅,在宫廷,或者在楼梯上度过的生活。

8(Ⅶ) 宫廷不会使人感到高兴;它也不让人们在别的地方生活得高兴。

9(Ⅰ) 一个有教养的人必须经历过宫廷的生活:通过进入宫廷,他会发现宫廷仿佛是个他不认识的新世界,那里恶行与教养并存,那里的一切,好的和坏的,对他都有用。

10（Ⅵ）　宫廷就像一座用大理石建造的大厦，我的意思是说宫廷是由一些非常冷酷无情但十分彬彬有礼的人组成的。

11（Ⅰ）　有人有时到王宫去，为的是回来时受到他那个省或者他那个郊区的贵族的尊敬。

12（Ⅰ）　如果人们生活简朴有制，那么绣花匠和甜品师可能是没什么用的；如果人们不再追求虚荣与私利，那么各国王宫可能会空无一人而国王会成为孤家寡人。人们愿意在某些地方当奴隶，指望从那里汲取到别的地方去统治人的东西。似乎人们把狂妄的态度，高傲的神态和发号施令的神气全部交付给王宫里的头号人物，好让他拆零分发给外省：他们所干的，正是别人，王权的模仿者对他们所做的。

13（Ⅰ）　没有任何东西能够像君主在场那样使某些臣子丑态百出的了：我几乎没有认出他们的面孔，他们的脸色已经变了样而他们的举止低贱不堪。自命不凡而骄傲的人变得最不成样子，因为他们固有的东西丢失得更多；正直而谦逊的人能够更好地经受得住，因为他们丝毫用不着做任何改变。

14（Ⅰ）　宫廷的气派有传染性：它会传到Ｖ＊＊，就像诺曼底的口音传到鲁昂或者法莱兹一样。人们从某些司务长、小督察员、果品采购长身上可以依稀看出来；人们即使思想境地非常平庸也可以在宫廷取得长足进展。一个具有极高天才和扎实品质的人看不上这种才能;靠研究宫廷气派把它变成自己固有的东西从而成为自己的本钱;他不加考虑便已经具有这种气派而且不想摆脱掉。

15(Ⅳ)　N＊＊大摇大摆地来到:他排开众人,占据位置;他往前挤,几乎撞着别人;他自报姓名,大家松了一口气,于是他只好跟着大伙一道进去。

16(Ⅰ)　各个宫廷都会出现一些大胆妄为的冒险者,他们品行放荡不羁,自我亮相,宣称他们具有别人所没有的十分巧妙的本领,根据言语便可以取得别人的信任。与此同时,他们利用公众的失误或者人们对新事物的喜爱,脱颖而出,来到君王身旁。当臣子因自己被君王看见而感到幸福之时,却看到他们在君王耳边谈话。他们有办法供大人先生消遣却得不到结果,因此而感到痛苦;他们是怎么来的,也怎么被撵走:他们全都消失得无影无踪,虽然富有但已经失宠,而刚刚被他们战胜的上流社会已经准备好由别的一些人来征服。

17(Ⅳ)　你看到某些人没有打招呼只是轻微致意便走了进来,走起路来大摇大摆,像个女人那样自鸣得意;他们向你问事却正眼也不看你一下;他们说起话来调门高高的,表明他们觉得自己比在场的人高出一等;他们止步不前,于是人们都围拢着他们;他们发言,便要支配着小圈子的一切,而且他们一直保持着这种可笑而做作的高傲态度,直至一个大人物不期而至,这个大人物的在场打掉了这种高傲,使这些人恢复自己原本并不太坏的本性。

18(Ⅳ) 宫廷不能没有某种类型的臣子——这些人溜须拍马,殷勤讨好,善于钻营,效忠女人:安排她们的娱乐,研究她们的弱点,迎合她们的一切喜好;凑着她们的耳朵低声说些粗话,用适当的话语谈她们的丈夫和他们的情人,揣度她们的忧伤,她们的疾病,乃至于确定她们的产期;他们引领时尚,对奢侈和花费非常有讲究,而且会教女人怎样以快速的办法在衣着、家具和车马方面耗费大量的钱;他们自己的衣裳便闪烁着创造与财富之光;古老的宫殿,必须经过翻新和美化他们才乐意居住;他们吃的东西精细而且经过仔细考虑;没有什么奢侈的享受他们没有试过,不会介绍出来。他们的财产是自己挣来的,他们以什么样的手腕升官发财,他们也以同样的手腕来维持自己的财富。他们自豪地摆起架子,不再跟身份一样的人来往,不再跟他们打招呼;别人都噤声不语的地方,他们开口说话;他们进入,所深入的场所和时间,连大人物都不敢露面:这些大人物虽然长期效力,身带伤疤,担任要职,爵位显赫,也没有摆出如此自信的面容,做出如此放肆的举止。这些人说话得到最大王公的重视,参加其所有的寻欢作乐和节日盛会;他们足不出卢浮宫或者凡尔赛城堡,在那里走动和做事就像在自己家里和受自己佣人的伺候一样;他们仿佛分身有术,人们到处都见到他们,而且总是成为让新来乍到王宫的人印象最深刻的第一张面孔;他们拥抱别人,他们被别人拥抱;他们笑,他们哈哈大笑,他们令人开心,他们讲述故事而他们的故事就是:一些易于相处、讨人喜欢、富有的人,这些人能屈能伸,不过这样的人无足轻重。

19(Ⅴ) 人们不是认为只有克里蒙和克里丹德是承担整个国家的一切行政事务的人,而且只有他们能够负责这些的吗?一个至少是负责陆地上的事务,一个管海上的事务。要介绍他们两人,用上急忙、不安、好奇、活跃这些字眼,就能够把他们的忙活劲描绘出来了。我们从来没有见过他们坐着,固定在一个地方停留下来;甚至谁见过他们走着的?我们看到他们老是奔跑,边跑边讲话,问你事情却根本不等你回答。他们不是从任何地方来,也不到任何地方去:他们走过去又走过来。当他们急急忙忙奔跑时,你可别耽误他们,你会破坏他们机器的运作的;不要向他们提问题,或者至少要给他们喘息的时间,让他们有时间回想起来他们其实什么事也没有,他们可以跟你待在一起,而且长久待在一起,甚至你愿意带他们去哪里他们都可以跟你到哪里去。他们不是木星的卫星,我的意思是指那些紧紧围在王公身旁的人,但是他们走在王公前面,昭示王公的到来;他们凶猛地冲进臣子的人群,所有挡道的东西都有危险。他们的职业就是让人看到再看到,而他们要是不完成这项如此严肃,对共和国如此有益的工作是决不会上床睡觉的。另外他们对一切无足轻重的消息都一清二楚,他们在宫廷里知道别人在那里可能不知道的一切事情;他们不乏为获取小小的提拔所需要的一切才能。不过这些人对他们认为适合自己的一切东西都睁着大眼,警觉地盯着,不过稍微有点鲁莽、轻率和仓促。我怎么说呢?他们风头不顺,两个人都绑在命运的战车上,可两个人要想坐上这辆车都还差得很远。

20（Ⅳ） 一个没有显赫姓氏的宫廷人物必须把自己的姓氏隐藏在一个更响亮的姓氏下面；但是如果他果真敢用这样的姓氏，那么他就必须对人暗示所有最赫有名的姓氏他都有份，而他的家族跟所有最古老的家族都沾亲带故；他必须攀附洛林亲王、罗安家族、莎士蒂翁家族、蒙莫朗西家族①，而如果他能够的话，还要攀附上王室宗亲；他必须言必提公爵、红衣主教和大臣，每次谈话总要扯到他父系和母系的祖先，总要让方形旗和十字军东征②成为内容；他必须有大厅装饰着族谱树、摆着15个区的方形纹章以及挂着关于他祖先和他祖先盟友的图表，必须自吹有一座带角塔、带城垛、带有朝下堞眼的突堞的古老城堡，必须不管什么场合嘴不离我的家族，我的族系，我的姓氏和我的纹章；说这个人不是优秀男人，说那个人不是贵妇人；或者要是有人说希亚善特中了彩票大奖，他就问希亚善特是不是贵族。有些人会笑这些不合时宜的行为，而他让他们去笑；别的人会把这编排为故事，他让他们随便去讲：他总是说他跟着当权的家族一道前进，他拼命这么说，人家就会相信他了。

---

① 洛林，1048年被升格为公爵领，历史上最著名的是15世纪起的盖斯公爵家族。罗安亲王（1635—1764），有罗安骑士之称。蒙莫朗西公爵（1530—1579），法国宗教战争期间天主教温和的政治派领袖。——译者

② 中世纪法国国王的方形王旗。十字军东征是11—13世纪由教皇组织的与耶路撒冷穆斯林之间的战争。——译者

21（Ⅳ）　把不是宫廷贵族的最普通的庶民带入宫廷，这是最简单不过的事。

22（Ⅵ）　人们在王宫睡觉是为谋利益却要寝食难安；这就是人们从早到晚，日以继夜所经受的事情；人们之所以思索、说话、沉默、行动，就是为了这个；正是基于这种精神，人们接近某些人而疏远另一些人，人们升降浮沉；正是根据这条规则，人们掂量自己要表现出多少关怀，多少殷勤，多少尊敬，多少冷漠，多少蔑视。不管某些人出于美德而朝节制和智慧迈出了多大的步伐，可只要他们有一点野心的苗头，他们就会跟最吝啬、欲望最强烈、最野心勃勃的人混在一起。当一切都在前进，一切都在变动时，自己有什么办法一直一动不动，而当别人在奔跑的时候，自己有什么办法不跑呢？人们甚至认为自己升官发财与否的责任在于自己：在宫廷上没能得到升官发财的人，被认为是没有资格升官发财，于是人们也就不提他了。但是，究竟应该因为没有捞取到一点果实就离开宫廷呢，还是虽然没有得到宠信和奖赏，依然坚持待在那里呢？问题如此棘手，如此为难，而要作出决定是如此艰难，以至于许许多多臣子在是与否的选择中老去而在犹豫不决中死亡。

23（Ⅵ）　在宫廷上，没有什么比一个不能对我们的升官发财作出任何贡献的人更可悲，更丢脸的了：他要敢于出头露面，我都会感到奇怪的。

24（Ⅳ） 某个人远远看见一个跟他同等辈分、同等身份的人走在他的后面,当年他是随这个人第一次上朝廷的。他认为自己有相当牢靠的理由重视自己的长处,认为自己比这个在仕途上停滞不前的人了不起。他记不得自己得宠之前的情况,他考虑的是他自己和那些官位超过他的人。

25（Ⅰ） 如果我们的朋友在得到巨大的恩宠而被提升之后,还依然是我们所认得的人,那我们对他的期望也太高了。

26（Ⅳ） 如果正在受宠的人在失宠之前敢于以得宠炫耀自己,如果他借好风上青云,如果他对一切漂浮不定的东西:地位、修道院,睁大眼睛盯着不放,张口要并得到这些东西,可他同时还拥有年金、敕许状①和袭职指定权,那你一定会谴责他的贪婪和野心;你会说他什么都想要,什么都是他所有,他家人所有,他心腹所有;说他受到的恩赏数量那么大,名目那么多,单单他一个人就有了好几份产业。但是,究竟他该干什么呢?如果我不是根据你的言辞,而是根据你自己在同样情况下所作出的决定来判断,那就是他已经下手干了。人们谴责有机会就发大财的人,因为他们自己财产少得可怜,从来无望能够像那些人一样发财致富从而招致这种责备。要是这些人有可能步他们的后尘,那他们就会开始感到那些人并没有什么过错,他们就会克制一点不要事先就把自己的谴责说出来。

---

① 古代法国以国王名义颁发的、不盖玺的用来授予爵位或证书的敕令。——译者

27(Ⅳ)　任何事情都不要夸大其词,也不要讲宫廷里其实并无其事的坏话;宫廷对于真正的品德再大不过的损害,莫过于有时不管不问,不给予奖赏;宫廷里人们并不总是蔑视品德,只要一旦能够识别出来;人们只是把品德忘记了;正是在宫廷里,人们了解得一清二楚,但人们对很受尊敬的人没有任何表示,或者为他们干的事很少。

28(Ⅴ)　宫廷里困难的事在于用来建造自己财产大厦的所有部件中,总有几个部件装歪了:我的一个朋友答应为我讲话可他没有讲;另一个讲得有气无力;第三个脱口说出来的话有损我的利益同时也违背他自己的心愿;这个人缺少的是诚意,那个人缺少的是灵活和谨慎;并不是所有的人都乐意看到我幸福从而运用他们所有的权力来使我幸福。每个人都清楚地记得他谋得职位费了多少劲,以及得到多少人的帮助为他的成就开辟了道路;有人甚至喜欢作这样的辩解:这些人如果在发迹之后,其首先和唯一的考虑不是自己的话,那么他从某些人那里所得到的帮助,已经通过在这些人遇到同样的需要时他给另一些人的帮助中作了彻底的偿还。

29(Ⅶ)　对于向他们求助的朋友,臣子们不会运用他们的机智、灵巧和手段寻找可以给予帮助的办法,而只是寻找一些表面的理由,似是而非的借口,或者他们说自己心有余而力不足来应付,而且他们自以为,友谊或者人情的所有义务,就可以这样一笔勾销了。

(Ⅵ) 宫廷里没有人愿意受损;所以人们互相支持,因为以己度人,人们希望没有任何人会损害别人,既然这样就可以不需要支持了:这是对有需要的人拒绝利用自己的影响给予帮助,进行调停的一种委婉而礼貌的方式。

30(Ⅰ) 有多少人在私下里对你亲热得让你透不过气来,热爱你,尊敬你,可是在公共场合见到你就不自在,在朝见或者在做弥撒时,就想避开你的眼睛,避免与你相遇! 只有少数臣子由于心灵高尚或者对自己的自信,敢于当着众人之面崇尚才德,这种才德绝无仅有,但却是一些大机构所不具备的。

31(Ⅳ) 我看到一个人前呼后拥,众人跟随;此人是当权者。我看到另一个人,所有的人都跟他亲近;此人是得宠者。这个人受别人,甚至是受大人物拥抱、爱抚;此人是富人。那个人,所有的人都好奇地看着他,用手指他,此人是学者和雄辩者。我发现一个人,谁也不会忘记跟他打招呼;此人是恶毒的人。我希望有一个人,此人别无长物,心肠好,很受欢迎。

32(Ⅴ) 一个人刚刚就任一个新岗位,赞誉之声不绝,充斥于院子和小教堂,漫及楼梯、大厅、长廊、整个房子:逼近眼前,人都受不了了。对他,人们是众口一词;羡慕、妒忌以及溢美的赞扬;所有的人受席卷的激流的裹挟,迫使自己说出对此人的看法或者他根本没有想到的看法,人们往往称赞自己不认得的人,就是这种情形。风流才子、有德之人或者有才之士一时间成为一个一流的天才,一个英雄,一个半神;他的所有画像都被描绘得远远美过本人,以至于他站在画像旁边显得奇丑无比;他绝不可能达到人们出于卑劣的用心和殷勤的好意把他吹捧到的那么好的地步;他对自己的名声也感到羞愧。如果他在被任命的这个职位上开始坐不稳了,那么所有的人会很容易地转到另一种看法;如果他彻底垮台了,那些通过掌声和赞誉把他吊得那么高的机器仍然完好无损地安装在那里,好使他落入极端不齿于人的境地:我的意思是说,没有谁比原先那些拼命狂热地说他好的人更瞧不起他,更尖刻地责备他,说他更多坏话的了。

33(Ⅶ) 我认为可以这么说:爬上一个关键的要职容易而保住这个职位难。

34(Ⅶ) 我们看到一些人,他们从高官要职掉下来的原因跟他们过去拼命向高官要职上爬,都出于同样的缺点。

35(Ⅷ) 在宫廷里,有两种方式可以做到人们所说的打发走身边的人或者摆脱掉跟班:对他们发脾气,或者设法让他们对你发脾气并且厌恶你。

36(Ⅳ) 在宫廷里人们说某人的好话有两个理由:第一,为了让我们说他的好话;第二,为了说我们的好话。

37(Ⅰ) 在宫廷里,主动跟别人接近是危险的,而不主动跟人接近也是很麻烦的事情。

38（Ⅰ） 在有些人看来，不知道某人的名字和不认识某人的面孔的人，就有理由受到嘲笑和蔑视。他们会问这个人是谁：这个人不是罗素，不是某个法布里，也不是拉古图尔①；他们不会不认得他。

39（Ⅰ） 有人对我说了这个人许多坏话，可我在这个人身上看到的缺点却是那么少，于是我便开始怀疑他是否有一种优点，其讨厌之处就在于使得别人的优点暗淡无光了。

40（Ⅰ） 你是个好人，你不想讨好受宠的人也不想得罪他们，你一心只系在你的主人和你的责任上：你完蛋了。

41（Ⅳ） 一个人的无耻不在于他喜欢挑剔而在于反复无常；这是人的一种恶习，但却是与生俱来的。生来不是这样的人是有羞耻心的人，而且不会轻而易举地从一个极端转到另一个极端。你劝他说"做人要无耻，那你就会成功"是没有什么用处的；要他去笨拙地模仿对他没有什么好处，相反会使他失败。在宫廷里，要想取得成功，什么都可以缺少，就是出于自然的真正无耻不可少。

---

① 罗素，著名的小酒馆老板，"20年前被火焚"。——拉布吕耶尔注
　法布里，由于有伤风化和蔑视宗教，于1661年被判处火焚。而拉古图尔则是个多斐内的裁缝，后成为有名的疯子。——弗拉玛里翁和P.R.注

42（Ⅳ） 人们追寻、献殷勤、钻营、自找烦恼、请求、被拒绝、再请求然后得到；可是，这个人说，他"根本没有请求过，可是就在他根本没有想这个东西，甚至是在想着别的东西的时候"，他得到了：老一套的把戏，幼稚的谎言，可这些骗不了任何人。

43（Ⅴ） 有人为谋求高位耍弄计谋，他策划了各种诡计，采取了各种措施，按照他的希望，他应该会得逞的；有的人会破坏，有的人会支持；钓饵已经撒好，圈套已经准备收口：就在这个时候他离开了宫廷。当他被调离他的地盘或者离开他的政府部门，安置到这个位置的时候，谁敢怀疑是阿德松自己打算坐上这个重要的位子呢？这种笨拙的把戏，老掉牙的手段，臣子已经使用了千百次，以至于如果我想用它来欺骗所有公众，不让他们看出我的野心，我会觉得君主的眼睛在注视着我，君主的手在掌控着我，从他那里我得不到我殷殷期盼、孜孜以求的恩宠。

44（Ⅴ） 人们不愿意别人发现他们对发迹的期盼，也不愿意别人了解他们向往某种爵位，因为如果他们得不到的话，他们就丢脸，认为自己被别人所拒绝；可如果他们得到这些的话，在他们看来，给予他们爵位的人，是相信他们的，这样他们就有双重的装饰：既有爵位又谦虚。

　　一个岗位，德才兼备的人应得却得不到，而不该得到的人却得到了，还有什么比这更可耻的事呢？要想在宫廷上占有一席之地是多么困难的事，而要胜任自己的位置则更加艰苦，更加困难。

让别人说自己"为什么他获得这个职位"和让别人问"为什么他没有获得这个职位"两者比较起来,前者还容易一些。

此人还为城市的公职去上班,此人在申请法兰西学院席位,此人询问领事馆:他怎么无需多大的原因,在早年就那么致力使自己堪当重任,然后就毫不遮掩,毫不拐弯抹角,而是公开地以自信的语气请求到领事馆为他的祖国,为他的君主,为共和国服务?

45(Ⅳ) 我没有见过一个臣子,当君王刚刚给他一个重任,一个要职或者一大笔年金时,他为了表示自己没有热衷于此,不是虚夸地保证说他完全不是对赠品而是对受赠的方式感到高兴。这句话里有一点是完全真实、毫无疑义的,那就是他是这么说了。

给人东西态度勉强是粗鲁的行为;最令人反感和最令人难受的就是摆出一脸不乐意的样子给人东西;在给的时候加上一丝微笑,这有什么损失呢?不过必须承认有那么一些人拒绝了别人却会令人高高兴兴的,而另一些人给别人东西却不会给;人们谈论某些人,你必须那么久地恳求他们,他们在给的时候态度是那么生硬,而且好不容易从他那里争取来的恩惠还要附带上一些那么不堪忍受的条件,所以不要从他们手上得到任何东西就是得到一个更大的恩惠了。

46(Ⅳ) 我们看到宫廷里一些贪婪的人拥有一切条件从宫廷得到好处:权力、职务、教士薪俸,什么他们都得心应手;他们给自己调整得这么好,所以根据他们的社会地位,他们有可能获得一切恩典;他们是两栖动物①,他们靠教会和利剑过活,而且他们还可能再加上法官长袍。如果你询问:"这些人在宫廷干什么?"他们接受封赏而且妒忌所有得到封赏的人。

47(Ⅷ) 宫廷里许许多多人苟且一生向得到封赏的人们拥抱、握手和祝贺,直至死了还一无所有。

48(Ⅵ) 梅洛菲尔的习俗得自于一种职业,而他的衣着得自于另一种职业。他一年到头戴着面罩,虽然露出面孔;他出现在宫廷,出现在城市,出现在其他地方,总是用某一个名字和同样的乔装打扮。人们从他的面孔认出他,知道他是谁。

49(Ⅵ) 为了得到高官显爵,有所谓的大路或者老路,也有最短的弯路或者近路。

50(Ⅴ) 人们奔走去看不幸的人;排成人墙或者站在窗前观察被判刑的、明知自己将死的人的面容和举止:这种好奇心自负、恶毒、不人道。如果人们明智,就不会到公共广场上去,而且人们认定,光是去看看这种场面,这样的行径就是卑劣的。如果你的好奇心是这么强烈,那么至少要把这种好奇心表现在一个高尚的主题上;你去看一个幸福的人,就在他被任命新职务那天,当

---

① 贬义用法的字眼,指丑恶的左右逢源现象。——译者

他正在接受祝贺时去端详他;从他的眼睛里,透过一种做作的冷静和伪装的谦虚,你会觉察到他对自己是多么踌躇满志和自命不凡,你会看到由于他愿望的实现,他的心中透露和脸上洋溢着多么泰然自若的样子,他是多么一心想着健健康康地活下去,然后他的欢乐不由自主地流露出来,再也无法掩饰,他是何等幸福而难以自持,他对于身份不再跟他相等的人保持着多么冷淡和严肃的神情,他不再回答他们的话,看也不看他们一眼;大人先生的拥抱和爱抚,他不再是远远地看着。可害怕丢乖出丑终于害了他,他张皇失措,他晕头转向:他在刹那精神错乱了。你想幸福,你希望得到恩宠,那你需要避免多少东西啊!

51(Ⅵ) 一个刚刚走马上任的人再也无法用自己的理智和思想来控制对他人的行为和面貌;他把自己在工作岗位上和自己地位的规则搬过来,于是造成了遗忘、骄傲、狂妄、冷酷、忘恩负义。

52(Ⅷ) 泰奥纳斯当了30年本堂神父,厌于一直这么下去。他不再那么热情,那么急不可耐地穿上红衣教袍,把金十字架挂在胸前,因为盛大的节日天天如是,可对他的命运毫无改变;他嘀咕对当今时代的不满,觉得国家没有治理好而他的预言除了灾难还是灾难。他心中同意这样的想法:对于打算在宫廷里飞黄腾达的人来说,品德是危险的,就在他最终作出决定,要放弃高级教士职位的时候,突然有人跑来对他说他被任命为主教。对于这个根本没有预料到的消息,他内心充满高兴和自信,他说道:"你们看看,我是不会一直待在那里的,他们还要让我当大主教呢。"

53(Ⅰ) 在宫廷里,在大人物和大臣身边的必须是一些骗子,甚至是最心怀叵测的骗子;但是这方面的做法是微妙的而且必须知道如何实施。机不可失,时不再来。荣誉、美德、良心、品质,从来都令人可敬,但往往没有用处:有的时候你要让一个好人变成什么样呢?

54(Ⅳ) 有个老作者①——我在此地斗胆使用他自己的话,以免我的翻译削弱了原话的意思——说:远离小人物,甚至远离跟自己一样身份的人,别让这些人使自己沦为平民,从而贬低自己;要诚心诚意常跟大人物和有权势者交往,而跟他们的交往和亲密的关系是在各种嬉戏、玩笑、假面舞会以及下作的事情中建立起来的;要不知羞耻,要不惜花钱而且一点不害臊;要忍受所有人的挖苦嘲笑和粗言恶语,不要为此装出要发迹的样子,而就在这样圆通处世中,幸福和财产便有了。

55(Ⅳ) 君王年轻,时运亨通。

56(Ⅳ) 梯曼特,始终老样子,没有丢失第一次给他带来名声和奖赏的那种品质,可是在臣子心目中,他的地位已经一落千丈:他们已经厌于尊敬他,他们冷冰冰地跟他打招呼,不再跟他微笑,开始不再跟他在一起,不再拥抱他,不再把他拉到一旁神秘兮兮

---

① 指拉布吕耶尔本人。——P.R.注
　　我们不知道这个老作者指的是谁,有关此人的这段话可能是拉布吕耶尔编造出来的。——弗拉玛里翁注

地告诉他一件无关紧要的事情,他们跟他已经没有什么话好说的了。他必须靠刚刚得到赏赐的这笔年金或者这个新职位,才会让他那些在廷臣的记忆中几乎已经消失的美德重新展现出来,给他们的思想提醒提醒,于是他们像当初开始时那样对待他了,而且比以往有过之而无不及。

57(Ⅴ)　有多少朋友,有多少亲戚,生下来一夜之间就成为部长!有些人搬出他们的老关系,老同学,老邻居;有些人翻族谱,一直找到一个高祖父,报出父系或者母系亲属的某个人;他们攀附跟这个人在某个地方有什么关系,多次提到自己在场的日子;很乐意把这印刷出来:这是我的朋友,我很高兴他得到提升,我必须去参加,他跟我常来常往。孜孜以求财富的虚夸的人,无聊的臣子啊,你们在八天前会这么说吗?难道因为君主刚刚把他挑选出来,于是他在这几天时间里变得更加是好人,更加优秀了吗?你们是否要等到出现这种情况才能够更好地认识他呢?

58(Ⅴ)　有时大人物和跟我同等的人有点瞧不起我,对此,支持着我和令我放心的是我在心里想:"这些人也许只是看到我的财产,那他们还是有道理,因为我的财产的确少得很,如果我曾经是部长,那他们无疑就会崇敬我了。"

　　我是不是很快就会有一官半职呢?他知道我要走马上任了吗?他主动接近我,向我致礼,他是不是心里有预感?

59(Ⅶ)　这个人说:我昨天在泰布尔吃午饭,或者说:我今晚在泰布尔吃晚饭,他反复这么说,在短短的谈话中他提了10次布朗库斯①,说布朗库斯询问我……我对布朗库斯说……可就是这个人此时告诉大家,他的主人刚刚猝死。他骑马飞奔而去,把人民召集在广场上或者在柱廊下,谴责死者,诋毁其行为,毁谤其执政官,乃至于说死者连公众都同意的细微小事都不懂,他不容许死者留下好名声,拒绝赞扬死者是个严厉但勤劳的人,不让死者有幸让人们相信自己是帝国的一个朋友。

60(Ⅵ)　一个才德之士,我相信的确如此,打定主意要参加一个盛大的场面,突然他却发现一个大会或者一场演出的座位没有给他,而是给了一个没有眼睛看,没有耳朵听,没有思想去了解和判断的人,此人之所以值得推崇,只是由于某种号衣的缘故,而他现在已经不再穿这种号衣了。

61(Ⅶ)　狄奥多特穿着一件一本正经的衣服,面孔很好笑,像一个上台演出的人;他的声音,他的步履,他的手势,他的态度,配合着他的面孔。他机灵、狡猾、虚情假意、神秘兮兮。他走近你,贴着你耳边说话:天气真好;冰雪解冻。即使他没有大教养,至少会各种小手段,而这些手段几乎只适合一个矫揉造作的年轻女子。

---

① 指卢沃瓦侯爵,泰布尔是他在墨顿的产业。——P. R.注
　卢沃瓦侯爵(1639—1691),法国政治家,获得路易十四的信任,建立军事学校,组织起30万人的庞大军队。墨顿,法国上塞纳河省的一个城市。——译者

你可以想象一个小孩用心盖一座纸牌城堡或者抓一只蝴蝶,狄奥多特也是这样为了一件毫无意义,甚至不值得你动弹一下身子的事情专心致志。他非常认真地处理这件事,仿佛这是生死攸关的事情。他四处活动,匆忙奔走,他把事情办好了,于是喘了一口气,他休息了,他这么做是有道理的,因为这件事害他花了老大的劲。我们看到一些热衷于、迷恋于得宠的人,他们白天想得宠,夜里梦得宠;他们登上部长的楼梯,他们从部长楼梯下来;他们走出部长的候见厅,他们返回部长的候见厅;他们没有什么要跟部长说,可是他们还是要跟部长说话,他们第二次跟部长谈了话:于是他们高兴了,他们终于跟部长谈过话了。你敦促他们也好,误会他们也罢,他们流露出来的是骄傲、狂妄、自大;你跟他们说话,他们不回答,他们不认得你,他们眼睛迷惘,脑子失常;他们得由父母照顾把他们关起来,以免他们的精神病发展成为发疯,让大家都受他的苦。狄奥多特有一种比较轻的癖好:他狂热地喜欢得到恩宠,可是他的激情并没有产生引人注目的效果;他为此暗地许愿,进行培养,秘密地为了赢得恩宠而花费精力。他在所有新秀中窥伺和发现具有新宠特征的人:如果他们有什么要求,他主动为他们效劳,为他们费尽心机,他暗地为他们献出自己的才德、关系、友谊、保证、感激。如果某个卡西尼①的职位空出而宠臣的卫士或者马车夫打算提出申请,他支持其请求,认为他可以胜任这个职位,认为他会观察,会计算,会讲太阳的幻象和视差。如果你问狄奥多特他是作者还是剽窃

---

① 巴黎天文台台长,月亮图的作者(1692年)。——P.R.注

者,是原作者还是抄写者,我会把他的作品给你看,而且我要对你说:"你读吧,自己判断吧。"可是如果他是个伪善者或者是个臣子,谁能够从我刚才描绘的画像来确定他究竟是什么样的人呢?关于他的星宿我可能说得还会大胆一些。是的,狄奥多特,我观察过你的出生星宿点,你会得到职位的,而且是不久的事;你别再彻夜不眠了,别再印刷作品了,公众会了解你,请求你原谅的。

62(Ⅷ) 在一个献身宫廷已多时并在秘密地追求升官发财的人身上,你别再希望找到什么诚实、坦率、公正、助人、服务、照顾、慷慨、坚定了。从他的面孔,他的谈吐,你能够认出他吗?他对任何事情都不直截了当地说;在他看来,无所谓什么骗子、伪君子、傻瓜和莽撞人;他不经意说出自己看法的人,正是那个无意中认识了他,缠住他不让走的那个人;他认为所有的人都心怀恶意,但他跟谁都没说;他只要自己好就行了。他要人家相信他希望所有的人好,以便所有的人都对他好,或者至少没有人反对他。他不满意不诚实的行为,但却受不了任何人的诚实:真言逆耳;他以冷漠和无所谓的态度对待别人对宫廷和臣子的批评,但是他听到了这些,便以为自己是参与议论的人,因此应该负有责任。他在与人交往中独断专行,却备受自己野心的折磨;他的行为和言谈中表现出一种极端的小心翼翼,一种冷漠和不自然但无伤大雅的嘲弄,一个勉强的笑容,一些做作的爱抚,谈话断断续续,经常心不在焉。对于一个有地位的受宠幸的人所做或所说的事,他长篇大论……我该怎么说呢?滔滔不绝地赞不绝口;

而对于任何别人,他的反应则是肺结核患者般的干咳声。他对于去拜访的人或者来拜访他的人的进出有不同的礼貌用语;而受他接待的人,看着他的脸色和听着他的说话方式,在出门时没有一个心里不是非常满意的。他同样渴望给自己找到东家和推销者;他是调停者、知情人、经纪人;他希望主宰一切。对于宫廷的一切小事,他都有一个新手的那种狂热;他知道自己该站在什么地方,好让人家看得见自己;他知道怎样拥抱你,分享你的快乐,以关切的态度就你的健康、你的事业接二连三地提出问题,可是就在你回答他的时候,他好奇的思路没有了,他打断你的话,开始另一个话题;或者他突然听起某人一个完全不同内容的讲话;他会在讲感激你的话的时候,对那个人表示深深的慰问。他一个眼睛哭,另一个眼睛笑。有时他会学着部长或者宠臣的样子,当着公众谈一些没有意义的事情,谈刮风,谈霜寒;反过来对自己知道的再重要不过的事沉默不语,装出神秘的样子,可对自己不知道的事情却很乐意去谈。

63(Ⅰ) 有一个国家,那里快乐溢于言表,不过是假的,忧伤被掩盖起来,却是真的。谁会想到兴冲冲地观看演出,对莫里哀和阿勒坎①戏剧迸发的笑声和掌声,宴会,狩猎,芭蕾舞剧,马术表演,这一切掩盖着那么多的不安、忧虑和各种利益的较量,那么

---

① 莫里哀与意大利喜剧占据了小波旁和卢亚尔宫的戏台;阿勒坎则出现于芭蕾舞剧中。——P.R.注

阿勒坎,意大利喜剧的著名人物,17世纪起引入到几乎所有欧洲戏剧中。他身着五彩服装,头戴黑色面具,是个滑稽人物。——译者

多的恐惧和希望,掩盖着如此强烈的情绪和如此重大的事情。

64(Ⅳ)　宫廷的生活是一场严肃的、令人伤怀的、实用的棋局:必须安排棋子,定出计谋,制定计划,执行计划,避开对手的计谋,有时要敢于冒险,装出随心所欲的样子;在进行了各种考虑和采取了各种措施之后,被将了军,有时被将死了;往往,几个小卒的棋子走好了,走到对方底线的子成为王后,于是赢了这一局:取得胜利的是最狡猾的人,或者说是最幸福的人。

65(Ⅴ)　轮子、弹簧、运动都是隐藏着的;一块表别的什么都看不见,见到的只是指针,在不知不觉中往前走,走完一圈:这就是臣子的形象。这形象是如此确切,因为他在走了相当长的路后往往回到动身的起点。

66(Ⅰ)　"我三分之二的生命都已经消逝了,为什么我对自己的余生还这么忧心忡忡?最辉煌的发迹也不值得我自甘苦累,卑躬屈节,含垢忍辱;30年的时间将毁灭掉这些庞然大物的权贵,这些人过去我们必须仰起头来才看得见;我是这么微不足道的东西,而那些人,我原先是如此眼巴巴地瞻仰他们,希望从他们那里得到我的一切荣誉,可是我们都会死掉的。所有财富中——如果真的有财富的话——最好的财富,就是休息,退休以及去一个属于他的领地的地方。"N**在他失宠时这么想,可是在他春风得意时,他把这些都忘记了。

67(Ⅰ) 一个贵族,如果他住在外省的家里,他生活得自由自在,但没有靠山;如果他生活在宫里,他受到保护,但他是个奴隶:两者各有利弊。

68(Ⅳ) 桑迪普住在他那省份的穷乡僻壤,老屋破床,夜里梦见君王,君王跟他说话,他觉得高兴得不得了;醒来时他心情惆怅,叙述他的梦,他说道:"人们在睡觉的时候,什么怪梦不会做啊!"桑迪普继续活着;他来到王宫,见到君王,他跟君王说话;可这次时间比梦里更长,他成为宠臣了。

69(Ⅰ) 一个勤奋的臣子是奴隶,一个更加勤奋的臣子更是奴隶。

70(Ⅰ) 奴隶只有一个主人;野心家则凡是对他升官发财有用的人都是他的主人。

71(Ⅰ) 许多人刚刚初露头角,在朝见时就冲出人群要让自己被君王看到,可君王不可能同时接见1000个人;而如果他今天只能接见昨天见过的和明天将要接见的人,不幸的人有多少啊!

72(Ⅰ) 在所有围在大人物身边殷勤邀宠的人中,少数人在心里崇敬他们,许多人出于野心和私利想得到他们的赏识,更多的人是出于可笑的虚荣或者愚蠢的急不可耐的心情想让他们看到自己。

73（Ⅶ） 某些家族由于社交法则或者所谓的待人礼节应该是不可和解的，可是他们团结在一起了；而在这方面教会想插手却失败了，利害关系起了作用而且毫不费劲地做到了。

74（Ⅰ） 有人谈到一种宗教，信奉者中老人风流、文雅、谦谦有礼；年轻人则相反，冷酷、凶残、不讲风化也不讲礼貌；他们中在别个地方的人，在开始对女人产生激情的年纪就已经对女人失去激情了，他们喜欢美宴、酒肉和荒唐的爱情胜过喜欢女人。他们中只爱喝酒的人便是饮食有制适度的人了；他们太常喝酒并成为习惯，觉得葡萄酒已经淡而无味，于是便企图靠喝烧酒和各种最烈性的酒来重新唤起他们已经熄灭的爱好；他们在放荡的生活中只差喝硝镪水了。这个国家的女人通过她们认为可以使自己美丽的梳妆打扮加快了自己的色衰颜老；她们习以为常地画嘴唇，画面颊，画眉毛和画肩膀，她们袒露自己的胸脯、臂膀和露出她们的耳朵，仿佛她们害怕把自己可以取悦于人的地方掩盖起来，或者害怕自己的身子还露得不够。住在这个地方的人面貌含糊不清，在奇怪的浓密头发下，看不出是什么样子，他们喜欢怪诞的而不喜欢自然的头发，把头发留得像长长的织物盖住头，垂到半个身子，改变了脸部的轮廓，不让人看到面孔认出人来。不过这些人有他们的神和他们的国王；国家的大人物每天在某个时候聚集在一座他们称为教堂的庙宇里，这个庙宇的尽头有一个祭祀他们的神的祭坛，一个教士在祭坛前祭拜他们认为是圣洁的、神圣的而且令人望而生畏的神秘神祇。大人物们在这座祭坛脚下围成一个大圈，看来是站着，背部直接对着教士和神秘神祇,仰脸朝向他们的国王,国王跪在教堂的廊台上,似乎所有人的精神都在关注、专心致志地注视着他。在这个习俗中看不出什么尊卑之序,因为这个民族似乎崇仰君主,而君主崇仰神。这个地方的人称此地为※※※①:此地离易诺魁人和休伦人②的海1100法里,在极地大约48度高纬度的地方。

75(Ⅰ) 谁如果考虑见到君王的面孔就是臣子的至福,臣子整个一生满脑子一门心思要见到君王和被君王看到,这样他就会略微了解,圣徒们看到上帝为什么就会觉得无上光荣和完全幸福了。

76(Ⅳ) 大贵族对君主满怀尊敬;这是他们必须做到的事情,他们有下属。小臣子不管这些义务,他们随随便便地生活,因为他们无须给任何人做出表率。

77(Ⅳ) 今天青年人缺少的是什么?青年人能够而且他们明白这一点:或者至少当他们知道自己有多大本事的时候,他们行事就不至于那么说一不二的了。

78(Ⅳ) 软弱的人们啊!一个大人物说你的朋友迪玛热内是个傻瓜,可他错了。我不要求你反驳说他是个聪明人:你只要敢于认

---

① 凡尔赛。——P.R.注
② 易诺魁人和休伦人,都是北美印第安人的一个部族。——译者

为他不是个傻瓜就行了。同样,这个大人物宣称伊菲克拉特没有胆量:你见到他做了一个勇敢的行动;放心吧,我不要你把这件事情说出来,只要你刚才听到人家怎么说他的以后,你还记得你曾经见到他做出这个行动就好了。

79(Ⅴ) 善于跟国王们说话,这也许就是臣子完全明智和十分灵活的最高境地。一句不经意说出的话落入君王的耳朵,过了许久才进入他的记忆,然后有时深入他的内心;这样的话是不可能再有的了。你万般留神抓住机会,使用各种办法,要对这句话进行解释或者减弱话的分量,结果却使得这话铭刻得更牢,嵌入得更深。如果我们所说的这句话只是针对我们自己,那么尽管这个不幸非同小可,但还有一个快速的补救办法,那就是我们通过错误得到教育,自尝我们轻率的苦果;但是如果这句话是针对别的某个人,那会多么令人沮丧!多么后悔莫及!为了弥补一个如此危险的缺憾,在向君主谈论别人,谈他们本人,谈他们的作品,谈他们的行动,谈他们的风俗或者谈他们的行为时,至少要像谈自己那样地小心,那样地谨慎,那样地有分寸,除此之外有没有一条更为有效的准则呢?

80(Ⅳ) "讲漂亮话的人品格坏":如果这句话别人没说过,那我就这么说。损害他人名声或者财产的人更甚于没有兑现一句漂亮话的人,该判他们加辱刑:这句话别人没说过,我敢于这么说。

81(Ⅰ) 不少老一套的陈词滥调,人们就像从商店里拿来的一样,用来对事件互相祝贺。虽然这些话说起来往往没有感情,人们听到这些话也不表示感激,但这并不因此表明人们不允许说这类话,因为它至少反映了在世上还存在着更美好的东西,那就是友谊,而人们尽管不大指望彼此说的是真话,但他们之间似乎约定满足于表面现象。

82(Ⅰ) 只要用上五六个技术术语,不需要再有什么别的,一个人就可以自称是音乐、绘画、建筑和美食方面的行家了。他认为自己比别人更乐于听、看和吃:他欺骗别人也欺骗自己。

83(Ⅵ) 宫廷从来不缺这样的人,他们用社交习俗、礼仪或者财产取代智慧和弥补才德之不足。他们知道进出;他们从交谈中抽身出来而不参与谈话;他们由于默不作声而讨人喜欢,同时由于长时间保持沉默或者至多说几个单音节的词而使自己变得举足轻重;他们靠面部表情,声音的抑扬顿挫,一个手势和一个微笑来吸引人。我敢说,他们的深度不足两寸,如果你再挖下去就见底了。

84(Ⅵ) 对于有些人,宠幸的降临犹如一场事故:他们先是惊奇和诧愕。他们终于看出自己的长处,认为自己无愧于自己的星宿;但正像笨拙与财富是互不相容的两件事,或者说,人不可能同时既幸福又愚蠢,于是他们自以为睿智过人;他们大胆尝试——我该怎么说好呢——在任何场合,不管提出的是什么问题,他们都有信心发表意见,而且不管听他们说话的是什么人。我是否还要补充指出,他们自命不凡和废话连篇,令人害怕或者令人极端反感呢? 至少他们不可挽回地辜负了对于他们碰巧得到提升起了某些作用的那些人。

85(Ⅳ)　有的人只是比起傻瓜来是精明人,对于这类人我该称之为什么才好呢? 我至少知道狡诈的人会把他们跟容易受自己欺骗的人混为一谈。

（Ⅰ）　让一个人想到自己离机灵还相距甚远,这已经朝向机灵迈出了一大步。

（Ⅳ）　狡黠是一个不太好也不太坏的品质:它介于恶习与美德之间。无论在什么场合,它都能够,而且也许它都应该由谨慎来取代。

（Ⅳ）　狡黠发展下去便是狡诈,两者只有一步之遥。只有谎言能够把两者区别开来:如果狡黠再加上谎言,那就是狡诈。

（Ⅳ）　跟狡黠的人在一起,他什么都听可说得少,那么你必须说得更少;或者你说得多,但谈的事情少。

86(Ⅴ)　一件正确而重要的事情,你必须得到两个人的同意。一个对你说:"我支持这件事,只要某人首肯";这个某人首肯了,而且只要另一个人确认自己的意图就行了。可是事情没有任何进展，一月又一月，一年又一年白白过去了。你说："我被搞糊涂了，我一点也不明白，事情只要两个人会晤，互相谈谈就行了嘛！"可我啊，我告诉你，我对这件事看得一清二楚，什么都了解：他们已经谈过话了。

87(Ⅶ)　我觉得为别人说情的人会获得一个要求公正处理事情的人的信任，可如果他是为自己说话或者办事的话，则会使请求宽恕的人感到尴尬和害臊。

88(Ⅰ)　如果在宫廷里，人们不是小心翼翼提防别人为了使他陷入可笑境地而不断设置的圈套，那他尽管再聪明，也会惊讶自己是被比自己更蠢的一些人欺骗了。

89(Ⅰ)　在生活的某些会晤中，真实和纯朴是最好的手段。

90(Ⅵ)　如果你得宠，那么任何手段都是好的，你不会犯任何错误，条条道路都会达到目的；不然的话，万般皆错，一切无用，不管走哪条小路都会让你迷失方向。

91(Ⅰ)　一个在耍弄阴谋诡计中生活了一些日子的人再也无法摆脱阴谋诡计；任何别的生活在他看来都是了无生趣的。

92(Ⅰ)　必须有智慧才能够成为搞阴谋的人；不过我们可以有智慧到一定程度，却超越于阴谋诡计之上而不会被阴谋诡计所左右；

这样我们通过别的途径实现巨大的财富或者获得崇高的声望。

93(Ⅳ)　只要你怀着一种高尚的精神,奉行一个普世价值的学说,具有经受一切考验的诚实和非常完备的品德,啊,阿里斯迪德,你用不着担心在宫廷里垮下来或者失去大人物的宠信,只要他们还需要你。

94(Ⅰ)　必须非常靠近地观察一个宠臣;因为如果他让我在他的候见厅比平常少等候一些时间,如果他的面色比较开朗,如果他少皱眉头,如果他比较乐意听我讲话,最后如果他送我出来走得远了一点,我就会想他快要垮台了,而我想的果然不错。

　　人是不自作孽不可活,因为他必须失宠或者受辱才会变得更有人性,更好接触,不那么凶狠,更像有教养的人。

95(Ⅴ)　在各个宫廷里,我们端详某些人,那么我们从他们的言谈和全部行为中能够看得很清楚,他们既不想祖辈也不想孙辈:对于他们来说,存在的是当前:他们没有享受当前,他们滥用了当今。

96(Ⅵ)　斯特拉通①生来有两个星宿:同样程度的不幸与幸福。

---

①　指洛尊。——P.R.注
　　洛尊公爵(1633—1721),法国元帅,路易十四宠臣。斯特拉通是巴黎圣路易岛上的一家酒店,洛尊公爵从1682年到1684年居住于此,斯特拉通酒店从1928年起成为巴黎市政厅的产业。——译者

他的一生是部小说,不,他所缺少的是像真的事。他没有奇遇;有过美好的梦想,有过噩梦:这是什么意思?别人做梦也没有见到他经历过的事情。没有一个人从一生的遭遇中汲取到的东西会比他干的事情多;他了解什么是极度和什么是平庸;他显赫过,他受苦过。他过过平凡的生活;没有什么他没有经受过。他非常认真地保持身上所具有的美德,正是由于这些美德使得他脱颖而出。他曾经说过自己:我有智慧,我有勇气;于是所有的人都跟着他说:他有智慧,他有勇气。他在这样和那样的遭遇中发挥了臣子的天才,这也许为他赢得了更多赞语,也使得人家说他更多并无其事的坏话。人们用漂亮、可亲、罕见、不可思议、英勇来赞扬他,而所有相反的字眼:性格模棱两可,混杂不清,隐而不露,则被用来诋毁他——这真是一个几乎猜不出的谜语,一个几乎无法解决的问题。

97(Ⅴ)　他受宠而高踞于同僚之上,因失宠跌到众人之下。

98(Ⅰ)　一个人如果某一天知道坚决地放弃一个显赫的姓氏,或者一个重要的权力,或者一笔巨大的财产,那么他顿时就会摆脱掉诸多苦难,诸多不眠之夜以及有时是诸多罪行。

99(Ⅴ)　过了百年后,世界还会完整地存在;还是同样的戏院和同样的舞台布景,但演员不再是那些演员了。一切由于得到一个赏赐而兴高采烈,或者因为受到拒绝而悲伤失望,一切的一切,在戏台上都已经消失了。在戏台上走着的已经是另外一些人,他们要在同样的一出戏中扮演同样的角色；他们也要无影无踪的；而那些现在还没有死亡的人，有一天也将不再存在，一些新演员取代了他们的位置。对于一个喜剧人物，要布置什么样的背景呢？

100（Ⅶ） 谁见过宫廷就见过上流社会，那是最美丽、最华而不实但装饰得最漂亮的；谁在见过宫廷后鄙视宫廷，也就鄙视了上流社会。

101（Ⅵ） 城市讨厌外省；宫廷使城市醒悟，而且让它摆脱宫廷的影响。

（Ⅰ） 一个健康的人从宫廷生活中汲取孤寂和退隐的乐趣。

论大人物

1（Ⅰ） 民众对大人物的偏爱是如此盲目，对他们的手势、他们的面容、他们的语调和他们的举止是如此普遍地狂热，以至于如果他们打算做好人，那么这种偏爱，这种狂热就会臻于偶像崇拜的地步了。

2（Ⅵ） 如果你生来就坏，啊，泰阿热内①，那我可怜你；如果别人

---

① 拉布吕耶尔以前的弟子，波旁公爵。——P.R.注

为了谋求利益而希望你坏，串通起来腐蚀你，并且已经吹嘘达到目的，而你出于软弱而变坏，那么我蔑视你。但是如果你明智、节欲、谦逊、有礼、慷慨、感恩、勤劳，而且你的地位和出身是要为人表率而不是效法他人，是要制定规则而不是接受规则，那么当此类人出于对你应有的尊敬，表现出你所喜爱的各种美德时，你不妨出于体恤，理解他们的放荡，他们的恶习和他们的疯狂：这是强烈的但有益的反讽，非常适宜于保证你的习俗不受破坏，挫败他们的一切计划，使他们只好安于现状而你则保持着固有的品质。

3（Ⅰ） 大人物在这样一个方面比起其他人有无限的优势：他们有美食佳肴、富丽家具、狼狗马匹，有猴子、侏儒、弄臣和奉承者，我不与他们争；但是我羡慕的是他们有这样的人为他们效劳：这些人在心灵和思想方面可以与他们匹敌，有时还超过他们。

4（Ⅰ） 大人物们沾沾自喜的是在森林中开辟一条小道，用长长的墙维护着田地，把天花板装饰得金碧辉煌，引来少量的水，给柑橘观赏园配备上椅子；但是说到让一颗心感到高兴，让一个人充满欢乐，预先准备不时之需或者弥补极端的需要，他们的猎奇心还没有达到这个地步。

5（Ⅳ） 人们询问，通过对人的各种身份，他们的痛苦，他们的优势进行整体的比较，我们难道不会注意到善与恶的一种混合或者某种相互补偿，从而在这些身份之间建立平等，或者至少某种身份不会比另一种更让人羡慕。强者、富者以及什么都不缺乏者会产生这个问题,但是问题的解决还要穷人来决定。

每种身份必定具有仿佛是魅力的东西,这种魅力一直存在直至因贫困而消失。因此大人物乐于行为放纵,而小人物则喜欢节制寡欲;大人物喜好控制他人,发号施令,而小人物则以效劳和服从大人物为乐甚至为荣;大人物被人簇拥,接受敬礼,受人尊敬;小人物簇拥别人,向人敬礼,跪拜他人;于是所有的人皆大欢喜。

6(Ⅳ) 对于大人物而言,仅仅是许诺是不花什么钱的,而他们的地位使得他们完全可以不兑现他们许给你的漂亮诺言,以至于如果他们不答应得更加天花乱坠就是谦逊的行为了。

7(Ⅳ) 一个大人物说道:"他已经年老体弱,可他死命要跟随我,怎么办呢?"另一个人年轻些,夺走了他的希望,获得了这个职位,而这个可怜人之所以被拒绝,就因为这个岗位他太过称职了。

8(Ⅳ) "我不知道。"你以冷淡和轻视的神气说道,"菲朗特有才干,有智慧,举止优雅,尽职尽责,对主人忠心不移,可是他没有得到重视;他不讨人喜欢,他没有受到赏识。"你解释一下,哪个人,是菲朗特还是他服侍的大人物,该受谴责呢?

9(Ⅵ) 有时离开大人物比发发大人物的牢骚还更加有用。

10(Ⅰ) 谁能够说出为什么某些人得到头彩或者别的什么东西，这是大人物的恩惠吗？

11(Ⅳ) 大人物们是如此幸福，在其一生中甚至没有遇到这样的憾事：失去令他们最为快乐、对他们最为有用的最佳仆役或者某一行的著名人物。因为在这些绝无仅有、无法弥补的人死了之后，奉承人的办法就是猜测大人物有某些欠缺之处，断定继任者完全没有这些弱点，保证后者具有前任的一切能力和一切智慧，坐上前任的位子而没有前任的缺点；这么一来君主们便可以用平庸来替代崇高与杰出，并以此聊以自慰了。

12(Ⅰ) 大人物瞧不起才子只有才气；才子蔑视大人物只有权势。好人怜悯大人物和才子，他们或者有权势或者有才气，但没有任何美德。

13(Ⅳ) 我一方面看到在大人物身旁，在他们的餐桌上，以及有时在他们亲密的圈子中，充斥着这些满怀戒心者、献殷勤者、耍阴谋者、冒险者、存心使坏害人者，而另一方面我考虑到那些才德之士要接近大人物是何等的艰辛，所以我并不都能够相信坏人因利益而受苦而好人则被视为无用的人；我更宁愿肯定这样的想法：权势和识别是不同的两件事，而对美德和有德之士的热爱是又一回事。

14（Ⅰ） 吕西尔宁愿耗尽自己的生命使自己容忍某些大人物，而不愿意降低自己的身份跟与他对等的人亲密地生活。

看待权势比自己大的人的尺度必须有所缩小。在实行中要缩小这个尺度有时必须有奇特的才能。

15（Ⅵ） 什么是狄奥菲尔①的不治之症？他害这种病已经30多年了，病没有治好：他过去想，现在想，将来也想统治大人物；只有死亡才会夺走生命以及这种对人们进行控制和支配的渴望。这在他心中是对周围的人的热情吗？这是习惯使然吗？这是自视过高吗？没有哪个宫殿他不深入进去；可他不是停留在房间的中间，他进入门洞或者进入书房：人们等待他讲话，而且他讲得时间长，还指手画脚，以便有人听，好让人看到自己。他深入各个家庭的秘密，他对这些家庭发生的一切悲惨的或者有利的事情都有所了解；他预先提醒，他主动效劳，他多管闲事，必须允许他这么做。这些还不止是为了打发他的时间或者实现他的抱负，而是为了关怀他向上帝保证要视如自己子民的万千人群，其中有的等级更高，荣誉更大，可他根本不管这些，而且更乐意照管这些人。他倾听，关心一切事情，把这些作为他圆通、调解和处世精神的材料。一个大人物刚刚才下船，他就抓住他，把他控制在手里；我们前不久听说有人叫狄奥菲尔控制住他，我们不会怀疑狄奥菲尔就是想控制这个人。

---

① 指欧顿主教加布里埃尔·德·罗盖特。——P.R.注

16（Ⅰ）　来自地位比我们高的人的冷漠和无礼使我们仇视他们，可是一个招呼、一个微笑便使我们跟他们和解了。

17（Ⅵ）　有一些傲慢的人，他的对手的提升使他感到丢脸但也使他甘拜下风；由于失宠，他终于肯给予还礼了；但是时间消磨一切，他们终于恢复了本性。

18（Ⅳ）　大人物对于小百姓的蔑视使他们对于听到的奉承和赞扬无动于衷，从而减弱了他们的虚荣心。同样君主们受到达官贵人或者臣子们没完没了、喋喋不休的颂扬，如果因此更加器重颂扬他们的人，那他们就变得更爱虚荣了。

19（Ⅰ）　大人物们认为只有自己是个完人，几乎不承认别人会思想正派、思维敏捷、行为高尚，他们把这些优异的才干视为与生俱来的东西而据为己有。不过怀着如此谬误的自命不凡是他们的一个严重错误：他们以为我们认真地想过，正确地说出，准确地写下的东西，以及也许任何一种比较高尚的行为，无不出自于他们的田产，因为他们有巨大的领地和一长串的祖先，这是无可争议的。

20（Ⅵ）　你有才气，有气度，有能力，有品位，有辨别力吗？我会完全相信那些肆无忌惮地把你的长处公之于众的溢美之词和奉承话吗？我对这些都是怀疑的，所以我拒绝接受。逞能或者傲慢的神情使你对做出来的一切事情,说出来的话和写出来的东西都不看在眼里,使你对赞扬无动于衷,不让人得以从你嘴里捞取丝毫赞许,难道我会让自己受这种神情的欺骗?我由此自然地得出结论:你受恩宠,你有信誉和巨大财产。怎样来阐述你呢,泰雷封[①]?人们接近你只能像靠近火一样要保持着一定的距离,因此必须把你和跟你同样身份的人放在一起来说明,来处理,来比对,才能够对你作出正确而合理的评价。你的心腹跟你亲密无间,你对他言听计从,为了他你离开了苏格拉底和亚里士多德,你跟他一起笑,而他笑的声音比你还高。最后,达弗这个人我很熟悉;这些是否足以让我对你有透彻的了解呢?

21(Ⅴ)　　有这样的人,如果他们了解下属也了解自己,他们可能就耻于忝居首位了。

22(Ⅴ)　　如果优秀的演说家少,那么会有许多人听他们演说吗?如果没有足够多的好作家,哪里有会阅读的人呢?同样,人们常常抱怨能够给国王提建议,帮助国王管理事务的人少,但是如果终于诞生了这样有能力而又聪明的人,如果这些人按照他们的见解和智慧行事,他们会得到应有的喜爱和尊敬吗?他们会因为为祖国所思考、所做的事情而受到赞扬吗?他们活着,这就够

[①] 指拉费亚伯爵,他再婚时,与社会地位低下的人结婚,娶浴场老板正派人达弗的女儿为妻。——P. R. 注

了;如果他们失败了,人们指责他们;如果他们成功了,人们妒忌他们。我们责备民众居然可笑到要对此予以容忍。民众的沮丧和民众的妒忌,在大人物们和有权势者看来是不可避免的,结果不知不觉地导致他们不把这当作一回事,忽视了这在他们所有的事情中所占的分量,甚至把这作为一条政治规则。小人物彼此仇视,互相倾轧。在小人物看来大人物行为可憎,因为大人物坑害他们而没干任何好事:他们寂寂无名,贫困潦倒,都是大人物造成的,至少在他们心目中大人物就是这样子。

23(Ⅴ) 跟民众信同一个宗教和敬同一个神这已经过分了,为什么还要跟商人或者农夫一样取名为彼得、约翰、雅克呢?我们要避免跟平民百姓有任何共同的东西;相反我们要装出我们之间有各种差别,好把我们分隔开来。让这些愚民把十二使徒、使徒的弟子、最初的殉道者据为己有好了(什么样的人,便有什么样的守护圣人①);让他们每年高兴地看到这个特殊日子到来,每个人像过自己的节日一样庆祝这个日子好了。对于我们这些大人物来说,我们求助于世俗的名字:我们洗礼采用汉尼拔、恺撒和庞贝②这些伟人的名字,采用卢克莱丝③这个著名的罗马女人

---

① 基督教习俗,新生儿洗礼时为求保护而取用某个圣人或圣女的名字,这称"守护圣人(圣女)"。——译者

② 汉尼拔(前247—前183/182),伽太基人,古代最伟大的军事统帅之一,一生与罗马共和国为敌。朱利安·恺撒(前101—前44),古罗马将军与政治家。庞贝(前106—前48),罗马共和国晚期最伟大的政治家和将军之一。——译者

③ 卢克莱丝(?—590),古罗马贵妇人,塔坎·柯拉干之妻,传说她因被傲慢者塔坎之子瑟克图斯奸污而自杀。——译者

的名字,采用雷诺、罗杰、奥利维哀、坦克雷德①这些选帝侯②的名字,采用小说中,没有比赫克托尔、阿基尔、赫丘利③这些更赫赫有名的全都是半神的英雄名字,甚至采用菲布斯、狄安娜④的名字,而且谁会不让我们取名为丘比特或者墨丘利、维纳斯、阿多尼斯⑤呢?

24(Ⅶ) 大人物们什么也不想了解,我不仅仅指君王的利益和公共事务,甚至对自己的事情也是如此。他们作为一家之主,不知道经济和科学,还对这种无知沾沾自喜,他们听凭管家榨穷自己和控制自己,他们满足于当美食家或者品酒师⑥,到泰依丝家或者弗里内⑦家去,闲聊猎犬或者老猎犬;他们谈论从巴黎到贝桑

---

① 雷诺·德·蒙托班,一首同名的古代法国武功歌中的英雄人物。罗杰二世(1095—1154),西西里国王。奥利维哀(1487—1560),法国政治家掌玺大臣和司库。坦克雷德(?—1194),意大利西西里国王。——译者

② 中世纪神圣罗马帝国时代德国具有选举皇帝特权的王侯。——译者

③ 赫克托尔,古希腊神话人物,据说他是阿波罗神的宠儿。阿基尔,荷马史诗中的英雄,特洛伊战争中最勇敢、最强大的武士,全身只有脚后跟是致命弱点。赫丘利,古罗马神话中的英雄,即古希腊神话的赫拉克勒斯。——译者

④ 菲布斯,阿波罗的绰号或形容语,被视为光明之神。狄安娜,古罗马宗教信奉的女神,司掌野兽与狩猎,兼管家畜,她是化育之神。——译者

⑤ 墨丘利,古罗马宗教所信奉的神人,司掌商品,保佑商人。维纳斯,古代意大利女神,司掌农事与园林。阿多尼斯,源于腓尼基的古希腊代表雄性和繁殖的神。——译者

⑥ 葡萄酒行家,据拉海依出版社注释,指"对兰斯郊区山坡葡萄酒共同进行鉴定评估的三个美食大师"。——弗拉玛里翁注

⑦ 泰依丝,活动时间约在公元前4世纪后期,雅典高级妓女。弗里内,公元前4世纪古希腊雅典最富有、最著名的高级妓女。——译者

松或者菲利斯堡①有多少邮站的时候,一些公民②在一个王国国内和国外接受教育,研究政府的管理,变得狡黠而有心计,知道整个国家的强处和弱点,想着身居要职,就任要职,受到提升,变得有权有势,减轻君主一部分政务料理。大人物们过去瞧不起这些市民,如今尊崇这些市民:他们如果成为市民的女婿,那就幸福了。

25(Ⅴ) 如果我把两种社会地位最对立的人,我的意思是指大人物和老百姓进行比较的话,我觉得后者满足于生活的必需品而前者虽有多余之物还嫌不够。老百姓不会做任何坏事,而大人物不愿做任何好事却善于干大坏事。老百姓只是通过有用的事情来教育自己、锻炼自己,而大人物则要把有害的东西加入其中。老百姓身上表现得粗鲁但坦率,而大人物在彬彬有礼的外表下掩盖着狡猾和腐败的毒汁。老百姓才气不足而大人物没有灵魂。老百姓心地善良但其貌不扬,而大人物则只有外貌而且是纯粹的表面光鲜。需要选择吗?我毫不犹豫:我要做老百姓。

26(Ⅰ) 宫廷的达官贵人不管如何深藏不露,不管用什么手段表现他们不拥有的品质而不让他们的真实面貌显露出来,都无法掩盖他们的狡诈,他们极其爱好嘲弄别人和奚落往往不该奚落的事情。这些自作聪明的人才,人们只要一眼就可以看出他们

---

① 贝桑松,法国索恩河支流杜河上的城市,弗朗什-孔泰大区杜省省会。菲利斯堡,德国莱茵河支流上的城市。——译者

② 指市民。——P.R.注

的确精彩地装出受骗的样子而把已经犯傻的人变成傻瓜,可这些犯傻的人还完全可以剥夺掉他们可能从一个才子那里捞取的一切乐趣,还会以千百种笑容可掬和逗人开心的方式转脸不顾和弯腰屈服,如果他不是为了应对臣子的那种危险的品性而要求自己十分审慎克制的话。犯傻的人跟才子不同的是性格严肃,他靠这种性格来保护自己,他做得这么成功,以至于那些嘲弄者尽管居心如此险恶,也没有机会来作弄他。

27(Ⅰ) 君王们生活自在舒适,物品充盈,极端幸福安宁,所以有闲情逸致去笑看侏儒,逗弄猴子,嘲笑笨蛋和笑听低级的故事:没有这么幸福的人只是该笑的时候笑。

28(Ⅷ) 一个大人物喜欢香槟讨厌布里①,他跟老百姓一样陶醉于葡萄美酒,只有一点不同:在最悬殊的社会地位之间,在老爷和保镖之间存在着无耻之别。

29(Ⅰ) 人们最初可能认为在君王们的娱乐中会含有一点令别人不快的乐趣。不是的,君王就像一般人一样,他们想的是自己,根据他们的情趣,他们的喜好,他们的惬意:这是自然的。

30(Ⅰ) 似乎当权人物或者有权势者结社聚会的第一条规则,就是给出于事业的需要而依靠他们的人制造他们所害怕的困难。

---

① 香槟和布里产的葡萄酒。——译者

31(Ⅳ) 如果一个大人物比起其他人有某种程度的幸运——我猜测不出究竟是什么,往往或许就是因为掌权而有机会为人办事;如果这种机遇诞生了,似乎应该加以利用。如果这对好人有利,则应该担心机遇不要从这个好人手中溜走;但是由于这是一件正确的事情,所以应该预防求情,而只能在事情办成受到感谢时被人家看到;如果事情很容易办,那甚至不要让他知道这件事。如果那个大人物拒绝给这个好人办事,我替他们两个可惜。

32(Ⅵ) 有些人生来就跟别人格格不入,而正是这些人,别人有求于他,依靠着他。他们从来都只是单腿站立,像水银般地活动;他们单脚旋转,指手画脚;他们大声嘶喊,烦躁不安;他们就像公共节日作为钟表的这些纸板图,他们大发雷霆,咆哮如雷;别人不敢接近他们,直至有一天他的火熄灭了,掉了下来,而他们由于失势变得可以接近,但这个时候已经没有用了。

33(Ⅳ) 门卫、侍从、仆役,如果他们不再按照他们的地位所应有的想法行事,不再根据自己原先微贱的地位而是根据他们所服侍的人的高贵身份和财产来看待自己,把所有从他们把守的门进入和登上楼梯的人都不加区别地摆在低于自己和自己的主人的地位,那么我们注定要受大人物和他们属下的苦,这可是千真万确的。

34(Ⅳ) 一个有权势的人应当爱他的君主,他的妻子,他的孩子,然后要爱有才气的人;他要接纳这些人,网罗这些人而绝不可以缺少这些人。他用不着支付,我的意思不是指过多的年金和恩惠,而是只要有充分的亲热和友好的表示,那么他就会从中得到,甚至是不知不觉地得到帮助和服务了。有什么牢骚怪话他这些人不会加以化解?有什么麻烦事他们不会化为笑料,变成乌有?难道他们不善于用好心办坏事来辩解,用时间的巧合来证明用心的善良和措施的正确,挺身而出反对卑劣和妒忌的言行,给成功的事情赋予良好的动机,对恶劣的现象给予有利的解释,让人不注意到细小的缺点,只把美德展现出来并加以彰显,在各种场合传播有利的事实和细节,对敢于对此表示怀疑或者提出相反事实的人反过来进行嘲笑和讥讽?我知道大人物们的箴言是让别人随便怎么说而我行我素,但我也知道在许多场合让别人随便怎么说会妨碍他们的行动。

35(Ⅳ) 要善于识别才德之士,而一旦发现就要善待之,这两大行动要立即进行,但大多数大人物却非常不善于这么做。

36(Ⅳ) 你是大人物,你有权有势,你要做到让我尊敬你,以便我会因失去你的恩宠或者无法得到你的恩宠而心中凄切。

37(Ⅰ) 你谈论一个大人物或者一个当权者为人殷勤,乐于助人,喜欢体恤他人,你为了肯定这一点,叙述了一件关于他所参与的、知道这跟你利益攸关的事情的很长的细节。我明白你的意思:你想说这个人为你去求情,你有信誉,部长认识你,你跟权贵们关系密切。你是不是希望我还了解别的事情?

（Ⅶ）　有人对你说：我不满意某人，他自从提拔后就骄傲了，他瞧不起我，他不认得我了。你就这么回答他："对我来说，我对他没有什么好抱怨的，相反，我要大大称赞他，而且我甚至觉得他相当有礼貌。我还认为我理解你的意思：你想说有一个当权的人关怀着你，在候见厅有成千个老实人他看都不看一眼，以免向他们还礼或者跟他们微笑而陷入尴尬的局面，可他单单认出你来了。"

（Ⅳ）　"要吹捧一个人，就吹捧权贵。"这句话就其根源来说是比较微妙的，意思可能是说：谈一个大人物对我们做的或者他设想对我们做的一切好事，那就是在吹捧自己。

（Ⅳ）　人们赞扬大人物是为了强调自己能够近在咫尺地看到他，这很少是出于尊敬或者出于感激。我们往往并不认识我们称赞的人；虚荣或者轻率有时胜过感激；对于我们不满意的人，我们便赞扬他。

38（Ⅳ）　如果说牵连到一件有问题的事情是危险的，那么跟一个大人物勾搭在一起则更危险：他脱身溜了，而你则要付出双重的代价：为他也为你自己。

39（Ⅴ）　如果君王根据想要奖赏的人所付出的一切来决断，那他用全部的财产也不足以偿付一个不顾廉耻的讨好行为；如果他根据自己所受到的损害来衡量报复的程度,那他用全部的权势也不足以进行惩罚。

40(Ⅳ) 贵族为了拯救国家和君王的荣誉甘冒性命的危险;法官免除了君主对老百姓进行审判的一部分负担:这两者都是非常崇高和极其有用的职务——人们所能够从事的伟大事情莫过于此了,我不明白长袍与佩剑有什么东西可以互相蔑视的。

41(Ⅳ) 如果一个大人物为了财产要把注定在嬉笑、娱乐和富足中度过一生的生命拿去冒险的话,那他比一个普通百姓用贫贱的一生去冒险所付出的代价要大得多。如果这的确如此,那么也必须承认,大人物可以得到另外一种补偿,那就是光荣与名誉。士兵没有感受到他会为人所知,他死于人群之中,寂寂无名;事实上,他活着也一样活在人群之中,寂寂无名,但他毕竟活着;所以这就是为什么社会地位低微卑贱的人缺乏勇气的根源之一。而相反,不是出身于平民百姓,因而在人们心目中要接受民众奖罚的人,如果他们的禀赋不会使他们臻于美德,他们也有可能通过努力超脱自己的禀赋;而从祖先通过父辈传到他们后代的这种心灵与思想的素质,就是高贵的人习以为常的英勇无畏,这也许就是贵族的本质。

(Ⅴ) 你把我放在行伍中做普通的一名士兵,我就是泰尔西德①;让我率领一支我必须对整个欧洲负责的军队,我就是阿基尔。

42(Ⅰ) 君主们没有别的本事也不用别的规则,只是爱好比较:他们诞生和成长于最美好的事物之中,而且仿佛是处在其中心,他们把自己读到的、看到的和听到的东西都加入这些事物中去。一切偏离吕里、拉辛和勒布伦②过远的东西都受到谴责。

43(Ⅰ) 在整个宫廷把尊敬君王作为其义务和礼仪的一部分的时候,跟年轻的君王只谈维护其地位是过分地小心了,而且他们完全不可能不知道人们对他们出身的敬重,不可能把各色人等混为一谈,无差别地一样对待而不区分地位与衔头。他们具有天生的骄傲,在各种场合都油然产生;他们之所以需要教育只是为了对此加以调节,为了激发他们的善良、正直和判断精神。

44(Ⅰ) 一个得到一定提升的人不首先接受他应得的且所有人都同意给他的地位,这是彻头彻尾的虚伪:为了表现谦虚,众人为他让路而他却要跟众人混在一起,在大会里坐在最后的座位上,以便所有的人看到他便急忙地不让他坐在那个座位上,这些对

---

① 《伊利亚特》中代表怯懦的人物。——P. R. 注
② 查理·勒布伦(1619—1690),法国古典派画家,在建立皇家绘画与雕塑学院中起突出作用,先后担任学院秘书(1661)和院长(1683)。——译者

于他来说是一无所失的。可是谦虚对于地位平庸的那些人则是苦不堪言的行为：如果他们投身于人群中，人们会把他们踩死；如果他们选择一个不合适的岗位，那他们就会一直待在那里。

45（Ⅴ）　阿里斯塔尔带着一个传令官和一个小号手在广场上走动；小号手开始吹号，所有的民众跑来集合。"听着，老百姓。"传令官说道，"注意听，别说话！阿里斯塔尔，你们看到他在场，明天要做出一件好事。"我简单点，直截了当地说吧："有人做好事；他想做得更好吗？我不知道他是否干了好事，不过我相信他是这么对我说的。"

46（Ⅵ）　最好的行动会因为办事的方式而效果不好或者意义削弱，甚至会让人怀疑其动机。有的人保护美德或称赞美德是为了美德，或者是为了恶行而改正恶行或惩罚恶行，这种人做事率直，自然，不拐弯抹角，丝毫不标新立异，不大张旗鼓，不装模作样；他回答问题不使用一本正经和教训的口吻，更不用挖苦嘲弄的语言；这绝不是他向公众表演的一出戏，而是他做出的一个好榜样和完成的一个义务；他向来访的女人，聊天聚会的①人们，包打听者提供各种新闻；他不给和颜悦色的人提供一个动听故事的素材。他刚才做出的好事的确知道的人不多，但是这件好事他做了：他还想要什么呢？

---

①　巴黎一些有教养的人为聊天而举行的聚会。——拉布吕耶尔注

47(Ⅰ) 大人物不应该喜欢早年时期,早年时期对他们来说并没有什么好处。对于他们来说,看到早年时期我们全都是兄弟姐妹一样从那里出来;人们一起组成同一个家庭;只是亲属关系亲一点或者疏一点罢了。

48(Ⅵ) 泰奥尼在穿戴上非常讲究,他出门装饰得像个女人。他还没有走出家门,已经把眼睛和面孔打扮好,以便准备好随时出现在公众之中,像是事先经过认真考虑的那样,好让路过的人觉得他风度翩翩地向他们微笑,没有一个人漏掉。他走进各个大厅,他转向左边,左边大厅有许多人;他转向右边,右边大厅一个人也没有。他向在场的人和没到场的人打招呼;他拥抱他不经意地拉住手的那个人,他把那个人的头搂在胸前,然后问他拥抱的这个人是谁。某人有件很容易办的事需要他,去找他,请求他:泰奥尼很乐意地听着,因为能够为对方做什么事而非常高兴,他信誓旦旦要创造机会来为这个人效劳;可是这个人强调他的事情是多么要紧,他对这个人说他是不会去做这件事的,他请对方设身处地站在他的地位来评评此事。顾客出门,被送出去,受到爱抚,满面愧色,他几乎是高高高兴地被拒绝了。

49(Ⅰ) 认为人们是靠虚情假意的爱抚,靠长时间但没有任何意义的拥抱,被安置到一个重要的职位上,这是对人的非常恶劣的评价;但这是对人再了解不过的了。

50(Ⅳ)　方费尔①不跟他在大厅或者在宫廷上遇到的人交谈；他神态庄重，说话声高，他接纳这些人，给予接见，把他们送走；他用词谦恭又倨傲，对人有礼又专横，而且不加区别，对谁都一样；他这种虚假的威严降低了他的人品，使他的朋友中不愿蔑视他的人都感到为难。

(Ⅵ)　一个方费尔这样的人，对自己自满，自视甚高，总是想着自己的威严，自己的亲朋，自己的职务，自己的爵位；他拾起——可以这么说——他的所有破烂，裹在身上炫耀自己；他说：我的骑士团，我的蓝色绶带②。他为了炫耀，把这展示出来或者隐藏起来。总而言之，一个方费尔这样的人满心想成为大人物，他认为自己是大人物，但他不是大人物。他是跟随一个大人物的人。如果他偶尔向一个地位最低的人，向一个有才气的人微笑，他必定选择最适当的时机，以便不会被人抓住事实。所以如果他跟某个既不富有，也无权势，不是部长的朋友，不是他的亲戚，也不是他的仆役的人有那么一点点亲热的表示而不幸被人看到，他就会面红耳赤。他对于还没有发财的人声色俱厉，毫不容情。某一天在商店的骑楼下远远见到你，他会赶忙避开你；而第二天，如果他在人没有那么多的地方遇见你，或者这地方虽然人来人往，可你陪伴着一个大人物，他便来了勇气，向你迎上前对你说：你昨天不是假装没看见我们的吧。有时，他突然离你而去，

---

①　指丹戈侯爵，"装饰得庸俗可笑"（圣西蒙）。——P. R. 注
②　中世纪时期的宗教组织，最著名的是十字军战争时期为保护圣墓和朝拜圣地而于1118年在耶路撒冷组织的圣殿骑士团，成员佩戴着蓝色绶带。——译者

凑到一个老爷或者一个高官跟前；有时如果他看到这些人在跟你讲话，他会打断你的话，把你从他们那里拉走。另一次你要跟他接触，可他的脚停也不停，他让你跟着他走，你说话声音那么高，过路的人还以为在吵架。所以方费尔之类的人总像在戏台上演戏，这些人饱受的教育是虚假，他们出于本性对任何东西都来者不拒；这真是喜剧人物，是弗罗里多、蒙多里①这样的人。

（Ⅶ） 方费尔之流的事说也说不完：在君主和大臣面前，他们卑劣而又胆怯；跟只有美德的人在一起，他们高傲而又自信；与学者交往，他们沉默不语，局促不安；跟什么也不会的人相处，他们活跃、大胆而又专断。他们跟穿袍的人谈打仗，跟包税官谈政治；跟女人在一起他们懂得历史；跟神师在一起他们是诗人，跟诗人在一起他们是数学家。格言，他们不放在心里；原则，他们更加不顾；他们生活茫茫然任凭恩宠的风势推动，听任诱人的财富吸引。他们没有自己的特有看法，而是随着需要向别人借用，他们所求助的也不是什么明智的人，或者能干的人，或者德高望重的人，而是一个正赶上时尚的人。

51（Ⅵ） 我们对于大人物和当权者有一种徒劳的妒忌或者一种无可奈何的仇恨，这种情绪根本不能让我们对他们的显要和他们的提升进行报复，而只会把他人的幸福这种无法承受的重担增

---

① 弗罗里多、蒙多里，从1646年到1671年在勃艮第，从1634年到1638年在巴黎莱地担任戏班班主。——P.R.注

加到我们的不幸之上。对于一种已经成为痼疾而且传染性如此强的心灵疾病有什么办法可治呢？如果可能的话,我们且满足于微薄乃至更少的东西吧;机会来了我们会丢失:得益是绝对有把握的,而我同意来试一试。这样我就可以不用去买通一个门卫或者打动一个管家,就不会被数不清的客人或者臣子的人群挤到部长房屋那一天被挤破几次门的门边,就不用在他的会见厅焦急地等待,就不用战战兢兢、结结巴巴地说一件正当的事情来请求他,就不用领受他一本正经的样子,他辛辣的嘲笑和他干巴巴三言两语的回答。于是,我不再恨他了,我不再妒忌他了;他丝毫无求于我,我丝毫无求于他;我们是平等的,只不过他心里不平静而我心里平静。

52(Ⅰ) 即使大人物有机会为我们做好事,他们也很少有这样的意愿;而如果他们想害我们,他们不会总有机会。因此我们会受人们对他们的崇拜的欺骗,如果这种崇拜只是建立在希望或者害怕的基础之上。一个漫长的生命有时候就这样结束了,而人们并没有靠他们得到丝毫的利益,或者因他而得到好运或者坏运。我们应该尊敬他们,因为他们是大人物而我们是小人物,而还有别的比我们更小的人物,由他们来尊敬我们。

53(Ⅵ) 在宫廷里,在城市中,有同样的酷爱,有同样的弱点,同样的卑劣,同样的心情沮丧,同样的发生在家庭中和亲戚之间的争吵,同样的妒忌,同样的反感。到处有媳妇与婆婆、丈夫与妻子之间,离婚、破裂以及不牢靠的和好如初;到处都有生气、发怒、偏袒、关系以及所谓的讲坏话。你以敏锐的目光可以毫不费劲地看到这座小城,看到圣德尼路,仿佛置身于 V ** 或者 F **①。在这里人们觉得彼此仇恨得更加自豪和更为高尚,也许也更有尊严,人们更加巧妙和更加狡黠地互相残害;愤怒的话语更有说服力,互相的谩骂更有礼貌,用词也更为优雅,人们在这里丝毫不会破坏语言的纯正;伤害的只是人或者他们的名誉;这里恶行的一切外表看起来堂皇,而其实质,还是跟最堕落的社会层级里发生的恶行一模一样;其中存在着所有的卑劣,所有的缺陷和所有的可耻。这些或者由于他们的出身,或者由于他们的得宠,或者由于他们的爵位而如此高贵的人士;这些如此有本领,如此灵巧的人;这些如此有教养,如此有才华的女子,所有的人全都蔑视民众,可他们就是民众。

(Ⅳ) 民众一词,蕴含着丰富的内容:这是个广泛的用语,我们很惊讶地看到这个用语的内涵和外延。有与大人物相对立的民众,这就是群氓和刁民;有与贤人、能人和有德之士对立的民众,那就是大人物和小人物。

54(Ⅵ) 大人物靠感情控制自己,他们是无所事事的人,一切都会首先让他们产生强烈的印象。一件事发生了,他们谈了又谈,不一会儿,谈得少了,然后不再谈了,而且以后也不会再谈了。行动、行为、作品、事件,一切均被忘却,别要求他们对此有什么更

---

① V **,凡尔赛;F **,枫丹白露。——P.R.注

正,有什么预见,有什么反思,有什么感激,也别想有什么回报。

55(Ⅰ)　人们对于某些人物的态度有两个相反的极端。他们死后,在民众中流传着对他们的讽刺,而在庙宇的穹顶下,响彻着对他们的颂扬。他们有时既不值得诽谤也不配予以吊唁;有时两者应该兼而有之。

56(Ⅰ)　我们对于有权有势者可不要说他们什么:说他们好话,几乎总是拍马溜须;说他们坏话,如果他们还活着,那就有危险,而如果他们已经去世,那就是卑劣。

论君主或共和

1(Ⅰ)　当我们不带着对自己国家的偏爱去观察各种形式的政府时,我们不知道要赞成哪一种;各种形式中都有最不好的和最不坏的。但比较合理和比较确定的,那就是尊敬我们生于斯、长于斯的所有政府中最好的政府并服从它。

2(Ⅰ)　行使独裁无需艺术也无需才能,只靠流血的政治是没有前途而且是非常残暴的;它促使人们去杀死有碍我们野心的生命:一个生来残暴的人做这样的事毫不费难。靠这种办法来维持和壮大自己的统治是最可怕也最愚蠢的了。

3(Ⅳ)　在共和的国家,让百姓在节庆的日子,在戏剧演出时,在奢华享受间,在盛大排场上,在声色犬马之乐里,在虚荣和怠惰中麻木不仁,用空虚来充实自己,对微不足道的事情津津乐道,这是个必然而且自古就有的策略;这样的宽容,使得独裁者什么重大的行动不能做出来!

4(Ⅶ) 在专制的国家没有祖国;在那里作为替代的是:利益、光荣、对君主效劳。

5(Ⅳ) 在共和国里,当人们想要改变和创新时,考虑的不是事情而是时间。在某些时候,人们清楚地感觉到不能过分侵犯民众,而有些时候则显然对民众不能过于姑息。你今天可以取消这个城市的自治权,它的权利,它的特权;可明天你甚至别想改革它的招牌。

6(Ⅳ) 当民众动起来的时候,我们不清楚怎样可以恢复平静;而当民众安定的时候,我们看不出怎样使平静消失。

7(Ⅳ) 在共和国中某些祸害是在共和制度下存在的,因为这些祸害预防着或者阻碍着某些更大祸害的产生。另一些祸害之所以成为祸害仅仅是因为它们是既成事实,而由于这些祸害从根源上看便是一个弊端或者一个坏的习俗,所以就其后果和实践而言,如果法律比较正确或者风俗比较合理,其危害程度就没有那么大。我们看到有一种祸害,即使这是一种祸害而且是非常危险的祸害,但人们可以通过改变或者革新来予以改正。另外有些祸害是隐藏着而且埋得很深的,犹如垃圾场里的垃圾,我意思是说它们深埋在可耻的外层下,藏匿于秘密之中而不为人知:只有在它们散发出毒气和恶浊的气味时才能够把它们挖掘抖擞出来;最明智的人有时也拿不定主意,对于这些祸害究竟是知道的好还是不知道的好。人们有时在一个国家容忍一个相当大的祸害,结果却使得千百万个完全不可避免也无法补救的小祸害或者麻烦改变。有一些祸害每一个人都不满意,可它们却成为公众的福祉,虽然公众不是别的而只是所有个体的组合。有一些个人的祸害有助于每个家庭的幸福和利益。有的祸害使家庭受苦,毁灭或者蒙羞,但却趋向于产生社会福祉和保存国家和政府的机器。别的一些祸害推翻国家,在这些国家的废墟上建立起一些新的国家。最后我们看到一些祸害从根基上破坏一个大帝国,使之在地球上销声匿迹,从而让世界的面貌多样化和焕然一新。

8(Ⅷ) 埃尔加斯特富有,他有善于捕猎的狗,他在车马和衣服上换新花样,他家里充斥着多余的东西,这跟国家有什么关系?在有关全体公众利益和好处的事情上,有没有考虑到个体呢?在对民众有点影响的事情中,民众感到安慰的就是知道他们减轻了君主的负担,或者他们只是让君主富有起来;他们不认为因为埃尔加斯特财产锦上添花而应该对他怀着感激之心。

9(Ⅳ) 战争有着古老的历史;每个时代都有战争;我们看到战争使世界充满寡妇和孤儿,使家庭后继无人,使兄弟死于同一战役。年轻的苏瓦库①啊!我惋惜你的美德,你的持重,你已经成熟的思想,你的深刻、高尚、平易近人;我嗟叹你和你英勇的兄弟英年早逝,你的夭折使宫廷在你刚刚步入之时便失去了你:这是可悲但司空见惯的不幸!古往今来,任何时候,为了多一块或少一块地,人们心甘情愿地相互掠夺,相互烧杀,相互杀戮;而为了烧杀抢掠得更巧妙,更有把握,人们发明了称为兵法的神妙规则;用荣誉或者不朽名声为这些规则的实行增添光彩,并且从此一个世纪一个世纪地不断充实丰富互相毁灭的方式。战争来自于初民受到的不公正待遇,这是战争的唯一根源,也是初民有必要为自己找到主人来规定他们应有的权利和要求之唯一根源。如果人们满足于自己之所有而不觊觎别人的财产,那么就永远有和平与自由。

10(Ⅳ) 民众安居在自己家中,与家人团聚,在大城市里丝毫不必为自己的财产和性命而担惊受怕,可是他们呼吸着硝烟和血腥气味,留意着战争、废墟、骚乱和屠杀,急不可耐地担心互相窥探的军队没有发生遭遇,或者这些军队彼此对峙却没有打起来,或者彼此虽然交火,战斗却不够激烈,战场上死亡不足万人。民众甚至往往由于喜爱改变②,爱好新颖或者不平常的东西,忘记了自己最珍贵的利益:休息和安全。有的人可能希望看到有一天

---

① 苏瓦库兄弟,拉布吕耶尔的朋友,1696年死于弗勒鲁斯战役。——P.R.注
② 指观点的摇摆不定,往往以杨柳的摆动作为形象。——P.R.注

敌人来到第戎或者科尔比①城下,看到河面拉起铁索,街上建起街垒,其目的就是一个:讲或者听这个新闻的乐趣。

11(Ⅵ) 戴默菲尔②,在我右边,诉苦地喊道:"一切都完了,国家没救了;至少处于奔向毁灭的斜坡上。怎么能够抵御一个力量如此强大,传播如此普遍的阴谋呢?有什么办法,我不说压倒,而只是说足以应付人数这么多,力量如此强的敌人呢?这在君主制时期是不会出现的。一个英雄,一个阿基尔,在这里死了。"他接着说,"我们犯了严重的错误:我完全清楚我说的话,我是在行的人,我见过战争,而且历史告诉了我许多事情。"讲到这里,他以敬佩的口吻谈到黄鹿奥里维哀和雅克·克尔③,"这些才是男人。"他说道,"这些是大臣。"他讲新闻,这些新闻全都是人们所能够虚构出来的最悲惨和最不利的新闻;时而是我们的一部分人被诱陷入埋伏,全被消灭;时而是某些被困在城堡里的部队投降敌人,束手就擒,全被用剑刺死;而如果你对他说这个谣言是假的,没有得到证实,他根本不听你的,他还补充说某个将军被杀死了,尽管这个将军事实上只是受了轻伤,而你已经向他肯定了这一点,可他还是要悼念将军去世,为其遗孀,其孩子,为国家深深悲痛;他遗憾自己失去了一个朋友和一个强有力的保

---

① 1636年,神圣罗马帝国军队威胁第戎。——P.R.注
　第戎,科多尔省省会,以前为勃艮第公爵领首府。科尔比,索姆省的城市,位于索姆河与安科尔汇流。——译者
② 戴墨菲尔本为古希腊作家,生活在亚历山大大帝在位直至公元前5世纪之间,写有许多格言。但此处的戴墨菲尔只是作者假托的一个名字。——译者
③ 这两人是路易十四和查理七世所信任的人。——P.R.注

护。他说德国的骑兵是不可战胜的,他一听到皇帝[1]的胸甲骑兵便面无血色。"如果我们攻击这个要塞,"他继续道,"对方就会解围。要么继续采取守势不打;要么如果打仗就要输;而如果输了,敌人就要兵临边境了。"而由于戴默菲尔说得敌人像飞一样,现在敌人已经到了王国的中心了:他已经听到各个城市敲起了警钟,发出警报,他想起了自己的财产和田地——他要把他的钱,他的家具,他的家搬到哪里去呢?他要躲到哪儿,躲到瑞士还是躲到威尼斯?

但是,在我左边,巴西里德一下子就组建了一支30万人的军队;他连一个旅的兵员也不减少,他有所有中队和营,将军和军官的清单;他没有忘记炮兵和辎重。他绝对掌控着所有这些部队;他把若干部队派往德国,把若干部队派往弗朗德[2],留下一些给阿尔卑斯,更少的部队派往比利牛斯,命余下的部队过海作战。他知道这些军队的进军速度,他知道这些军队将要干什么和不干什么。你会以为他得到君主的信任或者掌握了大臣的秘密。如果敌人最近被消灭了一个营,在要塞里丢下大约9000到10000名士兵的性命,他会说是30000人,不多也不少:因为他的数目总是固定而确实的,因为他是个消息灵通的人。如果他早上听说我们丢失了一座防守薄弱的小要塞,他不仅派人去向朋友们道歉昨晚请了客人吃晚餐,而且他今天不吃午饭,而即使

---

[1] 指奥斯曼帝国皇帝。——译者
[2] 法国和比利时黑海边上的平原。——译者

他吃晚饭,胃口也不香。如果我们的部队保卫住一个工事非常坚固、防守极其严密、粮食军需充足、由一支被非常勇敢的人指挥的久经沙场的驻军守卫的要冲,他就说这个城市有一些地方力量薄弱,防御工事不牢,弹药缺乏,总督缺乏经验,在经过八天堑壕战之后,这个城市就要投降。另一回他气喘吁吁地跑来,在稍微喘过气来后,"注意,"他喊道,"一条大新闻;他们打败仗了,而且是全军覆没;将军、头领,至少是一大部分人,全都被杀死了,全都死了。"他继续说道:"这是个大屠杀,而且必须承认我们非常幸运。"在报道了他的新闻之后,他坐下来,他喘气,不过这条新闻只缺少一个情况,那就是并没有发生什么战役,这可是千真万确的事实。另外他还保证某个君主放弃了联盟①,离开了他的联盟成员,另一个打算作出同样的决定;他跟那些刁民一样坚定地相信第三个人死掉了②:他说出此人埋葬地的名称,而当菜市场和郊区的人都知道这是谣言的时候,他还打赌发誓这是真的。他通过毋庸置疑的途径知道 T.K.L.③反对皇帝的活动取得巨大的进展;苏丹军队强大不愿和平而他的维吉尔④有一次兵临维也纳城下⑤。听到这个事件,他的手拍打着,浑身战

---

① 指16世纪法国的天主教神圣联盟。——译者
② 谣传奥朗日的纪尧姆死亡。——P.R.注
　奥朗日-拉索的纪尧姆(1650—1702),在弗朗德勒战争中反对路易十四。——译者
③ 指特克里,匈牙利反对奥地利皇帝的暴动分子首领。——弗拉玛里翁注
　特克里(1657—1705),亦称托科里,匈牙利政治家,曾与土耳其联合,被苏丹任命为匈牙利国王。——译者
④ 苏丹是土耳其皇帝的称呼;维吉尔是奥斯曼帝国的首相。——译者
⑤ 土耳其保卫维也纳(1683年)。——P.R.注

抖,他不再怀疑了。在他心目中三方联盟①是一个刻耳柏洛斯②,而敌人全是要予以当头一棒的怪物。他只讲象征荣誉的桂冠,象征光荣的棕榈,凯旋和战利品。在私下谈话中,他说:我们神圣的英雄,我们伟大的君王,我们不可战胜的君主。如果你能够的话,把话缩短些,只要说:国王有许多敌人,这些敌人强大,彼此团结,怒气冲冲,而他战胜了他们,我一直希望他能够战胜他们。这种风格,戴默菲尔觉得过于肯定,过于断然,而巴西里德则认为既不是虚张声势也不是言过其实,他满脑子有许多别的表达形式:他兢兢业业地撰写各种弓和金字塔的铭文,这些弓和金字塔在入城仪式的那天要用来装饰首府城市,他一听说军队已经来到,一座要塞被包围,他便让人挂起他的长袍去晾,完全准备停当好参加大教堂的典礼。

12(Ⅳ) 一件事情把君主和共和国的全权代表或者代理人聚集在一个城市里,如果这件事情要花费他们更多的时间,那主要就是进行长时间不同寻常的讨论,我所说的不仅仅是预备性谈判,而且有普通的等级规定,席次的安排以及其他仪式。

  大臣或者全权代表是条变色龙,是个普洛特斯③。有时他像个巧妙的玩把戏者,不流露出自己的情绪和性情,这或者是为

---

① 帝国三方同盟是奥朗日的纪尧姆与英国和瑞典在弗朗德勒战争(1667—1668)中为反对路易十四而缔结的同盟。——译者
② 古希腊神话中刻耳柏洛斯是生有三个头的恶犬,负责看管地狱大门。——译者
③ 希腊神,善于预测,能够变成可怕而抓不住的形状。——译者

了不给人进行猜测的痕迹或不让人看出自己的内心想法，或者是为了避免自己的秘密因情绪或弱点而泄露出来。有时他会装出最符合自己看法和最适应自己需要的品格，并且显得他有必要这样而别人也认为他的确如此。这样，在他处于极大的强势或者极大的弱势而他想加以掩饰的时候，他坚定而毫不动摇地不让自己只想得到得越多越好；或者他表现得圆通以便给别人向他请求的机会，并使自己也有机会这么做。有时，他要么深藏不露，在宣布一件事实时隐瞒真相，因为如果他说了出来，对他关系重大，但人们对这件事却不会相信；要么坦率公开，以便即使他隐瞒了不该被人知晓的事情，人们还以为自己想知道的事都知道了，而且深信他已经什么都说出来了。同样，他或者表现得活跃健谈，为的是诱引别人讲话，为的是阻止别人对他说出他不愿知道或者不该知道的事情，为的是说一大堆互相抵触、互相抵消的无关紧要的事情，使人们脑子里分不清是该害怕还是相信，这样他以后就可以用新提出的建议来否认自己原先不小心脱口说出的某个建议；或者他表现得冷淡而寡言，为的是促使别人说话，为的是自己这样长时间听着而当自己开口说时别人都聆听他，为的是使自己说话有影响力和有分量，作出的许诺或者威胁具有冲击力和令人震撼。他张口第一个说话，以便在发现外国的大臣对他将要提出的提议含有反对、异议、阴谋和诡计的时候，他能够采取措施予以反击；而在另一种情况下，他最后发言，以便不讲没用的话，以便讲得准确，以便对他或者他的盟友可以依靠的事情了解得一清二楚，以便知道他应该要些什么和能够得到什么。他善于用明白而确切的字眼说话，他更善于以隐讳的方式,使用模棱两可的手法或者词语来说得含糊其词,从而在不同时期和根据他的利益来强调或者削弱其意义。如果他不愿给得多,他就要得少;有时他要得多为的是少得或者是更有把握地得到。他首先要求小小的东西,然后他认为这对他来说应该不算一回事,因此可以不排除再要大一点的;反过来说,他不必一上来就得到一个大的好处,即使这影响了他得到别的好几个后果差一点的,但这些加在一起就超过了第一次要求的东西了。他要得太多,结果被拒绝了,但是他这样做的意图就是要给自己订立一个权利或者一个规矩,那就是对于明知别人会向他要而自己不愿意给的东西亲自加以拒绝;于是他一方面想方设法夸大对方要求的荒诞性并在可能的情况下,让人们同意他不给予的理由,另一方面拼命削弱别人认为可以不给予他极力想要的东西的理由;一方面用尽心计大肆宣扬和在别人心目中夸大他所给予的那一点点东西,另一方面公开藐视人们同意给他的那微不足道的东西。他虚情假意送人东西,不过事出蹊跷,引起怀疑,人家只好把接受的东西扔掉,结果他白费心机。不过这对他来说毕竟是提出过分请求的机会,而拒绝给予的那些人就被他说得一无是处。如果他给的多过人家的请求,那是因为他该给的东西还要多。为了一件平平常常的东西,他让人长时间恳求、催促、纠缠不休,为的是扑灭别人的希望,打掉别人的念头;向他要任何更多的东西;或者如果他让人恳求得软下心来而给予别人想要的东西,那总是附带有条件让他跟得到东西的人分享利益和好处。他直接或者间接地关心一个盟友,如果他发现这对他有用和有利于实现他的意图。他言必谈和平、协调、民众的安宁、公共的利益，可事实上他只想到自己的利益，就是说他主子或者他的共和国的利益。有时他把几个彼此对立的人联合在一起，有时把另外几个团结的人彼此分裂开来。他威慑强者和有权势者，他鼓励弱者。他首先从利益出发联合许多弱者来反对一个比较有权势的人，使两者平衡起来。然后他加入弱者这边，让天平向他们倾斜，不过他对他们的保护和跟他们的联盟是要收取昂贵的代价的。他善于引起跟他打交道的人的注意；通过灵活的手腕、狡猾巧妙的伎俩让他们感受到他们个人的利益，他们通过某种措施有望获得财产和荣誉，而不会有悖他们该办的事情，也不会违反他们主子的意愿。他也不愿意在这方面被认为是没有弱点可抓，他让人家看出他有点关心获得财产，这样他诱导人家提出建议，从而发现别人最秘密的看法，最深藏不露的图谋和他们最后使用的招数，然后加以利用。如果哪一次他在某些事情上受到损害但最终得到解决，他会大叫大嚷；如果没得到解决，他喊得更凶并把辩解和辩护输的那些人打倒。他的一切行动都精心安排，一切步骤都仔细掂量，他哪怕借给人家一点点钱都事先规定好；不过在难点问题和在有争议的条款中，他的所作所为仿佛出于和好的意图，要主动放松要求；他甚至敢于向大会答应会让人理解建议的价值而他不会予以否认。他对只由他负责、他拥有特别权力的事情，谎称他从来只是在走投无路的情况下和对他会产生危害的时刻才发现没有运用他自己的权力。他特别通过计谋追求实实在在和关键的利益，而随时随刻都可以为了这些而牺牲细枝末节和虚幻的名誉。他沉着，有勇气和耐心，他自己可以不厌其烦，却使别人疲于应付，最后陷于灰心丧气。他提防着同时能够经受得住办事缓慢和推迟,别人的指责、猜疑、不信任,遇到的困难和障碍,他确信只有时间和机遇能够把事情和人引向希望所在。他甚至假装谈判破裂对他来说具有秘密的好处,而其实他最热切地希望谈判继续下去;相反,要是他得到明确的命令要以最大的努力使谈判破裂,他认为为了实现破裂,应当催促谈判继续下去和取得结果。如果发生一个巨大的事件,他根据利弊采取强硬或者缓和的态度;而如果由于极端的审慎,他能够预见到事件的发生,那么究竟是加速还是推迟行动,则根据他所效命的国家是害怕还是希望这事件而定,而他则根据需要制定条款。他根据时间、地点、机会,他的力量或者他的弱点,他所打交道的国家的特性,跟他谈判的人的气质和性格来行事。他所有的看法,所有的格言,所有精心制定的政策都为了一个目的,那就是自己不受欺骗而要欺骗别人。

13(Ⅰ) 法国人的性格要求君主办事认真。

14(Ⅰ) 君王的一个不幸就在于自己藏着过多的秘密,但往往有泄露秘密的危险;他的幸事则是遇到一个他可以倾诉秘密的可靠的人。

15(Ⅰ) 一个国王唯一缺少的就是私生活的温馨;对于一个非常大的损失,他只能通过美好的友谊和朋友的忠诚得到安慰。

16(Ⅰ) 一个名副其实的国王的乐趣就是有的时候不要太像个国

王,走出戏院,脱下戏装和长靴,去跟一个信任的人扮演比较随便的角色。

17(Ⅰ)　君主的宠臣的谦虚比任何东西都更能给君主增光。

18(Ⅰ)　宠臣是没有什么结果的;他没有聘约也无人交往;他可以身边围着亲戚和心腹,但是他不爱护这一切,他对一切都无所谓,仿佛与世隔绝。

19(Ⅳ)　失宠于君主的人有一个好出路,那就是退隐。与其靠已经丧失的残恩余宠混迹于上流社会并在那里成为新的人物,不如销声匿迹,这对于他来说应该是更为有利的。

20(Ⅵ)　一个宠臣如果有点水平和有点情操的话,我相信他往往会因为追捧他、追随他、作为卑劣的心腹依附于他的那些人的卑躬屈节,卑劣行径,奉承拍马,多余的关怀和无谓的照顾而感到尴尬和困惑,而且他对如此奴颜婢膝的行为的补偿则是付之一笑和嘲弄。

21(Ⅵ)　当权的人,大臣,宠臣,请你们允许我这么说吧,你们别指望后代来维护你们死后的名声和让你们的名字永垂不朽:头衔不再,恩宠消亡,爵位不存,财产散失,功劳消退。诚然,你们有孩子可以无愧于你们,我甚至说他们能够维护你们的全部家产;但是谁能够保证你们的孙子呢?你们不相信我的话罢了,你们看看某些人从来不屑一顾的人一眼吧:他们有祖先,他们的祖先跟你们一样都是大人物,你们只是继承下来的罢了。你们必须有德行和人道,而如果你们问我:"我们还需要什么?"我回答你们说:"人道和德行。"这样你们将成为未来的主宰而不是依靠后代,你们肯定将跟君主政体一道存在;而当人们指着你们府堡的废墟这块也许是证明此处是曾经建筑过府堡的唯一地方的时候,民众对你们值得称许的行为还将记忆犹新;他们将热切地注视着你们的肖像和你们的勋章;他们会说:"你们看着画像的这个人①曾经无拘无束地跟他的主子侃侃而谈,他不害怕惹主人讨厌,而是害怕他主人受到损害;主人允许他做好人好事,允许他用'我的好城市'来说他的城市,用'我的子民'来说他的民众。你们看着他的图像这另一个人②,我们看到他刚毅的面容,加上庄重、严肃和威严的神气,使他的名望与年俱增;最伟大的政治家也无法与他媲美。他的伟大计划就是通过贬抑权贵来巩固君主的权威和人民的安全:不管是什么党派,什么阴谋,什么叛变,死亡的危险还是他的身体衰弱都无法使他改变主意。他本来还有时间开始一个作品,然后由我们最伟大、最优秀的一位君王来继续下去加以完成,这作品就是消灭异端③。"

22(Ⅷ) 在任何时代,由办事人员给大人物的和由大臣们给他们

---

① 安布瓦兹红衣主教,路易十二("人民之父"国王)的顾问,费奈隆在其《致国王的匿名信》末尾对他赞誉有加。——P.R.注
② 这另一个指黎希留红衣主教。——弗拉玛里翁注
③ 废除完成了黎希留的大业。——P.R.注
南特敕令的。——译者

国王设置的最巧言令色和最似是而非的骗局,莫过于教给他们还债和发财之术了。多么好的建议!多么有用的、有利的箴言!一个金矿,一个秘鲁,至少对于迄今为止会把这堂课教给他们的主子的人来说的确如此。

23(Ⅳ)　如果君主能够信任并选择那些假如民众自己当主人也会信任和选择的人当大臣,这对于民众来说,就是莫大的幸福了。

24(Ⅳ)　通晓共和国的细节,或者说对共和国最微小的需要无微不至地关心是好政府的一个基本方面,可这在最近以来事实上被国王或者大臣们忽视了。不过我们对于不了解此事的君王不能过于期望,而对于掌握此事的君主也不要过于推崇。君王把他帝国的疆界推进到敌人的领土内;把敌人的地盘变成王国的省份;不管是围城还是作战,他都胜过敌人,而敌人不管在平原还是在最牢固的碉堡里,遇到他都没有安身之处;各个国家彼此呼吁,互相联合来保卫自己和制止他的前进,可是他们的结盟是徒劳之举,他一直前进,战无不胜;他们最后的希望由于他的身体康复①也破灭了,君主高兴地看到他的孙子亲王们继续着或者发展了他所经历的事情,投入战斗,夺取庞大的堡垒,征服新的州府,指挥着不是根据等级和出身而是根据才干和智慧提升的久经沙场、经验丰富的将领,追随着他们胜利的父亲的足迹,仿效他的善良,他的温顺,他的公正,他的警觉,他的英勇,可是

---

① 1686年路易十四肛瘘治愈。——P. R. 注

这一切对于民众的福祉和他们生活的安心有什么用呢？总之一句话，如果我愁苦不安，在压迫下或者在贫穷中生活；如果我躲避着敌人的追逐，在一个城市的广场或者街道中身处凶手的刀剑之下，而我不怕在漆黑的夜里，在浓密的森林中而害怕在城市的十字路口被抢劫或者被杀害；如果安全、秩序和清洁不能保证城市享有愉快的生活，没有给城市带来社会的富足和安康；如果我命中注定弱小而孤单，可是我的田地却苦于要跟一个大人物为邻；而如果没有充分考虑为我向他讨个说法；如果我没有足够的教师，而且是优秀的教师来教育我的孩子学习科学和艺术，以便有朝一日成为他们的事业；如果由于商业的便利，我穿优质布料的衣服，吃新鲜肉类，可我并不常常去买许多这些东西；如果最后，由于君主的照顾，我不是像他应该满意他的运气那样满意我的运气，那么君主靠自己和他的家人而感到幸福和无上光荣，我的祖国强大而令人害怕，这一切对于我，就像对所有民众一样，有什么用呢？

25（Ⅶ） 8000人或者10000人，对于君主来说，就像用来购买一个要塞或者一个城市的钱币；如果他能够花费得少一些，少死几个，那他就像善于讨价还价而且更清楚金钱的另外价格的人。

26（Ⅶ） 一个君主国如果把国家的利益跟君王的利益混在一起，那么万事兴旺发达。

27（Ⅶ） 为了歌颂一个国王而把他称为"人民之父"，还不如直呼其名或者给他下个定义①。

28（Ⅶ）　君主对他的子民和子民对君主之间有着义务的交换或者说回报：哪些义务的交换或者回报最必要也最艰难，我无法定下来。这要根据就尊敬、救助、服务、服从、依赖所作出的严格的保证和关于善良、公正、关怀、保卫、保护的不可缺少的义务之间的情况来判断。说君主是子民生命的裁决者，这只是说人们由于犯了罪自然要受法律和司法的制裁，而君主是法律和司法的受理人而已；必须进一步指出君主是其臣民所有财产绝对的、天经地义的、无可争议的主人，这是奉承话，这是一个宠臣在临死前要加以反悔的说法②。

29（Ⅶ）　你有时看到一大群羊在山坡上，在骄阳西下的时候，安静地吃着百里香和欧百里香，或者在草地上啃着收割者的镰刀漏掉的一种细嫩的小草，牧羊人认真而专注地站在他的绵羊身边；他一直看着羊，跟着羊群，领着羊群，换个放牧地；如果羊散开来，他把羊赶到一起；如果出现了一条贪婪的狼，他松开他的狗把狼赶跑；他饲养羊，保护羊；黎明天蒙蒙亮他已经在田野上，只是随着夕阳西下才离开：多么细心！多么警觉！服务得多么周到！在你看来，谁的情况最惬意，最自由，是牧羊人还是绵羊？

---

①　以父亲作为比喻具有双重性；博舒埃以此说明对幼稚的子民进行统治的必要性，而拉布吕耶尔则以此来说明关怀民众的义务。——P. R. 注

②　拉布吕耶尔强调指出独裁与绝对主义之间不同。绝对主义的君主权受基本法律的限制但不受分享也没有契约，因为国王是"直接进行管理的"。——P. R. 注

羊群是为牧羊人而生还是牧羊人为羊群而活？这是民众和管理民众的君主的率真的形象,如果他是个好君主的话。

君主的豪华与奢侈就像穿金戴玉的牧羊人,他手中拿着牧羊棒,他的狗戴着金项圈,用一根金丝带牵着。对于他的羊群或者对于抵抗恶狼来说,这么多金子有什么用呢?

30(Ⅶ) 给一个人提供时时刻刻为成千上万人做好事的机会,有什么职位比这种职位更令人满意的!让一个人时时刻刻有可能危害千百万人,有什么岗位比这种岗位更加危险!

31(Ⅶ) 如果在世上没有什么快乐比受到别人的爱戴更自然、更令人得意和更易于感受,而如果国王们都是人的话,他们会去过分购买民众的心吗?

32(Ⅰ) 正确治理没有什么普遍的规则和确定的措施;人们依据时间与机遇,而这取决于统治者的谨慎和看法;所以完美的治理便是思想的杰作,而如果民众由于习惯的依赖和服从,不作为作品的一半而参与其中,那这或许是不可能的事了。

33(Ⅰ) 在一个非常伟大的国王统治下,那些位居要津的人只不过担当一些容易的任务,他们可以毫不费难地完成;一切水到渠成:君主的权威和天才为他们铺平了道路,使他们避免了各种困难,使一切欣欣向荣超出他们的预料:他们有做下属的本领。

34(Ⅴ) 如果仅仅承担一个家庭都感到力有不逮,如果必须负责他自己一人都有点勉强,那么掌管整个王国是多重的负担,多大的压力！靠绝对权力给予的乐趣,靠廷臣的卑躬屈节,一个君主的辛劳是否能够得到补偿？我想到为了实现公众的安宁他有时不得不走艰难、危险而又没有把握的道路,我回顾他为了良好的目的经常使用的极端但必要的手段,我知道他必须向上帝担保他的子民享有至福,我知道善与恶都掌握在他手中,而任何事情他不能以不了解而得到原谅；于是我对自己说:"我还要统治人吗？"一个在私人权利方面稍微享有幸福的人,应当为了君主政权而予以放弃吗？对于由于继承权而在位的人,生来便是国王岂不是要承受得太多？

35(Ⅰ) 为了统治得好,上天要赐给多少礼物！一个令人敬畏的出生,一种威严而权威的气度,一个可以满足民众争先恐后来看君主的好奇心和使臣子保持尊敬的面孔,一个非常平静,不辛辣讽刺别人或者相当理性,不允许自己这么做的性情,绝不进行威胁和指责,不任性发怒但永远受人服从；脾气随和,讨人喜欢,心情开朗,表现忠诚,令人认为可以看到他心灵的深处,因此很适宜结交朋友,培植心腹和建立友党；可是关于他的动机和计划则是深不可测的秘密；在公众面前他严肃而庄重；不管是对君主们的大使的回答还是在会议上,他言简意赅但十分正确和充满自尊；他施恩的方式犹如第二个善举；选拔人员进行褒赏；辨别不同的智力、才干和体质以便分配岗位和职务,就是这样来选拔将军和大臣。处理事务时作出坚定、牢靠、果断的让人觉得是最好和最正确的判断;值得人们效法的正派和公道,乃至于说出不利于自己而有利于民众,有利于盟友,有利于敌人的话①;记忆力好而且记得牢,能够记得臣子的需要,他们的面孔,他们的名字,他们的要求;能力广泛,不仅涉及外部事务、商贸、国家的箴言、政治见解,通过征服新省份推进边界,并以大量坚不可摧的要塞堡垒来保证边界的安全;而且也善在内心深藏不露和专心致志于整个王国的政务细节:如果在王国中发现虚假、可疑而且与君权为敌的信仰②,便把它扑灭;如果有残酷而不道德的习俗③在王国中流行,便予以废除;如果法律和风俗中充满陋规,便进行改革;通过继续正确的治安管理使城市更加安全和舒适,而通过富丽堂皇的建筑物使城市更灿烂,更庄严;严厉打击丑陋的恶行;以其权威和榜样来弘扬宽宏和美德;保护教会,保护教会的圣职人员,保护教会的权利,保护教会的自由④,就像爱惜自己的孩子一样爱惜教会的子民;总是惦记着减轻民众的负担,减轻献纳金⑤,以至于献纳金从各个省份征收却没有使外省陷于贫困;伟大的作战才能,时时刻刻保持警惕,专心致志,勤奋劳作;拥有庞大的军队,亲自指挥军队;面对危难镇静自若,为国家利益不惜自己的性命;热爱自己国家的福祉和光荣胜过自己的生命;奉行非常绝对的统治,不让阴谋诡计和结党营私有可乘之

---

① 在1680年的一次诉讼中,路易十四为他的对手说好话。——P. R. 注
② 废除南特敕令的确受到舆论的欢迎,贝里在《全天主教的法兰西就是这个样》中予以批判。——P. R. 注
③ 决斗。——P. R. 注
④ 1682年法国教会取得合法地位。——P. R. 注
⑤ 古代君主在赋税以外征收的御用金。——译者

机,消除大官权贵和小民百姓之间有时存在的这种无限巨大的距离,使他们彼此接近起来,全都向绝对权力低头屈服;广博的知识使君主亲眼看到一切,立即亲自行动起来,他的将军们虽然不在他跟前,但只是他的代理长官,而大臣则只是他的命令执行者;深邃的智慧知道如何宣战,如何取胜和如何运用胜利,知道如何缔结和约,如何撕毁和约,有时,当然是根据各种利益的需要,知道如何迫使敌人接受和平;为巨大的野心制定规则,而且知道征城略地应该到何处为止;身处隐蔽或者公开的敌人中间,能够抽出闲空玩游戏、办庆典、演节目;培植艺术与科学;制定和执行惊人的建设计划。总之,一个超越众人而强有力的天才,受到他的臣民的爱戴和尊敬而为外国人所害怕;他把整个宫廷,甚至整个王国变成仿佛是一个家庭,大家亲密团结在同一个家长领导之下,彼此的团结一致令世界其他地方的人都望而生畏;在我看来,这些令人可钦的美德就蕴藏在君主的思想中;诚然,很少看到这些美德表现在同一个问题上,必须有太多的因素:精神、心灵、外观、气质同时起作用,而我认为集所有美德于一身的君主的确无愧于大帝的称号①。

论人

1（Ⅰ） 看到人们冷酷无情,忘恩负义,不公,骄傲,珍爱自己而忘掉别人,你不要发怒:他们生来如此,这是本性使然。石头要落

---

① 对路易十四的赞扬。——译者

下，火要烧起，就随它去吧。

2(Ⅰ) 人从某种意义上来说是不轻浮的，或者说只是在小事上轻浮。他们改变衣服，改变言语，改变仪表，改变礼节；他们有时改变口味；但他们总是保留着他们的坏风俗，他们对邪恶，或者说，他们对美德无动于衷，这一切都坚定而恒久。

3(Ⅳ) 斯多葛主义是一种智力游戏和一种类似柏拉图的共和国的理念。斯多葛主义者假装人们可以身处贫穷而欢笑，可以对辱骂，对负义，对丧失财产以及父母和朋友的亡故若无其事；可以冷漠地面对死亡，仿佛这是件不会令人高兴也不会让人忧伤的无所谓的事情；可以不被快乐所战胜，也不被痛苦所征服；可以感觉到自己身上某个地方有铁的压榨或火的烧烤却不发出一声呻吟，也没有流一滴眼泪：他们喜欢把如此想象出来的美德和忠贞的幻象称为贤人。他们把在人身上发现的所有缺点留给人而几乎没有指出人的弱点。他们不是把人的恶行画成可恶和可笑的图像用来供人匡正恶行，而是给人勾画出人根本没有能力实现的完美无缺与英雄主义的理念并鼓励人去做不可能的事情。于是，当事实上超出其意义的人为了丢失一条狗或者打碎一个瓷器而叫喊，绝望，眼睛闪光，屏住呼吸的时候，根本不存在的或者说想象出来的贤人却自然而然地存在而且自己能够超脱一切事件，凌驾于一切祸患之上：最痛苦的痛风，最严重的绞肠痛，也无法让他发出一声呻吟；天可翻，地可覆，也无法使他倾覆,他始终屹立在宇宙的废墟上①。

4(Ⅳ) 精神不安,情绪不宁,心情不定,行事不决;形式各异但彼此有千丝万缕联系的所有心灵恶行,并不总会在同一事件上互相引发。

5(Ⅵ) 很难断定究竟优柔寡断使人更不幸还是更可鄙;同样,究竟作出错误的决定是不是比不作任何决定弊病更大。

6(Ⅵ) 一个变化无常的人不是单独一人而是好几个人;有多少口味和多少不同的生活方式就变成多少人;他每时每刻都不是原来的样子,而且很快就变成从来没有过的样子;他自己取代着自己。别询问他是什么性情,而是要问有哪些性情;别问他是什么脾气,而是要问他有多少种脾气。你没搞错吗?你是跟俄迪克拉狄说话吗?今天会用什么肉冻来接待你!昨天他力图得到你,他亲切接待你,你让他的朋友妒忌你;现在他认得你吗?报上你的名字来。

7(Ⅵ) 梅纳尔克②从家里楼梯上下来,打开门要出去,他把门又关上;发现自己戴着睡帽。于是他回身来仔细检查自己,发现自

---

① 对斯多葛主义的这种来自于蒙田,由拉莫特·德·维埃这些怀疑论者加以引述的批评,也具有经验主义的成分。——P.R.注

② 这不是一种特殊的品格而是一系列消遣的事实;如果这些事实使人愉快,那数目就不可能多;因为口味既然不同,就必须有取舍。——拉布吕耶尔注

己胡子只刮了一半,佩剑挂到了右边,长袜落到脚后跟上而衬衣拖在齐膝短裤外面。他进入广场,感到肚子上或者脸上被狠狠打了一拳;他猜想不出这可能是怎么回事,直到他睁开眼睛醒过来,才发现自己或者是站在马车的辕木前面,或者是站在一个工人扛在肩膀上的木匠长板后面。有一次他的前额跟一个盲人的前额对撞,两腿被绊住,他跟这个盲人各自脸朝天倒了下来。他好几次跟一个王公迎面相遇,在王公走过时,他几乎被认出来,不过他慌忙贴在墙根前给王公让路。他寻找,他慌手慌脚,他大声叫喊,他情绪激动,他一个个喊他跟班的名字:这些下人把他所有东西都搞丢了,把所有东西都搞乱了;他要手套,其实手套就在他手里抓住,就像这个女人面具戴在脸上却四处找她的面具。他走进房间①,从一盏分枝吊灯下走过,他的假发被钩在那里,而且一直挂在那里;所有的廷臣看着都笑了;梅纳尔克也看着而且笑的声音比别人都响,同时他眼睛四处张望,要在全场人中找到那个没有假发露出耳朵的人。他要是到城里去,走没多远,就认为自己走错了路,他心情不安,向过路人询问他在哪里,人家准确地对他说出他的路名;他之后走进自己的家,又急急忙忙跑出来,以为自己走错了家门。他从宫殿下来,看到在台阶下面有一辆四轮马车,他把这辆车当成自己的便坐了进去,车夫驾车以为是送自己的主人回家;梅纳尔克跳出车门,穿过院子,走上楼梯,走过前厅、卧室、书房,他觉得一切都非常熟悉,没有什么新的;他坐下来休息,他是在自己家里。主人来了,梅纳尔克

---

① 国王的房间(下面所说的宫殿指司法宫)。——P.R.注

起身接待,他对主人非常礼貌,请对方坐下,认为他在尽地主之谊;他讲话,他梦想,他再讲话;房子的主人不耐烦了,一直惊讶不已;梅纳尔克也一样惊讶但没有说出他的想法:他在跟一个讨厌的人,跟一个没事干的人打交道,这个人最后会走掉的,但愿如此;于是他耐心等待,直到黑夜来临,他才醒悟过来。又有一次他去拜访一个夫人,可是过不久他就相信是自己在接待这个夫人,他坐在这个夫人的靠手椅上,而且丝毫没想到要离开这把靠手椅;然后他觉得这个夫人拜访时间长了,时刻等待她起身让他清静些;可是由于这个拜访一直拖下去,他饿了而且夜已深,他邀请她吃晚餐;她笑了,而且笑得这么大声,才使得他醒悟过来。他自己早上结婚,晚上就忘记了,结果新婚之夜在外面过夜;几年之后,他妻子过世,死在他的怀里,他参加了她的葬礼,可到了第二天,当佣人来禀告饭菜已经上桌,他问他妻子是否准备好,是否通知了她。还有一次他走进教堂,把一个靠在门上的盲人当作柱子,把他的茶杯当作圣水缸,把手放进去,把茶杯举到额前,突然他听到柱子开口说话并向他献上祷告。他向前走进大殿,他以为看到拜垫,重重地扑了上去;这大家伙折身,陷了下去,用力叫喊;梅纳尔克惊奇地看到自己跪在一个个子非常小的人的膝盖上,这个人顶住他的背,两只胳膊抱住他的肩膀,合着双手伸过来捂住他的鼻子和嘴巴;他莫名其妙地走开跪到别的地方去。他抽出一本书做祈祷,可是出去前,他把他的拖鞋当作他的日课经,装进自己的口袋里。他还没走出去,一个穿号衣的人从后面跑来,追上他,笑着问他有没有拿殿下大人的那只拖鞋;梅纳尔克把他的拖鞋拿给那个人看,跟他说:"我身上所有的拖鞋都在这里，"不过他还是翻翻自己的口袋，抽出了**主教的那只拖鞋，原来是他刚刚离开主教，主教生病了，躺在火炉旁边，梅纳尔克在向主教告辞前，拾起这只拖鞋以及掉在地上的他的另一只手套，这么一来，梅纳尔克回到自己家的时候就少了一只拖鞋了。有一次他赌钱把身上带的所有钱输光了，他想接着赌，便走进他的书房，打开大柜，拿起他的钱箱，从钱箱取出他想要的东西，他以为自己已经把箱子放回原处，他刚刚关上柜门就听到狗叫声，他对这个奇迹惊讶不已，便又打开柜门，他哈哈大笑，原来他看到他的狗在里面，他把狗当作钱箱锁起来了。他玩西洋双六棋时想喝水，水端了上来，该他摔骰子了，他一手拿着摇掷骰子的纸杯，另一只手端着酒杯，因为口渴得很，他一口把骰子和差一点把纸杯都吞了下去，他把这杯水抛到西洋双六棋盘里面，淹住了他赌的牌。还有，他在自己的房间里，把痰吐在床上，把帽子扔在地上，还以为自己做得截然相反。他泛舟河上，问现在几点钟，别人给他表看，可他刚拿着表，便不再想到钟点和表的事，他把表扔到河里，当作个累赘。他自己写了一封长信，在信上多次撒上粉，然后总是把粉扔在墨盒里。不仅如此，他又写了一封信，把两封信封了口，而把地址搞错了，一个公爵大臣收到其中一封，打开信看到里面写道："奥里维埃师傅，收到本信即将收购的干草送来，切切勿忘……"他的佃户收到另一封，打开信，让人给他念出来，上面这样说的："大人，我诚惶诚恐收到阁下纡尊降贵给予的命令……"他还曾写过一封信，信是夜里写的，在封了信后，他吹灭了蜡烛；他总是惊讶他什么也看不见，而且几乎不明白这是怎么一回事。梅纳尔克从卢浮宫的楼梯走下,另一个人走上楼梯,他对那个人说:"我找的就是你。"他拉着那个人的手,叫他跟自己一起来,穿过好几个院子,进入各个大厅,从大厅出来;他来来回回地走,最后他终于看了看他拉着走了一刻钟的人:他感到惊讶居然是这个人,他没有什么要跟这个人说的,他松开那个人的手,转身朝别的方向走了。经常他问你事情,可当你想回答他时,他已经离开好远了;或者他跑过来问你父亲身体怎样,你告诉他非常不好,他大声说他很乐意听到这个消息。另一次,他在路上见到你,他很高兴与你相遇;他为了跟你谈某件事从你家出来;他端详着你的手,说道:"你有一块漂亮的红宝石,这是玫红尖晶石吗?"说着他丢下你,继续走他的路了:这就是他要跟你说的非常重要的话。他要是在乡下,会对某人说很高兴见到他秋天能够从宫廷溜出来,把待在枫丹白露的全部时间留在自己领地里度过,他说起别的事情,然后又回到这件事上来,他对那个人说:"你在枫丹白露日子过得好惬意,你一定在那里打了不少猎[①]。"然后他开始讲一个故事,可是忘记把故事讲完;他突然脑子里想起另一件事,他心里乐得笑了,他自想自的事,他不出声地唱了起来,他吹口哨,他俯身趴在椅子上,他发出一声呻吟般的叫声,他打哈欠,他自以为是独自一人。如果他参加宴会,人们看到面包不知不觉间堆在他的盘子上,而他旁边的人面包少了,同样,他也不让他们长时间动刀叉:餐桌上为了就餐方便,放了把大勺子;他拿起勺子,挖进菜里,装满一勺,送入嘴中,他看到自己的内衣和外服上洒满他刚刚喝下去的

[①] 宫廷10月份在枫丹白露狩猎。——P.R.注

汤也若无其事。他整个中饭没有喝酒，或者要是他想起喝酒，可又觉得人家给他倒得太多，便把一大半酒洒到他右边的人的脸上，然后他平静地把剩下的喝了下去，他根本不明白为什么所有的人看到他把多倒的酒洒到地上会那样哈哈大笑。有一天，他因身体不适没有起床，有人来拜访，一群男女站在床和墙间的小过道里跟他谈话，他当着他们的面，掀起被子，把痰吐在毯子上。人们把他带到夏尔特尔修道院，让他参观一个回廊，里面挂着全部出自名画家之手的作品。向他解释这些作品的修士谈到圣布吕诺，谈到议事司铎和他的奇遇，总之是一个很长的故事，这个故事就在一幅画中展现出来。正当人家叙述故事的时候，梅纳尔克已经走出回廊，走得老远，他询问神父究竟是议事司铎还是圣布吕诺被罚入地狱。他碰巧跟一个年轻寡妇在一起，他跟她谈起她已故的丈夫，问她丈夫是怎么去世的；这番话重新勾起这个女人的痛苦，她痛哭，她哽咽，反反复复谈她丈夫疾病的细节：她从他发烧前夜就照顾着他，他身体很好一直到生命垂危。"夫人，"梅纳尔克表面上留意地听着她，问她道，"夫人，只有那个人是您丈夫吗？"一天早上，他匆匆忙忙吃了早餐，还没有吃果点就起身，跟其他人告辞。人们看到他这一天跑遍全城，可就是他特别约定要去办这件事的那个地方没有去，这件事本来会让他没空吃午饭而且还要步行出城而不等候他的四轮马车的。你听到他喊叫、责备、怒斥他的一个佣人吗？他奇怪这个佣人居然没有见到他，"他会在哪里呢？"他说道，"他在干什么？他发生什事了？他不到我跟前来，我现在就要把他赶走。"那个佣人来到了，他傲慢地问这个佣人从哪里来的；佣人回答说是从他派去的那个地方来的而且向他忠实地汇报了任务的情况。他不是某种人,可你往往会把他看成是这种人:你会把他视为傻瓜,因为他不听人讲话,而他自己说得更少;你会把他视为疯子,因为他除了自说自语之外,还会做某些鬼脸和头不由自主地动动;你会把他视为骄傲和不讲礼貌的人,因为你向他打招呼,可他走过去,正眼也不看你一下,或者他看着你却不跟你还礼;你会把他视为轻率的人,因为他在一个有破产污点的家庭中谈论破产,在一个其父亲上了断头台的人面前谈处决和断头台,在一些富有而自命为贵族的平民面前谈论平民。同样他打算把一个私生子以仆役的名字和身份放在身边抚养;而他虽然想瞒过他的妻子和孩子们,可还是一天十次漏嘴喊那个私生子为我的孩子。他还决定让他的儿子娶一个生意人的女儿为妻,可他在谈到他的家族和他的祖先时,总是时不时说梅纳尔克家族的人从来不跟社会地位低下的人联姻。最后他在聚会时总是心不在焉,不注意谈话的主题。他一边想一边说,可是他所说的很少是他所想的事情,所以他说的总是有点前言不搭后语和有头无尾:他说不的地方,往往该说是;而他说是的地方,肯定他是想说不;当他十分正确地回答你时,他眼睛睁得大大的,但是他眼睛根本没有用,他既不看你,不看任何人也不看世上的任何东西。即使是在他最专心,沟通得最好的时候,你从他嘴里能够掏出来的全部话就是这些:"的确是这样。""真的。""好。""就这样?""好呢!""我认为是这样。""啊,天哪!"以及其他几个单音节的词而且还用得不是地方。同样他跟别人在一起总是显得身份不对:他十分认真地称呼他的跟班"先生",而喊他的朋友拉维迪尔;他称一个王室亲王"神父阁下",而称一个耶稣会士"殿下"。他听弥撒时,教士打喷嚏,他对教士说:"上帝保佑你!"他跟一个法官在一起,此人性格持重,年迈爵高而令人尊敬,问他某一事件是否如此,梅纳尔克回答道:"是的,小姐。"有一次,他从乡下回来,他穿号衣的仆役们打算偷他的东西而且偷到了手。他们从四轮马车上下来,在他脖子上挂了一段蜡烛,要他的钱包,他把钱包给了他们。回到家里,他把这个奇遇告诉他的朋友们,朋友们自然要询问当时的情况,他对他们说:"去问我的仆役们吧,他们当时在场。"

8(Ⅳ) 不礼貌不是心灵的一个恶行,而是许多恶行——愚蠢的虚荣心、对自己义务的无知、懒惰、愚蠢、心不在焉、蔑视他人、嫉妒——共同作用的结果。即使这仅仅是形之于外,也更为可恨,因为这从来都是一个显而易见、昭然若揭的缺点。不过根据产生这种缺点的原因,其伤害人的程度的确有轻重之分。

9(Ⅳ) 说一个人容易发怒,变化无常,喜欢吵架,性情阴郁,吹毛求疵,古怪任性:"这是他的脾气。"这不是像人们所认为的是原谅他,而是不经思考地承认这些如此巨大的缺点是无可救药的。

所谓的脾气是人们非常容易忽视的事情。人们必须懂得只是善良还不够,还必须表现出来,至少他们要乐于交往,能够团结与沟通,这就是说要成为交际的人。我们不要求狡诈的人具有温柔和灵活,他们从来都不缺少这些,而且这被他们用来作为欺骗头脑简单的人和施展他们诡计的陷阱。我们希望心地善良的人始终待人随和,平易近人,亲切和气,希望坏人害人而好人受罪的事有时不成为事实。

10(Ⅳ)　大多数人因发怒而谩骂。有的人则反其道而行之;他们先是侮辱别人,然后自己生自己的气;这种办法总是令人惊奇而不会令人耿耿于怀。

11(Ⅰ)　人们往往不大注意不要错过与人方便的机会,似乎人担任某种职务就是为了能够让别人干什么事而自己则什么也不干。最快而首先表现出来的是拒绝,而只是经过考虑之后才同意给予。

12(Ⅷ)　你必须明确了解你从一般所说的人和从各个个别的人那里有望得到什么,然后你才决定跟别人交往。

13(Ⅳ)　如果贫穷是罪行之母,那么缺乏思想则是罪行之父。

14(Ⅰ)　一个非常没有教养的人难以有足够的思想,最终必须有一个正直而敏锐的天才把人引向规矩,引向诚实,引向美德。对坏与错顽固不化的人缺少良知与洞察力。人们企图以含沙射影的讽刺话来匡正这种人,但也徒劳,因为他没有看出这指的是他自己;这犹如对聋子谩骂。为了让有教养的人高兴和替公众洗雪,但愿一个坏蛋不要落到丧失一切感情的地步。

15(Ⅰ)　某些恶行不是因某人而产生,而是我们与生俱来的,因习惯而巩固加强;另一些恶行,人们虽然有这些恶行但对此感到陌生。我们有时候生来便有某些平易近人的习俗,亲切和气和完全愿意取悦于人,但是由于受到一起生活的人或者自己所依靠的人对待我们的态度的影响,我们很快便感到无法忍受,甚至失去了自己的本性,产生了自己也认不出自己的怒气和烦恼,我们看到自己有另一种性情,最后惊讶地发现自己变得冷酷和挑剔。

16(Ⅱ)　人们询问为什么所有的人在一起不能组成一个单独的国家,也不愿说同一种语言,生活在同样的法律之下,彼此之间约定奉行同样的习俗和同一个信仰;可我,想到人们思想、爱好和观念的对立,我惊讶地看到居然有七八个人聚居在同一个屋檐下,生活在同一围墙之内并组成了一个单一的家庭。

17(Ⅰ)　有一些奇怪的父亲,忙碌一生似乎只是为了一件事:为他们的孩子准备好对他们的死亡不感到痛苦的理由。

18(Ⅰ)　大部分人的脾气、习俗和生活方式都很奇怪。有的人生来本是快乐、平和、懒散、华贵、高尚、勇敢和远离一切卑鄙行为的,可实际上他的一生却生活于愁苦、暴躁、吝啬、奉承、服从、勤劳、自私之中,生活的必需、所处的境遇、必要的法律扭曲了人性,从而使人性发生这些巨大的变化。因此,这样的人就其实质和内心来说是说不清道不明的,太多外界的事物使他变坏,使他改变,使他动荡不安,严格说来,他并不就是他目前这个样子或者他显现出来的样子。

19(Ⅰ) 生命短暂而又无聊,生命的流逝令人感到遗憾。人们把自己的休息和快乐寄托于未来,寄托于绝大部分财产、健康和青春已经消失的年龄。这个时刻终于来到了,当我们还沉溺于各种欲望之中时,这个时刻突然不期而遇。在我们发烧得意志消沉之时,我们已经到了这种境地;而如果我们获得治愈,那只不过是处于更长久的渴望之中。

20(Ⅷ) 由于我们渴望得到,我们听任自己受我们寄以希望的人的摆布。你想肯定获得,那么你就等待时机,你就讨价还价,你就投降屈服。

21(Ⅰ) 人不幸福是司空见惯的事情,一切财产要千辛万苦买下来是基本的道理,以至于容易的事情变得令人可疑。人们几乎不明白:花这么少钱的东西怎么会对我们十分有利,或者尽管采取了正确的措施,我们怎么会如此容易地实现我们预定的目的。人们认为杰出的成功是自己应得的,但不给予过多的期望。

22(Ⅳ) 说自己不是生来幸福的人至少有可能因其朋友或者亲人的幸福而幸福。嫉妒使他失去了幸福的这个最后来源。

23(Ⅵ)　虽然我可能在别的地方说过受苦的人有错,但人似乎生来就是要遭受不幸、痛苦和贫穷,很少人能够逃脱这个命运,而且由于各种灾祸都可能发生在他们身上,因此必须对各种灾祸做好准备。

24(Ⅰ)　人们在办事中彼此接近是那么艰难,对哪怕最微不足道的利益都那么斤斤计较,在生活的道路上是那么困难丛生,是那么强烈地想欺骗别人而根本不想被别人欺骗,把属于自己的东西看得那么重而把属于别人的东西看得那么轻,以至于我承认我不知道缔结婚约,签订合同,商量获得之物,签署和约,确定停战,签订条约,缔结联盟该从哪里开始和怎样进行了。

25(Ⅴ)　某些人以高傲代替威严,以残忍代替坚定和以狡猾代替机敏。

(Ⅰ)　狡猾的人很容易相信别人也是狡猾的,他们不大会受骗,但他们也不能长久骗人。

(Ⅴ)　我从来都十分乐意通过当傻瓜和被人认为是傻瓜来脱胎换骨做个狡猾的人。

(Ⅴ)　好事不要欺骗人;狡猾在谎言之外还加上恶念。

26(Ⅷ)　如果世上少些受骗者,那么就会少些所谓的精明人或者狡黠者,少些在其一生中因善于骗人而取得虚荣和荣誉的人。埃洛菲尔言而无信,不愿助人,狡猾欺诈,可这并没有对他有什么损害,相反他理所应当地得到他没有效过劳或者受他伤害的人的恩宠和好处,你怎能不让他拼命地推崇他自己和他的手腕呢?

27(Ⅳ) 在大城市的广场和街道上,从路人的嘴中,我们只听到功勋、扣押、审问、诺言以及为自己的许诺辩护。是不是在世界上连起码的公正都没有了?世上是不是相反充满着这样的人:他们十分冷静地索取他不该要的东西或者断然拒绝归还他应该归还的东西?

(Ⅷ) 伪造文件作为纪念或者用别人自己的话来说服他们,这是人类的耻辱。

(Ⅳ) 如果没有了烦恼、利益、不公,那么在最大的城市里是多么安静!除了必需品和生活之外,这里没有第三个麻烦。

28(Ⅰ) 没有任何东西能够促使一个明理的人平静地忍受他的父母和朋友对他所造成的伤害,除非他对人类的恶行进行了思考。人们要做到坚韧不拔,慷慨无私,忠心耿耿,重视友谊胜于自己的利益是多么艰难的事情。由于明理的人了解人们智力所及的限度,所以他不会要求人们深入物体之内,飞行于空气之中,要求他们做到大公无私。他可以憎恨笼统意义的所有的人,因为在他们身上美德是如此稀有；但他原谅各个具体的人，甚至出于更高尚的原因而爱他们，不过他争取尽可能不需要受到这样的宽容。

29（Ⅰ）　有一些财富人们狂热地追求，只要一想起来便会心摇神荡，激动不已。可如果我们终于得到了这些财富，我们会出乎想象地比较平静地去感受，我们会更少地享受这些财富以至于不会期望得到更多。

30（Ⅰ）　有一些可怕的灾祸和极端的不幸我们想都不敢想，只要一看到就令人心惊胆战。如果我们终于身陷其中，我们会找到根本没有想到的办法，我们挺起身子去面对自己的不幸而且我们会做得出乎预料的好。

31（Ⅳ）　有时只要有一栋继承来的漂亮的房子，自有的一匹骏马或者一只良犬，一条地毯，一口钟，就可以缓解一个巨大的痛苦和减轻一个巨大的损失。

32（Ⅴ）　我假设人在世上永恒存在，然后进行思考，从而明白了人们正在从事自己安身立命这件伟大的事情，并不操心万物所处的现状。

33（Ⅰ）　如果生活穷苦，过这种生活就难以承受；如果生活幸福，失去这种生活就是可怕的事情。两者都是一回事。

34(Ⅰ)　人们宁愿节省储存而不愿照顾好自己的生命,这是丝毫没有意义的事情。

35(Ⅷ)　伊蕾娜①花了许多钱去埃皮达鲁斯②,看到埃斯库拉普③在他的庙宇里。她请他医治她所有的病。她先是诉说她困乏无力,疲惫不堪;神宣称这是由于她走了漫长的道路。她说她晚上没有食欲;神谕命令她晚饭少吃。她又说她睡眠不好;神吩咐她到了夜里才上床。她问他自己为什么体重增加,该吃什么药;神谕回答说她应该中午以前就起床而且有时还要劳动自己的双腿走走路。她对医神说酒对她有害,神谕吩咐她喝水;她说她消化不良,神要她饿饿肚子。"我视力衰退了。"伊蕾娜说。"戴眼镜吧。"埃斯库拉普说。"我身体衰弱。"她继续说道,"我没有以前那么结实健康了。"神说:"这是因为你老了。""那么有什么办法医治这样的萎靡不振呢?""最快的办法嘛,伊蕾娜,就是死亡,就像你的母亲和你的祖先那样。""阿波罗之子啊,"伊蕾娜高喊道,"您给我的是什么建议啊? 难道人们发表出来让您在整个世界受到崇敬的,就是这样的学问? 您传授什么稀罕而神秘的东西给我了吗? 您教给我的所有这些药,难道我不知道吗?""那么你为什么不运用这些?"医神回答道,"免得你不远万里来找我,还害得你长途跋涉缩短了你的生命呢!"

---

①　德·蒙特斯潘夫人,波旁家族的支持者。——P. R. 注
②　古希腊伯罗奔尼撒半岛东北部沿海重要城市。——译者
③　古罗马宗教中的医神,等于古希腊的阿斯克雷皮奥斯。——译者

36（Ⅰ） 死亡只降临一次,但却让人一生时时刻刻都感到它的存在;对死亡提心吊胆比经受死亡更难以忍受。

37（Ⅴ） 不安、恐惧、颓丧,并不能使死亡远远离去,事实正相反;对于怀疑注定要死亡的人们,我只是认为过分的欢笑是否适合。

38（Ⅴ） 死亡所含有的不确定因素稍微缓和了确定无疑的事情,这就像无限的时间仿佛是无穷无尽和所谓的永恒。

39（Ⅰ） 想想看吧,我们现在叹息风华正茂的青春不再而且一去不复返,继之而来的将是衰老的暮年,这使我们不免惋惜当今我们对壮年还不够珍惜。

40（Ⅰ） 人们害怕老年,那是因为我们没有把握能够活到老。

41（Ⅴ） 人们希望年老,但人们害怕老年,这就是说人们热爱生活所以逃避死亡。

42（Ⅵ） 既然生来如此,就不如听天由命害怕死亡好了,而不必为了不怕死亡而不断努力,提出各种理由和各种想法,不停地挣扎。

43（Ⅴ） 如果世上的人有的死去,有的不会死,那么这是比死亡更令人遗憾的灾难。

44(Ⅴ)　一场久病似乎把人置于生与死之间,以至于对于奄奄一息的人和还活着的人来说,死亡本身成为一种解脱。

45(Ⅴ)　从人道的角度来说,死亡是结束老年的一个好去处。

预防老迈的死亡比结束老迈的死亡来得更适宜。

46(Ⅰ)　人们惋惜没有很好利用自己已经度过的岁月,但这并不都能够引导人们更好地运用他们的余生。

47(Ⅴ)　生命就是一场梦。老人是梦做得长的人,他们只是当要死的时候才开始苏醒过来。如果他们那时回顾一生的历程,往往找不出任何使他们成为翘楚的德行和值得赞颂的行动;他们混淆了不同的年龄,找不到任何东西可以清楚地标识出他们所经历的岁月。他们做了一个糊里糊涂、丑陋不堪而且毫无结果的梦,不过他们就像醒过来的人一样,觉得自己睡了很长的时间。

48(Ⅳ)　对于人来说,只有三个事件:出生、生活和死亡。他生无感受,苦于死亡,忘掉生活。

49(Ⅳ)　有一个时代理智尚未诞生,人就跟动物一样纯粹靠本能生活,这个时代在人的记忆中没有留下任何痕迹。理智在第二个时代开始发展、形成,而如果它不被各种恶行与胡思乱想,不被一连串接踵而来并一直延续到第三个也就是最后一个时代的偏见情绪所蒙蔽和几乎被扑灭的话,那它就会发生作用了。到了第三个时代,理智正处于盛年,本应产生影响,但它先是因年龄、疾病和痛苦而被漠视和削弱,继而因处于没落状态的身体机器失调而无所适从,可这些时代却正是人的生命。

50(Ⅳ)　儿童都高傲、自大、易怒、妒忌、好奇、自私、懒惰、见异思迁、胆怯、放肆、撒谎、虚伪,他们易笑也易哭,他们为了非常小的事情高兴得忘乎所以和悲伤得痛苦莫名;他们不愿受罪可喜欢使坏:他们已经是大人了。

51(Ⅳ)　儿童没有过去也没有未来,他们享受着当今,而我们所少的正是这一点。

52(Ⅳ)　儿童的品格似乎是统一的:这个年纪的人,习俗都一样,我们只是出于好奇的关注才能够了解其不同,这种不同随着理智而增加,因为各种嗜欲和恶行与理智一道成长,纯粹是由于这些嗜欲和恶行使得人与人之间变得如此不同,而使人跟自己本性变得如此截然相反。

53(Ⅳ)　儿童的心灵中已经有了想象和记忆,就是说具有老人不再拥有的东西,他们把这些得心应手地运用于游戏和所有的娱乐之中;通过想象和记忆,他们重复他们听到别人所说的话,模仿他们看到别人所做的事,他们会各行各业,因为他们专心致志地做千百种小玩意,模仿不同工匠的动作和姿势;他们参加盛大宴会,在那里烹调佳肴美食;他们想象自己置身于宫殿和神妙的场所;虽然他们只有自己,却想象自己拥有富丽的装饰和巨大的扈从,率领千军万马,进行战斗并享受胜利的欢乐;他们跟诸多国王和最大的王公说话;他们自己就是国王,他们有臣民,有宝物,他们可以用树叶或沙粒做出这一切,以及他们今后的生活中所不知道的东西,他们善于在这个年纪做他们命运的裁决者和他们自己幸福的主人。

54(Ⅳ)　任何外在的恶行和身体的缺点,没有不被孩子看出来的;他们一眼就看出这一切,而且能够用适当的字眼表达出来;人们不会比他们说得更恰当的了,可是他们成人之后也浑身满载着他们过去所嘲笑的一切缺点。

跟所有受制于人的人一样,孩子唯一关心的事就是发现他们老师的弱点;一旦他们能够败坏老师的声誉,他们就占了上风,就掌握了对老师的支配力,这是他们再也不会放弃的。这种弱点使我们第一次对他们失去了这种优势,也一直使我们无法重新获得优势。

55(Ⅳ)　懒散、怠惰和游手好闲这些儿童非常常见的恶行在他们的游戏中消失得无影无踪。在游戏时他们积极,专心,动作准确,遵守规则和力求协调,彼此不原谅任何错误,只要发现做错一件事便自己重新开始,这肯定是预示他们有一天会玩忽职守,但为了享乐绝不会遗忘任何事情。

56(Ⅳ)　在孩子们看来,院子、花园、建筑物、家具、人、动物,一切都显得大;而在成人看来,世上万物似乎也是如此,可我出于同样的理由敢于说,这是因为人是渺小的缘故。

57(Ⅳ)　孩子们之间的关系开始时是民国,每个人都是主人,而这是十分自然的,但他们不会长时间安于这种状况而转向君主国①。有的人或因动作更加敏捷,或因体质比较强壮,或因对不同的游戏和构成游戏的小规则了解得更正确而脱颖而出;其他的人听从他,于是他便成立了只运作于娱乐方面的绝对权力的政府。

58(Ⅳ)　谁能够怀疑小孩会构思,会判断,会进行逻辑推理呢？如果这一切只是发生在细小的事情上,那是因为他们是孩子,还没有长期的经验;而如果这是从坏的方面来说,那可不是他们的过错而是他们的父母或者他们老师的过错。

59(Ⅳ)　小孩没有过错而受罚,或者有轻微的过错而受重罚,这在孩子心中会完全失去信任而使一切变得徒劳无功。小孩完全知道而且比谁都更清楚自己该当何罪,他们所害怕的几乎正是他

---

① 参阅《西那》第二幕第一场:"最坏的国家是民国"。博舒埃在《给新教徒的第五次警告》中引用了这种说法。——P.R.注

们该受的处罚。他们知道对他们的处罚是对还是错,因此处罚不当和不加处罚都会惯坏孩子。

60(Ⅰ)　人们活着的时候没有充分地从自己的过错中得益。人的一生中都在犯错误;而由于错误不断,人们所能够做的一切,就是至死都在改正错误。

没有什么比能够不做傻事更值得高兴的了。

61(Ⅰ)　叙述自己的错误是痛苦的事;人们希望加以掩盖而透过于人,这就是指导神师强过忏悔师之处。

62(Ⅵ)　傻瓜犯的错误有时是如此沉重而难以预料,以至于这些错误使智者也要出错而只对干错事的人有利。

63(Ⅰ)　派性使最伟大的人物堕落到民众的心胸狭窄的地步。

64(Ⅰ)　我们出于虚荣或者礼节,跟我们出于爱好或者义务,所干的事情相同而所表现的形式一样。那个因彻夜守护他不爱的妻子而染上发烧刚刚在巴黎死去的人①就是这个样子。

---

① 孔蒂亲王,1685年去世。——P.R.注
　孔蒂亲王是17—18世纪波旁家族中一支重要的王族。——译者

65(Ⅳ) 人们内心希望得到尊崇,但是他们小心地掩盖自己希望得到尊崇的愿望;因为人们要的是被人视为有德之士,希望通过美德取得别的各种好处,我的意思指的是受人尊崇和赞扬,这就不再是有德了,而是喜欢受尊崇和被赞扬,或者说喜欢虚荣。人是非常虚荣的,因此只要能够被人视为有德之士,他们什么都愿意。

66(Ⅳ) 虚荣的人从说自己好话和坏话中谋取好处;谦逊的人不谈自己。

人们没有清楚地看出虚荣的荒谬和这是多么可耻的恶行,因为虚荣不敢表现出来,所以往往以相反的外表掩盖着自己的面貌。

假谦虚是对虚荣的最后一道涂饰,它使得虚荣者不显得虚荣,相反以跟他本性具有的恶行相反的美德来表现自己,假谦虚是一个谎言。假荣誉是虚荣的暗礁,它导致我们靠确实存在于我们身上但没有价值、不值一提的事情来得到别人的尊崇,假荣誉是一个错误。

67(Ⅳ) 人们装腔作势地谈论与他们有关的事情,他们只承认自己的一些小缺点,而且还要是能够令人想象出自己身上存在着突出才干或优越品质的缺点。因此人们抱怨自己记忆力不好,但却满意自己敏锐的感官和正确的判断;人们接受别人说自己心不在焉和胡思乱想的指责,仿佛承认他作为才子理应如此;人们说自己笨手笨脚,两手什么也不能干,但自己虽然缺少这些小本事却有敏于思的才干,或者众人皆知的心灵天赋而十分欣然自慰;人们承认自己懒惰,但使用的词语总是意味着自己心底无私和没有野心;人们对自己的不洁不感到羞愧,因为这只是小节上的疏忽而且还似乎意味着自己只专注于宏大和实质性的事情。一个军人喜欢说自己在某一天既不值班亦非奉命,而是出于过分的热情或者出于好奇置身于战壕之中或者别的某个十分危险的岗位上;他接着说他是由他的将军召回的。同样,一个机敏的人或者一个确实的天才,他生来就具有别人徒劳地孜孜以求也得不到的这种谨慎,他通过丰富的经验加强了自己思想的素质;他心里只想着事情的数目、分量、差别、困难和重要性,但这一切对他都轻松自如;他视野广阔,洞察力强,能够掌控一切事件;他根本用不着参考有关理政和政策的各种见解,也许他天生就是要影响他人的这种人;他由于正在忙着大事而无暇顾及他可能读到的一些有趣和愉快的东西,但他相反不会错过任何对他的生活和他的活动进行描述,可以这么说吧,如数家珍的作品。一个天生这样的人可以信口开河地说话,但不会连累到自己,他什么书也不知道,因为他从来不读书。

68(Ⅴ)　人们有时想掩盖他的弱点,或者减轻对这种弱点的批评,办法就是主动承认这个弱点。说"我无知"的人什么也不知道,说"我年迈"的人已经年过花甲,另一个说"我不富有"的人则是个穷人。

69(Ⅳ)　如果我们把谦逊视为一种内心感情,这种感情使人在自己心目中贬抑自己,从而成为一种所谓谦卑的超自然的美德,那么谦逊跟谦卑并不是一种截然相反的事物,或者说谦逊跟谦卑这样的美德是混同在一起的。人出于本性,傲傲然自视甚高,而且只是以这样的态度看待自己;谦逊只不过不让任何人感受出这一点而已,谦逊是一种表面的美德,它使人调整自己的眼神、举止、言语、声调,使他表面上像跟别人一样行动,仿佛他并没有不把他们当作一回事。

70(Ⅰ)　世上充满这样的人,他们习惯于在心里把自己跟别人相比较,总是认为自己品德优秀,他就这样为人行事。

71(Ⅳ)　您说必须谦逊,出身优越的人求之不得。您只要做到不去践踏出于谦逊而让路的人们和不去打击弯腰鞠躬的人就好了。

　　同样,有人说"衣着必须简朴"。有德之士求之不得,但是上流社会要求服饰华丽,于是就给它华丽服饰;上流社会渴望多余之物,于是便向它展示多余之物。某些人单凭漂亮的衣裳和华丽的布料来尊敬别人,人们总是愿意以这样的代价来受人尊敬。有些地方要看您的饰带是宽还是窄来决定允许还是拒绝您进入。

72(Ⅰ)　我们的虚荣和我们自视过高使我们怀疑别人对我们态度傲慢,这种情况有时有,但往往并不存在,一个谦逊的人没有这样的多心。

73（Ⅳ）　虚荣心使我们考虑别人究竟是以好奇的心情还是尊敬的态度看着我们，还是只是为了谈论我们的优点和称赞我们才在一起谈话，这种虚荣之心绝对不能有，所以我们必须有这样的自信，别认为别人窃窃私语是在说我们的坏话，或者他们笑起来就是嘲笑我们。

74（Ⅳ）　为什么阿尔西普今天跟我打招呼，向我微笑，纵身从车上跳下来迎接我？我不是富人，而且我是步行的，按常规来说，他应该没有看见我才对。他不是为了在同样的背景下让人看到自己跟一个大人物在一起吗？

75（Ⅳ）　我们是如此自满，以至于认为一切都与己有关；喜欢被人家看到，喜欢被人家指出来，喜欢别人甚至不认识的人向自己敬礼；即使他们忘记了，我们也会感到自豪的，我们希望他们猜测我们是谁。

76（Ⅰ）　我们在自己身外，在别人的看法中寻找我们的幸福，而我们明知道这些人是奉承者，他们不真诚，不公正，充满妒忌、任性和偏见。多奇怪的事！

77（Ⅰ）　似乎人们只会笑可笑的事情，但是我们看到有些人不管事情可笑不可笑都笑。如果你是傻瓜或者轻率的人，你在他们面前脱口说出一些不得体的话,他们嘲笑你;如果你是聪明人,你只说一些合情合理的事情,而且以必须说出的口气说出来,他们一样也嘲笑你。

78(Ⅰ)　以暴力或者诡计夺走我们财产的人和靠污蔑败坏我们荣誉的人,清楚地表明了他们对我们的仇恨;但他们并没有向我们证明他们也丧失了对我们的全部尊敬;因此我们不是不能给以某种回敬,即在某一天用我们的友谊来以德报怨。反过来,嘲笑是所有污辱中最不可原谅的。嘲笑使用的是蔑视的语言,并以最容易理解的一种方式表达出来;它从人最根本的方面,即对自己的评价方面,彻底击垮人;它使人自己觉得荒谬可笑,从而相信自己已经沦于可能达到的最坏境地而万劫不复。

　　我们内心喜欢并轻易地去嘲弄、非难和蔑视别人,这是一件恶劣的事情;而我们对嘲弄我们的人所怀有的全部愤怒则非难我们,蔑视我们这种对别人的态度。

79(Ⅷ)　健康与财富使人不去尝试做坏事,但同时却令人对别人冷酷;而已经承受着自身苦难的人出于同情之心则更能够理解他人的苦难。

80(Ⅶ)　似乎节庆、表演、交响乐能够让出身好的人对我们的亲人和朋友的不幸进行比较并更好地予以理解。

81(Ⅰ) 一个心灵伟大的人不会受到辱骂,遭受不公,经受痛苦,受人嘲笑,而如果他没有同情之心,那他就是无懈可击的了。

82(Ⅳ) 有一种耻辱就是看到某些苦难的遭遇而自己却是幸福的。

83(Ⅳ) 对于自己最微小的利益我们很快就会看到,而对于自己的缺点却很慢才能认识。我们不会不知道此人眉毛漂亮,指甲修长;可是我们几乎不知道此人是个独眼者;我们完全不知道此人没有思想。

阿基尔脱下手套,展示出美丽的手;她没有忘记露出小皮鞋,说明她有纤细的脚;不管好笑的事还是严肃的事她都笑起来,好让人看到漂亮的牙齿;如果她露出自己的耳朵,那是因为耳朵打扮得好;如果她从不跳舞,那是因为她不大满意自己的身材,她长胖了。她明白自己所有的利益所在,唯独一件事她不明白:她老爱说话,可她没有思想。

84(Ⅳ) 人们对于心灵的美德几乎全都不当一回事,却崇拜体力和精神的才能。有的人轻描淡写地说自己善良、有恒、忠诚、诚信、公平、感恩,认为不这样便有悖谦逊之道,只敢说自己身体灵活,牙齿漂亮和皮肤柔软,这太过分了。

的确有两种德行是人们所欣赏的:英勇和慷慨。因为人们非常重视这两种德行,它使人们可以无视生命和金钱,所以没有人在谈到自己时说自己英勇和慷慨。

没有一个人说自己,特别是没有根据地说自己正派、宽宏、高尚。人们赋予这些品质非常高的价值,所以只满足于想想而已。

85(Ⅴ) 不管在嫉妒和竞争之间有多么密切的关系,他们之间就像恶行和德行一样相距遥远。

嫉妒和竞争都体现在同一对象之上,那就是别人的善良与才德,但不同之处在于竞争是一种有意识的、勇敢的、诚信的情操,它使人的心灵丰富多姿,从伟大的范例中汲取教益,并往往把它提高到它所景仰的事物之上;而嫉妒则相反,是一种强烈的冲动,仿佛是对才德的一种无法自制的被迫的承认;它甚至会否定它所嫉妒的对象的美德,或者虽然不得不承认这种美德,却拒不给以赞扬,或者羡慕人们对美德的褒奖;嫉妒是一种不会结果的欲望,它使人固步自封、自满自足,一心只有自己的声誉,对别人的行动或者作品冷漠无情;看到世上除了自己这样的人才外还有别的人才,或者别人拥有跟他引以为荣的才干完全相同的才干而感到惊讶,这是一种可耻的恶行,这种恶行的膨胀,总是使受嫉妒之害的人陷于虚荣和自负而不能自拔,它并不能有力地说服他这种人比别人更有思想,更有才德,并不能让他相信只有他有思想,有才德。

竞争和嫉妒几乎只在从事同一行业,具有同样才干,身份地位相同的人之间发生;那些最糟糕的工匠最容易产生嫉妒,而从事自由艺术职业或者文学职业的人,画家、音乐家、演说家、诗人,所有敢于写作的人,应该都只会竞争。

任何嫉妒都不会没有某种羡慕,而且往往这两种情绪混杂在一起。羡慕则相反,有时它跟嫉妒有所分别,就像远远高过我们的条件:巨大的财富,宠幸,职务,它们在我们心灵中所引起的羡慕那样。

羡慕与嫉妒在同一问题上总是联合在一起而且相互促进,它们之间的区别只在于一者针对人,一者针对身份和地位。

一个才子不会嫉妒一个锻造出一把利剑的工人或者一个刚刚完成一个雕像的雕塑者。他知道从事这些技艺有他不知道的规则和方法,有一些操作工具他不会使用,不知道名字和什么样子,他只要想到自己没有学过这个行业,就觉得自己不是这方面的大师完全情有可原。相反他可能对一个大臣,对施政治国的人产生羡慕甚至嫉妒,因为理智和良知对于他和他们来说是共通的,而用来治理一个国家和处理公共事务的只有这两个工具,因此他们必须用条例、准则和经验给以补充。

86(Ⅰ) 完全愚钝和笨拙的人不多,高尚而出类拔萃的人更少。芸芸众生则茫茫然处于这两个极端之间。在这两者之中充满大量一般的人才,但他们对共和国非常有用,就像商业、金融、兵法、航海、艺术、工艺、好记忆力、活动能力、社交能力和交谈能力那样,他们本身便蕴含着既有用又令人喜欢的品质。

87(Ⅳ) 社交界适用的全部才情对于没有才情的人来说是一无用处的:他没有任何见解也不可能利用别人的见解。

88(Ⅴ) 人仅次于理性的要务可能就是感觉到自己丧失了理性;疯狂本身跟这种认识是不能并存的。同样仅次于才情的,可能就是认识到自己缺乏才情。于是我们做不可能之事:我们知道没有才情不是傻瓜,不是糊涂虫,也不是蠢材。

89(Ⅳ) 一个只是在某种平庸环境下才有才情的人摆出严肃的样子,而且是彻头彻尾的严肃:他一点不笑,从不开玩笑,从不讨小便宜,所以不可能参与大事,而只能,甚至是出于消遣,适应于最微小的事情,他几乎不会跟他的孩子玩游戏。

90(Ⅰ) 所有的人谈论一个糊涂虫时说这个人是个糊涂虫,可是没有一个人敢于对他本人这么说,他至死也不知道这一点,因此也没有谁受到报复。

91(Ⅳ) 思想与心灵之间是这么不协调!哲学家运用他的所有教条却不能正确观察事物,而政治家满脑子的观点和意见却不会管理自己。

92(Ⅰ)　思想跟一切事物一样会磨损用旧。知识是思想的食粮,给思想提供养料,使思想臻于完善。

93(Ⅰ)　小人物有时充满许多无用的美德,他们无法把美德付诸实践。

94(Ⅰ)　有的人可以不费力地承受恩宠和权力的重负,对他们自己的权势得心应手,即使是最高的职位他们头也不回。有的人则相反,盲目的运气,没有选择也没有区别地把它的恩惠压在身上,他们趾高气扬而毫无节制地享受着这些恩惠。他们的眼神,他们的举止,他们的语气以及他们进来的排场,充分表明他们心中对自我的欣赏和自命不凡;而他们变得如此六亲不认,只有到了倒台之后才变得可以接近了。

95(Ⅳ)　一个高大壮实的人,胸宽背广,轻松自如地挑一副重担而还有一只肩膀空着;可他的重担只要一半就会把侏儒压垮了。因此高职位使大人物更伟大,使小人物更加渺小得多。

96(Ⅶ)　有些人靠特立独行而取胜;他们在海上划船,扬帆前行,而别的人却在海上搁浅,遭灭顶之灾;他们违背一切成功之道而成功发迹;他们靠违规不法和胡作非为而获取最完美的智慧所产生的一切果实;对于那些效忠其他人,效忠他们顶礼膜拜,对大人物寄托最后希望的人,他们不予理睬而且要弄这些人。有才之士和办事的人对于大人物有用,可大人物才是他们所需要的人；他们在大人物身边辛苦一生，说风趣话，靠逗乐而谋取重要职位，通过不断插科打诨终于爬到真正高官的位置。他们的一切终于结束了，他们出乎意料地面临着一个他们既不害怕也不希望的未来。他们在这世上所遗留下来的，就是升官发财的榜样，可这榜样对于企图仿效的人来说却是致命的。

97（Ⅰ） 某些人曾经有一次做出一个崇高、英勇的行动而为全世界的人所知，人们要求这些人不要因为做了一次这么大的努力就显得精疲力竭的样子，至少要在他们的余生中保留着这种在平常人中引人瞩目的明智而合理的行为；不要沦于与他们已经取得的崇高声誉格格不入的卑劣行径；少参与到民众之中从而不让民众有机会近距离地看到他们，不让民众从好奇和景仰转到冷漠，甚至也许是蔑视。

98（Ⅰ） 对于某些人来说，仅仅改正一个缺点就比拥有千种美德更加困难。他们最不幸的是这种恶行往往最不适宜他们的地位，而且会使他们在社会上更加令人可笑，它削弱了他们优秀品质的光彩，使他们无法成为尽善尽美的人，他们的名誉无法完美无缺。人们并不要求他们更有教养和更为清廉，更守秩序和纪律，更忠于职守，更热衷公益，更加庄重，人们只希望他们不要多情。

99（Ⅰ） 有些人，如果只从少年时期的表现来判断，在其生命过程中，心灵与精神的变化会前后判若两人，以至于肯定认不出自己来。有的人过去虔诚、明智、博学,可是由于有过于庞大的财产而必然怠惰,这些品格已经一去不复返。还有另一些人,他们一开始便耽于享乐的生活,用自己的智力来学会怎么娱乐,可后来由于失宠他们变得虔诚、明智、节制。这后一类人通常是人们可以深深依靠的伟大臣民,他们具有一种经受了忍耐和困境考验的正直之心。他们通过跟女人的交往而得到了这种他们永远执著践行的极端礼貌,并在此基础上建立起了一种规则精神、思考精神,以及有时一种办公室生活和厄运之余所养成的巨大的能力。

我们的一切灾难来自于我们不耐寂寞,于是便赌博、奢侈、挥霍、酗酒、近女色、无知、诽谤、妒忌、忘掉自己和上帝。

100(Ⅰ)　人有时似乎不能完美无缺。黑暗、孤独使他不安,把他置于某种浮躁和无谓的恐惧之中,这时他可能感到的最小的痛苦,就是厌倦。

101(Ⅴ)　厌倦通过怠惰而进入社会,厌倦对于人们寻欢作乐、赌博、社交,起了很大作用。热爱劳动的人能够充分地掌握自己。

102(Ⅰ)　大部分人把自己生命中最美好的时间用来给别人制造苦难。

103（Ⅴ） 有些作品从 A 开始，以 Z 结束①；好、坏、最坏，全都收进去，某个类别什么也没有遗漏，这些作品是多么矫饰，多么做作！人们称这些作品为智力游戏。在情节的处理上同样有一个花招：已经开始了，就必须结束；编者想提供整个行业的内容。本来最好是或者加以变动或者中止下来，继续下去就比较罕见也比较困难，可是作者偏继续下去；通过自相矛盾来获取活力；虚荣支撑着，取代了理智，理智让位，放弃了角逐。编者把这样的雕琢用到了最富有道德的情节上，甚至用到介绍宗教的情节上。

104（Ⅳ） 只有我们的义务需要我们付出代价，因为义务的履行只跟我们切实必须做的事情有关，随履行义务而来的并不是高度的赞扬，履行义务是促使我们从事值得称许的行动的根本动力，并在我们的事业中支持着我们。N＊＊喜欢以虔诚炫耀自己，他向往管理穷人生活必需品的权力，成为穷人财产的托管人，把他的家变成分发捐赠品的公共仓库：教士和灰衣姑娘②在这里自由出入。全城的人看到他施舍的财物而广为传诵，要不是他的债主，谁会怀疑他不是个善人呢？

105（Ⅳ） 热隆德老迈而死但没有立下他考虑了 30 年的遗嘱：10 个人无遗嘱平分了他的遗产。长期以来他的生活全是靠他妻

---

① 拉布吕耶尔在这里批评识字读物编排结构的不自然。——P.R.注
② 爱德修女会修女。——译者

子阿丝特丽的照料,阿丝特丽还年轻,对他一心一意,寸步不离,照顾着他的晚年并最后为他送了终。可是他没有给她留下足够的财产使她可以不要依靠另一个老头生活。

106(Ⅳ) 宁愿丢掉职务和圣职俸禄也比在人生尽头——老年时加以出售或者出让好,那种做法就是认为自己不会死;或者如果人们相信自己会死,就是爱自己而且只爱自己。

107(Ⅳ) 弗斯特是个放荡者,一个浪子,一个不信教者,一个忘恩负义者,一个暴躁者,可是他的伯父奥雷尔却无法恨他,也无法剥夺他的继承权。

奥雷尔的外甥弗隆丹,20年众所周知的诚信廉洁和对舅舅无微不至的关怀,却无法使老人为他作出任何改变,他只能从老人的遗产中得到一份菲薄的年金,而这年金还是他唯一的受遗赠人弗斯特付给的。

108(Ⅰ) 仇恨如此长久,如此顽固地存在,以至于和解成为一个病人即将死亡的最重要的征兆。

109(Ⅰ) 人们打动别人的手段是:或者对占据着这些人心灵的欲望予以满足,或者对折磨着这些人身体的残疾表示同情,人们能够给予别人关怀的就只有这些了;因此身体好的人和要求不多的人不容易控制。

110（Ⅳ） 怠惰与嗜欲与生俱来，随人的死亡而终；不管是幸福的事件还是悲惨的遭遇都不能使之分开，对于人来说这是好运的果实或者厄运的补偿。

111（Ⅰ） 一个老头陷入爱河，这是人性的极大异常。

112（Ⅰ） 很少人记得自己曾经年轻而要做到纯洁和节欲是多么困难。人们在或者出于礼节，或者由于厌倦，或者基于养生而放弃了声色犬马之乐后，他们做的第一件事就是令自己耽于其他娱乐之中。这种行为蕴含着对刚刚舍弃的事物的某种依恋，人们希望自己不再享有的好处，其他的人也享受不到。这是一种妒忌心。

113（Ⅰ） 并不是由于需要钱，老年人会害怕有朝一日成为吝啬鬼。因为这样的人有巨大的财富，所以不大可能有这样的担心，而且他们既然为了满足自己吝啬之心而自愿节衣缩食，怎么会害怕在老年缺乏生活的必需品呢？这也不是希望把更多的财产留给他们的孩子，因为爱别人胜过爱自己这不符合人的本性，除非有些吝啬鬼没有继承人。这种恶行不如说是老人的年龄和性情的结果，他们就像年轻时耽于享乐，或者壮年时沉溺于自己的野心那样沉迷其中；他们不需要精力，不需要年轻，也不需要健康便可以成为吝啬鬼；人们也丝毫不需要急忙做出任何行动来节省他的收入，只需要让自己的财产搁在箱子里，而自己省吃俭用就行了，这对于老年人来说是适合的，他们需要有一种欲望,因为他们是人。

114(Ⅰ)　有些人住得不好,睡得不好,穿得不好,吃得更不好;他们忍受严寒酷暑,不与他人交往,在孤寂中度日;他们受苦当今,忆苦过去,害怕未来,其生活犹如持久不断的苦行,这样他们找到了通过最艰苦的道路走向死亡的秘诀;这些人是吝啬鬼。

115(Ⅰ)　在老年人心中,青春的回忆是温馨的:他们喜欢曾经待过的地方;他们在当时结交的人对于他们来说弥足珍贵;他们使用年轻时说的某些词;他们一直用老调子唱歌,跳旧的舞蹈;他们吹嘘以前衣服、家具、装束的流行式样。他们还无法非议那些曾经满足他们的欲望、对他们享乐如此有用、会勾起他们对这些玩乐的回忆的东西。他们怎么能够不喜爱这些而去喜欢他们完全没份,他们无法期望从中得到任何东西,由年轻人创造并轮到年轻人从中汲取防止衰老的如此巨大好处的一些新的习俗,一些崭新的时髦式样呢?

116(Ⅰ)　老年人过分的装扮是一种极大的疏忽,它使老年人皱纹倍增,更显出老相。

117(Ⅰ)　一个老人如果有丰富的思想,就自大傲慢而难以交往。

118(Ⅰ)　一个曾经在宫廷生活过、有见识而且记忆力强的老人是个无可估量的宝藏,他心中记住许多事件和处世之道,我们从他身上可以找到满载着非常有趣的细节、在任何地方都看不到的时代史;可以学到行为和风俗的一些永远可靠的规则,因为这些规则是建立在经验的基础之上的。

119(Ⅰ) 年轻人由于具有使他们快乐的激情,所以比老人更耐得孤寂。

120(Ⅳ) 菲迪普已经年迈却讲究清洁和懒散,他对小事十分敏感。他为自己规定了喝酒、吃饭、休息和锻炼的规矩,他所制定的小规则全都为了自身的舒适。他严格执行这些规则,不会为一个情妇而打破,如果生活制度允许他保留这些规则的话;他生活中充满多余的东西,这些东西由于习惯成自然而成为他的必需品。他就这样成倍增加和加强了他与生活的联系,他希望运用他所剩余的东西,以免一旦失去这些东西会更加痛苦。他不是相当害怕死亡吗?

121(Ⅳ) 雅东只为自己而活,其他所有人他都视如无物。酒席上他不满足于坐在首座,还一人占两人的位子,他忘记了宴会是为他也是为所有出席者举办的;他把自己当作菜肴的主人,每道菜都归他所有,他不把所有的菜都尝个遍就不专门吃哪道菜;他要同时把所有的菜都品味一番。在餐桌上他只用他的手把肉翻过来,倒过去,拽下四肢,撕下肉片,自己享用,以至于其他客人想吃的话只能吃他剩下的。客人们都得忍受他所有这些令人恶心的、会使最饥饿的人都倒胃口的肮脏行为；汤汁、酱油从他的下巴和胡子上滴下来；如果他从一盘菜里夹出一肉块，他会把肉块的汁液沿路滴在别的菜和桌布上，我们可以顺着汤渍跟下去。他旁若无人吃着，还发出巨大的声响；他一边吃，一边眼睛滴溜溜地转动着；餐桌在他看来就是一个喂食架；他剔剔牙，然后继续吃。他不管在哪里，都摆出一种要待着不走的架势，就像在自己房间里那样不急着去听布道或者去看戏。四轮马车里只有底部的座位合他的意，而照他的说法，坐任何别的位子，他都会面色苍白、虚脱的。如果他跟许多人一道旅游，他总是抢在他们之前来到旅店，给自己订最好的房间，最好的床位。一切东西都为他所用；他的跟班，别人的跟班，都同时跑来服侍他。他手边有的一切东西，猎犬群，车马扈从，全都归他所有。他为难所有的人，可他却不为任何人而劳动自己，他不同情任何人，他只知道自己的病，自己的胃胀，自己的烦恼；他不哀悼别人的去世，只害怕自己死去，乐意以人类的灭亡来救赎自己的生命。

122(Ⅴ) 克里东在他的一生中只有两件事情，那就是上午吃中饭，晚上吃晚饭。仿佛他生来只是为了消化似的。同样他说的话也只有一个内容，那就是他说他的第一道菜送到他上一顿吃饭的地方；他问有几个汤，什么汤；然后他放置烤肉和甜食；他记得清清楚楚在上第一道菜时都点了什么菜；他没有忘记冷盘、水果和拼盘；他能够说出他喝过的各种酒和各种饮料的名称；他知道他所到之处的烹调语言，而且他让我羡慕不已的是他能够吃到他没到过的地方的好菜。尤其是他善于品味菜肴，绝不会误断；他绝不会落到吃难吃的烤肉和喝差劲的酒这种可怕的不幸境地。这是此类美食家中的一个出色人物，而且他把美食的才能推广到他所到之处，我们再也见不到一个吃得这么多而且吃得这么好的人了，所以他是佳肴的评判者，而且他不允许别人喜爱他所否定的东西。可是此公已经辞世，不过他直至咽气之时至少还让人家把他抬到餐桌前。他去世之日还请人吃饭。不管身处何处，他都在吃，而如果他重返人间，那也是为了吃。

123(Ⅳ) 吕帆头发开始花白，但他身体健康，气色红润，眼睛有神，这些说明他还能活20年；他心情愉快，喜笑颜开，不摆架子，对一切都无所谓；他尽情地笑，不管见到什么都笑，独自一人笑，无缘无故地笑；他满意他自己，他的家人，满意他的小康生活，他说自己幸福。他失去了他的独生子这个前途远大、有朝一日会为他家庭增光的年轻人；他让别人去哀悼他的儿子，他说"我的儿子死了，他母亲会因此而死去"，于是他得到安慰了。他没有感情，没有朋友也没有敌人，谁都不妨碍他，所有的人对他都适宜，一切东西对他都合用；他跟第一次见面的人讲话就像跟他20年称为老朋友的人谈话一样随便，一样信赖，没谈一会儿，他就把自己的笑话，自己的轶事全都告诉那个人了。人们接近他，离开他，都没有引起他的注意，他跟张三开始谈的那个故事，谈完的时候，李四已经接替了张三。

124（Ⅰ）　N**身体衰弱不是由于年龄而是由于疾病,因为他还不到68岁,可是得了痛风病,而且他还有肾绞痛。他面孔瘦削,肤色发绿,身体几乎垮了。他改良田地的土壤,打算整整10年可以无须给田地施肥;他栽种幼木,希望不到20年这树木便会给他郁郁葱葱的树荫;他在巷子里盖了一栋方石屋子,在犄角用铁钩加固;他咳嗽着,用微小虚弱的声音保证别人绝对看不到死亡的情景;他每天由一个跟班搀扶着在他的工场里走着,他让朋友们看他已经做的和打算做的事情。他建造房子不是为了他的孩子们,他没有孩子;也不是为了继承人,这些都是小人,跟他闹翻了;这仅仅是为了他自己,而他明天将要死了。

125（Ⅷ）　安达格拉长着一副平常百姓的面孔,教区侍卫或者装饰大祭坛的石头圣人也没有他那样为众人所熟知。他上午跑遍一个法院的所有法庭和所有书记室,晚上跑遍一个城市的所有街道和十字路口;他40年来一直在打官司,现在他离死更近了而官司还远远没有了结。自从整个这段时间他参与了这些著名案件或者说漫长而复杂的官司以来,他没有到过司法宫;所以他获得了一个让律师嘴上一直挂着的名字,而这个名字就像名词和形容词的配合一样,跟原告或者被告挂上了钩。他是大家的亲属但大家又都讨厌他,几乎没有一个家庭他没抱怨过,也几乎没有一个家庭没抱怨过他。他相继忙于查封一块地,忙于反对公章确定的事情,忙于使用法律特权①,或者忙于将一个判决付诸执行;他除了每天参加几场债权人大会,到处担任辩护人和在所有的破产案件中浪费时光之外,他还有几小时空余的时间用于自己的事情,看看小巷子里的旧家具,在那里谈谈官司和讲一些新闻。您已经把他丢在菜地的一栋房子里,可您在大郊区②又见到他,这地方他预先已经告诉你要来的,现在他在这里已经重新讲起他的新闻和官司了。如果你自己要打官司,第二天天蒙蒙亮你就到一个审理您案件的法官家里去向他求情,可这位法官要等待安达格拉走了才能够来接见你。

126(Ⅰ) 有这样的人,他们把生命中的很长时间一面用来防止某些人伤害自己,而另一面用来伤害另一些人,他们就这样在给别人造了许多孽,自己也受了许多罪之后衰老而死了。

127(Ⅰ) 需要扣押土地和夺走家具,需要监狱和酷刑,我承认这一点;但是如果把司法、法律和需要搁置一旁,注意地观看人们何等残酷地对待别人,这对我来说,始终是一件新鲜的事情。

128(Ⅳ) 我们看到某些胆小的野兽,有公的和母的,散落在田野上,黝黑,面无血色,一起受太阳的炙烤,牢牢地钉在地上,顽强不懈地刨地翻耕;他们好像发出一个清晰的声音,而当他们站

---

① 对控告罪名的否决权、诉讼权。——P.R.注
② 圣热尔曼郊区。——P.R.注

立起来时,显出了人的面孔,的确,他们是人。夜里他们藏身于污浊的陋室中,靠黑面包、水和菜根过活;他们使别人免于为了生计而播种、耕耘和收获之苦,因此他们对自己所播种的面包应该没有匮乏之虞。

129(Ⅳ) 唐费尔南在他的省里游手好闲,无知,讲坏话,好吵架,奸诈,放肆,无礼;他拔剑刺邻居,结果无缘无故搭上了性命。他杀了人,他将被处死。

130(Ⅳ) 外省的贵族,对他的故乡,对他的家庭,对自己都一无用处,往往上无片瓦,身无衣裳而且一无长处,可他总是喋喋不休他担任宫廷侍从官的日子,讨论着市民阶级的毛皮和法官圆帽,他整个一生都沉浸于贵族衔头和证书中,却不能靠这些充当公众的大法官。

131(Ⅳ) 所有的人一般都会不断把权势、恩宠、天才、财富、爵位、贵族称号、势力、技巧、能力、德行、恶行、软弱、愚蠢、贫穷、无能、平民身份和卑劣行为这一切配合使用。这些东西混在一起构成万千不同的方式,在不同事情上互为补充,从而构成各种地位和不同的身份。另外,人们都知道彼此的强处和弱点,也以这样的方式互相对待,他们认为就该这么办,他们知道哪些人与他们势均力敌,感受到某些人比自己有优势,而自己又强过另外某些人,从而在他们彼此对待的态度上或者是随便,或者是尊重,或者是崇敬,或者是傲慢和蔑视。于是在公共场合人们相聚的地方，随时会见到这样的情形：有的人别人想方设法接近他，跟他打招呼，而对另一个人则假装不认得，避之唯恐不及；人们以认识某个人为荣，而以认识另一个人为耻；甚至有这样的情况：你以他为荣、想把他留在身边的人，正是不愿意你缠着不放，想离开你的人；同样的情形也常常发生：你不齿张三却被李四所不齿；你在此处瞧不起人，却在彼处被人瞧不起。更为常见的是：我们所蔑视的人正蔑视着我们。多么可悲的事情！而在如此奇怪的交往中，以为可以在这方面占便宜，必定会在另一方面吃亏。既然确实如此，那么放弃对于脆弱的人类如此格格不入的一切傲慢和一切骄傲，大家一起退一步海阔天空，以善良之心彼此相待，这样的善良之心绝不会受到伤害，相反会使我们达到不伤害任何人的至善，这岂不是两全其美的事情？

132（Ⅰ） 世上没有人听到哲学家的名字会害怕或者甚至去忏悔，因为谁对哲学都没有深刻的了解①。哲学适合于所有的人，将哲学付诸实践对于各种年龄、各种性别和各种身份的人都有用。它使我们的心情能够从别人的幸福，从不值得的偏爱，从低劣的成功，从自己力量的衰弱或者美貌的消退中解脱出来；它使我们有力量抵御贫穷、老迈、疾病和死亡，不怕那些傻瓜和恶意的嘲弄者；它使我们可以生活中没有女人或者可以忍受跟我们生活在一起的女人。

---

① 世人所能领会的只有依赖于基督教伦理学的哲学。——拉布吕耶尔注

133（Ⅰ） 人们在同一天中可以为小小的高兴而开怀，又可以因小小的忧伤而压抑；没有什么比在这么短的时间里他们心灵和思想中发生的事情更加起伏不定和更无条理的了。治理这种疾病的药就是对于世上万物只按它们的价值来评估。

134（Ⅰ） 要找到一个自以为幸福的自负者和要找到一个自以为非常不幸的谦虚者，这两者都很困难。

135（Ⅰ） 葡萄农、士兵和石匠的命运使我不会因为我没有亲王或者大臣的好运而认为自己不幸。

136（Ⅰ） 人只有一种真正的不幸，那就是犯错而有可以自责的事情。

137（Ⅰ） 大部分人为了实现自己的目的可以花巨大的力气而缺乏坚韧持久之心；他们的怠惰或者无常使他们失去了良好开始的果实。他们往往让比他们动身晚而且走得慢但坚持不懈的人赶到他们前面去。

138（Ⅶ） 我几乎敢肯定，人更善于制定措施而不善于实行，知道该做什么该说什么却做不该做的事，说不该说的话。人们坚定地要求自己在谈判一笔生意时不把某件事情说出来，可接着或者是由于某种情绪，或者由于言语无度，或者由于谈话的热烈气氛，第一件脱口说出来的就是这件事情。

139(Ⅰ)　人们对自己该做的事情疲疲沓沓,可为了沽名钓誉或者出于虚荣,却热衷于那些跟他们无关、不合自己身份和不符合自己性格的事情。

140(Ⅳ)　一个表现出有异于自己品格的人,当他恢复自己的品格时,前后的差别就是面具和面孔的差别。

141(Ⅴ)　泰勒克有才智,但是说到底,远不是他自以为的那么有才智,因此他所说的话,所做的事,所思考的问题和所提出的打算,总是远远超出他的才智,结果他从来不可能表现得力所能及,游刃有余,这个推断是正确的。仿佛有一道栅栏把他封闭住了,这个栅栏本该提醒他应该就此止步的,可是他却继续前行,超出自己的范围之外。他遇到了自己的薄弱之处,可他就在此处展现自己,他谈论自己不知道的和自己了解得不正确的事情,他做事超出自己的能力,他想得到他够不着的东西,他要跟在各方面都比他强的人媲美。他有好的和值得称许之处,可是由于假装至大和至美却把这些都掩盖住了:人们清楚地看出他不是某种人,可他却必须去猜测自己究竟是什么样的人。这是个不称称自己分量的人,不知自己为何许人的人。他的品格就是不知道谨守着自己所固有的、属于他自己的品格。

142(Ⅴ)　最有才智的人变化无常,他的才智会有消退增长,他兴冲冲而入,却扫兴出来。这时如果他明智,就会少说话,不写东西，不极力想象也不设法讨人喜欢。众人会以同一节奏歌唱吗？难道不需要等待声音恢复吗？

　　傻瓜是自动木偶，他是机器，是弹簧；秤砣控制着他，使他动，使他转，一直如此，而且始终朝着同一方向，以同一速度；他千篇一律，不会前后两样；谁看到他一次，就会在一生中的任何时刻、任何时期看到他这个样子；顶多是牛哞哞叫，乌鸦吱吱叫而已。他是天性如此不会改变的，而且我敢说，像他一类的全都如此。他身上最少显现出来的就是心灵——心灵不作用，不动作，心灵休息了。

143（Ⅵ）　傻瓜不会死。或者如果他按照我们的说法死了，那确切地说就是他死有所得，是在别人死去之时，他开始活过来。此时他的灵魂在思考，在说理，在推论，在决定，在判断，在预见，真正在做它过去不做的事情；这时灵魂从一团肉中解脱出来，它原先好像裹尸般被裹在肉堆里没有作用，没有运动，没有做任何至少可以无愧于自己的事情，我可以说它会为自己那天生不完备的躯体和器官感到羞愧，因为它如此长时间依附在上面却只是把它变成了一个傻瓜或者一个蠢材；现在他将与那些伟大的灵魂，那些创造伟大人物或者才识之士的灵魂并驾齐驱了。阿兰[①]的

---

① 里尔的阿兰（1115—1200），法国神学家和作家。——译者

灵魂跟伟大的孔代①、黎希留、帕斯卡尔和兰让德②的灵魂不再截然分开了。

144(Ⅳ)　在自由的行动中,在风俗或者行为里,假讲究不是因为它是假装的故说是假讲究,而是因为它被用于不值得的事情和场合。爱好和兴致的假讲究则相反,它之所以是假讲究,就因为它是假装的或者做作的;这就像爱弥尼遇到她根本不害怕的小危险拼命大声叫嚷一样,又像另一个人看到一只老鼠却装腔作势面色惨白,或者喜欢香芹菜但见到块茎就晕过去一样。

145(Ⅳ)　谁敢保证让所有的人满意呢? 一个王公,不管他多么善良,多有权势,愿意这么做吗? 让他试试吧。让他去做一件他爱好的事,向他的朝臣打开他的宫殿,许可他们参与他的家务事,在光是外表就是一个戏院的地方让他们看到别的节目,让他们在赌博、音乐会和各种清凉饮料中进行挑选,再加上一个盛大的完全放纵开怀的宴会,他跟他们一起玩一样的游戏,伟人变得和蔼可亲,英雄变得仁慈而随和,他可能还没有做够。人们终于对开始时让他们高兴的那些事情感到厌烦了,他们撤了献给诸神的酒席,而随着时间的过去,仙露他们也觉得淡而无味了。他们毫无顾忌地批评完美无缺的东西。在这些东西

---

① 孔代(1621—1686),法国最后一次投石党人反叛中左右局势的人物。善于独立思考,既不听命于上帝的教诲,也无视王室的权威,与当时的哲学家斯宾诺莎等交往。——译者

② 兰让德,是指耶稣会士克劳德或者马孔主教诗人约翰。——P.R.注

中加入了虚荣和一种不怀好意的讲究,他们的爱好,如果照他们的说法,那就远不只是为了满足人们意愿的纯粹假装,远不只是为了取得成功的巨大花费,其中还掺杂着奸诈,而且到了这样的地步:别人的快乐本会让他们满意的,却因奸诈而减弱了。还是这些人,为了这种令人如此愉快和喜欢的普通事,还会彻底改变自己,有时甚至变得别人认不出来,我们在朝臣中可以看出人的本性。

146(Ⅰ)　手势、说话和举止做假往往是游手好闲或者心情冷漠的结果,而且似乎一种深深的眷恋或者一些严肃的事情会使人露出真性来。

147(Ⅳ)　人们没有个性,或者如果有的话,那就是没有任何一以贯之、不自相矛盾、可以辨认出来的个性。人们深为老一套、墨守成规或者陷于无序所苦,而如果人们有时会厌倦某一美德而爱上另一美德,那么更常见的是厌恶某一恶行而爱上另一恶行。他们具有彼此相反的偏好和相互矛盾的弱点。对于他们来说,融汇各个极端比奉行一种具有因果关系的行为代价会更少一些。他们反对节制,做任何事,不管好的还是坏的,都做得过分,结果由于无法承受过火行为,便以改弦更张来加以缓和。阿德拉斯特心地如此不纯又如此任性,很容易就追随时尚成为虔诚的人,因为他要做个好人更费劲。

148(Ⅳ)　为什么同样的人,他们一方面可以从容不迫地把最大的灾难不加区别地接受下来,可另一方面对最鸡毛蒜皮的麻烦却会勃然大怒而且怒气不绝呢？他们这样一种行为是不明智的，因为美德对一切都一视同仁而且是始终不渝的。因此这是一个恶行，这种恶行不是别的，就是虚荣，因为虚荣只有在可以给人以谈资，对自己有大收获而对其他一切都不管不问的事件中，可以得到复苏和被别人追求。

149（Ⅳ） 很少有人后悔说得少，十分常见的是后悔说得多。这个箴言是老生常谈，所有人都知道但谁都不实行。

150（Ⅰ） 把一些不真实的事情加到敌人头上和以谎言来诋毁敌人，会自招报应而让自己的敌人大大得益。

151（Ⅳ） 如果人知道自惭，那么有什么罪行，不管是隐藏的还是公开的已知的，是不能避免的呢？

152（Ⅰ） 某些人不肯尽量朝善的方向前进，这是他们童年教育缺陷的结果。

153（Ⅰ） 某些人思想平庸却有助于使他们变得聪明。

154（Ⅰ） 对孩子需要棍棒和戒尺；对成人需要王冠、权杖、法官圆帽、皮毛、束棒①、金属杯、棉布甲衣②。没有任何装饰的理由和

---

① 古罗马执政官的权力标志,束棒中捆有一柄突出的斧头。——译者
② 古代士兵、射手穿的带有甲胄的衣服。——译者

正义既不能说服人也不能恫吓人。人有思想,靠眼睛和耳朵来指引自己。

155(Ⅴ)　提蒙,或者称之为愤世嫉俗者,他的心灵可能严肃而孤僻,但在外表上却谦恭有礼;他不会勃然大怒,不会跟别人亲密无间;相反他对待人严肃而有分寸,尽量不过分亲密;他不愿意更多了解别人,也不会跟他们交朋友,在这个意义上来说他像一个女人到另一个女人家拜访。

156(Ⅶ)　理性就像真理,是一个东西,我们只能通过一条途径达到,却有千百条途径迷路。对智慧进行研究的意义还不如研究傻瓜和鲁莽者。一个人如果只看到彬彬有礼和通情达理的人,那他或者不了解人,或者只是一知半解。人的性情和习俗存在着多大的差别!人们的交往和礼节给人以同样的表象,使人们因外表而彼此相似,这些外表令人互相感到满意,仿佛所有的人彼此都一样,使人们以为除此之外任何东西莫不如此。相反投身于民众之中或者置身于外省的人,如果他有眼睛,那么很快就会有奇怪的发现,他会在那里看到一些他们过去不会怀疑,不可能有丝毫怀疑的新鲜事儿;他通过继续实验,进一步了解了人类,他几乎可以算出人有多少种方式令人无法忍受。

157(Ⅳ)　在反复深入研究人从而了解了人的思想,人的感情,人的爱好和人的爱情之后,我们必须说,对于人而言,执着比无恒损失更大。

158(Ⅳ) 多少弱小、柔弱和无足轻重的人,他们没有多大的缺点,却会成为别人的笑料!人类有多少种可笑的行为却由于奇怪而没有引起深思,没有成为教育和伦理学的材料!这是一些独特的恶行,它们不会传染,不是人性的而是个性的恶行。

论判断①

1(Ⅰ) 什么也不如执拗的固执更像热烈的说服了:朋党、集团、异端就由此产生。

2(Ⅰ) 人们不会始终想着同一个问题:固执与厌恶紧紧相随。

3(Ⅰ) 大事令人惊讶而小事令人扫兴;我们凭习惯而对某种事情习以为常。

4(Ⅳ) 两种完全相反的事情:习俗与创新都能预先给我们以提示。

5(Ⅰ) 以华丽的辞藻来谈论那些在飞黄腾达之前人们非常不看好的人,没有什么比这更庸俗也更适合于老百姓的了。

---

① 在弗雷提埃尔看来,判断是一种辨别力,是良知,是谨慎,是一个司法判决,一种看法,一种猜测,一种美学评估。拉布吕耶尔把一切归入到讽刺性的解释学中,这更接近莫里哀而不像笛卡尔和玛勒布朗士。——P.R.注

6(Ⅰ)　君王对某人的宠信并不排除此人的长处但也不说明此人就有长处。

7(Ⅰ)　我们内心充满着极度的骄傲,我们自视甚高和高度评价我们判断的正确,可是令人奇怪的是我们却没有使用这些来宣扬别人的长处。时尚,民众的喜爱,君王的喜爱,如一股激流席卷着我们:我们称赞别人称赞的东西,而且溢美之词有过之而无不及。

8(Ⅴ)　我不知道世上有什么比称赞和颂扬值得称赞和颂扬的东西更难得,我也不知道美德、才干、美丽、好事、优秀作品是否会产生比羡慕、嫉妒和反感更自然和更确实的后果。这指的不是一个虔诚者①称赞一个圣徒,而是指一个虔诚者称赞另一个虔诚者。如果一个美丽的女人赞扬另一个女人美丽,我们可以肯定她比她所赞扬的更好。如果一个诗人称颂另一个诗人的诗句,那么可以打赌这些诗句写得蹩脚,没有什么影响。

9(Ⅶ)　人们几乎不会彼此欣赏,只略微倾向于彼此称赞:行动、行为、思想、表达,任何东西都不会令人喜欢,任何东西都不会令人满意:你对他们朗诵的,对他们说的,对他们读的东西,他们会取代以他们在同样处境下可能会做的事情,就这个主题可能会想到和可能写出来的东西,他们对自己的想法如此自满,心中已经

---

①　假虔诚者。——P.R.注

没有地方来容纳别人的想法。

10（Ⅰ）　芸芸众生生性如此放荡与轻佻，世界上充满着这么多有害或者可笑的榜样，以至于我完全相信，如果卓绝性有其极限而不过分的话，它就非常接近于正确的理性和规则的行为。"必须像别人那样做"：这个箴言有问题。因为只要我们对这个箴言的理解不局限于这些纯粹外部的、不连贯而且取决于习俗、时尚或礼节的事物，那么这句话几乎总是意味着"必须做坏事情"。

11（Ⅴ）　如果人是人而不是熊和豹，如果人公正无私，如果人正确地评价自己和承认别人的权利，那么那些法律、法律的条文以及对法律连篇累赘的注释会成为什么？不动产所有权和占有权的官司以及全部所谓的法律学会成为什么？那些靠行使这些法律所建立的权威而摆出的全部架子和全部声势会化为什么呢？如果他们正直和诚信，如果他们摆脱了偏见，那么学派的辩论、经院哲学和各种争议会消散到何方呢？医学的神秘行话对于打算使用的人是一个金矿，可如果他们节欲、端庄而又低调，这些行话对他们有什么用呢？如果我们打定主意成为智者，那么法学家、经师、医生们，这对于你们来说是多大的失败啊！

在和平和战争的各种实践中有多少大人物我们本来可以用不着的！我们的某些艺术和科学发展得多么尽善尽美，多么精益求精，可这些艺术和科学本来可能是不需要的，因为它们在世上是作为医治万恶之药才存在于世的，而我们的恶念则是万恶的唯一根源。自从瓦隆①以来,发生了多少瓦隆根本不知道的事情!即使我们只不过像柏拉图或者苏格拉底那样博学,难道我们不应该满足了吗?

12(Ⅰ) 某人在一次布道会上,在一场音乐会中或者在一个画廊里,听到左右身旁的人对完全相同的一件事看法截然相反。这令我很自然地会认为我们对各种事情完全可以说它好和坏,说它好会让一些人高兴,说它坏会让另一些人高兴。即使说它坏得不可再坏也不会有更大的风险,也会有人赞成。

13(Ⅳ) 诗歌的凤凰在自己的骨灰中复活,他在同一天看到他的名誉死亡和再生。公众这个在判决中如此不会出错,如此坚定的裁判者对自己所审理的事由态度前后不一:或者是裁判搞错了,或者是被人骗了。此人今天宣布 Q** ②在某种程度上是个坏诗人,可他前不久说 Q** 是个好诗人,前后说法几乎都不对。

14(Ⅳ) C.P. 非常富,可 C.N.③不富,贞女和罗多居内④每个人都该有另一种遭遇。所以人们总是询问为什么在某种职业中这

---

① 瓦隆(前 116—前 27),拉丁学者。——译者
② 指基诺,菲利普·基诺(1635—1688),法国诗人,也就是本节所说的"诗歌的凤凰"。——译者
③ C.P. 指夏普兰;C.N. 指高乃依。——P.R.注
  让·夏普兰(1573—1674),法国诗人。——译者
④ 奥尔良贞女,百年战争末期抗击英国侵略军的法国女英雄贞德的称号。罗多居内系高乃依同名五幕悲剧(1644 年)中的女主人公。——译者

个人发了财而那个人却没有发财；对此人们寻找他们自己命运无常的原因，在他们的生意，他们的娱乐，他们的健康和他们生命的最紧要时刻，无常的命运往往使他们丢掉最好的机会而抓住最坏的。

15（Ⅳ） 喜剧演员在罗马人心目中地位卑下而在希腊人那里却受人尊敬。在我们国家是什么地位？我们思想上像罗马人那样看待他们，而在生活中却像希腊人那样对待他们。

16（Ⅳ） 巴蒂尔只要是哑剧演员，就会受到全体罗马妇人的追求；罗埃只要在戏院跳舞，罗茜和内里娜只要在合唱队唱歌，就会引来一群情郎。一种过于强大的力量造成了虚荣和大胆，使得罗马人失去了对秘密和神秘的爱好，他们乐于把他们的爱情戏变成公共的戏；他们对环形剧场一点也不戒备而且要跟大伙分享他们的情妇肉体的妩媚。他们的爱好只在于让别人看到：他们喜爱的，不是一个漂亮的女人或者一个杰出的女喜剧演员，而是一个女喜剧演员。

17（Ⅰ） 没有什么比人们对科学和文学所付出的代价以及他们对那些决心培植科学和文学的人的看法，能更好地揭示人们是以什么心情来对待科学和文学和他们认为在共和国中科学和文学究竟有什么用处的了。再粗陋的技艺，再低下的地位，所取得的好处也再保险不过，再迅速不过和再扎实不过。喜剧演员躺在自己的四轮马车里，污泥溅到步行的高乃依的脸上。对于许多人来说,学者和书呆子是同义词。

　　这样的情况所见不鲜:富人说话而且是谈科学,而学者,如果他们希望仅仅会被人视为学者,那就得噤声不语,倾听,鼓掌。

18(Ⅰ)　有人居然大胆到在某些人面前赞同读书可耻的说法,我们看到他们对于学者有一种一成不变的偏见,他们不让学者奉行社会礼仪,处事诀窍,社交之道,他们在把学者这样剥得精光之后,让学者们返回他们的书房和书本去。由于无知处于与人无争的状态也不要花费丝毫的辛劳,于是人们成群结队加入无知的行列,从而在宫廷和城市里组成一个人数众多、远远压过学者的派别。如果这些学者为了给自己撑腰而提到埃斯特雷、哈利、博舒埃、塞吉耶、蒙托西耶、沃德、谢弗勒兹、诺维翁、拉默亚翁①、斯居代里②、佩里松,以及其他许多同样博学而有礼的人士;如果他们甚至敢于引证沙特尔、孔代、孔蒂、波旁、曼恩、旺多姆③以及一些善于把希腊人细腻的阿提喀风格和罗马人谦恭的

---

　　①　埃斯特雷家族,16—17世纪因出了几个人而出名;(阿基尔的)哈利,博蒙伯爵(1536—1619),高等法院院长;塞吉耶(1585—1672),法国路易十三和路易十四时代的大法官;蒙托西耶公爵(1610—1690),法国陆军军官,文人;谢弗勒兹公爵夫人(1600—1679),密谋反对路易十三的权臣、枢机主教黎希留和后来的首相、枢机主教马扎然,曾先后两次被流放;拉默亚翁(1617—1677),巴黎议会第一任主席。——译者
　　②　斯居代里小姐。——拉布吕耶尔注
　　斯居代里(1607—1701),法国女小说家、社会活动家,著有《易卜拉欣,或杰出的巴夏》(1641)、《阿塔梅纳或居鲁士大帝》(1649—1653)等。——译者
　　③　曼恩公爵(1670—1736),路易十四的儿子。旺多姆公爵(1594—1665),法国国王路易十三时代几次贵族叛乱的首领。——译者

风格跟最优秀、最高级的知识联系在一起的亲王们伟大的名字,人们会毫不犹豫地对这些学者说这些是独特的例子;即使学者们求助于扎实的理由,他们要反对大众的声音却势单力薄。不过似乎在这方面要作出决定还得更小心一些,只要自己肯劳神想想这种使科学取得巨大进步,使人正确地思想、判断、说话和写作的精神,是否不能够再用来使人变得有教养了。

在举止上做到彬彬有礼只需要非常少的天分,在精神上做到彬彬有礼需要的天分非常多。

19(V) "他是学者,"一个政治家说,"那么他不能办事,我不会把我衣橱的事托付给他。"此人言之有理。奥萨、吉美内兹、黎希留[①]是学者,可他们灵巧吗?他们被人视为好大臣吗?"他会希腊语,"政治家继续说,"这是个没本事的人,是个哲学家。"可事实上,雅典的买花女郎,从外表来看,说希腊语,由于这个理由,她便是个哲学家。比农人,拉默尼翁人是完全没本事的人,谁会怀疑这一点呢?不过他们会希腊语。对于伟大、聪明、明断的安东尼[②]来说,说什么如果皇帝善于哲理思考或者如果哲学家或没本事的人进入帝国,人民就会幸福,这是多么荒谬的看法,多么荒唐的胡话!

---

① 三个兼有神学和政治学知识的红衣主教。——P. R.注
  吉美内兹(1436—1517),西班牙高级教士。——译者
② 虔诚者安东尼(86—161),古罗马皇帝。——译者

语言是开启科学或者进入科学的工具,仅此而已,对一些语言的蔑视会导致对另一些语言的蔑视。问题不在于语言是古的还是新的,是死的还是活的,而在于语言是粗俗还是文雅,用语言写成的书审美情趣优雅还是低劣。假设我们语言的命运像希腊语和拉丁语,那么几个世纪之后,当人们不再说这个语言的时候,会读莫里哀或者拉封登的人是否就是没本事的人呢?

20(Ⅵ) 我任命欧尼皮尔,你说:"这是个才子。"你说一个正在加工木梁的人"他是个木匠"和一个砌墙的人"他是个泥瓦匠"。我问你这个手艺人,这个才子,他的工场在哪里?他的招牌是什么?他穿着什么样的工装?他的工具是什么?是在这个角落吗?这是锤子还是铁砧?他在哪里劈开物件?在哪里敲打钉子?在哪里摆货出售?一个工人炫耀自己是个工人,可欧尼皮尔炫耀自己是个才子吗?如果他是这样,那你向我描述的是一个糊涂虫,他把才智当作平民的财产,是一个卑贱而机械的人,不管是美好的还是机智的东西,都不可能真正运用到这样的人身上;而如果他真的没有炫耀自己任何东西,那么我同意你的说法,这是个聪明的人,一个机智的人。你不是还说一知半解的人,以及蹩脚诗人"他是个才子"吗?可是你自己,你认为你自己一点才智也没有吗?如果你有才智,那肯定是杰出而适宜的才智,于是你就成为一个才子了;或者如果你几乎就要把这个名称视为一种污辱,那么,我没意见,你继续把这个名称给欧尼皮尔好了,并且像个傻子那样,丝毫不加区别地使用这种讽刺,或者像个无知者,让这种讽刺用某种他们所缺少、只能从别人身上看到的文化来安慰他们的无知。

21(Ⅴ) 人们只要跟我谈到墨水、纸张、羽笔、铁笔、印刷者、印刷厂,就会试探地对我说:"安迪斯泰①,你写得这么好,继续写吧。你不就是一本对开本的书吗?你在一部连续不断、有条理的书中讨论一切美德和一切恶行好了,这种书是没完没了的。"他们还得加上:"不过根本没人看。"我放弃一切曾经是、现在是和将来可能是书的东西。贝里尔看到一只猫昏迷不醒,而我是看到一本书就要晕厥。人们在广场上谈论我已经整整 20 年了,我吃得更好,穿得更暖了吗?我有房子抵挡北风,我有鹅毛床吗?你说我的名气大而且取得许多荣誉,你不如说我说了许多毫无用处的空话好了。我有一颗能够变出任何东西的金属魔粒吗?最糟糕的开业律师诉状都堆得高高的,收取的费用还要预先付清,而他还有一个伯爵或者一个法官做女婿。一个穿红衣服或者枯叶色衣服②的人当上店员,很快就比他的主人还要富;他让他的主人还当平民,而他却有钱成了贵族。B**靠在一家木偶剧团表演,BB**③靠卖瓶装河水发了财。另一个江湖骗子带一个箱子翻山越岭来到这里,他还没有卸下行装,就已经开始发放膳食费了,而他已经做好准备带着他的骡子和大篷车回到他来的地

---

① 拉布吕耶尔本人。——P.R.注
② 跟班号衣的颜色。——P.R.注
③ B** 指木偶表演师布里科社。BB** 指江湖骗子巴贝若,卖河水当作矿泉水。——P.R.注

方去。墨丘利就是墨丘利①,仅此而已,而金钱无法偿付他的居间斡旋,于是加上恩宠和勋章。这还不算合法的收益,付给瓦商瓦的钱,付给工人花费的时间和做出来活件的钱;可是人们付给作者所想和所写东西的钱吗? 如果他想得好,别人就非常慷慨地付他钱吗? 他是不是由于想得对,写得好就可以给自己购置家具,自封贵族呢? 人需要穿衣,刮胡子;回到家里,要有门把房子关闭起来;人需要受教育吗? 安迪斯泰继续说道,挂上作者和哲学家的招牌,这简直是疯狂、幼稚、愚蠢! 如果可能的话,有一份报酬甚丰的职务,可以让生活舒适,可以借钱给朋友,把钱给无法归还的人;那么你出于好玩,你没事干,你就写作好了,就像蒂迪尔②那样吹箫弄笛好了,就这样或者什么也不干;我写书的条件就是这些,我就这样向人们的暴力行为让步,他们卡着我的脖子对我说:"你写吧。"他们会看到我新书的名字是《论美》《论善》《论真》《论思想》《论第一原则》,作者是海鲜商贩安迪斯泰。

22(Ⅰ) 即使外国君主的大使们是学会用后脚走路,通过翻译让人明白自己意思的猴子,也没有比他们对我们的正确回答和他们说话中有时表现出来的良知更令我们感到惊讶的了。国家的偏见加上民族的自豪感使我们忘记了理性是无处不在的,而有人的地方人们都会正确地思索。我们不喜欢被别人当作所谓的野蛮人来对待,而我们身上所带有的某些野蛮成分就在于害怕

---

① 商业神墨丘利指彭坦,国王的内侍。——P.R.注
② 蒂迪尔,忒奥克里托斯田园诗和维吉尔农事诗中牧人的名字。——译者

别的民族的人像我们一样进行推理。

　　所有外国人并不都是野蛮人,所有同胞并不都是文明人;同样,并不是所有的乡下人都是乡巴佬①,也不是所有城里人都彬彬有礼。在欧洲一个大王国滨海省份的某个地方,那里的村民温柔而善解人意,相反市民和法官则粗鄙不文;而他们的粗鄙是遗传性的。

23(Ⅰ)　尽管我们的语言如此纯粹,我们的衣着如此讲究,风俗如此文明,法律如此完备,还有一个白皮肤的面孔,在某些民族看来我们却是野蛮人。

24(Ⅰ)　如果我们听到别人谈到东方人通常喝一种会冲头、令他们失去理智和呕吐的饮料,我们会说:"这非常野蛮。"

25(Ⅰ)　这位高级教士很少在宫廷出现,跟别人毫无交往,他不跟女人在一起;他不赌大注或者小注的纸牌;他不参加节庆活动也不看戏;他不是拉帮结派的人也不要阴谋;在他常住的主教区里,他一心想的只是用言语教育他的子民并以自身的榜样加以感化;他把自己的财产用于赈济,把自己的身体用于赎罪苦行;他只注重品性端正的精神并仿效使徒们的热情与虔诚。时代变了,在这个朝代他受到一个更有权威的衔头的威胁。

---

① 这个词在此地应以隐喻义来理解。——拉布吕耶尔注

26（Ⅳ）　我们难道不能够不多说什么便让具有某种性格和从事严肃职业的人明白：他们没有必要让人家说他们跟别人一样地玩耍、一样地唱歌和一样地开玩笑，以免人们看到他们这么有趣，这么愉快，不会相信他们的生活还是如此有板有眼和如此严格的吗？甚至我们敢不敢对他们暗示：他们这样做背离了他们引为骄傲的，使外表跟地位相协调、相符合的礼节；而这礼节本来可以避免通过对比和用不同的形象来显示出同一个人的，因为这些不同的形象会把这个人变成一个怪诞的组合体或者一个可笑之物呢？

27（Ⅳ）　不要仅仅第一次看一眼便像判断一幅画或者一个图像那样来评断人：我们必须深入到人的内部和心灵。谦逊的面纱遮住了优点而虚伪的面具掩盖着恶意。只有非常少的行家善于辨识和有权进行宣布，因为只是随着时间的流逝和机会的发生，完善的美德和极端的恶行才终于逐步地，甚至被迫地揭示出来。

28（Ⅷ）　……他说这个美人的内心世界是一块精雕细琢的钻石，他继续谈她，补充说道："跟她说话的那些人的眼中和心里充满着跟理智和愉悦轻微不同的感情：人们不知道究竟自己是爱她还是欣赏她；她身上的气质可以纯粹交个朋友，也可以把你引向超越友谊的界限。她十分年轻宛如鲜花初放，还不会去取悦别人；但又非常谦虚不会想到去讨人喜欢，她只考虑男人的才德，只想到交个朋友。她十分活泼而且易动感情，她令人惊奇和令人产生兴趣;她完全明白在谈话中会产生什么样更微妙和更细腻的感情,她还有令人愉悦的总会令人信服的难得的才华。她跟你谈话时仿佛自己不是个学者,而是有疑问,在寻求弄个明白;可她在听你说话时就像是个所知甚多,了解你对她所说事情的价值的人,面对这样的人,你脱口说出来的任何事情,都不会白说。她不会刻意风趣地反驳你的话,也不会模仿埃尔维尔那样宁愿被人视为一个活跃的女人而不要表现得有见识和正确;她迎合你的见解,把你的见解当作她自己的见解加以扩展,美化;你很满意自己想得这么好,满意你说的比你自己认为的还要好。不管她说话也好,写东西也罢,她都没有表现出虚荣;她不讲挖苦的话,因为挖苦话要讲出道理来;她已经明白率真就是雄辩。如果是要为某人效劳并使你也投身其中,阿黛尼丝让埃尔维尔去讲她那些万能用途的动听话和文学,而她自己对你只施展率真、热情、关切和说服。支配着她的是对阅读的爱好和对有名望和声誉的人的喜爱,这不是为了自己出名而是为了结识这些人。人们可以提前称赞她有朝一日会具有的全部智慧和她为今后所需而培养的一切美德,因为除了行为端庄,她还具有良好的心愿和对于像她这样备受他人关照和吹捧的女子在所必需的确定不移的原则;因为她虽然相当特别但并不落落寡合,虽然她甚至有点退隐的倾向,其实也许她缺少的只是机会或者人们称为大舞台的场所,以便让她的一切美德绽放光芒。"

29(Ⅴ) 一个美丽的女人禀性自然才可爱;她疏于打扮,除了取自于丽质和青春之外没有其他任何装饰品,但这却丝毫无损于她。

纯真的优雅绽开在她的面庞上,使她的一举一动都活跃着生机。即使看到她带着全套打扮和时髦的行装也没有这么危险。同样,一个好人靠自身令人可敬而不借助于外表来使他的样子更加庄重和他的美德更加迷人。一副做作的神态,一种过分的谦虚,一套怪异的衣着,一顶宽大的无边圆帽,丝毫不会增添诚实,不会提高才德;这一切是为他涂脂抹粉,可也许使他变得不够纯洁,不够率真。

(Ⅵ) 过于造作的庄重变成可笑;这就是过犹不及,而适中才有尊严:过于造作的庄重不叫庄重而是装出庄重的人物的样子;想变得庄重的人永远不会变得庄重,这或者因为他不庄重,或者因为庄重是自然的,因此放下庄重的样子比做到庄重容易。

30(Ⅵ) 一个有才干和有声望的人,如果他忧伤而且板着面孔,那么他会使年轻人不敢接近,使他们对美德有不好的看法,使他们对过于巨大的改革和令人过于厌烦的实践产生怀疑。可相反如果他易于交往,他就给予年轻人一个有益的教导。他告诉他们,人可以生活得勤奋而快乐,可以有严肃的见解而不放弃正当的享乐。于是他成为他们可以效法的榜样。

31(Ⅳ) 面容不是一把让我们以貌取人的尺子,面容可以供我们进行猜测。

32(Ⅳ) 才华横溢的神情对于男人来说就犹如女人的相貌端庄,

这种美丽是连最不足道的人也可以企盼的。

33(Ⅳ) 一个公认德行高远、才华横溢的人,即使面孔难看也不丑;或者即使丑,也不会令人感到丑。

34(Ⅶ) 为了回归自然要用多少办法!要想跳舞跳得跟走路一样自如,一样优雅;唱歌跟说话一样,说话和表达跟想事情一样,那需要花费多少时间,掌握多少规则,给予多少注意和付出多少劳动啊!为了一个精心雕琢、向公众宣讲的演说用上那么大的力气,那么大的劲头,那么大的激情和那么强的说服力,可这些话我们有时在最普通的家常话中无须准备便很自然地说出来了。

35(Ⅰ) 那些对我们还不大了解,带着恶意看待我们的人,不会伤害到我们:他们攻击的不是我们,是他们想象中的幻影。

36(Ⅰ) 有一些细小的规则,一些义务,一些规矩跟地点、时间、人联系在一起,这些靠脑子是想不出来的,可习惯却可以毫不费劲地告诉我们:根据人们在还不大了解的情况下,不小心犯的此类错误来评断人,这就是根据人的指甲或者头发梢来评断人,这就是打算在某一天认错。

37(Ⅵ) 我不知道该不该凭唯一的一个错误来评断人,也不知道一种极端的需要,或者一种强烈的激情,或者一时的冲动是否就会产生严重的后果。

38(Ⅳ) 关于某些事或者某些人的谣言,相反的说法往往是真实的。

39(Ⅳ) 张三和李四对同一件事或者同一个人说法不同,我们纯粹出于交际之道自然不会加以驳斥,因此如果我们不是一直注意听对方全部的话并全盘接受,那我们在不到一个小时中对同一件事或者同一个人就要不断地说对或者不对了。

40(Ⅷ) 一个偏心的人必定会遇到一些小小的不愉快,因为他所偏爱的人不会总是幸运或者明智,而他所不赞成的人也不会总是有错或者不幸,因此或者由于他的朋友办事失败或者他不喜欢的人取得了新的荣誉,他往往会当众出丑。

41(Ⅳ) 一个会受偏见左右的人,如果他敢于担当世俗的或教会的要职,那他就是瞎子想画画,哑巴要致辞,聋子去评判一部交响乐。这些只是无力的比喻,只是只鳞片爪地表达出了偏见的危害。还必须指出:偏见是一种没有希望的不治之症,它会传染给所有接近病人的人,使平辈的人、下级、父母、朋友,直至医生都离他而去;因为如果医生无法让病人承认自己得了什么病,病人就根本治不好,而且也无药可治,这药物就是倾听、审思、探问和辨析。吹捧者、伪善者、诽谤者、不说谎话不为私利不张口者,都是他所依赖的江湖骗子,这些人要他吞下什么恶果就让他吞下什么恶果,这些人也是毒害他、杀死他的人。

42（Ⅰ） 笛卡尔法则要求对即使最微小的事实，在没有清楚明白地了解之前也不要作出决定①，这说得相当好也相当正确，应该运用到对人的评断上去。

43（Ⅰ） 别人对我们的思想，我们的习俗和我们的作风作了错误的评断，而受他们赞扬的人的无行和恶劣品格就是替我们作了最有力的反驳。

有人轻视才识之士，以同样的见地，他们还会赞赏一个蠢人。

44（Ⅰ） 一个蠢人就是连做个自命不凡者所必要的才识都没有的人。

45（Ⅰ） 一个自命不凡者就是被蠢人视为才识之士的人。

46（Ⅳ） 无礼的人是一个过分自命不凡者。自命不凡者令人厌倦、厌烦、厌恶、讨厌；无礼的人令人讨厌，激怒别人，令人发怒，污辱别人。他在自命不凡者止步之处开始。

自命不凡者介于无礼者和蠢人之间：他具有这两种人的特点。

---

① 参阅笛卡尔：《方法论》第Ⅱ卷，七星书屋，第137页。——P.R.注

47(Ⅶ)　恶习始于心灵的堕落,缺点始于性情的恶习;可笑始于思想的缺乏。

(Ⅳ)　可笑的人就是可笑得像蠢人的人。

(Ⅳ)　蠢人永远摆脱不了可笑,这是他的品格;有时他在可笑之中加进一些机智,但他又原样地出来了。

(Ⅶ)　一个事实的差错使聪明人陷于可笑。

(Ⅳ)　蠢人愚蠢,自命不凡者自高自大,而无礼者放肆。可笑似乎有时存在于的确可笑的事物上,而有时存在于人们的想象之中,他们在不存在可笑和不可能可笑的地方以为看到了可笑。

48(Ⅳ)　粗鄙、粗野、粗暴可能是一个聪明人的恶习。

49(Ⅳ)　蠢人是不说话的蠢人,从这个意义上来说,这比说话的蠢人更可以忍受。

50(Ⅶ)　往往同样的事情从聪明人嘴里说出来会被认为是一句天真的话或者一句俏皮话,而从一个蠢人嘴里说出来就是一句蠢话。

51(Ⅳ)　如果自命不凡者会害怕说错话,这就不符合他的本性了。

52(Ⅳ)　思想平庸的标识之一就是老是说话。

53(Ⅳ)　蠢人手足无措；自命不凡者看起来自由自信；无礼者胆大妄为；有德之士知耻。

54(Ⅷ)　思想非常平庸，做小事而美之名曰干事业的人是自满者。

一丝思想加上比自满者多一星半点的事业心就成为自大者。

如果某人只是嘲笑自大者，那也就罢了；如果他还抱怨自大者，那他就是狂妄者。

55(Ⅶ)　老实人介于机灵人和好人之间，虽然他跟这两个极端的距离不一样。

有教养的人和机灵人的距离日益缩小而即将消失。

机灵人掩盖自己的感情，注意自己的利益，为自己的利益而牺牲许多东西，善于获得财产或者保存财产。

有教养的人不在大路上盗窃，不杀任何人，总之他即使有恶行也不令人愤慨。

我们完全明白一个好人是个有教养的人,可是想起来有趣的是:并不是所有有教养的人都是好人。

好人既不是圣徒也不是假虔诚,好人只限于拥有美德。

56(Ⅳ) 才能、爱好、思想、良知,事物不同,但不是不可相容。

(Ⅳ) 在良知与良好的鉴赏力之间存在着原因与结果的差别。

(Ⅵ) 在思想与才能之间存在着整体与部分之比。

(Ⅵ) 一个人受某种技艺或者甚至受自己钻研得十分深入的某种科学的局限和闭塞,在判断、记忆、活力、习俗和行为方面固步自封,听不懂我说的话,不考虑问题,不能很好表达自己的思想;比如说这个人是个音乐家吧,他在以和弦令我陶醉之后,似乎跟他的诗和琴一道放进了同一个琴盒,或者说他要不是因为这个乐器的话,只不过是一部拆开的没有什么用的机器了,那么我能够把这个人视为才子吗?

(Ⅵ) 关于游戏精神我还要说些什么呢? 谁能够为我给它下个定义? 玩翁布尔牌或者下棋难道不需要预见性、敏锐性和灵活性吗? 如果需要的话,那为什么一些傻子却玩得很好,可一些十分杰出的天才却达不到中等水平,他们一个棋子或者一张牌在手就眼花缭乱,手足无措了呢?

(Ⅵ) 世上有些事情,如果可以这么说的话,简直没有更不可理解的了。某个人看起来粗俗、笨拙、愚蠢,不善言辞也不会叙述他刚刚看到的事情①,可如果他去写,那写出来的是优美故事的典范;他让动物、树木、石头、一切不会说话的东西说起话来:整个作品洋溢着轻盈、优雅、精致和自然之美。

(Ⅵ) 另一个人在一次令人腻烦的谈话中纯朴而腼腆②,他把一句话当作另一句话,他只根据进账的钱来判断他剧本的好坏;他不会朗诵剧本,也不会阅读写下来的东西。可是如果让他根据塑造的角色去展现,那他不在奥古斯都、庞贝、尼科梅德、希拉克里乌斯③之下,他是国王,而且是一个伟大的国王;他是政治家,是哲学家,他的所作所为就是使英雄说话,使英雄行动起来。他描述罗马人,这些罗马人在他的诗句中比他们在历史上更加伟大,更加罗马人。

(Ⅵ) 你还想看到别的奇才吗④?你设想一个平易近人、温柔、亲切、易于相处的人,突然一下子变得粗暴、愤怒、暴躁、任性;你去想象一个单纯、天真、轻信、爱开玩笑、见异思迁的人,一个灰白头发的孩子,但你得允许他冥思苦索,或者说允许他听凭作用

---

① 此处指拉封登。——弗拉玛里翁注
② 此处指高乃依。——弗拉玛里翁注
③ 奥古斯都(前63—前14),古罗马皇帝。尼科梅德二世(前149—前91),古代比提尼亚国王。高乃依有《尼科梅德》悲剧一部。希拉克里乌斯(约575—641),东罗马帝国(拜占庭)皇帝。——译者
④ 拉布吕耶尔这里谈的是桑特尔。——弗拉玛里翁注

于他内心的本性行事,那么,我敢说,虽然他没有特意参与而且仿佛不知道似的,但他的想象力多么丰富!行为多么高雅!形象多么引人!多么具有拉丁风格!

"你说的是同一个人吗?"你对我说。

是的,同一个人,说的是忒奥达斯①,说的就是他。他叫喊,他激动,他打滚,他起身,他咆哮,他发作;而就在这风暴中,他发出一道令人高兴的闪亮的光。我们称他为没有定型的人,他说话像个疯子但想事情像个智者;他把真实的事说成无稽之谈而把合情合理的事情说成不近情理;我们惊奇地看到良知在滑稽的行为里,在鬼脸和怪样中生长,绽放出花朵来。我还要增添些什么?他说的和做的胜过他的所知,在他身上仿佛有两个彼此不认识、互相独立的灵魂,各有出现的时间和完全不同的功用。在这幅如此令人惊奇的图画中还缺少一个特点,如果我忘了说他既对赞赏贪得无厌,随时准备在评论者眼前进行表现,同时实质上他又相当顺从地接受他们的批评。我开始说自己其实是画了两个完全不同的人物肖像。在忒奥达斯身上不是不可能找出第三个人来的,因为他是好心肠的人,是好笑的人,同时他是杰出的人。

57(Ⅰ) 除了辨识力之外,世上更稀罕的东西就是钻石和珍珠。

---

① 东哥特人国王。——译者

58(Ⅰ) 此人在上流社会以巨大的才能而闻名,所到之处受人器重和爱戴,可在他的仆人心里和在他的亲人眼中则是小人,无法让他们来尊敬自己;另一个人则相反,他在自己的家乡是个先知,在自己的家人中,在他的房子墙内受到热烈的欢迎,而他则为自己罕有而奇特的品质沾沾自喜。这种品质是他的家庭给予他的,因为他是他家庭的偶像,可是每次他出门就把这些搁在家里而没有带到任何地方去。

59(Ⅰ) 一个人刚刚出名,所有的人都起来反对他:几乎连他认为是自己朋友的人也不容忍他正在为人所知的优点和初步受到的欢迎,这种欢迎似乎把他跟他已经拥有的荣耀联系了起来;人们只是到了最终君主表态赞成给予褒奖之后才认输;这时大家都跟他套近乎,而只是从这一天起,他才跻身于才识之士的行列。

60(Ⅷ) 我们往往假装言过其实地夸奖某些相当平庸的人并尽可能地把他们拔高,直至捧到那些出类拔萃的人的高度,这或者是因为我们厌于老是赞赏同样的人,或者是因为他们的光荣被这样平分之后,我们看起来不那么难受,让我们觉得微弱了些而比较容易忍受。

61(Ⅶ) 我们看到有些人开始时好运亨通,一帆风顺;顷刻之间,陆地已经远逝,他们正扬帆海上,一切都向他们露出笑意,他们心想事成;行动、作品,一切都备受赞扬和褒奖;他们露面只是为了让人拥抱和受人祝贺。海岸上兀立一块岩石,海浪扑来在它脚下化为万千浪花;势力、财富、暴力、奉承、权势、恩宠,不管什么风,它都岿然不动。可是在公众面前,这些人搁浅了。

62(Ⅰ)　通常而且仿佛是自然的事情,人们只根据与我们有关的人的情况来评价别人的工作。因此,充满伟大而高尚思想的诗人并不怎么看得起演说家的演说词,因为演说词往往只针对一些普通的事实;而写本国史的人无法理解一个明白事理的人怎么会穷其一生去想象一些小说和去押好一个韵;同样潜心于公元头四个世纪的天主教教会法学院的毕业生把科学的其他一切学说都视为没意思的、空虚的和无用的东西,而他自己也许正被几何学家所蔑视。

63(Ⅳ)　某人有相当的才情,所以在某一学科出类拔萃并讲授这门课程,可他不够聪明,不明白他对自己所知甚少的某些别的学科不应该发表意见才对;他大胆地超越了自己天才的界限,但他说话离题万里,结果这个著名的人说话像个傻瓜。

64(Ⅴ)　埃里尔不管是说话、演讲还是写作,都要引用别人的话:他让君王说哲学家酒喝醉了和让罗马演说家①说水化淡酒。如果他投身于伦理学,那么说话的不是他,而是非凡的柏拉图,断言美德可爱,恶行可恶;或者美德和恶行惯于互相转换。最普

---

①　亚里士多德和西塞罗。——P.R.注

通、最平常,甚至可以想出来的事情,他都要归之于古人,归之于拉丁人、希腊人,这既不是为了使他说的事更有权威,或许也不是为了炫耀自己知道的事情,他是要引经据典。

65(Ⅴ) 大胆地讲一句风趣话并说这是自己说的,这往往是要让人家忘掉这句话,因为没有人会把这话记下来;那些才子或者自命才子的人本该说出这话的,可他们没有说,于是这句话就跟这些人一道消失了;可相反如果要宣扬这句话,那就把它归为别人说的,这只不过是个事实而已,自己并不认为非要知道不可;于是这话说得更加含蓄一些,别人接受下来也不会产生妒忌之心,这样没有人受到损害:话如果该笑,大家便笑;如果该赞赏,便加以赞赏。

66(Ⅳ) 人们说苏格拉底讲胡话,说他是个才华横溢的疯子;可如果希腊人这样讲一个如此智慧的人就要被视为疯子。他们说:"这个哲学家给我们画了多么离奇古怪的肖像!什么奇怪而独特的风俗他没有描绘出来!他在哪里冥思、苦索、收集这么异乎寻常的想法?多么丰富的颜色!多么奇妙的画笔!这是奇思妙想。"他们说错了:这是怪物,是恶行,只是以自然的笔调描画出来:人们认为看到了这些,它们令人害怕。苏格拉底脱离了犬儒主义者,他没有触及人,他谴责坏的风俗。

67(Ⅳ) 因拥有生活诀窍而富有的人了解一个哲学家,了解他的哲理名言,他的伦理学和他的行为,想象不出所有人的一切行动除了哲学家给自己规定的终生目标外还会有别的目标。他在心里说:"我为他感到惋惜,我认为他失败了,这个古板的批评家;他迷路了,他走错了路;不是这样赶风向以到达快乐的幸运之港的。"而根据他的原则,他的推理是正确的。

(Ⅳ) 安迪斯底乌斯[①]说:"我在作品中称赞过的人,如果他们忘记我,我原谅他们,我为他们做了什么呢?他们当时的确是值得称赞的。所有我曾经批评过他们的恶习但没有进行人身攻击的人,如果他们忘记我,我不大予以原谅,因为他们欠我改进恶习这么一个大人情;可是这事件从没有发生过,结果这两种人谁都不愿对我行好。"

(Ⅴ) 这个哲学家又说:"别人可以嫉妒或者拒绝把他们的稿酬给予我的作品;但他们降低不了我作品的声誉,而如果有人这么做,谁能够阻止我蔑视他呢?"

68(Ⅴ) 做哲学家好,被视为哲学家没什么用。把某人当作哲学家来对待是不允许的,因为这往往就等于在骂他,结果人们宁愿换一种说法,来代替一个如此好听的名字,但保留着这个名称固有的合适的概念,以此来给予哲学家所有应得的尊敬。

69(Ⅵ) 有一种哲学使我们超越于野心和财产之上;使我们敌得

---

① 拉布吕耶尔本人。——P.R.注

过——什么话？使我们超过富人，超过大人物，超过有权势者；使我们漠视职位和提供职位的那些人，使我们无须渴求，无须要求，无须请求，无须恳求，无须去乞求得让人心烦，甚至使我们免除了因为愿望得到满足而产生的激动和过分的快乐。有另外一种哲学迫使我们为了我们的亲朋好友而接受和受制于所有这些东西，这是最好的哲学。

70（Ⅳ） 想到某些人不可能说正确的话，不可能谴责他们正在说的、曾经说过的和将要说的话，这样就缩短和免除了成百上千次讲话了。

71（Ⅰ） 我们只是根据我们感到别人跟我们的关系而赞成别人，似乎尊重某人就是把他跟自己同等看待。

72（Ⅳ） 同样的缺点在别人身上是沉重而不可忍受的，可在我们身上则像是水乳交融，缺点不再压住我们，我们不感到有什么重负。就像一个人谈论别人并给他画了一幅丑陋的肖像，可却没有看到他画的就是自己。

改正缺点的最迅速办法莫过于承认缺点并从别人的缺点中看出自己的缺点：正是在这种正确的距离下，我们才能够看清缺点，然后我们就能够恰如其分地憎恨缺点。

73（Ⅳ） 明智的行为体现在过去和将来这两个时间的枢轴上。具有牢靠的记忆力和巨大远见的人,可以避免这样的危险:批评别人时,自己或许也曾做过这样的行为;或者自己所谴责的某一行动,在某种情况下和在任何情况下,自己有一天也是不可避免的。

74(Ⅵ)　军人和政治家跟精明的赌徒一样,不会去碰运气而是为运气的来临做准备,促使运气的降临而且几乎可以决定运气的有无和大小。他们不仅知道傻瓜和懦夫所不知道的事情,我的意思是说当运气到来时会加以运用,而且他们还善于通过自己的预防和措施来利用某个机会或者同时利用全部机会。如果掷出的是这个点,他们就赢了;如果是另一个点,他们也赢了;同一个点往往会让他们以多种方式赢钱。这些聪明人可以因他们的好运气也可以因他们的好行为而受到称赞,在他们身上,运气和美德都要受到褒奖。

75(Ⅷ)　我只把这样的人摆在伟大的政治家之上:他不屑于当政治家,而且他越来越告诉自己这个世界不值得我们去操心。

76(Ⅴ)　最好的建议都有令人不快的内容。这些建议来自于他处而不是来自于我们的思想:所以人们首先往往出于傲慢和情绪而加以拒绝,只是由于需要和经过思考而予以采纳。

77(Ⅰ)　多么令人惊奇的幸福伴随着这个宠臣的整个一生,还有什么别的好运比这更持久,没有间断,没有丝毫不幸的呢?他拥有首要的职位,君王的耳目,巨大的财宝,完美的健康,以及能够寿终正寝。可是对于在受宠中度过的一生,对于他提出的建议,他没有提出或者没有接受的建议,他没有做过的好事,或者相反他自己或者别人做过的坏事,总而言之,对于他的全部幸运,会作出多么奇怪的解释啊!

78(Ⅳ) 受活得比我们久的人赞扬而死是死有所值,我们唯一的好处往往只是已经不在人世。这时,同样的赞扬既可用于卡童也可用于比索①。

"人家说比索死了,这是个巨大的损失。他是个好人,应该活得更长命才对。他机智、优雅、坚定和勇敢;他自信、慷慨、忠实。"你还要加上一句:"只要他已经死了。"

79(Ⅳ) 某些人以诚实、无私和清廉而著称,反对他的办法既可以是使他失去人们的信赖,也可以是吹捧他。

80(Ⅶ) 这个人赈济穷人,可自己却疏于养家糊口并让儿子生活清贫;那个人盖一座新大楼,可一栋房子完工 10 年他还没付清屋檐铅盖板的钱;第三个人馈赠礼物和慷慨施舍,可不还他欠债主的钱。我要问:恻隐、大方、慷慨,难道这就是一个不公正的人

---

① 卡童·乌迪克,有教养者的原型,与被西塞罗批评的没教养的人比索相对照。——P.R.注

的全部美德？或者不如说,怪诞和虚荣是否就是不公正的原因？

81(Ⅷ)　还别人以公道的基本要求就是迅速而不推迟。让人等待,这就是不公道。

　　做该做的事的人做得对,或者说他们做了该做的事情。而一切所作所为都让别人老是说他会做好的人,这个人做得非常坏。

82(Ⅶ)　人们说一个大人物每天吃两次饭,他的生活就是消化;他死于饥饿,以表示这个人不富有,或者他的生意做得不好:这是个比喻。我们可以更加原封不动地用这个比喻来说他的债权人。

83(Ⅳ)　世上男女的教养、自重和礼节随年龄而俱进,这使我对所谓老年时期有好的看法。

84(Ⅰ)　父母把一切寄望于他们的孩子受到好的教育,这是过分的指望;可如果对教育不抱任何期待从而忽视教育那是巨大的错误。

85(Ⅳ)　虽然许多人所说的可能确是事实,即教育并没有给人另一个心灵和另一种气质,丝毫没改变人的本质而只触及表面,可我仍然要说教育对人并不是无用的。

86(Ⅳ)　说话少的人只有好处,因为由此可以推断他有思想;而如果他的确不缺思想,那么由此可以推断他思想卓绝。

87（Ⅴ）　只想到自己和当前，这是政治错误的根源。

88（Ⅳ）　在不幸被证实犯了一个罪行之后，最大的不幸就是要自我辩护。某些判决证明我们无罪对我们免予处分，可是人民的声音撤销了判决①。

89（Ⅰ）　一个人忠于某些教规，人们看到他准确奉行，可没有人赞扬他也没有人不赞成他：大家根本没有想到这件事情。另一个人在没有履行教规整整10年后重新履行，人们啧啧称叹，赞扬他。随他们愿意怎样就怎样好了；可我，我谴责他这么久把他的义务丢到脑后，同时我为他的回归感到幸福。

90（Ⅳ）　阿谀奉承者对自己和别人都没有足够正确的看法。

91（Ⅳ）　某些人如果在分发圣宠时被遗忘了，别人会说：为什么忘掉他们？而如果被记起来了，别人会说：为什么记起他们？怎么会产生这种矛盾现象？是由于这些人的品格所致，还是由于我们的判断没有把握，或者两者兼而有之？

92（Ⅵ）　人们通常会说："在某人之后，谁会当掌玺大臣？谁会是高卢②的首席主教？谁会当教皇？"更有甚者，每个人根据他的

---

① 贝诺蒂埃，受指控杀人，被宣布无罪，但舆论不予认可。——P.R.注
② 古代法国居民为高卢人，故以后以高卢指法国。——译者

愿望或者爱好,提出他的提升名单,人选往往比在位的年迈衰老;而由于没有理由一个高官显爵会把在位的人弄死,相反会使他会焕发青春,给予他身心以新的活力,所以一个在任者埋葬他的继任者这可不是一件十分罕见的事情。

93(Ⅴ)　失宠泯灭了仇恨和嫉妒。那个人要怎样就怎样好了,他不再会因为受到高度的恩宠而让我们酸溜溜的了。于是不管说他有什么优点,有哪种美德,我们都可以容忍他了,他成为一个英雄而不会遭到恶报。

一个失宠的人万般皆非:美德、功绩,全都被人所不齿,或者从坏的方面来解释,或者把这说成是恶行;他再有一颗高贵的心,再不怕铁和火,再像贝亚尔①和蒙特维尔②一样一往无前地冲向敌人,那也是装腔作势,人们还是取笑他:他没有什么可以做英雄的了。

我这里是自相矛盾,诚然,你们以此来指责好了。我只是叙

---

① 贝亚尔(约1472—1574),法国著名将领。弗朗西斯一世与神圣罗马帝国皇帝查理一世战争时,他率领1000名士兵坚守梅齐耶尔,抵抗3.5万敌军,战斗了6个星期,迫使敌人撤退,使法国中部免受入侵。——译者
② 王国总司令、骑兵总长蒙特维尔侯爵。——拉布吕耶尔注
蒙特维尔在塞文山区反对卡米扎尔人的战争中的表现可配不上这种赞扬(参阅维拉尔:《骑士回忆录》)。——P.R.注
卡米扎尔指18世纪初加尔文派教徒,他们在夜袭时在甲衣上套白色衬衫以易于辨认。——译者

述人们的判断,我不是说各式各样的人,我说的是同一些人,他们的判断是如此不同。

94(Ⅵ)　我们看到在不满20年的时间里,人们对于最严肃的事情以及他们看来最确定、最真实不过的事情,看法已经改变。我不想说不受我们感觉支配的内心的火已经没有了丝毫热量,也就是说,跟我们在接近火时内心的感觉毫不相同,以至于害怕什么时候火会变得跟过去一样热。我也不能保证一条直线落在另一条直线上形成两个直角或者等于两个直角,以免由于人们会发现多一点或少一点什么东西,我会因建议而受到嘲笑。同样在另一个场合,我几乎要跟所有法国人说:"沃邦肯定会成功,大家都同意这一点。"可谁会向我保证,过不了多久人们不会含沙射影地说甚至在围城战这个他的强项,而且由他拍板决定的方面,他也像安迪非尔一样会犯错误,而且有几次也出了差错呢?

95(Ⅳ)　如果你相信那些受偏见所左右、彼此有隙的人的说法,那么博古通今的人就是个冒充博学者;法官是个市民或者开业律师;包税官是个收税员而贵族是个破落贵族;但奇怪的是,由愤怒和仇恨所发明出来的如此难听的名字有一些变成了习以为常的说法;而人们虽然存在着非常冷漠也非常平和的轻视,却敢于使用这些说法。

96(Ⅳ)　你内心激动,你情绪昂扬,尤其是当敌人开始逃跑、胜利已定的时候,或者在一座已经投降的城市前:这时你喜欢在一次战斗里或者在一场围城中出现在千百处地方,为的是哪个地方也见不到你;你喜欢预防将军的命令以免去执行;喜欢寻找机会而不是等待机会和有什么机会就接受什么机会:你的勇敢是假的吗?

97(Ⅳ)　让一些士兵守卫他们可能战死的岗位,然而他们没有在那里被杀死,他们喜欢荣誉和生命。

98(Ⅶ)　看到人们如此热爱生活,我们怎么会想到他们居然热爱某些别的东西胜于他们的生命呢?因为他们比生命更钟爱的荣誉,往往只不过是植根于千万人思想中的他们所不了解或者所不重视的对自己的某种看法罢了。

99(Ⅶ)　那些既不是军人也不是大臣的人却去打仗和注视事情的进展,他们不是去围城而是去看看怎么围城的,可不管他们对于战壕,对于炮弹和大炮的效果,对于肉搏以及对于一场进攻的命令和他们看到的成功是多么惊讶,他们对军事要塞的好奇心很快就消失了。抵抗在继续,骤雨突来,疲惫交加,污泥浊水,人们要同时跟季节和敌人作战,战线可能被突破而被陷于前有城市后有敌军的围困之中:真是穷途末路!他们失去勇气,窃窃私语:"撤围难道就不行吗?国家的安全就在于多一座或者少一座城堡吗?"他们还说:"上天好像跟我们作对,我们难道不该顺从上天的命令,把这场战争推到过些时候再进行?"可将军不顾重重障碍,他因战事的艰难而越发激昂,他彻夜不眠,白日鏖战,要把战争进行到底,于是他们再也不明白为什么将军这么坚定,或者如果他们敢说的话,这么顽固了。可是如果投降了,那么这些意志如此消沉的人又会强调这场征战的重要性,预言战事可能的结果,夸大进行这场战争的必要性以及如果不打下去,随之而来会有什么样的危险和耻辱,以此证明挡住敌人、保护我们的军队是不可战胜的。他们与国王一起回来,走过城市和村镇,因受站在窗前的市民的注视而十分自豪,仿佛他们就是夺取要塞的那些人;他们凯旋而归,自命为勇士。回到家里,他们喋喋不休说什么棱堡的侧堤、凸角堡、半月形城堡、假窗洞、碉堡间的护墙以及弹火纷飞的道路;他们叙述自己出于想看看而前往的地方,不断提到他们冒着在返回时被敌人抓住或者杀死的危险和可能性,不过只是没有说自己当时如何害怕罢了。

100(Ⅳ) 布道或者演说时半途顿住说不下去,这是再小不过的缺点了,这让演说者可以充分发挥他的机智、见识、想象力、习俗和学说;这并没有使演说者少掉什么,不过我们仍不免惊讶:人们既然曾经认为发生这种情况有点丢人和令人取笑,却总要用冗长而且往往没有用处的演说让自己去冒这一切危险。

101(Ⅳ) 运用时间不当的人首先埋怨时间短暂,他们把时间花在穿衣、吃饭、睡觉、说愚蠢的话、决心做该做的事情上以及往往什么事也没做。可是他们却没有时间办事或者娱乐;善于利用时间的人有时间做这些事情还绰绰有余。

没有一个如此公务繁忙的大臣不知道每天浪费两小时时间,在漫长的人生结束时就是一笔很大的数字;而如果位于其他社会地位的人这个问题更大的话,那么一个世上如此珍贵而人们老是抱怨不够的东西,损失就是不可胜数的了。

102(Ⅳ) 被称为人的上帝的创造物中,有的有灵魂,就是说有思想,他们一生忙忙碌碌,专心致志于切割大理石:这非常简单,没什么了不起的。

另一些人对此感到惊讶,但这些人完全没有用处,他们终日无所事事,这比切割大理石更没什么了不起。

103(Ⅴ) 大部分人完全忘记自己有个灵魂,他们在那么多的行动和办事中表现得仿佛灵魂一无用处,以至于人们说某人有思想就仿佛在说他的好话;这个赞扬本身也变得平淡无奇,只是把人置于狗或马之上而已。

104(Ⅳ) "你怎么娱乐?你怎么度过时间?"蠢人和才子这样问你。如果我回答说就是睁开眼睛看,竖起耳朵听,注意健康、休息、闲空,这就等于什么也没说。可靠的财富,巨大的财富①,唯一的财富,没有计算到,没有感觉出来。你假装吗?你掩盖

---

① 参阅帕斯卡尔《思想集》第 XXXI 章,帕斯卡尔在该书中意见相反。——拉布吕耶尔注

吗？必须予以回答。

（Ⅶ） 如果自由可以过大过广，以至于最后使人希望得到少一些自由，那么这种自由对于人来说是个好处吗？

（Ⅷ） 自由不是游手好闲；是自由使用时间，是选择工作和办事。总而言之，自由不是什么也不干，而是只由自己来决定做什么或者不做什么。就这个意义来说，自由是多好的财产！

105（Ⅰ） 恺撒想征服世界时还不太老，他除了希望在世时生活过得美好，死后留下盛名之外，没有别的什么至福：他生来高傲自尊，野心勃勃，身体健康，除了征服世界无法更好地利用时间。亚历山大在追求一个如此严肃的目的时还相当年轻：奇怪的是在他事业的早期，女人和酒没有更早地毁坏他的事业。

106（Ⅰ） 一个年轻的亲王①，出身奥古斯都家族，是人民之爱和希望，是上天赐给以延长大地的至福。他比他的祖先更加伟大，他是一个英雄之子，英雄是他的楷模，他已经以他非凡的品质和早熟的美德向世界表明：英雄之子比别人更接近于成为英雄②。

---

① 指路易十四的儿子王太子。——P. R. 注
② 不同于常见的拉丁箴言：英雄之子有损其父亲的荣誉。——拉布吕耶尔注

107（Ⅳ）　如果世界仅仅过了一亿年,那么世界还青春焕发而且几乎只是刚刚开始;可我们自己已经接近初民和始祖年代,因此谁不会把我们跟已经年代如此遥远的他们混为一谈呢？但是如果我们从将来的过去来判断的话,在艺术、科学、博物,以及我敢说,在历史方面,有多少我们所不知道的新事物！我们会有多少发现！在整个地球,在各个国家和各个帝国,有多少不同的革命不会发生！我们是多么无知！而六七千年是多么短暂的经历啊！

108（Ⅳ）　不慌不忙慢走的人,再漫长的路也走得完;坚持耐心追求的人再遥远的好处也能得到。

109（Ⅳ）　别去讨好任何人,也别等待什么人来讨好你。温馨的境遇,黄金的年华,最自然的人的状态！

110（Ⅶ）　上流社会是为随波逐流的人或者居住城里的人开放的;自然只为居住乡村的人所有:只有他们活着,至少只有他们知道他们活着。

111（Ⅳ）　为什么我脱口说出的关于充满各国朝廷的某些年轻人的话使我害怕,并向你表示后悔？哦,特拉西伊,你有怪脾气吗？我不知道,请你告诉我:我知道的就是你已经不年轻了。

　　你因为我说过的关于某些大人物的话而自认为受到了人

身攻击,你不为另一个人受到的伤害呼喊吗?你是目中无人、心怀恶意、恶作剧、溜须拍马、伪君子吗?我不知道,可是我当时并没有想到你,我谈的是大人物。

112(Ⅳ)　不事张扬的精神和行为的某种审慎使人们陷于默默无闻,要想出名和受人仰慕,他们必须有巨大的美德或者也许是巨大的恶行。

113(Ⅳ)　就所有大人物和小人物的行为而言,人们全都对成功有好感,受成功所迷惑,为成功而狂热,取得成功的罪行只差一点就要被赞扬为美德,而幸福就要取代一切美德了。成功无需证明正当性,这种说法是卑劣的谋杀,是肮脏而丑恶的行径①。

114(Ⅳ)　人受美丽的外表和似是而非的借口所迷惑,会轻易地欣赏某些大人物谋划的充满野心的计划。他们兴致勃勃地谈论这计划,这计划甚至以所谓的大胆和新颖而取得人们的欢心;人们对此已经习以为常,一心只盼成功,可是当计划相反要流产时,他们满怀信心作出决定而丝毫不怕判断失误,以至于轻率蛮干而无法成功。

---

① 抨击马基雅维利的原则:为达到目的可不择手段。——P.R.注
马基雅维利原则可直译为:目的达到就可以证明手段的正当性。——译者

115(Ⅳ) 有这样一些计划①,它们引起了如此巨大的轰动而且产生了如此巨大的后果,使人们久久谈论,并令人根据不同的利益或者抱着巨大的希望或者产生巨大的恐惧,以至于一个人的全部光荣和全部财产都卷入其中。他以这样辉煌的排场出现在舞台上,不可能一言不发地抽身离开;不管他开始预见到在他以后的行动中有多么可怕的危险,他必须着手进行:对于他来说,事情办砸了是最微不足道的损失。

116(Ⅷ) 坏人身上没有做伟人的品质。你去称赞他的见解和计划,欣赏他的行为,夸大他有能力使用最合适最快的手段来达到他的目的好了;如果他的目的卑劣,那么出于谨慎就根本不要参与;可如果你在这方面不谨慎,那么你就去寻找伟大的东西,只要你能够找得到。

117(Ⅵ) 一个敌人②死了,他率领一支大军要渡过莱茵河;他善于作战而他除了有经验还有运气,谁见过那样壮观的欢乐烟火?谁见过那么盛大的公众庆典?相反有的人天性卑劣,对他们的反感已经深入人心;这并不完全由于他们已经取得的进展,也不是害怕他们可能取得的进展,而是人民爆发出要他们死的声音,而是只要人们在广场上低声嘀咕说:大地终于摆脱

---

① 本章末尾影射奥朗日的纪尧姆要把岳父雅克二世赶下王位的行动。——弗拉玛里翁注

② "敌人"指洛林的查理公爵;卑劣的人指奥朗日的纪尧姆。——P.R.注

了这些人,所有的人,直至小孩都会高兴得颤抖起来。

118(Ⅴ) "啊,时间! 啊,风俗!①"希拉克里乌斯喊道,"啊,不幸的时代! 坏事充斥、美德受苦、罪恶蔓延、罪行胜利的时代。我要做个吕卡翁、做个阿埃吉斯特②;如果我想成功,我想昌盛,机会再好不过,时机也再有利不过了。"一个人说:"我要渡过大海,我要剥夺我父亲的财产,我要把他赶走,把他、他的妻子、他的继承人,从他的土地和他的国家赶走。"他是这么说也这么做了③。他要担心的是他对一个国王的侮辱,也侮辱了其他许多国王,从而引起他们的怨恨;但是他们支持他,他们几乎这么跟他说:"渡海过去吧,剥夺你的父亲,向全世界的人表明你可以把一个国王赶出他的王国,就像把一个小领主赶出他的城堡,把一个农夫赶出他的租地一样;从此在普通人和我们之间不再有区别了;我们厌倦了这些头衔;告诉所有这些匍匐在我们脚下的上帝的子民,他们可以抛弃我们,背叛我们,把我们交给一个外国人,他们自己也投靠外国人好了,他们用不着怕我们,而是我们应该害怕他们和他们的势力。"谁能够以平静的心灵,熟视无睹地看着如此悲惨的事情呢? 有职务就有特权,哪个在职者不为保卫这些特权说话、辩护和挺身而出呢? 只有国王的头

---

① 西塞罗,《第一演讲词》。——P.R.注
② 吕卡翁变为狼;阿埃吉斯特被俄瑞斯忒斯杀死。——P.R.注
古希腊神话中的阿卡迪亚国王。——译者
③ 奥朗日的纪尧姆被勒诺布尔列为弑父者之列(《奖章》)。——P.R.注

衔不再有特权了:是国王自己放弃了这些特权的。只有一个国王①,他从来都善良而高尚,向一个不幸的家族张开臂膀。其他所有的国王都联合起来,仿佛是向他和他给予他们共同事业的支持进行报复。他们心中,斗气和嫉妒心压倒了荣誉、宗教和他们国家的利益,仅此而已吗?还压倒了他们自己的利益和家庭的利益;他们搭上了,且不说自己挑选的自由,还搭上了他们的继承权,他们作为继承人的权利,总之在所有人心中,人压倒了君王。一个君主②解放了欧洲,自己也摆脱了一个致命的敌人,将享有摧毁一个大帝国③的荣誉;可是由于一场胜负不定的战争他失去了这个荣耀。那些生来就是仲裁者和调停者的人在等待时机④,而当他们可以有效地利用他们的调停时,他们答应进行调停。"啊,牧羊人们!"希拉科里特接着说,"啊,住在茅屋和窝棚里的乡下人啊! 如果事情不是触及你们,如果你们没有被人的恶念刺伤了心,如果人们在你们的家乡不再谈到人而只谈到狐狸和猞猁,请你们接纳我吃你们的黑面包和喝你们的泉水吧。"

---

① 路易十四接纳雅克二世。——P. R. 注
② 战胜土耳其人的皇帝勒奥帕一世加入了反对路易十四的联盟,而下面教皇依诺森十一世在勒诺布尔的《欧洲舞会》中被指责为墨守成规。——P. R. 注
③ 指土耳其。——译者
④ 拉布吕耶尔从对战争的普遍谴责悄悄地转向对奥朗日的纪尧姆的个人攻击。——P. R. 注
  奥朗日的纪尧姆,即奥朗日-拿骚的纪尧姆(1533—1584),绰号"沉默者"。——译者

119（Ⅵ）　那些个子矮小、身高六尺，至多七尺的人，当你长到八尺时，却把你作为巨人和稀有宝石那样关在市场里，要想看得付钱；他们不知羞耻地说你高大和崇高，这是人们能够给予这些与天比高，白云环绕脚下的高山的全部赞词了；作为光荣而高贵的动物物种，他们蔑视其他一切物种，甚至不屑于跟大象和鲸鱼做比较；走近一些，人啊，简单答复戴莫克里特的话吧。你们共同的谚语不是说：可爱如狼，狂暴如虎，狡黠如猴吗？那么你们，你们是什么？我听人们喋喋不休地对着我的耳朵说：人是理性的动物。谁给你们这个定义？是狼，是猴，还是狮子或者是你们自己给自己的？你们给动物同行下个比较坏的定义这已经是可笑的了，而你们自己拿走一个比较好的定义那就更可笑。让他们自己定义自己好了，那你们就会看到他们会怎样忘乎所以，而你们会受到怎样的对待。啊，人啊，我不说你们的轻率，你们的疯狂和你们的想入非非，这些使你们处于比鼹鼠和乌龟还不如的地步：它们聪明地慢吞吞地走自己的路，不变地按他们自然的本能行事。但你们且听我说，你们谈到一只雄鹰隼，以非常轻盈的优美姿势向山鹑扑下来，说"这是只威武的雄鹰"；谈到一只猎兔犬咬住一只兔子，说"这是条好猎兔犬"；我也同意你们谈到一个人围猎野猪，逮住野猪，子弹穿过野猪，说"这是个勇敢的人"。但如果看到两只狗互相嗷叫、对峙、咬打、撕裂，你们会说"这些蠢畜生"，然后拿起棍棒把它们分开来。如果告诉你们一个大国家所有的猫成千上万都聚集在一个平原上，它们在叫够了之后，疯狂地扑向对方，张牙舞爪，经过这场混战，有9000到10000只猫弃尸广场，恶臭从那里传播远达10法里,你们不会说"这是从来没有听说过的最可怕的巫魔聚会"吗?如果狼也这样混战:"多难听的狼嚎!多可怕的残杀!"而如果它们对你们说这样做是热爱荣誉,那么你们难道不会从这话得出结论:他们是把荣誉寄托于这种残酷的聚会上,寄托于自相残杀和灭绝自己的物种上?或者在作出这样的结论之后,你们不会开怀地嘲笑这些可怜畜生的天真?作为理性的动物,并且为了跟那些只会用牙齿和爪的动物区别开来,你们不是已经想象出,而且在我看来,再合适不过地想象出了矛、梭镖、标枪、大刀和弯型大刀,因为以前你们光是用手,只是互相厮打、拽头发、撕破脸或者至多只是抠出眼睛而已?可如今你们拥有合适的工具,可以让你们用来互相砍出巨大的伤口,好让你们流尽最后一滴血而不必害怕会幸免一死。但由于你们一年比一年变得更加理性,你们肯定已经丰富发展了自我毁灭的老办法:你们有小弹子,只要射中你们的头或者胸就会一下子要了你们的命;你们还有别的更强、杀伤力更大的玩意可以把你们一劈两半或者穿膛破肚,更别说那些落到你们的屋顶,穿透你们的地板,从阁楼进入地窖,掀起拱穹,把你们的房子,你们正在分娩的妻子、孩子和奶妈一起抛到空中的玩意了,尽管这样,这还是荣誉之所在,因为荣誉要的就是人仰马翻,荣誉就是巨大斗殴的体现。何况你们有防御型武器,按照文明的作战规则,战斗时你们必须身穿甲胄,说真的,这是个漂亮的装饰品,令我想起从前一个江湖骗子所展示的那四只著名的跳蚤。这个江湖骗子是个能工巧匠,他找出让跳蚤在一个小瓶里活下去的秘诀:他让每个跳蚤头上顶一叶生菜,身上披着盔甲,在跳蚤大腿上装上铠甲,护膝、长矛,一切应有尽有,跳蚤佩戴这样的装备一跳一蹦地走进瓶子。设想一个身材有阿多斯山①高的人好了,为什么不呢?给这样的身体以生命,对于灵魂来说会感到为难吗?才不呢:如果这个人目光相当敏锐,发现你们带着进攻性武器和防御型武器出现在地球的某个地方,你们认为他对于一些这样装备起来的小矮子,对于你们所谓的战争、骑兵、炮兵、值得记忆的围城战、某个著名的日子会怎么看?我是否不再听到你们之间嗡嗡叫着别的事情?世界不再只分为团和连,全部变成营和排吗?他夺取了一座城市,他又拿下第二座,然后第三座城市;他打了一场胜仗,第二场胜仗,他赶走了敌人,他在海上胜利,他在陆地胜利;你们谈的是你们中的某个人吗?是某个巨人,某个阿多斯人吗?你们中特别是有一个面色苍白铁青的人②,全身的肉还不到 10 盎司重,只要吹一口气就可以把他摔倒在地上。可是他喊的声音比四个人还要大,把一切搞得天翻地覆:他刚刚混水捞鱼得了一整个岛,不过在别的地方他其实被打败了,被人追逐,但他从沼泽地逃了出来,不愿听到和平和停战。他从小就表现出他会干出什么样的事情来。他咬奶妈的奶,结果奶妈死了,这个可怜的女人!我知道这意味着什么,这就够了。总之,他生下来时是个臣民,但他不再当臣民了,相反,他成为主人,而被他驯服的那些人都戴上镣铐,打起精神,套上犁耙耕田去了。这些善良的人,甚至

---

① 阿多斯山,圣山,希腊北部希腊正教教会所在地,方圆 336 平方公里。——译者
② 这个面色苍白铁青的人指国王拿骚的纪尧姆。——弗拉玛里翁注

似乎害怕有一天他们会摆脱束缚成为自由人,因为他们已经让赶着他们走路的那个人把皮带放宽,皮鞭放长了。他们为了加重自己的奴役没有忘记任何事情;他们为他渡海去获得更多的封臣,征服新的领地。的确,他情绪激动地把他父亲和母亲扫地出门,从肩膀上扔出去,而他们则帮助他从事这个如此有教养的勾当。海那边和海这边的人齐心协力,每个人凑份子使他日益变得更加可怕;皮克特人和萨克森人迫使巴塔弗人①噤声不语,而巴塔弗人则让皮克特人和萨克森人不敢吱声,双方都只能心甘情愿地以作为他的恭顺奴隶来吹嘘自己。可是我所说的某些有王冠的人指的是谁?我说的不是伯爵或者侯爵,伯爵和侯爵遍地都是,而是君王和君主②。只要他一声口哨,他们便前来谒见;一进他的候见厅,他们就脱下帽子;只有当他提问时他们才敢说话。他们还是那些对于他们的等级顺序和座位席次那么讲究,那么注重形式的君王吗?而又是谁在议会里花整整好几个月来安排这些顺序席次的呢?这位新的执政官究竟要做什么来回报如此盲目的服从和满足别人对他如此高的评价呢?如果他进行战斗,他必须取胜,而且是亲自上阵;如果敌人围城,除非是在他和敌人之间隔着整个大海,他必须去

---

① 皮克特人,指直至9世纪居住于爱尔兰低地的民族,哈德良墙就是为抵御皮克特人的进攻,保卫布列塔尼而建;萨克森人,2世纪定居于易北河北、黑海岸边然后扩大至整个德意志北部的民族;巴塔弗人,公元前1世纪生活于莱茵河河口的日耳曼民族。——译者

② 君王们于1691年在海牙向奥朗日的纪尧姆让步。——P.R.注

解围,但是结果丢人①:他必须为他的朝臣做些事情。恺撒②本人不是也要来扩大他的朝臣的数目吗?他至少在等待恺撒给予他一些重要的效劳;因为或者执政官和他的盟军失败了——这是难以设想也不可能设想的,或者如果他成功了而没有什么能够抵挡住他,那他就以雷霆万钧之力,带着他的盟军,满怀着对恺撒的宗教和势力的嫉妒心情,向恺撒扑来,以夺走恺撒的鹰,使恺撒和他的继承人沦为奥地利家族纹章上的银横带饰和直属国了。总而言之,事情就是这样了,他们全都心甘情愿地向他,向这个他们可能本应该更加提防的人投降了。伊索③可能不会对他们说:某个地方的家禽惊慌起来,害怕跟狮子为邻,狮子只要发出吼声就使它害怕。家禽躲藏在那个野兽的后面,野兽让家禽言和并把家禽置于自己的保护之下,最后把他们一只一只地大口吞下了。

论时尚

1(Ⅰ) 有一件事荒诞但足以揭示我们的渺小,那就是赶时髦,如果我们把时尚扩大到有关口味、食物、健康和信仰。黑肉已经不时兴了,基于这个理由,黑肉没有味道;放血医治发烧这是违背时尚的做法。同样,很久以来人们临终已经不再由泰奥迪姆④送

---

① 指奥朗日的纪尧姆解围蒙斯的失败(1691年)。——P.R.注
② 日耳曼皇帝。——P.R.注
③ 公元前6世纪古希腊预言家。——译者
④ 指圣热尔维本堂神甫,后由布达鲁"明星"似的所替代。——P.R.注

终,温柔的告解神工只能拯救老百姓了,泰奥迪姆有他的继承人了。

2(Ⅵ)　好奇不是对好的东西或者美的东西的爱好,而是对稀罕的、唯一的或者某人有而别人没有的东西的爱好。这不是对完美的东西的眷念,而是对被追求的、时髦的东西的眷顾。这不是一种娱乐,而是一种偏爱,它往往如此强烈以至于较之爱情和野心,它略逊一等的就在于偏爱对象的微小。这不是一种人们通常对稀罕的但通用的事物的偏爱,而只是对某种稀罕可是时髦的事物的偏爱。

　　花匠在郊区有一个花园,他日出而去,日落而归。你看到他站在郁金香花丛中,在"独立临风"前呆立不动;他睁开大眼,搓着双手,低下身子,靠近观看,他从来没见过这么美丽的花,他心花怒放,他离开"独立临风"到"东方美人",从"东方美人"到"黑寡妇",他经过"金锦",从"金锦"到"阿加塔"①,从那里最后又回到"独立临风"。他站立不动,他累了,他坐下,忘记了吃晚饭,这花颜色微变,出现镶边,凝脂润滑;他把整株花移了下来,插进美丽的花瓶中或者栽在美丽的花盆里。他端详着花,欣赏着花,上帝和自然都被他抛到九霄云外;他再也离不开他的郁金香鳞茎,别人就是出一千埃居②他也不让,可是当郁金香不时兴而康乃馨

---

① 阿加塔,活动时期约至235年,基督教女圣徒,殉教者。——译者
② 法国古代货币名,种类繁多,价值不一。——译者

走俏时,那就一分钱也卖不出去了。这个人明智,有头脑,有信仰又有宗教,他回到家里,又累又饿,但他非常满意这一天,因为他看到了郁金香。

你如果跟这个谷物丰收、葡萄收成好的人谈话,知道他对水果感兴趣;可是你别说话,他听不见的。你跟他谈无花果和西瓜,告诉他梨树今年果子压弯了树枝,桃树果实累累,你说的话他听不懂,他一心只想着李子树,他不会回答你的。你甚至别跟他谈你的李子树,他只喜欢某一种李子,你跟他说的任何别的种类都会让他笑话,嘲笑。他把你带到树下,熟练地摘下这个味美的李子;他切开李子,给您一半,自己拿走另一半。"多厚的肉!"他说,"你尝尝这个,好极了是吗?这你在别的地方是找不到的。"说着他的鼻孔扩大了,他好不容易靠某种谦虚的外表才掩盖住他的快乐和虚荣。啊,确实了不起的人!再称赞和再赞赏也不过分的人!若干世纪人们都会念念不忘的人!让我看看他活着时候的身材和面孔,让我观察在芸芸众生中唯有他拥有一棵这样李树的这个人的音容笑貌和举止吧!

你将看到的第三个人跟你谈他那好奇的同事,尤其是第欧尼特。他说:"我越欣赏他,越不了解他。你会想到他居然试图通过纪念章来学习,把纪念章当作某些事实的生动证据和古代史的固定的无可置疑的纪念碑吗?根本不会。也许你会认为他这样费尽千辛万苦恢复一个人头是为了满足自己的乐趣,不想看到一系列皇帝中间有个空缺?更不是。第欧尼特知道区别旧的、边角磨损的纪念章和看起来新的纪念章;他有一块书板,所有的地方都装满了,只剩下一个地方,这个空白让他看起来不舒服,严格说来正是为了填满这个空白,他用尽了他的全部财产和他的一生。"

"你要看我的版画吗?"第欧尼特接着说,很快他把版画统统摊开来给你看。你会看到有一块版画不是黑色,但也不清楚,没有画好,只适合在某个节日摆到小桥或者新街地摊上去,而不适合挂在书房保存。他同意雕刻得差,更没有设计好,不过他保证这幅版画出自一个意大利人之手,此人没花多少功夫,这版画几乎没有印出,这幅画法国独一无二,他花了很贵的钱买的,可给他再好的东西他也不换。他继续说道:"我内心深深忧伤,这迫使我在余生中放弃制作版画。我有整套卡罗[①]的版画,只缺一幅,这其实不是他的好作品,相反是最差的一幅,可有了这一幅我的卡罗就全了:我 20 年来致力于寻找这幅画,可我终于绝望了,这太残酷了!"

另一个人讽刺那些出于担忧或者好奇而进行长途旅行的人,他们不写回忆录和报告,不带画板,他们旅行就为了看看,可他们不看或者忘记了他们看到的事物;他们只想知道新的塔和新的钟楼,只想渡过名字不叫塞纳和卢瓦尔的河流;他们走出自己的故乡为的是再回去,他们喜欢出走,然后有一天从远方归

[①] 卡罗(1592—1635),法国雕塑家和画家。——译者

来。这位讽刺作家说得对，人们都接受他的看法。

可是当他进一步说书籍比旅行传授的知识更多，而且他在话里告诉我他有一个藏书室时，我希望看看：我去找这个人，他在一个房子里接待我，我一走到楼梯便被盖住他全部书籍的黑摩洛哥皮的味道呛得晕倒了。他为了唤醒我，徒劳地在我耳边大声说这些书切边镀金，装着烫金丝线，而且全是善本，他把最好的书的书名一部部报给我听，对我说他的走廊除了几个地方外全都摆满了，这些书涂的颜色好让人拿到想要的书，因为书摆在搁板上眼睛会看乱；他又说他从来不看书，从来脚不踏进这个走廊，而他是出于对我的礼节才来的；我感谢他的好意，而我跟他一样也不想看他这个称之为藏书室的走廊。

有些人但求学问多多益善，哪种知识都不愿放弃，想全都掌握结果什么也没掌握住；他们只求博而不求精，宁愿对各种学科一知半解而不愿对一门学问有扎实而深入的了解。他们在任何场合都能找到可以充当他们老师和纠正他们错误的人；他们往往因自己的好奇而上当受骗，顶多只是经过长期而艰苦的努力，才能够摆脱极端无知的状态。

另一些人能够开启科学之门却从不过问科学，他们终其一生致力于辨认东方语言、北方语言、两印度语言、两极语言，以及在月球上说的语言。最无用的话，加上最莫名其妙、最神秘莫测的字正是唤醒他们的激情和促使他们工作的动力；他们惋惜只局限于精通自己的语言或者至多希腊语和拉丁语的人。这些人阅读所有史书可他们对历史一无所知；他们浏览所有的书可没有从任何一本书中得益；在他们的思想中，事实和原则未能结出丰硕的果实，而他取得的最好的收成和最丰裕的财富其实只落得所能够想象出来的词语而已。他们身体不堪重负，他们的记忆无法承受，而他们的思想却始终空空如也。

这个市民喜欢高楼大厦，他盖了一座如此美丽，如此豪华，装饰得如此漂亮但无法居住的府邸。房主怯于居住，也许无法决意把它租给一个亲王或者一个生意人，便自己蛰居陋室，了其一生，而此时一系列基本的收益已落入从洛亚尔宫，从L……宫、G……宫①，从卢森堡宫出来到那里旅游的英国人和日耳曼人手里了。人们不断敲这扇门，大家都想看看房子，没有一个想看看这位先生。

我们还知道别的一些人，他们有女儿可是无法给嫁妆，我怎么这么说？她们缺衣少吃，她们不用床围和白内衣，她们是穷人；可是他们贫困的根源就在眼前：一间家具储存室堆满了罕见的胸像，上面盖满灰尘和垃圾，如果把这些卖掉，他们就有钱了，可是他们下不了决心把这些卖掉。

蒂非尔以1只鸟开始最后有了1000只鸟。他的房子并不

---

① 一个暴发户修建的朗格雷府邸。——P.R.注

因为有鸟而充满生气,而是被搞得乌烟瘴气。院子、大厅、楼梯、门厅、卧室、书房,全成为鸟笼;这里不再是小鸟鸣啭而是一片吵闹。秋天的狂风和涨得最高的洪水也没有发出如此刺耳的尖锐叫声。在这些房间里,人们在等待中互相寒暄可是彼此听不到,除非小狗吠叫。这对于蒂非尔来说已经不是一种愉悦的娱乐,而是一桩劳苦不堪而且几乎是没完没了的事情。他整天撒谷子,扫垃圾,日子就这么溜走而一去不复返。他雇用了一个人,此人除了吹竖笛逗芙蓉鸟和让金丝雀孵蛋之外没有任何事情。的确,他在一方面的花费可以从另一方面节省下来,因为他的孩子没有老师,不受教育。到了晚上,他自己的娱乐弄得他精疲力竭,闭门不出,可是如果他的鸟不休息,他也丝毫无法休息,因为他之所以喜欢这些小鸟是因为它们会唱歌,而小鸟则唱个不停。他做梦都梦见他的鸟,他自己就是鸟,他有羽冠,他啁啾鸣唱,他栖息,他夜里梦见自己换羽毛、自己孵蛋。

谁能够写尽所有各式各样的好奇者?您听这个人谈他的豹子,谈他的羽毛,谈他的音乐①,把这些吹为世上最奇特和最美的东西,你猜猜他会把他的贝壳卖掉吗?为什么不呢?只要能够用金子的重量来买。

这另一个人喜欢昆虫:他每天都买昆虫;他尤其是欧洲爱好蝴蝶的第一人:他有各种大小和各种颜色的蝴蝶。你打算什么

---

① 三个在法语中都是贝壳的名字。——译者

时候去拜访他？他陷于剧烈痛苦之中；他情绪忧伤，极端抑郁，全家人都受到影响；他遭到不可弥补的损失。你走近一点，看看他让你看手指上的究竟是什么东西。但是这东西已经没有命了，刚刚死掉；这是条毛虫，而且是多么好看的毛虫！

3(Ⅰ) 决斗是时尚所取得的凯旋，又是时髦以十分轰动的手段行使其不可抗拒的威力的地方。这种习俗不给懦夫活下去的自由，它让这个人被比他勇敢的人杀死，把这个人跟果敢的人相混淆，把荣誉与光荣跟一种疯狂而怪诞的行动挂起钩来。某些国王的在场使这种习俗得到许可，有的时候在举行这种习俗时有某种宗教的成分；决斗就某些主要的罪行决定指控的真伪，决定人是否有罪；最后，这种习俗是如此深深地植根于民众的舆论之中，并且如此有力地掌握了民众的心灵和思想，以至于一个非常伟大的国王其生活的一个最美好的正面，就是医治好民众的这种疯狂。

4(Ⅰ) 这曾经时兴过，或者是指挥军队和进行谈判，或者是讲坛上能言善辩，或者是诗句的铿锵，可这时尚已经不再了。是有人变得跟过去不一样了吗？还是因为他们的才情已经磨灭，或者是人们对他们的爱好已经消退？

5(Ⅳ) 一个时髦的人时间不长，因为时髦会过去：如果此人碰巧有点才情，那他没有灰飞烟灭，他还存在于某个地方：他同样可敬，只是已不如以前受人尊敬了。

（Ⅵ） 美德有幸运之处就是美德自足自立，无须崇拜者、拥护者和保护者；无人支持和赞许不仅无损于它，还把美德保存下来，使之纯洁而完美，不管美德时兴还是不时兴，它始终是美德。

6（Ⅵ） 如果你对人们，尤其是对大人物说某人有美德，他们对你说"让他保留着美德吧"；说某人很有本事，特别是有讨人喜欢和逗人开心的本事，他们会回答你说"他好极了"；说某人很有文化，博闻强识，他们会问你现在几点钟啦或者现在天气怎样。可是如果你告诉他们，有一个名叫提吉兰的人把一杯烧酒吹到或者浇到沙上，而奇妙的事是他一顿饭的时间里来几次这样的事情！那么他们就会说："这个人在哪里？明天，今晚就把他带来给我看？"人们把这个人带来给他们看了，而这个人完全可以用来装饰一个集市的大道和放在房间里让人观看来收钱，所以他们跟他都很亲密。

7（Ⅵ） 没有什么比玩大赌博能够让一个人更快地赶上时髦而且更加诱惑他的了：赌博与放荡一起俱来。我愿意看到一个人有礼、愉快、机智，不管这是卡图卢斯①还是他的弟子，我们可以把他们跟一场赌下来就输掉800皮斯托尔的那个人比一比吧。

8（Ⅵ） 一个赶时髦的人就像一种在田垄里自生自长的兰花，它

---

① 卡图卢斯（约前84—约前54），古罗马最杰出的抒情诗人，与西塞罗、庞培、恺撒是同时代的人。——译者

压制住麦穗的生长,减少了收成,占据了更好的东西的位置;时髦没有价值,也不美观,只是靠一种几乎同时诞生和消失的轻率的任性而借来的东西;今天人们追赶时髦,女人以此装点打扮自己;明天这已经不时髦了,又回到平民百姓中去。

一个才德之士相反是一种说不出什么颜色但可以说出名字的花;人们因为她美丽或者芳香而种植。美是自然赏赐的妩媚;香是美化世界之物;她永世长存,历史久远,广受欢迎;我们的祖先喜爱她,我们继我们祖先之后也喜爱她,某些人对她的厌恶和反感于她丝毫无损:她是百合,她是玫瑰。

9(Ⅵ) 我们看到俄斯特拉德驾一叶扁舟,空气清新,天空晴朗;好风看来要一直与他相伴;可是突然下起雨来,漫天乌云,狂风暴雨,一个漩涡吞没小舟,俄斯特拉德挣扎浮出水面,拼命用力,大家希望他至少能够逃生来到陆地,可是一个浪花把他打入水中,人们认为他没救了;他第二次出现,大家的希望复苏;突然一股水浪使他陷入灭顶之灾,他再也没有露面,他被淹死了。

10(Ⅳ) 瓦蒂尔和萨拉赞①是为他们时代而生的,而他们就出现在一个似乎等待他们到来的时代。如果他们不那么急着来到,那他们就来得太晚了,而我可不敢说他们今天会像当年那样受欢迎。轻松的谈话,交往的圈子,睿智的玩笑,随便漫谈的信简,

---

① 两个著名诗人,朗布伊埃府邸的"明星"。——P.R.注

只接纳富有才气的人的小型聚会,一切都消失了。可我们并不认为他们可以使这一切复活过来;我可以为他们的才情说几句好话的,那就是同意他们也许对另一种生活独擅专长;可是今天的女人要么虔诚信仰,要么打情卖俏,要么吃喝玩乐,要么野心勃勃,甚至有些女人这一切兼而有之:争宠、赌博、风流、指导神师占据了位置,死守着这位置反对才识之士。

11(Ⅰ)　一个自命不凡而可笑的人戴一顶长帽,身着一件带叶片的紧身短上衣,脚穿鞋带两端包铁皮的皮鞋和短筒皮靴。他夜里做梦都想着第二天怎样并从哪里着手让人家注意到自己。一个哲学家让自己的裁缝决定自己该穿什么衣服:逃避社交跟热衷社交都是人性的弱点。

12(Ⅳ)　人们责备时尚把男人的身材分成对等的两部分,一部分全部给了上身,另一部分则给身体的其余部位;人们谴责时尚把女人的头变成一个有若干楼层的大楼底部,楼层的顺序和结构根据女人的心血来潮而变化:时尚有时把头发跟脸分割开来,虽然头发本来就是要跟脸长在一起的;有时把头发像小胡子似的抬高和翘起来,仿佛要让女人把自己温柔端庄的面孔换成另一种傲慢而大胆的模样;人们终于大声疾呼反对某种时尚了,可这种时尚尽管怪怪的可笑,但只要还在流行,它就装点和美化着人们,而人们则从中提取可以期望的一切好处,那就是取悦于人。在我看来似乎我们只应该佩服人心的无常和轻率,相继赞成和接受完全不同的事物,把本来用做最庄重的饰物和最严肃的装饰品的东西用于滑稽剧和化装舞会,而人们就在前不久对这些还加以区别的。

13(Ⅵ)　N……有钱,她吃得好,睡得好;但她的发型老在变,而当她根本不想发型、觉得自己幸福的时候,她的发型不时兴了。

14(Ⅵ)　依菲斯在教堂看到一种新式的鞋子;他看看自己的鞋子,脸红了,觉得自己光着脚似的。他来做弥撒是为了显示自己鞋子的,于是他躲藏起来;一整天他足不出户待在房间里。他的手柔软,他用一种香膏来保养手;他留意笑的时候露出自己的牙齿;他噘着嘴巴,很少有他不想微笑的时候;他瞧着自己的双腿,照镜自怜,对谁也没有对自己这么满意的了;他声音清脆纤细,不过幸亏说起话来声调沉浊;他头的动作优美,眼睛有说不出的温和,所以他时时记住靠眼睛让自己顾盼生辉;他步态轻柔,举止再俊俏不过;他涂口红,但是偶尔为之,还不习惯。不过说实话他也穿紧身长裤和戴帽子,他不戴耳环和珍珠项链:所以我没有把他放进女人的那一章。

15(Ⅵ)　男人同样心甘情愿赶时髦打点自己,不过他们假装在容貌上疏于时尚,仿佛他们感觉到或者预见到一旦时尚失去了新鲜事物所谓的精美与可爱,就会陷于不雅和可笑。他们宁愿装扮随心所欲,衣着不修边幅,犹如画家那样凭一时性起,这些不流露于神色中也不表现在面孔上,令人看不出是属于何种风俗也看不出是何许人也。他们喜欢忸怩造作或者玩世不恭的态度,一种冷酷的、粗野的、格格不入的方式,他们把一个年轻的神甫变成一个自吹自擂者,把一个法官变成一个好汉人物,把城市女子变成狄安娜;就像把一个怯生的普通女子变成女骑士或者一个帕拉斯①;把一个正派的姑娘变成一个拉伊丝②,把一个善良而高尚的王公变成一个斯基泰③,一个阿提拉④。

一种时尚几乎还没来得及摧毁另一种时尚,自己就被一种更新的时尚所消灭,它主动向继之而来的时尚让位,但后来者也不是最后一个。我们的轻率就在于此。在这些翻云覆雨的革命期间,一个世纪已经流逝,时光把所有这些装饰扫到旧物堆里而不复存在。这时最古老的时尚又成为最令人好奇而且看起来最好玩的时尚了,这种时尚在光阴与年代的帮助下,跟戏台上穿着罗马的哔叽或衣服的肖像,跟我们的壁毯和我们油画上的女斗篷、面纱和圆锥形冠⑤同样吸引人。

我们的祖先传授我们如何装点自己的外表,与此同时也传授给我们他们对自己在世时所喜爱的衣着、帽子、武器⑥和其他

---

① 古希腊神话司艺术、科学等的女神。——译者
② 古希腊一个著名妓女的名字。——译者
③ 古希腊人公元前6世纪至公元前3世纪对黑海北岸民族的统称。——译者
④ 阿提拉(434—453),匈奴国王。——译者
⑤ 东方人的衣着。——拉布吕耶尔注
　面纱指穆斯林妇女的面纱;圆锥形冠是古代波斯等地帝王或犹太祭师戴的冠冕。——译者
⑥ 进攻性和防御性武器。——拉布吕耶尔注

装饰品的认识,我们对这样的善举无以表示感激之情,只好以同样的方式来对待我们的后代。

16(Ⅰ)　这个朝臣从前有头发,穿齐膝短裤和紧身短上衣,裤脚镶绣花边;而且他不信神;这样的人没有了,他现在戴假发,穿紧身衣,单色长袜,而且是虔信者:一切都以时尚为准。

17(Ⅰ)　若干年来出入宫廷的人是假虔诚者,所以有 1000 个理由说他距离可笑近在咫尺,他有望彻底成为赶时髦的人吗?

18(Ⅰ)　一个朝臣在追求升官发财时,为了不丢失发财的机会,为什么他不可能变成假虔诚者呢?

19(Ⅳ)　颜色已经调好,画布已经摊开,可是怎样把这个不安现状、朝三暮四、反复无常、面孔千变万化的人确定下来呢?我把他描绘成假虔诚者,我自认为已经抓住他了,可他溜走了,他已经成为不信神的人。他至少应该待在这种尴尬的处境中,那么我就可以在他神志还可以识别之时抓住他心灵放荡和精神失常的时刻;可是时髦变化得太快,他已经成了假虔诚者了。

20(Ⅵ)　深入宫廷的人知道何谓美德和何谓假虔诚,他再也不会判断错误了。

21(Ⅷ)　别去做什么晚祷了,那是古代的事情,已不时兴了。个人看好座位以备救赎之用吧,必须知道在国王小教堂里的是什么人,知道侧面的位置,知道在什么地方人家看得见和在什么地方人家看不见。在教堂里去梦想上帝和胡思乱想自己的事情吧,在那里接待来访,发布命令,交代任务,等待回音吧。你有一个指导神师,你听他的话比听福音书虔诚;你从自己指导神师的声誉中汲取他的全部圣洁而突出的东西,别人的指导神师不那么时兴,这些人活该被瞧不起,而且到了几乎无法拯救的地步;至于上帝的话,你可只喜欢听别人在你家里布道说的或者是你的指导神师亲口跟你说的;你喜欢你的指导神师做的弥撒胜过别人做的弥撒,你喜欢你的指导神师亲手交给的圣事而不喜欢不是他交给的;你只熟读灵修经书,仿佛没有《圣经》,没有《使徒信札》,没有《教父伦理学》似的;你读或者说一种纪元初期人们根本不懂得的行话俚语,在忏悔时把别人的缺点一五一十倒出来,讲自己的缺点却轻描淡写;对自己的受苦,自己的忍耐叫苦连天;仿佛犯了一个罪过似的说自己在英勇的作为方面进步不大;跟某些人秘密勾结来反对另一些人;心中只考虑自己和同伙的人;甚至对美德本身也心怀疑虑;你品味、品尝着幸福生活和皇恩浩荡,只希望自己享有而丝毫不想帮助德才之士;利用虔诚之心来为自己的野心效劳,通过升官发财去拯救自己,这一切至少就是迄今为止当代虔诚信徒最真心实意的努力。

(Ⅶ) 一个假虔诚者就是在不信神的国王统治下也不信神的人。

22（Ⅶ）　假虔诚者只知道淫乱是罪行，更准确地说，只在意淫乱造成的影响和外表。如果费雷西德被认为治好了爱女人的毛病或者费雷尼丝被认为忠于她的丈夫，这对于他们来说已经相当足够的了。让他们去倾家荡产地赌博，结果使他们的债主破产；让他们对别人的不幸兴高采烈，加以利用；让他们去崇拜大人物，蔑视小百姓；让他们对自己的优点沾沾自喜，为满足自己渴望而形销骨立；让他们讲谎话，说坏话，搞阴谋，去害人好了，这就是他们的职业。你难道还希望当他们侵犯善人的利益时，那些掩盖着恶行的善人还会出于自尊而不干不公道的事情吗？

23（Ⅰ）　如果一个朝臣对人谦卑，没有豪奢和野心，不把自己的财产建立在竞争者的废墟上；公正待人，救济封臣，还清欠债；既不对人狡猾也不说人坏话；不参加豪门盛宴，也不跟女人苟且；不是光靠嘴皮还通过别的方式祷告，甚至君王不在场都是这样。不仅如此，如果他不那样难以接近，拒人于千里之外，不摆出一副一本正经的面孔和愁眉苦脸的样子；如果他一点不懒惰和游手好闲；如果他对于各种非常适合的职务都报以无微不至的关心；如果他能够甚至愿意为重要而繁杂的事情，尤其是对广大人民和整个国家具有最广泛后果的事情绞尽脑汁和费尽心机。他的品格使我害怕把他任命在这个位置，可如果我不任命他，他的谦逊又使得他不会自己承认适合这个位置，那么我就会给这个人物下这样的定义："此人是假虔诚者。"或者说："这人生来就是作为其时代跟伪善相区别的诚实美德的范例。"

24（Ⅵ）　欧吕佛尔①只有一个灰色斜纹布袋当床，不过他睡在棉花和羽绒上。他衣服简单，但穿着得体，我意思是说他夏天穿的布料非常单薄而冬天非常软；他的衬衫非常松，他得十分小心地遮盖起来。不过他不说：我的苦行衣和我的教规②，他被别人视为名符其实的伪君子，他不是虔诚者，却希望人家把他视为虔诚者，他嘴上不说但他尽力做得人家相信他穿着苦行衣和奉行教规似的。在他的房间里随随便便散放着几本书，你把这些书打开，会看到：《精神的战斗》《内心的基督徒》和《神圣年代》。别的书锁着。如果他走在城市里，从远处他发现一个人，在此人面前，他必须做个虔诚者，于是他把眼睛低下来，步态缓慢而谦逊，显出老一套的沉思冥想的神情；他扮演着自己的角色。如果他进入一个教堂，他首先观察会被谁看到，根据他刚才的发现，他跪地祈祷，或者他既不想下跪也不想祈祷。如果迎面来的人是个有权势的善人，而那个人会看到他而且能够听到他的话，那么他不仅祈祷而且沉思，他发出激昂的喊声，深深叹息；可如果那个善人走开了，他看着他走开也就平静下来，不叹息了。又有一次，他走近圣洁的场所，穿过人群，找好一个地方去沉思默想，在那里所有的人都看到他自己作践自己。如果他听见一些朝臣在谈话，在嬉笑，在小教堂就像在候见厅一样一点不安静，他便发出更大的声音好让他们停息下来；于是他又开始沉思，脑子里一

---

①　第Ⅳ和第Ⅵ版提供了一幅假虔诚者的肖像，其要素用来描述新式的假虔诚者欧吕佛尔，这也是对以前答尔丢夫（1665 年）的追忆。——P. R. 注

　　答尔丢夫，莫里哀《伪君子》中的主人公。——译者

②　参阅《伪君子》，Ⅲ，ii。——P. R. 注

直在把这些人跟他自己作比较,心里觉得自己比他们强。他不到孤零零没人去的教堂,因为在那里他可以连着听两次弥撒,布道、晚祷和晚课,这一切就在上帝跟他之间发生,而没有一个人会因此感激他。他喜欢堂区的教堂,他经常到举行大规模比赛的庙宇去,在那里他没有失算,人们都看到他。他在整个一年中选择两三天,或者不为任何目的,他斋戒禁食,但是到了冬末,他咳嗽、肺疼、阵热、发烧;从一开始,人们就请求他,催促他,吵着要他停止封斋,他出于礼节,终于听从了人家的劝告。要是在父母的争吵或者家庭官司中,欧吕佛尔被任命为仲裁人,他一定站在最强者一边,也就是说最富的人一边,因为他不相信一个这么有钱的男子或者女子居然会有错。如果他遇到一个很有钱的人,此人他可以施加影响,可以吃住有靠,可以获得巨大帮助,他就不会去奉承此人的妻子,他至少不会借钱给她,也不会向她表白感情,而如果他不像信任自己那样信任她的话,他就会把他的大衣留给她,自己逃之夭夭。他更不会为了奉承她和勾引她而使用修炼虔诚的独特话语,他说这样的语言不是出于习惯,而是心有所图,是这种语言对他有用,可如果会使他陷于十分可笑的境地,他是绝对不会使用的。他知道哪里有比他朋友的老婆更好接近、更听话的女人,他不会长时间把她们抛弃不管的,即使只是让公众说他退让了他也不干:事实上当人们再见到他出来时面容那么憔悴,谁不会怀疑这个人的确不会爱惜身体呢?在虔诚修为的掩盖下,那些精神焕发、满面春风的女人们对他都很适合,只有这么一点小小的不同,那就是他疏远有了岁数的女人,培育年轻的女子,尤其是其中最美丽、打扮得最漂亮的,那就是他着迷的人：她走他也走，她回来他也回来，她留下他也留下；不管在什么地方，不管什么时候，见到她们对他来说都是莫大的慰藉。谁会不明白这一点？她们是女信徒而他是男信徒。他没有忘记从他朋友的盲目信任和他让朋友对自己所产生的偏爱中捞取好处，他时而向朋友借钱，时而有办法让朋友给他钱。他宁愿让人家责备自己有需要却不向朋友们求助，有时他接受一个奥波尔①却非要给出一张纸币不可，因为他非常有把握人家是绝不会去取钱的。另一次他说，而且有点装腔作势地说，他什么也不缺，他所要的只是一小笔款而已；又一次他在大庭广众下吹嘘此人是何等慷慨，逼得这个人为了面子带他去大大开销一番。他不想利用他的全部遗产，也不想让自己把全部财产都赠送出去，尤其是要把财产拿出来给儿子这个合法继承人。一个虔诚的人不是吝啬鬼，不是粗暴者，不是不公平的人，甚至也不是自私自利的人。欧吕佛尔不是虔诚者，但他希望被视为虔诚者，于是他通过惟妙惟肖的虽然是虚情假意的模仿虔诚的举止，暗地张罗自己的利益，所以他不从直系亲属方面着手，从不参与同时有一个女儿要嫁妆和一个儿子要成家的家庭的事，因为那里存在着非常牢固而不可侵犯的权利。要想阻挠这些权利非要闹得满城风雨不可（而他害怕这样），而且这种事肯定会传进君王的耳朵，可他的行动是瞒着不让君王知道以免被发现而露出原形的。他看上旁系亲属，更加猛烈进攻，他是那些表兄妹，那些侄儿侄女闻而生畏的人，是已经发财的所有叔舅们的谄媚者和公

---

① 古法国钱币，一个奥波尔等于二分之一德尼埃。——译者

开的敌人。他认为自己是所有死而有钱无子的老人的合法继承人,而死者如果想让自己的亲戚取得他的遗产,就必须不让此人得到继承权;如果欧吕佛尔无法彻底侵吞掉他们的财产,至少也要弄走一大半。他一句小小的诬蔑,根本还无须出手这么重,他一句轻轻的流言蜚语就可以实现这个满腔好意的企图了,而且这是他所拥有的最完善的才能,他甚至往往把不让这种才能闲置不用作为自己的行为准则。在他看来,有些人是我们在良心上不得不予以谴责的,这些人正是他所不喜欢的人,他要让他们吃亏,要掠夺他们的财富。他甚至无须张口便可以达到他的目的;别人跟他谈论道德,他微笑或者叹气;人家问他为什么,人家一直要他说,他什么也不回答;他做得对:他说得相当多了。

25(Ⅶ) 泽丽亚,你笑吧,像往常那样开玩笑,要顽皮吧,你的快乐到哪里去了?你说:"我有钱了,现在生活富裕了,开始可以呼吸了。"泽丽亚,更大声地笑吧,哈哈大笑吧。如果随财运亨通而来的是刻板的生活和忧愁,那么这种财运亨通有什么用?仿效那些生于豪富之家的大人物们吧,他们顺着自己的心情有时也笑笑,那么你就随着你的心情行事吧。别让人家说你因为一个新的职位,或者因为年金多几千利弗尔或少几千利弗尔而从一个极端到另一个极端。你说:"我珍视老天给我的恩典。"我完全明白,泽丽亚;不过,相信我,不断地笑吧,甚至像从前那样,在从我身旁路过时跟我微笑吧,什么也别害怕,我不会因此对你更加放肆,更加随便的,我对你和你的职位不会有丝毫的意见,我也相信你有钱而且受宠。你又说:"我是虔诚信女。"够了,泽丽亚,我应该记得,如果是一种问心无愧的感情的话,那么它在脸上展现出来的可不是安详和快乐。忧伤和严肃的情绪占据了上风,流露在外表上,这些情绪的进一步发展,使得人们习以为常地看到假虔诚比美丽更能发挥作用,而青春妙龄使一个女人变得自豪和傲慢。

26(Ⅳ) 一个世纪以来,艺术和科学有长足进展,这一切全都臻于十分精美,乃至于把救赎之道归结为规则与方法,再加上人的精神所能够发明的一切更美和更崇高的东西。假虔诚和几何学有各自的说话方式,或者所谓的技术术语:不会术语的人便不是虔诚信徒也不是几何学家。早期的虔诚信徒,那些曾经受使徒指导的人不知道这些术语,他们是只知道信仰与善行,一生只剩下信仰和好好生活的普通人。

27(Ⅰ) 对于信教的君主来说,改革宫廷使之成为虔诚之宫是一件棘手的事情。他知道朝臣会做出什么样的事来讨他的欢喜和为了自己的升官发财而不惜牺牲什么东西,他谨慎地对待,他容忍,他掩饰,唯恐将朝臣推入伪善或渎神,他更多期待的是神和时间而不是朝臣的热情和灵巧。

28(Ⅷ) 各个朝廷向一个音乐家,一个舞蹈师傅,一个闹剧演员,一个吹笛手,一个奉承者,一个献殷勤者授予年金或者给予恩宠,这种做法历史古老:这些人具有固定的长处和确实闻名的才能,使大人物们开心和让大人物们消除威严排场所带来的疲劳,我们都知道法维埃是个漂亮的舞蹈演员而洛朗扎尼谱写优美的经文歌①。反过来，谁又知道虔诚的人是不是有美德呢？不管是在珠宝箱里还是在国库里都没有任何东西是给他的：这是个易于造假的行业，如果这种行业受到褒奖，那就使君王有崇尚伪饰和狡诈和给伪善发放年金的危险了。

29（Ⅰ） 我们希望人们不会因为宫廷的虔信而不想居住在那里②。

30（Ⅳ） 我相信真正的虔信不会成为休息的缘由：虔信让人忍受生活并使死亡显得温馨，人们不会从虔信中引发出这么多伪善的事情。

31（Ⅴ） 每个小时就其本身而言，跟在我们心目中一样，都是唯一的。这一小时即使只流过一次，也是彻底消失，千百万世纪也无法把它带回。日复一日，月复一月，年复一年，就这样陷入时间的深渊而一去不复返。时间本身也被摧毁，只成为永恒这个无垠空间中的一个点，而这个点也要磨灭掉。一些浮浅无聊的时间细节是不稳定的，转瞬即逝，这就是所谓的时尚、威严、恩宠、财富、权势、权威、独立、声色犬马、快乐、身外之物。连时间本身

---

① 法维埃是巴黎歌剧院的舞蹈演员，洛朗扎尼是奥地利的安妮的音乐家。——P.R.注
经文歌是欧洲中世纪的一种宗教歌曲，到18世纪后发展成为合唱，逐渐失去宗教内容。——译者
② 主教们"忘记"到他们的教区居住。——P.R.注

也要消失,何况这些时尚呢?唯有美德,如此不合时髦,却超越时间而永存。

论某些习俗

1(Ⅰ) 有些人没有办法成为贵族①。

还有的人,如果获得债主六个月的延期,他们就是贵族了。

还有些人睡觉时是平民,一觉醒来成为贵族。

有多少贵族其父亲和祖先是平民!

2(Ⅳ) 此人父亲有名,别人都提到其书记职务或者开的小店铺,可他不提他父亲而扛出他的祖父,但祖父已经死了许久,默默无闻而且没有了关系;然后他展示自己丰厚的收入,高级的职务,关系广阔的联姻,可是要当贵族,他仍然缺少一些衔头。

3(Ⅵ) 恢复名誉,这个法庭上使用的词,使从前如此有法国味和如此常用的贵族身份授予状变得陈旧而粗野。为自己恢复名誉,意味着一个已经变得富有的人原先是贵族,而贵族本身就是

---

① 资深者。——拉布吕耶尔注
　　国王的书记官和最高法院参赞被称为"资深者",任职二十年后退休但保留其职务的特权,并有权把贵族的头衔传给子嗣。——弗拉马里翁注

一种超越于道德之上的必需,因为事实上他的父亲或者由于犁田,或者由于锄地,或者由于扛箱①,或者由于号衣②已经玷污了名声,但对于他来说只要恢复其祖先的最初权利,继承其家族的纹章就行了,虽然这一切,就像除了他的锡餐盘的纹章之外全是他假造的;总之贵族身份授予状对于他来说已不合适,这些只是给平民,也就是给还在寻找致富秘密的人增光而已。

4(Ⅳ) 一个老百姓由于不断向别人保证自己看到奇迹,结果错误地相信自己真的看到了奇迹。不断隐瞒年龄的人终于认为自己真的像他告诉别人的那么年轻。同样,平民百姓习惯于说自己的祖先是个男爵或者城堡主人而其实根本不是,他们很乐意相信自己的确是这样的出身。

5(Ⅳ) 平民缺少的是纹章,纹章中有一块盾型盖面,一些实物,一个顶饰,一句题铭,也许还有呐喊声,那么现在比较幸运而且地位稳固的平民身份是什么样子?头盔和兜鍪③上的品级都到哪里去了?这些名称和用途已经取消了,如今只是正面或者侧面,打开或者闭合④,以及这些头盔有几个护眼罩的问题了。人们不喜欢纠缠于细节,人们直奔王冠而去,这更简单一些;人们觉得

---

① 所谓的箱是小商贩用来背货的一种篮子。——译者
② 指农夫、流动商贩或者跟班。——P.R.注
③ 中世纪的头盔,它用不同的颜色和纹理方向来显示纹章使用者的地位品级。——译者
④ 老贵族头盔打开,正面戴着;不是老贵族则头盔闭合,侧面戴着。——P.R.注

自己当之无愧,便把王冠授予自己。最优秀的市民还有一丝羞耻之心,对伯爵冠已非常满足,不敢用一顶侯爵冠来装点自己;某些市民甚至不用到很远的地方去找这种冠,只把它从招牌上取下、放到四轮马车上就可以了。

6(Ⅰ)　一个人只要不是出生在城市,而是出生在乡下到处都有的茅草房,或者出生在被沼泽地浸泡着的一个被称为城堡的废墟里,都可以随他嘴巴怎么说被认为是个贵族。

7(Ⅳ)　一个老实的贵族想成为小领主,他达到目的了。一个大领主觊觎大公国,他用尽千方百计,靠显赫的贵族名字,靠争夺排名和席次的先后,靠新的族徽以及靠着欧兹埃①没有帮他编造出来的一本族谱,他终于成为一个小亲王。

8(Ⅷ)　大人物凡事都照更大的人物的样子有样学样,亦步亦趋,而更大人物不想跟地位比他们低的人有任何共同之处,心甘情愿放弃他们的地位所满载着的各种荣誉头衔和勋章,他们苦于这些形役而宁愿过更自由和更随意的生活。那些追随其足迹的人通过仿效已经注意到这种纯朴和谦逊,于是所有的人就这样出于卓越的见识而轻装简从过着自然得像老百姓一般的生活。这是多么可怕的弊端啊!

---

①　布瓦诺《讽刺集》中提到的著名的族谱学家。——P. R. 注

9(Ⅳ) 某些人只怕不够,拥有三个姓氏:在乡下用乡下的姓氏,在城里用城里的姓氏,还有用于工作地点或者职务的姓氏。有的人只有一个姓氏,不过有 10 个音节那么长,每当地位提高便在姓氏前加上介词来使名字贵族化①。这个人去掉一个音节从而把默默无闻的姓氏变成赫赫有名的姓氏;那个人把一个字母变成另一个来改换姓氏,把西吕斯变成大流士②。不少人本来可以面无愧色地保留其姓氏的,却把姓氏换个更好的,因为人们往往会把现在拥有这个姓氏的人跟曾经使用这个姓氏的人进行比较,而这个新姓氏对他们没有什么损失。最后还有的人是在巴黎钟楼下出生的却要说自己是弗拉芒人或者意大利人,仿佛平民身份不是哪里都有,于是他们在法国姓氏上加一个外国的词尾,以为来自远方的都是好的。

10(Ⅰ) 对金钱的需要使贵族跟平民和好,也使四个区的贵族身份证明失去了作用。

11(Ⅳ) 贵族身份可以通过母亲继承,这条法律有利于多少孩子!可是对多少小孩起相反的作用?

12(Ⅳ) 世上很少家庭不是一边跟最大的亲王有八竿子打不到的亲戚关系而另一边跟普通老百姓沾亲带故。

---

① 如表示贵族身份的"德"。——译者
② 西吕斯(Syrus),普劳图斯作品中奴隶的名字;大流士(Cyrus,前 550—前 530),波斯帝国缔造者。——译者

13(Ⅴ)　当贵族没有任何损失：免税、免役、免刑、特权，对于拥有贵族身份的人还缺什么呢？你会认为一些修士①当贵族就是为了贵族身份吗？他们不会这么徒谋虚名，他们是为了从贵族身份中获得的利益，这不比进入间接税局更有利于他们吗？我这话不是针对各个个别的人说的，他们的意愿会跟这有悖，我是针对整个修会而言。

14(Ⅴ)　为了人们对此思想有准备和没有人有一天会感到惊奇，如果某一天某个大人物认为我值得他关怀，如果我终于交了好运，我就要明确地宣告，有一个名叫约弗瓦·德·拉布吕耶尔的人，所有的编年史都把他置于法国最伟大的领主之列，他追随科特弗瓦·德·布依戎②占领了圣地，我就是此人的嫡系子孙。

15(Ⅰ)　如果高尚是德，那么在一切不合乎道德的行为中高尚也荡然无存；而如果高尚不是德，那么高尚就是无足轻重的事物。

16(Ⅳ)　有些事情，如果追溯到它们的本原和它们的最初建构不免令人惊讶和不可理解。因为谁能够设想某些修道院院长，他们在打扮，在逸乐，在两性和社会条件的虚荣方面毫不逊色，可本来从他们名字的词源来说是父亲，是圣洁的僧侣和谦卑的隐修士的院

---

① 隐修院，御前书记。——拉布吕耶尔注
　从14世纪以来，塞勒斯丁会修士担任这种有贵族特权的职位。——P. R. 注
② 亦称勃艮第的科特弗瓦四世（1061—1100），率领骑士军团参加第一次十字军东征，占领耶路撒冷后，被选为国王。"圣地"指耶路撒冷。——译者

长,而且他们应该是人们的楷模的,可他们居然跟侯爵和征税官争夺女人而且取得压倒的胜利呢?习俗具有何等的力量,多大的影响,多强的威力!且不说那些更严重的堕落了,难道我们不该担心某一天看到一个年轻的神甫像红衣主教那样穿着带花枝图案的灰天鹅绒衣服,或者贴着美人痣和涂口红,像个女人一样?

17(Ⅰ) 诸神的秽物、维纳斯、木卫三①以及卡拉奇②的其他裸体画,是为自命为使徒的继承人的教会君王们而制作的,法雷兹宫③便是证明。

18(Ⅰ) 美的东西换个地方便没那么美了:适宜造就完美;理性产生适宜。所以,在小教堂里不听快步舞曲,传道不用戏剧腔调;在庙宇里看不到世俗的图像,在同一个祭台或者裁判所不会同时看到一幅比如说耶稣像和《巴黎的审判》,也不会在献身教会的人那里看到骑士的车马扈从。

19(Ⅷ) 那么我要不要说出对上流社会所谓的圣体降临仪式有什么看法?低俗不堪的装饰④,交钱预定的座位,像在戏院里一样

---

① 木卫三,1610 年伽利略用望远镜发现的木星的最大卫星。——译者
② 卡拉奇(1555—1619),意大利画家,波伦亚画派的创始人,有《维纳斯与阿多尼斯》等名作。——译者
③ 法雷兹宫,为红衣主教法雷兹,后为教皇保罗三世在罗马修建的宫殿,始建于 1517 年,最后由米开朗琪罗完成(从 1546 年起)。——译者
④ 指壁毯。——弗拉玛里翁注

发放的书①，经常三三两两，交头接耳，令人头痛的窃窃私语声和谈话声，有人登上讲台说起话来随随便便，枯燥乏味，唯一的热情就是把老百姓聚集在一起，逗他们开心，这种情况延续直至听到乐队，就算乐队吧，它和合唱队的声音，早就开始了的。难道该由我来大声疾呼天主教堂的虔诚折腾得我精疲力竭，难道该由我来揭开掩盖着发生这种猥亵场面的圣体圣事的薄纱吗？什么话？难道就因为人们②还没有在 TT ** 跳舞，就要迫使我把所有这种场面称之为教堂圣事吗？

20（Ⅰ） 我没有看到有人发愿和朝圣以祈求圣者让自己具有比较温和的性情，比较感恩的心灵，为人比较公平而少干坏事，克服虚荣、焦躁和恶意的嘲讽。

21（Ⅰ） 想象一下：一群基督徒，男男女女，某一天聚集在一个大厅里，欢迎一队只是因为给他们逗乐而且预先付了款而被开除教籍的人，想到这里你就会感到这是多么可笑的念头。我觉得要么关闭戏院，要么对喜剧演员这个职业不要这么严格。

22（Ⅰ） 在这些所谓圣洁的日子里，僧侣忏悔，而本堂神父却在传道台上大肆攻击僧侣和他的信奉者，某个虔诚的妇女从祭台出

---

① 指德亚底安修会修士。下面的"被开除教籍者"指喜剧演员。——P. R. 注
该修会举行的圣体降临仪式是一场真正的喜剧表演。——弗拉玛里翁注
德亚底安修会是 1524 年在罗马创立的修会。——译者
② 由 LL *** 译为法文诗句的经文诗。——拉布吕耶尔注

来,听说她在主日讲道时刚刚犯了渎圣罪。难道在教会里没有某种权威力量由它让牧师闭口或者暂停巴尔纳伯会修士的权力吗①?

23（Ⅰ）　堂区里婚礼的报酬多于洗礼,洗礼的报酬多于忏悔;可以说这是就圣事规定的价格,付了这笔钱圣事就获得首肯了。这种习俗实质上并无所谓,接受做圣事的钱的人并不认为是出售圣事,而出钱的人也不会想到是购买圣事,也许对于普通人和不虔诚者可以免掉这些表面的事情②。

24（Ⅵ）　一个精神焕发、身体健康的牧人,身着以威尼斯针法精工缝制的衣服,在举行圣事时站在红衣主教和经师旁边,他在那里把肚子里的东西消化完毕,此时那个费扬派修士或者改革派教士③离开了受许愿和教规束缚而生活其中的修室和无人烟之地,来向他——他和他的基督徒——传道并因此而收取薪金,就像卖了一块布一样。你打断我,说道:"多么奇怪的谴责!多么新鲜而几乎没有料到的事儿!您不会不让这个牧羊人和他的羊群去传上帝的话和发圣体饼吧?"——相反,我希望他上午亲自发放圣体饼,晚上在庙宇中,在房子里,在广场上,在屋顶上发放,任何人,除非他怀有意愿,富有才能,声音洪亮,值得享有跟

---

① 影射修士（巴尔纳伯会修士）与巴黎本堂神父们的纠纷。——P.R.注
② 弗雷奇埃在《欧维涅的重要日子》中提到一个为了"省钱"而成为姘居的案例;圣西蒙提到一些拒绝洗礼的事情。——P.R.注
③ 奥古斯丁会和方济各会中的改革派教士。——译者

此事密切联系在一起的大笔捐献和丰富报酬,否则都不会觊觎一个如此重大,如此辛劳的工作的。的确,我不得不原谅一个本堂神甫根据一种他认为已经形成的固有习俗所采取的行为,并把这习俗传给他的接班人。但这是一种没有根据,没有作派也令我无法苟同的可笑的习俗,我更不欣赏就同一场葬礼要为自己,为他的权利,为他的在场,为他的出席付四次款的做法。

25(Ⅳ) 提多以二级身份从事礼拜仪式20年还不配当首席,首席的位置一直空缺;他的才干,他的学说,他的典范生活,堂区信友的意愿,都无法使他坐上第一把交椅。另一个寂寂无名的教士①来坐上这个位子。提多退让或者被辞退了,他毫无怨言。习俗便是如此。

26(Ⅴ) "我嘛,"司库说道,"我是唱诗班的师傅,谁能强迫我去唱晨经? 我的前任没去过,难道我的地位不如他? 难道我该让我的头衔在我手上受到玷污或者让它一直保持我接受时的样子?""促使我这么做的不是我的利益,"教区督学②说,"而是教士的利益。一个大议事司铎要去唱诗,而司库、主教代理、听告罪神工的神甫和代理主教却认为自己可以免除,这是讲不过去的事情。"修道院院长说:"我完全有理由不参加圣事却要求报酬:整整20年来我晚上都能够睡得着;我要善始善终而人们将看到我

---

① 神职人员。——拉布吕耶尔注
② Écolâtre 最初是负责免费教育的神职人员,当时只是教区的一个督学。——弗拉玛里翁注

不会有损我的称号。我担任教务会首领对我有什么用呢？我做不做榜样对我是根本无足轻重的。"最后在所有不赞美上帝的人之中,在所有通过长期的习惯表明不是非做圣事不可的人之中,竞相不参与圣事的行为愈演愈烈,变得再激烈不过。平静的夜空响起大钟的响声,钟声的旋律唤醒了圣歌队员和唱诗班儿童,却让议事司铎沉沉入睡,他进入温柔而甜蜜但没有做好梦的酣睡之中;他迟迟起身,然后到教堂去领取他饱睡一夜的工资。

27(Ⅳ)　人们需要一些穿着某种服装的人,通过事先准备好的温柔而感人肺腑的演说,通过声音的抑扬顿挫,通过眼泪,通过一些令他汗流浃背而精疲力竭的动作,终于使一个基督徒和理智的人同意不要自暴自弃并拯救自己,这些如果不是亲眼目睹,谁能够想象人们亲自决定自己的幸福是多么困难啊!

28(Ⅳ)　亚里斯提卜生病垂危,他派人对父亲表示要跟父亲和好,死在他的善意宽宥之中。亚里斯提卜非常聪明,是全城人的监护顾问,他会亲自做出这个如此明白事理的举动吗？他会带他的妻子到那里去吗？为了让两个人都感动,他需要不需要抬出指导神师这部机器呢？

29(Ⅴ)　一个母亲,我不说她让步了,前去参加她女儿的临终神召,但是她要以宗教仪式办她女儿的神召,便用自己的灵魂来为另一个灵魂负责,向上帝保证这个灵魂,而她的灵魂便是保证金。为了让这样一个母亲不至于名誉扫地,她的女儿得赶快获救不可。

30(Ⅵ) 一个人赌博破了产,不过他还是用从安布勒维尔①手里能够抢救下来的钱把他两个女儿中的大女儿嫁了出去;做妹妹的差一点就要发愿进修道院了②,因为她除了父亲赌博的事情外没别的任何心愿了。

31(Ⅳ) 女人出家修行是选择修道院还是普通的隐修院,这是把选择民众状态还是专制状态这个老问题又拿了出来讨论。

32(Ⅳ) 干不顾后果的傻事,出于单纯的爱情便结婚,娶梅丽特为妻便是这样。她年轻貌美,聪明节俭,讨人喜欢;她爱你,却没有别人向你提亲的埃吉娜那么有钱,埃吉娜有丰富的嫁妆,但也会给你带来消耗这笔嫁妆的名目繁多的条款,结果你的财产跟她的嫁妆一起同归于尽。

33(Ⅰ) 从前结婚比较麻烦,终身厮守的成家立业,这是一桩严肃的事情,值得深思。一个人终其一生是他妻子的丈夫,不管这妻子好还是不好;始终是那张桌子,那个房子,那张床;年金照领不误;几个孩子和一个完整的家,没有了单身汉的外表也没有了单

---

① 盗贼团伙头目,1686 年被火刑。——P.R.注
② 指进修道院时所发的品修、贞洁和从顺等三愿。——译者

身汉的乐趣。

34（Ⅴ）　我们避免被别人看到自己跟一个不是自己老婆的女人单独在一起,这是一种非常合乎情理的持重。我们在上流社会对于跟名誉不好的人待在一起感到有点为难,这不是不可理解的。可是一个人为什么没有道理地因为自己的妻子而羞得面红耳赤,因此不让自己跟选定为自己永不可分的伴侣,自己的慰藉,自己的爱恋,自己终身厮守的女人;不让自己跟自己热爱的、尊重的,其思想、优点、美德、友情为自己增光的人一道出现在大庭广众中呢?为什么他最初不为自己的婚姻面红耳赤呢?

　　我了解习惯的力量,而且知道它在最没有道理,最没有根据的事情上控制思想和约束风俗到何等地步,不过如果我在林荫道散步并同即使是我妻子的人一道在众目睽睽下走过,我仍会感到无地自容。

35（Ⅴ）　一个年轻人娶年岁大的女人为妻这不是耻辱也不是过错,这有时是谨慎,是预防。这种人无耻之处在于他以侮辱性的行为来玩弄他的恩人,从而让她发现自己被一个伪君子和忘恩负义之徒所欺骗。谎言得到原谅的地方必定盛行虚情假意;如果欺骗可以允许,那就难有机会做到诚实——可是她活得久——你们能规定她在签署了你的财产和还清了你全部债务后就要死掉吗?难道她在完成了这个伟大事业之后必须屏气息,吞鸦片或者服毒药吗?你已经安排好她的葬礼了,可如果你死在她之前,那么丧钟由谁敲响,丧服由谁穿戴？是要由她负责吗？

36（Ⅰ） 长期以来世上有一种炫耀自己财富①的方式,这种方式由一些有教养的人继续使用但受到某些博学的经师所谴责。

37（Ⅳ） 我们总是看到共和国的某些职务最初设想出来时纯粹就是要倾众人之所有,仅为一人致富,资金或者银钱绵绵不断地注入其中②。我难道要说这钱将再也回不来或者要很久才回来吗？这是个无底深渊,这是个广纳百川的海洋,它不会退还的,或者即使退还,也是通过秘密的地下管道,不显山不显水,或者钱包里少了许多,没有那么鼓,总之是只有在享受了许久再也无法不还的时候才归还。

38（Ⅵ） 从前那么稳当的、不会出一点纰漏和那么不可侵犯的资金完蛋了③,这些资金随着时间流逝和由于专职人员的精心照管已变成打水漂的财产。有什么别的秘诀来使我的收入翻番和集攒钱财呢？我是进入八分之一德尼埃税务所还是救济所呢？我是吝啬鬼、征税官还是管理员④呢？

---

① 票据和债券。——拉布吕耶尔注
② 书记室和寄存。——拉布吕耶尔注
　 这些投机活动产生了书记室（greffe）和毒爪（griffe）这种讽刺性的双关语。——P.R.注
③ 影射1689年医院破产关门。——P.R.注
④ 医院管理员。——P.R.注

39(Ⅶ)　你有一枚银币或者甚至一枚金币,这还不够,这是运作的数目;如果你能够的话,把一大摞钱堆成金字塔,那么余下的事由我来负责好了。你要出身没出身,要思想没思想,要才能没才能,要经验没经验,那有什么关系？你那一堆钱一点也不要少,我可以把你安置到那么高的位置,使你在主子面前可以保护自己,如果你有主子的话;而如果你的钱与日俱增,那么这地位甚至高到让你的主人对你脱帽致敬。

40(Ⅳ)　奥兰忒为了一件关系到她全部财产的重要事情,按照法院规则打了整整10年官司,她也许要5年后才知道谁是她的法官以及在她有生之年将在哪个法庭进行辩护。

41(Ⅳ)　人们欢迎被引入法庭的如此司空见惯的事情:打断律师的辩护,不让他心思敏捷地雄辩发言,而要他回到官司本身和两造①的权利这个事实和枯燥乏味的证据上来,而这种做法是如此严格,使得演讲家们遗憾自己没有说出辩护词中最精彩的地方,遗憾人们把雄辩从它唯一存在的地方赶出去,并使高等法院变成无声的法庭。人们以一个牢靠而不可反驳的理由准许无声法庭存在,那就是文书的副本,高等法院只希望在庭讯以外的任何别的场合不要忘记副本,因为副本可以像在庭讯时那样解决官司的问题,人们希望书面材料②跟辩护词一样达到一个目的。

---

①　"两造"是过去的法律用语,就是原被告双方的意思。——译者
②　书面诉状。——拉布吕耶尔注

42(Ⅰ) 法官的责任是审判,他们的本行是推迟审判。有的人知道自己的责任所在但干的是他们的老本行。

43(Ⅰ) 向法官求情的人不尊重法官,因为或者他不相信法官的智慧乃至法官的清廉,或者他企图迎合法官,或者要法官办事不公。

44(Ⅳ) 有一些法官,受宠信、权势、友谊和联姻权利的左右,做出了有损一场正常官司的事,而过分做作的清廉样子会导致办事不公。

45(Ⅳ) 爱打扮或者好色的法官在后果上比腐败的法官更坏:后者掩盖他的为人和交往,人们往往不知道从哪里跟他接近;前者通过众所周知的万千弱点将自己展示于人,于是人们可以通过所有他追求的女人来达到目的。

46(Ⅳ) 宗教与司法差一点就要双双进入共和国,而法官差一点就要像司祭一样给人们祝圣了。司法人员要是不愿意作践自己,是不大会在舞会跳舞、戏院露面,放弃普通而朴素的衣服的;奇怪的是必须由法律①来决定如何打点自己的外表,从而逼得自己现出一本正经更加可敬的样子。

---

① 1684年法令规定必须戴领巾来取代领带。——P. R. 注

47(Ⅳ) 任何行业都有学徒阶段,而从最低地位到最高地位的期间,在准备就任的整个实践和练习期间,出错并不要紧,相反会臻于完美无缺。甚至战争这个似乎只是在混乱无序的条件下产生和延续的事情也有自己的规则;人们不能够不经学习就在一望无际的平地上成群成队地互相屠杀,而且互相屠杀得有条不紊。战争有学校。可法官学校在哪里?有一个习俗,几条法律,一些习惯:可是用来领会、学习这一切的时间在哪里?而且时间还要相当长。一个年轻人从挨戒尺到穿红袍要经历实习和学习阶段,而且必须通过放学不让回家、关门做作业才能造就出一个法官来,因为法官是要至高无上地决定人们的性命和财产的。

48(Ⅳ) 演说家主要的就是要诚实,不诚实,他就堕落为装腔作势的朗诵者。他伪造或者夸大事实,做虚假的引证,造谣中伤,他赞同自己为其说话的那些人的偏见和仇恨,于是他成为这样的律师,他们的座右铭就是他们受雇进行谩骂。

49(Ⅴ) 有人说:"的确,这笔钱是欠他的,他该享有这个权利。不过我等待这个人履行这么个小手续:如果他忘记了这件事,那他就不会回来,其结果是他丢掉了钱,因此他无可争辩地丧失了这个权利;可他就是忘记了这个手续。"这就是我说的开业律师的良心。

(Ⅰ) 一条宫廷觉得精辟,百姓认为有用,充满理性、智慧和公正的箴言可能正是跟所谓形式压倒内容的这条箴言背道而驰。

50（Ⅳ）　提问是一个美妙绝伦的发明，它完全可以确定无疑地把一个性格脆弱的无辜者陷于死地而拯救一个生性坚强的罪犯。

51（Ⅵ）　一个受惩处的罪犯对于恶棍是前车之鉴；一个被判刑的无辜者是关系到一切有教养的人的事情。

　　我几乎这样说自己："我不会是个小偷或者杀人犯。""我不会某一天像某人那样受处罚。"这样说话太大胆了。

　　一个无辜的人因为办案仓促和法律程序而被认为有罪，这种情况令人感到可悲，也许他的法官的情况更加可悲？

52（Ⅵ）　如果有人叙述从前有一个法官，或者为追捕和消灭小偷而设立的一个官员，很久以来就认识所有小偷的名字和面孔，知道他们干的盗窃行为，我的意思是说知道他们偷的东西和数量，了解得如此深入，对于所有这些可耻的秘密了如指掌，乃至于能够把在从大会出来的人群中被偷走的一副珠宝首饰还给被盗者。这个官员就在这个失窃案要闹起来的时候把被盗的首饰还给了一个有名望的人。高等法院干预了这个案子，对这个官员进行起诉。这件事在我看来就跟历史上充斥的此类事情一样，由于传得太久已经没有人相信了。我怎么能够相信：根据最近发生的、众所周知而且详细说明的事实，应该推断出如此有害的相互勾结的行为依然存在，甚至变成游戏规则和司空见惯了呢？

53(Ⅳ) 多少人对弱者强悍,对普通百姓的要求毫不容情而坚定不移,对小人物无丝毫关怀之心,在文书的原件上僵硬而严厉,拒绝小馈赠,不接受父母和朋友的任何东西,可是只有女人可以腐蚀他们!

54(Ⅰ) 一个极受恩宠的人打输官司,这不是绝对不可能的。

55(Ⅴ) 将死的人在遗嘱中说话可以温柔得听起来像神谕:每个人都使这些遗嘱有利于自己并按自己的方式,我的意思是说按照自己的意愿和利益来解释。

56(Ⅴ) 的确有些人我们可以说死亡所确定的遗愿还没有他们生前由于优柔寡断和焦虑不安所剥夺的愿望那么多。他们活着的时候,出于某种恼怒,立下遗嘱,他们气消了便取消了遗嘱,把它付之一炬。他们箱子里的遗嘱不比他们桌上的年历少。他们每年有遗嘱,第二份遗嘱被第三份销毁,第三份也要被另一份更加深思熟虑的所取消,而那一份也要被第五份自书遗嘱所代替。但是如果打算取消遗嘱的人没有这样的机会,没有这样的歹主意或者没有这种力量,那么他就要受遗嘱条款和条文的约束。最没有定见的人通过一份由他亲笔签署的最后文书,而随后他根本没空去订立完全相反的遗嘱,难道这不是显而易见的吗?

57(Ⅴ) 如果没有遗嘱定下继承者的权利,那么我不知道我们是否需要法庭来解决人们的争端:法官所履行的可能几乎只是把小偷和纵火者送到绞刑架去这种可悲的职责。我们在法院的提灯①下,在律师席,在法官的门前或者大厅里会看到什么人呢?是无遗嘱法定继承人吗?不是,法律已经向他们提供了财产的分割。我们在那里看到遗嘱继承人为了打官司在解释一个条款或者一个条文,被剥夺继承权的人对一份在闲暇之余,在正确建议的帮助下,经过深思熟虑立下的遗嘱提出申诉,立遗嘱的人严肃、干练、认真;在遗嘱中律师的行话和普通的把戏一点也没有遗漏,遗嘱有立遗嘱者和公众见证人的签字,还经过画押,可正是这样的遗嘱被撤销宣告作废了。

58(V) 提迪乌斯听遗嘱宣读,希望获得这个人的遗产,他因这个人的去世双眼通红,含着眼泪,心中悲伤。遗嘱中有一条给他职位,另一条给他城里的地租,第三条使他成为乡下一块土地的主人;有一款,说得很清楚,把坐落于巴黎城中的房子,完完整整地连带家具都给了他。他更加悲伤,泪水夺眶而出。怎么能够忍住眼泪呢?他看到自己成为官员,乡下和城里都有住所,两地家具设施一个样;他看到一张漂亮的餐桌和一辆四轮马车。世上有比死者更有教养、更好的人吗?有一份追加遗嘱,必须读一读:追加遗嘱让玛埃维乌斯成为总受遗赠人,而把提迪乌斯送回他的郊区去,没有地租,没有衔头,而且还要徒步回去。他擦干眼泪,现在该由提迪乌斯去悲伤了。

---

① 法庭旁听台,在那里人们出席庭讯可以不被别人看见。——P.R.注

59(Ⅴ) 在禁止杀人的法律中包不包括兵器、毒药、火、水、埋伏、公开暴力,总之一切用来杀人的手段？不让丈夫和妻子有权互相赠与的法律难道不知道直接的和不经第三方的赠与途径吗？这法律是不是没有遇见过直接途径呢？这法律是否引进了委托遗赠①,或者允许委托遗赠呢？我们有珍爱的妻子而她们比我们晚死,我们该不该因为出于对朋友的感激之情或者不如说出于极端的信任,并确信他会正确地使用留给他的东西,而把财产留给一个忠实的朋友呢？我们可能怀疑某人也许不会把东西给予我们本来要给的人,那么我们该不该赠与他呢？为了建立这样的共谋,要不要彼此讲清楚,彼此写明白,需不需要协议或者发誓呢？在这种情况下,人们不会感觉到他们彼此期望对方的东西吗？而如果反过来,这种财产的产权归于委托遗赠的收益人所有,为什么他拿走这财产便会名誉扫地呢？讽刺诗和讽刺喜剧有什么根据呢？你们是不是要把这比之于一个受托人侵吞了受托物,一个佣人偷了他的主人派他带走的钱？那你就错了：不进行布施和把自己的东西留给自己,这有什么大逆不道的？委托遗赠真是奇怪透顶的麻烦事,是沉重不过的负担！如果出于对法律的遵守,委托遗赠的收益人把委托遗赠归为己有,人们再也不会把他视为好人了；可如果出于对死去朋友的尊敬,委托遗赠的收益人尊重委托者的意愿把财产还给其遗孀,那他便是财产非法转交人,他违反了法律——这么说来法律岂不是跟人们的意见大相径庭吗？——也许吧；不过我在这里不管是说"法

---

① 民法中指委托遗赠人委托受托人将财产转交给第三者。——译者

律犯罪"还是说"人们领会错了"都不适合。

60(Ⅷ) 我听到有人这么说某些人或者某些团体:"某单位跟某单位争夺首席位子,高等法院法官跟贵族院议员争谁先走。"在我看来争议双方中谁避免在参加大会时彼此遇见,谁就是退让者,因为他感到自己不足,认为竞争者胜过自己。

61(Ⅳ) 提丰向一个大人物供应良犬和骏马:他什么东西不供应给这个大人物?大人物的保护使他胆大妄为:他在他的省为所欲为,无法无天:暗杀、背誓、焚烧邻人的家,而且他根本不需要避难所。最后必须由君王出面来惩罚他。

62(Ⅵ) 荤杂烩、烈性酒、头道菜、甜食,所有在我们的语言中可能是野蛮和不可理解的词,在完全和平的期间固然不应被使用,因为此时它们只能滋长豪奢和饕餮,但是我们怎么在战争和大众遭难期间,在看到敌人之际,在战斗前夜,在围城之时却还能够听到这些词呢?人们在什么地方谈到西庇阿或者马里乌斯①的盛宴?我们在哪本书上读到米太亚德②、伊巴密农达③、阿格西

---

① 西庇阿(前185/184—前129),古罗马名将。马里乌斯(1573—1624),巴伐利亚天文学家。——译者
② 米太亚德(约前554—前489),在马拉松战役打败波斯军队的古希腊名将。拉辛写有五幕诗体悲剧(1673),题材借用阿庇安和普鲁塔克的《米太亚德》。——译者
③ 伊巴密农达(前410—前362),古希腊政治家,将领。——译者

劳斯①美吃一顿？我希望只有在对将军们已经没有什么可说，对于一场胜仗和夺取一个城池的细节已经说完了之后才提到他们的优雅、清廉和豪奢，我甚至希望他们自愿不要这种赞扬。

63（Ⅵ） 赫米普是他自己所说的小舒适的奴隶；为此他牺牲了养成的习俗、风尚、时式、规矩。他对任何事物都要求舒适,他不要小点的要大点的,任何舒适只要能够办到,他都要达到。他对此进行研究,而没有一天他在这方面没有一点发现。对他来说,中餐和晚餐是别人的事,他几乎不接受这些字眼,他饿了便吃饭,而且只吃合他口味的菜肴。他看人家给他整理床铺:当他要睡觉时,要何等灵巧和何等幸福的手才能够让他睡着？他很少出门,喜欢待在卧室里,在那里他不是什么事不干也不是劳作不已,他不活动,他忙忙碌碌,而且带着一个服了泻药的人所需要的全部设备。别人根据需要完全倚赖着一个锁匠或者一个木匠;可他呢,如果他需要锉东西,他有锉刀;如果他要锯东西,他有锯子;而如果他需要拔东西,他有钳子。你想象吧,如果可能,他什么工具没有？而且比工人所使用的工具更好、更加适用。他还有新的和没有听说过,也没有名字,由他脑子里想出来而他几乎忘掉了用途的工具。没有一个人能够跟他比试用短短的时间而且毫不费劲地做出非常无用的工作。他从床到挂衣橱,要走10步,而按照他绕房间走的方式,他只要走9步;这在一生的

---

① 阿格西劳斯二世（约前441—前360）,斯巴达国王,人们通常把他当作斯巴达尚武精神的化身。——译者

道路上会省下多少步啊！别的地方，人们转动钥匙，推门或者拉门，才把一扇门打开：多麻烦！这里多费了一个动作，他知道如何节省下来，怎么省？这可是个秘密，他是不会泄露的。事实上他是造弹簧和造机械，造所有人都不要的东西的大师傅。赫米普除了窗户外还从别的地方取得光亮，他找到了除楼梯外从别的地方上下楼的秘诀，他还在寻找比门更方便出入的秘密。

64（Ⅰ） 人们许久以来指责医生，可人们照样使用医生；戏院和讽刺不会触动他们的养老金；他们给女儿办理嫁妆，把儿子安置在高等法院和高级教士团，而给他们提供银钱的就是那些嘲笑者。身体好好的人变得病歪歪的：这些人需要有从事保证他们不死，愿意活多久就活多久这种职业的人。医生会受到嘲笑，但报酬很高。

65（Ⅳ） 好医生是有特效药的医生，或者如果没有，就是允许有特效药的人治好他的病人的医生。

66（Ⅳ） 走方郎中的大胆和作为大胆的后果，他们可悲的成功，张扬了医学和医生：如果说医生让人死去，那么走方郎中是把人杀死。

67（Ⅷ） 卡罗·卡里①带着一副他称为急治药而其实有时是慢性

---

① 指卡热蒂，江湖医生，与国王首席医生法孔相对照。——P. R. 注

毒药的秘方登岸;这是家传之宝,但经过他亲手改进:从原先专治拉肚子到如今治愈裂蹄热、胸膜炎、水肿、中风、癫痫。如果你再搜索一下你的记忆,叫出一种疾病的名字,那么第一个来到你脑子的就是出血,是不是?他会治好这种病。不错,他没有使任何人复活,他没有给人生命,但他必定会把人们一直带领到衰老,而掌握这秘密的他父亲和他的祖先之所以年纪轻轻就去世完全事出偶然。医生诊病,人家给什么收什么,有的人得到感谢也就满意了。卡罗·卡里非常相信自己的药方而且对药效非常有把握,所以他断然要求预先付款,先收钱后给药。如果是不治之症,好极了,那更该由他治疗和使用他的药方。先给他几袋1000法郎的银子,与他签署一份指定医生合同,把你的一块土地,最小的一块给他,然后你就用不着担心他会把你治愈了。这个人的模仿者遍布全球,名字为O和I,全都是可敬的名字,这些名字镇住了病人和疾病。你们,法孔和各个学院的医生们,你们承认自己并不能够治好所有的病,也没有这样的把握;可那些传承了他们父亲的开业医术,经验完全因继承而凭空得到的医生们却总是而且赌咒发誓地答应保证治好。得了不治之症的人还能够满怀希望,而生命垂危的人还能够差强人意地活着,这真是惬意的事情!死亡悠然降临而不会令人害怕,人们感觉到死的到来而不是想着等死。啊,法孔·埃斯库拉普!让整个大地布满金鸡纳树和吐酒石,让给人们延长生命的药草学日趋完善,在治疗中以前所未有的精确和审慎来观察气候、时间、症状和体质,以对症下药的办法来治愈每个病人,从你所洞悉的结构匀称的身体中驱走最隐秘、最顽固的疾病,别去医治精神上无法医治的疾病,把走方郎中的激情或者疯狂留给柯里内、莱斯比、卡尼迪、特里玛西翁和卡皮斯吧。

68(Ⅳ) 共和国里,人们容忍手相算命先生和占卜者,容忍占星看相的人,容忍根据筛箩动作知晓过去的人,容忍从一面镜子或一盆水里看出明显事实的人,而这些人的确是有一定的用途。他们预言男人会发财,预言姑娘会嫁给她们的情郎,安慰孩子他们的父亲不会死去,抚慰少妇因丈夫年迈而产生的不安,总之他们以非常低廉的代价欺骗自找受骗的人。

69(Ⅳ) 对于魔法和巫术怎么看?魔法和巫术的理论不明所以,其原理模糊不定,接近于幻觉者,但是有些令人困惑的事实由一些庄重的人予以肯定,这些事情是他们亲眼所见或者由跟他们相似的人亲口相告;要通盘接受或者全部否定似乎都不妥当,我敢说这件事就像所有异乎寻常、出乎常规的事情一样,可以找到一个介于轻信和不信的中间立场。

70(Ⅰ) 我们不大可能要儿童掌握过多的语言,不过我认为人们应该把全部注意力放在教小孩语言上;语言对于各种社会地位的人都有用,语言一视同仁地向他们打开通往或渊深的学问或容易和轻松的知识的通道。如果我们把这种如此艰苦的学习交给年纪比较大的人,也就是人们所说的青年人去做,可青年人要么无法选择性地掌握语言,要么没有坚持学习语言的毅力,即使有毅力,用来寻找语言的时间会跟使用语言的时间一样多;这么一来，就是把一个已经到了要走得更远和对事物穷根究底的年龄局限于词语的技巧，这至少是丢失了人生中最主要的和最美好的年华。一个如此丰富的资产，只有当一切全都自然而然地深深印入脑海，当对事物还记忆犹新，还可以迅速而忠实地回忆出来，思想和心灵中还没有情欲、忧虑和欲望，当人们决心为自己所依靠的人进行长期劳作的时候，才能够充分发挥作用。我确信少数学识渊博的人或者大量知识肤浅的人恰恰忘记了这个实践。

71（Ⅵ） 文本的学习从来都没有得到充分推崇：对于各种知识来说，这都是最短、最可靠和最惬意的道路。带着第一手的东西，到泉水源头去汲取吧；把文本翻过来覆过去地钻研；把它记入脑海；有机会就加以引用；特别是要想到从文本的整个广度和所处的背景去深入它蕴含的意思；融会贯通原文作者的思想，针对他的原则，你自己得出结论。第一批评论者就处于这种情况，我希望你能够跻身其中，不要去借用他们的阐述，而只是当你的观点过于短浅才同意他们的意见。他们的解释不是你的，很容易被你忽略；相反你的意见产生于你的思想并一直存在于你的思想中，在交谈间，在征求意见时和在争论中，你的见解往往很容易便会浮上心头，你很高兴地看到自己只是由于无法克服的困难才停下阅读，这些困难连评论家和注释家也是瞠目结舌的，而他们在文本中写得明白清楚、对他们和别人都没有造成丝毫麻烦的地方，在脑子里却是如此丰富，满满实实地装载着用来卖弄的无聊知识。这样，你最后用这种学习方法来说服自己，正是人的懒惰鼓励了学究行为：增多而不是丰富书架，连篇累牍的评论让文本不堪重负,结果读书走向相反的效果,违背了其最宝贵的利益,因为它增加了原先极力要避免的阅读、研究和工作。

72(Ⅶ)　什么东西规定着人们的生活和使用食物的方式呢?健康还是养生制度?这说不准。一个国家所有的人吃了水果之后吃肉,而另一个国家则相反;有的人饭前吃某些水果而饭后吃另一些水果。这是理由?这是习俗?男人过去那么久以来都是胸口开敞着,如今衣服高到下巴,围着草莓色缎带,穿无袖紧身短上衣,这是不是出于健康的考虑?尤其是在男人有办法赤身裸体出现的年代却穿得整整齐齐的,这是由于礼仪的缘故?而女人袒胸露脖,这是因为她们的性情没有男人那么讲究或者她们没有男人那样受礼仪的约束吗?要求女人裙裤盖住小腿几乎盖到脚面,却允许她们光着胳膊直至肘部,这是怎样的羞耻之心?从前是谁向人们灌输了为了自卫或者为了进攻而战,告诉他们使用进攻性和防御性武器?今天又是谁要求他们放弃防御性武器,在穿着靴子参加舞会的同时却赤手空拳穿着紧身短上衣,去支援面对壕沟外护墙密集火力进攻的狙击手?我们的先人不认为这样的行为有益于君王和祖国,他们是聪明人还是疯子?而我们,我们在史书中歌颂的是什么英雄?某个盖克兰,某个克里松,某个富瓦,某个布锡考特①,可他们全都头戴钢盔,身穿甲胄。

---

①　盖克兰(1320—1380),法国民族英雄,百年战争初期杰出的军事领袖。克里松(约1332—1407),法国军官,百年战争期间曾为英格兰、法国、布列塔尼效力。加斯东·德·富瓦(1331—1391),百年战争著名的军人、骑士。布锡考特(1366—1421),法国元帅,军事家。——译者

谁能够说清某些词为什么流行而别的一些却不再使用？Ainsi(如此)失掉了这个词开头的元音,尽管这非常适合于元音省略却也无法挽救,这个词让位于另一个单音节词①,该词至多只不过是它的字母变动而造成的词而已。Certes(当然)在晚年很美丽而就在没落之时也仍有力量,诗歌需要它而我们的语言在许多地方得感谢我们的作家,他们用散文把这个字说出来并把它用在他们的作品中。Maint(许多)是个永远不该抛弃的词,因为它可以容易地表达出文体意味而且它从词源来说就是法语词。Moult(许多)虽然来自拉丁,但在它那个时代具有同样的优点而我不明白为什么 beaucoup(许多)会压倒它。Car(因为)受过多少迫害！虽然这个词得到文质彬彬的人的保护,可人们还不是不体面地从它长期为其效劳的语言中驱逐出去而不知道该用什么字来代替它？Cil(睫毛)在它风华正茂的时候是法国语言中最悦耳的词。对于诗人来说这个词已经年老是个痛苦的事情。并不像 chaleur(热量)来自于 chaleureux,chaloureux(发热的东西),douloureux(痛苦的事情)不一定来自于 douleur(痛苦)。Chaloureux(热情的)已经过时了,虽然对于语言来说,这个词曾经是个财富,当 chaud(热的)还不适用时,用 chaloureux 是非常正确的。Valeur(勇敢)为我们保存了 valeureux(英勇的);haine(仇恨),haineux(仇恨的);peine(辛劳),peineux(辛劳的);fruit(果实),fructueux(结果实的);pitié(怜悯),piteux(值得怜悯的);joie(快乐),jovial(快活的);foi(忠实),féal(忠实

---

① 但是(Mais)。——拉布吕耶尔注

的);cour(宫廷),courtois(有礼貌的);gîte(住所),gisant(躺着的);baleine(鲸鱼),balené(用鲸须支撑的);vanterie(吹牛),vantard(爱吹牛的人);mensonge(谎言),mensonger(虚假的);coutume(习惯),coutumier(习惯的)。就像因为有 part(部分)而保持了 partial(部分的)一样;point(点),pointu(尖的)和 pointilleux(尖刻的);ton(声调),tonnant(雷鸣般的);son(声音),sonore(发声的);frein(约束),effréné(无节制的);front(面孔),effronté(不知羞耻的);ris(笑),ridicule(可笑的);loi(法律),loyal(符合法律要求的);cœur(心),cordial(衷心的);bien(善),bénin(和善的);mal(恶),malicieux(恶意的)。Heur(幸运)原先用于 bonheur(运气)不能使用的地方,从 heur 产生了 bonheur,后者如今如此法国化,以至于 heur 不再作为法语词保留着;如果某些诗人有这么用,这不是出于选择,而是受音步的限制不得已而为之。Issue(出路)获得成功,它来自动词 issir(出去),后者已经不用。Fin(结束)还继续存在,来自它的动词 finer(完成)却无果而终,至于 cesse(停止)和 cesser(停止)则一齐存在。没有从 vert(绿的)产生 verdoyer(披上绿装),也没有从 fête(节日)产生 fétoyer(宴请),从 larme(眼泪)产生 larmoyer(啼哭),从 deuil(丧事)产生 se douloir 或 se condouloir(痛苦的),从 joie(快乐)产生 s'éjouir(享受),虽然由 joie 产生的 se réjouir 和 se conjouir(欢欣)[①]一直存在,就像由 orgueil(骄傲)产生的 s'enorgueillir(自豪)一样。我们过去说 gent(人),

---

① Se conjouir 在现代法语中不再使用了。——译者

le corps(身体);gent 这个字这么容易,可它不但自己被淘汰,还带着 gentil(对希伯来人而言的外国人)跟它一起没落下去。我们说 diffamé(名声不好的),它从 fame(名声)派生而来,但如今已经听不到 fame 这个词了。我们说的 curieux(好奇的)派生于已经不再使用的 cure(留心)。我们可以完全正确地用 que(多么)来表示 de sorte que 或 de manière que(以至于)的意思,说 de moi 而不说 pour moi 或者 quant à moi,说 je sais que c'est qu'un mal(我知道这是个毛病)而不说 je sais ce que c'est qu'un mal,这或者出于跟拉丁语类推的结果,或者出于在演说中往往需要少放一个词。因此习俗宁愿要 par conséquent(因此)而不要 par conséquence,宁愿要 en conséquence(因此)而不要 en conséquent,宁愿要 façons de faire(办事方式)而不要 manières de faire 以及宁愿要 manières d'agir(行为方式)而不要 façons d'agir……在动词中,travailler(劳动)淘汰了 ouvrer,être accoutumé(习惯于)淘汰了 souloir,convenir(合适)淘汰了 duire,faire du bruit(发出声响)淘汰了 bruire,injurier(辱骂)淘汰了 vilaine,piquer(刺穿)淘汰了 poindre,faire ressouvenir(使追忆)淘汰了 ramentevoir……在名词方面,pensées(思想)淘汰了 pensers,一个这么动听的词,用它押韵的诗句是那么悦耳,grande sactions(功勋)淘汰了 prouesses,louanges(称赞)淘汰了 loz,méchanceté(恶意)淘汰了 mauvaistié,porte(门)淘汰了 huis,navire(船)淘汰了 nef,armée(军队)淘汰了 ost,monastère(修道院)淘汰了 monstier,prairies(草地)淘汰了 prées……所有能够存在下来的词似乎都一样美丽,使语言变得更加丰富。习俗通过增添、取消、更换或者打乱几个字母，让 frelater（掺假）产生于 fralater，让 prouver（证明）产生于 preuver，让 profit（利润）产生于 proufit，让 froment（小麦）产生于 froument，让 profil（侧面）产生于 pourfil，让 provision（给养）产生于 pourveoir，让 promener（带着……散步）产生于 pourmener，让 promenade（散步）产生于 pourmenade。同样出于习俗，根据情况，丝毫没有改变任何东西而使 habile（灵巧的）、utile（有用的）、facile（容易的）、docile（听话的）、mobile（活动的）和 fertile（富饶的）可以用于阴性或阳性：相反，阴性 vil（卑鄙的）的词尾变成阳性的 vile，阴性 subtil（机敏的）变成阳性的 subtile。习俗改变了古法语的词尾：scel 变成 sceau（印章），mantel 变成 manteau（大衣），capel 变成 chapeau（帽子），coutel 变成 couteau（刀），hamel 变成 hameau（小村落），damoisel 变成 damoiseau（青年贵族），jouvencel 变成 jouvenceau（青年），可我们看不出法国语言从这些不同和改变中究竟有何得益。是不是为了一个语言的进步就必须按照习俗办事呢？是不是最好挣脱掉习俗如此专制控制的枷锁呢？在一个活语言中，当必须按照习俗办事的时候，我们是否应该只根据避免混淆这唯一的理由，遵照词的词根和这些词与其来源语的关系来处理呢？

究竟是我们的祖先比我们写得更好，或者是我们由于选词造句，技巧和表达，说话简洁明了而超过我们的祖先，这是经常争论而始终没有定夺的问题。我们有时把上个世纪一个平平常常的作家跟本世纪最著名的作家进行比较,或者把罗朗的诗①——人们给他钱请他别再写了——跟马罗和德波尔特②的诗进行比较,但这种比较解决不了问题。在这个问题上要想有正确的说法,就要用世纪跟世纪比较,杰出作品跟杰出作品比较,比如说,班瑟拉德或者瓦蒂尔的最好的十三行诗跟下面两首留存下来的年代不详的佚名诗③进行比较:

俄吉④来到法国非常适时,
面对那些无信仰的异教徒,
我无须叙述他的勇敢,
因为敌人对他看也不敢看。

而当他把一切都安排妥当,
他却想出去旅行游玩。
他找到青春之水在天堂,
这水注入老年之躯
非常适时。
他老朽的身躯注入这水
顿时脱胎换骨变成小伙子,
年轻、标致而面目清秀。

---

① 专门为宫廷节日写诗体新闻的人。——P.R.注
② 德波尔特(1546—1606),法国诗人,哀歌作者,并有世俗诗歌《戴安娜之恋》等。——译者
③ 这两首诗用古法语写成。——译者
④ 丹麦人俄吉,法国中世纪故事诗武功歌中的一个重要人物。——译者

非常遗憾这些都是无聊之言,
姑娘们知道他不是小青年,
青春之水注入老年之躯
非常适时。

许多大僧侣描写这位骑士,
任何人都不会惊讶他的勇敢:
魔鬼变成女人模样,
他受骗娶了魔鬼新娘。

这种可悲的情况终被揭穿,
他丝毫不害怕也不遗憾;
所有的人给了他巨大的声誉,
人们非常中肯地评说
这个骑士。

不久国王的女儿
爱上了他,愿意嫁给
善良的二婚理查。

他究竟是要鬼还是妻子,
两者中谁在家里说话更响,
谁能知道,他要的是谁,
这个骑士。

论讲经传道

1（Ⅰ） 基督徒的演说已经变成一场演出。这种福音传道的可悲之处就在于其中没有了灵魂，取而代之的是面部的表情，声音的抑扬，手势的规律，词语的挑选和冗长的列举。人们听的不再是圣者的话语，而是各式各样的逗笑弄趣，是一场有彩头和有赌客的赌博。

2（Ⅳ） 世俗的雄辩术已经从律师席转到了它不该存在的传道台。因为勒梅特、比塞尔和弗尔库瓦①原本在律师席独擅专场的，现已无用武之地了。

人们直至祭台脚下和在弥撒圣祭中都在竞相施展口才。听者自命为传道者的裁判，对传道给予谴责或者赞许，而他的改宗不再由于他所喜爱的演说，而是由于他所反对的演说。某些人喜欢这个演讲者而另一些人却不喜欢他，但他跟所有人都达成默契的是：既然他不寻求使他们变得更好，他们也不想变成他这个样子。

（Ⅳ） 学徒是听话的，他听师傅的话，利用他的经验教训然后自己成为师傅。不听话的人批评传道者的演说以及哲学书籍，于

---

① 三个已故的著名律师。——P. R. 注

是他既成不了基督徒也成不了明白事理的人。

3（Ⅰ）　只有到了一个人以《圣经》所培育的风格，不做作而亲热地向老百姓解释神的话语，人们才会听从那些演说者和朗诵者的话。

4（Ⅰ）　世俗的引语，冷漠的影射，造作的悲怆，对照的比较，过分的比喻，全都结束了。肖像的描绘将要终结而让位于对福音书的淳朴的解释，再助以启发人们皈依的活动。

5（Ⅷ）　我急不可耐地巴望可我又不屑于期望本世纪会出现的这个人①终于来到了。朝臣们由于爱好和知礼而欢迎此人；难以置信的事情！他们居然抛弃了过往的小教堂来跟老百姓一道听这位传道者宣讲上帝的话。城市跟宫廷看法不同：传道者在宫廷传过道，堂区的教徒都溜了，甚至堂区管理人都不知所踪；传道者坚定不移，但基督徒稀稀拉拉，而旁边的演说者们的听众越来越多。我应该预见到这种情况而不该说这个人只要一露面，人家就会跟随，只要一说话，人家就会听从。难道我不知道对于人们和在一切事情中，习惯的力量是多么无法控制吗？30年来，人们洗耳恭听雄辩师、朗诵者、列举事实的人的话，追捧画全身像和细密像的人。前不久这些人势头有些低落或者说有巧妙的转变，这种转变有时是如此强烈、如此急迫，简直可以说是首讽刺

---

① 指嘉布遣会修士塞纳方神父。——拉布吕耶尔注
　　当时在凡尔赛传道。——P. R. 注

短诗;我承认,他们缓和了这些转变,可这只不过是说得好听些而已。他们出于严格的必不可少的需要,始终有三个巧妙的问题值得你注意:他们将在演说的第一部分证明某件事,在第二部分证明另一件事,在第三部分证明又一件事。于是你首先将被某一事实所说服,而这是他们演讲的第一点;你将被另一事实所说服,而这正是他们演讲的第二点;然后你被第三个事实所说服,而这则是他们演讲的第三点。以至于你思考第一个问题的时候,他们便会告诉你有关你的信仰的一条最根本的原则;你思考第二个问题的时候,他们告诉你的是同样重要的另一条原则,而你思考最后问题的时候,他们告诉你的是第三条也就是最后一条原则,这是所有原则中最重要的原则,不过因为时间不够,留待下回分解。最后,为了简要地重述一番这样的划分和制定一个计划……"还有啊!"你说道,"为了一个三刻钟的演说,他们还要做多少的准备工作啊!他们越是想把演说词领会清楚和明白说出,越是把我搞得糊里糊涂。""我一点不怀疑你的话,他们要把一堆归根到底是同样的想法无情地堆到他们听众的记忆里,因此得到这样的结果是再自然不过的了。看到他们如此顽固地抓住这种习俗不放,似乎皈依的恩典就取决于这些冗长的喋喋不休。可是如果人们几乎无法聆听他们说话、追随他们和一直见到他们,这样的使徒怎么能够使人皈依呢?我很想请他们在急促的奔跑中多歇歇,喘口气,也让听众喘口气。空话,废话!福音传道的时代已经过去了:像巴齐耶、克里索斯托[①]这样

[①] 巴齐耶(330—379),教会经师。克里索斯托(约 347—407),古代基督教希腊教父,善于传教与解经,长于辞令,被称为"金口约翰"。——译者

的人也无法使它返回,人们转到别的教区去以免受他们的声音和亲切的教诲的影响。普通大众喜欢夸夸其谈和和谐复合句①,喜欢没有听到的事情,自命为万事通,乐于在某个第一点和第二点之间,或者在最后一次传道和倒数第二次传道之间作出决断。

6(Ⅴ)　在不到100年前,一本法文书就是若干页写着拉丁文的纸,中间会发现几行或者几句法文。段落、笔法和引语更有甚之:奥维德②和卡图卢斯已经对婚姻和遗嘱作出了决定,然后带着《法学汇编》③来救助寡妇和孤儿。圣事和俗事密不可分,两者一齐溜到传道台,圣西里尔④、贺拉斯、圣西普里阿努斯⑤、卢克莱修轮番讲话。诗人们同意圣奥古斯丁和所有神父的意见;长时间以来,人们在女人和教会管理人面前说拉丁语,人们也曾经说过希腊语。需要知道的东西那么多,可传道起来却那么差劲。不同的时代,不同的习俗。如今书面文字还是拉丁文,而所有的谈话都用法语,而且是美丽的法语,连福音书的话也不引用了,今天要想传道传得好,懂的东西要少。

7(Ⅳ)　人们终于把神学院修士从大城市的所有传道台驱赶下去,而把他们打发到村镇和乡村去教育和拯救农夫和葡萄农。

---

① 和谐复合句,修辞学中以几个分句构成的音节协调的复合句。——译者
② 奥维德(前43—17/18),拉丁诗人。——译者
③ 古罗马皇帝查士丁尼下令编撰的罗马法学家著作摘要,又称《学说汇撰》。——译者
④ 圣西里尔(376—444),斯拉夫福音传道者。——译者
⑤ 圣西普里阿努斯(3世纪初—258),迦太基人,基督教拉丁作家,教会神父。——译者

8(Ⅰ)　在传道中用绚丽的文笔,诙谐的伦理学,一再重复的比喻,华丽的表现手法和生动的描述来取悦老百姓,这是聪明的办法,但这已经用得腻烦了。一个更聪明的人不用这些不配为福音书服务的外国装饰品,他传道淳朴、有力而且符合基督教的方式。

9(Ⅰ)　演说者把某些混乱现象描绘得如此美丽,让一些如此微妙的情景进入混乱之中,使犯罪的人变得如此机敏,如此巧妙,如此文雅,以至于即使我不想变得像他那样子,可我至少需要有某个使徒以更基督教的方式,使我对经过如此涂脂抹粉描绘的恶行产生厌恶之感。

10(Ⅳ)　一个精彩的传道是一篇中规中矩,没有任何缺点,符合雄辩术要求并装点着所有修辞装饰品的演讲词。会听的人不漏掉任何一个生辉妙语,也不丢掉任何一个思想;他们毫不困难地追随着演说者遨游于各种列举之中,跃身于各种情绪的飞扬之上,只有老百姓才觉得这是个谜。

11(Ⅳ)　刚才听到的演讲真是有理有据的精彩演讲!最基本的宗教问题,最迫切的谈话理由,这里都谈到了。这演讲对于听众们的思想和灵魂难道不会产生巨大的影响?!听众们信服了,他们激动,感动得心里认定狄奥多尔①这一次传道比上一次还要精彩。

---

① 狄奥多尔(?—558),基督教神学家,该撒利亚(恺撒城)大主教。——译者

12(Ⅰ) 温和而松弛的伦理学①随同鼓吹这种伦理学的人一道式微了,这种伦理学丝毫不会引起和刺激一个上流社会的人的好奇心,因为上流社会的人不害怕某种严格的学说,而且甚至因为有人出于履行义务而宣扬这种学说,自己也喜欢上这种学说。因此,似乎教会分成两种人:一种人毫无顾忌,毫无伪饰地说出真理的全部意涵;另一种人以喜好、欣赏、赞扬的态度如饥似渴地听着真理,可做起来却马马虎虎。

13(Ⅳ) 我们可以责备大人物们的豪勇之气败坏了雄辩之术,或者至少削弱了大部分传教士的风格。这些传教士不是跟老百姓团结起来感谢上帝送来如此罕见的礼物,而是与作家和诗人为伍,跟他们一样成为颂词作者,他们丰富了诗体献词②、诗节诗③和序诗;他们把圣言变成一连串赞誉,说真的,再正确不过,但不合时宜,含有私心杂念,没有人要求他们这么做,而且这也不符合他们的特性。如果当他们直至教堂都在赞颂英雄之际,他们有一句话谈到上帝和他们应该宣讲的奥义,那我们就幸莫大焉。有这样的人④,他们把理应为所有人共有的福音摆在唯一一个听福音的人面前,可他们由于偶然的缘故,尴尬地发现自己分身无术,无法在某些基督徒面前发表一篇不是为他们写的有关基督教义的演讲,于是他们由别的演说家来代替,而那些演说家在

---

① 预言家查理·布瓦诺的伦理学,但也是从宽论者的伦理学。——P. R. 注
② 写于作品卷首的诗体献词。——译者
③ 数节结构相同的诗节构成的抒情诗、宗教诗或哀诗。——译者
④ 罗格特神父拒绝在国王不在的情况下进行传道。——P. R. 注

一篇仓促写就的布道词中,其时间只够用来歌颂上帝。

14(Ⅰ) 狄奥杜尔没能让他的某些听众害怕,他们满意他和他的演讲,他不只按照他们的意愿让他们舒心悦耳,而且还满足他们的妒忌心。

15(Ⅰ) 说话的行业在一件事上就像战争的行业,那就是它比别的行业风险大,但发财也来得快。

16(Ⅰ) 如果你有某种品质,而你觉得自己除了作干巴巴的演讲外没有别的本领,那么你就去传道吧,去做干巴巴的演讲吧:对于发迹来说,没有什么比完全默默无闻更糟糕的了。狄奥达特就是靠他那些夸夸其谈的话和他那令人腻烦的单调声音而收人家钱的。

17(Ⅰ) 人们曾经靠讲道的才干而获得大的主教辖区,可如今这种才干还抵不上他手下人普通教士的俸禄。

18(Ⅰ) 这位颂词作者的名字似乎被他挂着的各种头衔压得发出呻吟;他大量的头衔填满了巨大的招贴发给各家各户,或者用硕大的字母写成招贴,在街上和公共广场上都能够看到。通过一个如此美丽的展示,人们只是试试这个人物,而如果人们很少听过他传道,那人们会承认在列举他的优点时,还缺少坏传教士这个优点。

19(Ⅶ)　女人无所事事和男人到女人聚集的地方追求女人的习惯,使一些冷漠的演说家成名,并维持了声誉下降的人的一些时间。

20(Ⅵ)　该不该只要曾经是社会上有权有势的人,就可以受到赞扬并在他的葬礼中,在神圣的祭台前和真理的宣讲台上,受到称赞和褒扬呢?难道除了来自于权势和出身的荣耀之外就没有别的荣耀吗?为什么不规定可以公开地向一个一生善良、公正、温柔、忠诚、虔诚的人献上颂词呢?最大多数听众只是因为人们称之为喧辞的东西,越来越远离基督教传道演说,或者如果你宁愿这么说的话,是越来越接近世俗的颂词才把它接受下来的。

21(Ⅰ)　演说者通过他的演说谋求主教位置;传教者让人皈依:后者理所应当地获得前者孜孜以求的东西。

22(Ⅰ)　我们看到有些僧侣从某些外省回来,他们在那里没有待多久,学会了几句他们说不出来的现成话而觉得自己了不起,自命为万尚①和格扎维埃这样的人,而且认为自己是使徒般的传教徒:如此伟大的工作和如此崇高的使命难道不该给他们一个修道院作为报酬吗?

23(Ⅶ)　某人猛然——此事他昨夜并没有思考过——拿出纸张,

---

①　圣万尚·德·保罗(1576—1660),法国神甫,从事赈济穷苦、救助病人的慈善事业。——译者

拿起一支羽毛笔,自言自语道:"我要写本书。"他没有本领写书,而且出书需要 50 个皮斯托尔。我徒劳地对他喊道:"拿起锯子,迪奥斯科尔,锯吧,或者转动吧,或者制作一个轮圈吧,这样你就有工钱了。"所有这些行业他都没学过。"那么你去抄袭吧,去抄写吧,印刷要校对得好些,你就别写书了。"可他一定要写而且让人出版,因为不能把白纸寄给出版商的。他信口嘟嘟囔囔:他写塞纳河流过巴黎,一个礼拜有七天,或者天下雨,等等,因为这种话一不反对教会二不反对国家,不扰乱公共秩序,只不过败坏了公众的口味,使他们习惯于平淡乏味的东西。他通过了审查,书出版了,而且令时代蒙羞和让好作者受辱的是,书居然再版了。同样,一个人心中说:"我要传道。"于是他宣讲福音了,他登上传道台,没有才能也没有什么使命,只是需要一个有俸教职。

24(Ⅰ) 一个汲汲名利、亵渎宗教的僧侣,如果他登上传道台,那就是装腔作势的朗诵者。

相反有一些具有循循善诱这唯一品格的圣洁的人,只要他们出现,那些要听他们传道的百姓,仿佛由于他们的在场就已经深受感动而信服,余下的事就由他们将要做的演说去完成了。

25(Ⅳ) 莫城 L'……①和布达鲁②使我想起德默斯泰纳③和西塞

---

① 莫城主教博舒埃。——P. R. 注
② 布达鲁(1632—1704),法国布道者,耶稣会士。——译者
③ 德默斯泰纳(前384—前322),雅典演说家和政治家。——译者

罗。这两个人都是雄辩的传道大师,都遭遇了伟大典范所遭遇的命运:一个引起了一些错误的批评者,另一个引起了一些可耻的抄袭者。

26(V)　掺和着人性和演说者才能的传道口才是隐藏着的,很少为人所知而且也难以照办:这种又说服人又讨人喜欢的技术是多么高超!必须走现成的路,说别人已经说过和别人预料你会说的话。题材是巨大的,但陈旧而庸俗;原理是确实的,但听众一眼就能看出结论。这里有一些崇高的主题,可是谁有能力论述崇高呢?有一些奥秘应加以解释,但这些奥秘,学校一堂课比演说家的一场演讲会解释得更清楚。传道台上的伦理学,因为包含着跟人的习俗同样广泛和同样多样化的题材,所以是在同样的枢轴上转动和勾勒出同样的形象来,并且给自己规定了比讽刺诗更狭窄得多的界限:在千篇一律地斥骂了荣誉、财富和逸乐之后,演说家余下要做的事就是赶快结束演讲,把大家打发走。如果有时有人哭了,如果有人受感动了,大家在稍微留意了催人泪下的那些人的天分和品格之后,也许都会认定这是题材本身所使然和我们最根本的利益受到触动的缘故;感动我们和引起我们内心这些波动的不是传教士的真正口才,而是他的坚定胸怀。总之,讲道者不是像律师一样靠始终是新的事实、各种事件,靠闻所未闻的奇遇来支撑自己的观点,他不在值得怀疑的问题上表现自己,不使用明显的假设和推断,不使用一切尽管会提高天分,给他以力度和广度,不束缚口才而是确定和指引口才的东西。相反他必须从所有人都去汲取的共同源泉提取他的演说材料,而如果他偏离了这些老生常谈,就不会受到欢迎,就脱离了现实或者成了夸夸其谈者,就不再能够传播福音了。他只需要崇高的纯真就行了,但必须等待,这是罕有的才能,是普通人力所不能及的;他们所具有的天分、想象力、博学和记忆往往只能使他们离此更远。

律师的职责艰苦而辛劳,要求从业者有富足的家产和大量的财源,他不像传教士那样只要备好若干篇抽空写出来的演说词,强记硬背,就可以权威地说出来而没人反驳,而这些演说词只要稍作些许变动,就可以不止一次为他增光了。律师在法官面前宣讲庄重的辩护词,法官会不让他说下去,对手会打断他的话,他需要随时准备反驳;他在同一天于不同的法庭上为不同的案子说话。对于他来说,他的家不是休息和蛰居的地方,也不是躲避诉棍的避难所;而是开放给所有向他提问、求他解惑的人;他不上床睡觉,佣人不给他擦拭,不给他准备解渴的饮料;他不把房间作为各种等级和性别的人聚会的场所来祝贺他言辞的优美与得体,让他回想起差一点要张口结舌说不出话的某个地方,或者不像平常那样激烈辩护的某种顾忌。他倦于作冗长的演说和事先写更冗长的辩护词,他改变的只是工作的内容和疲劳的程度,我敢于说他在此类人中的行为就像早期传教士当时的行为。

在我们这样区分了律师职业的辩护口才与传教士圣职的传道口才之后,我们相信传道比辩护更为容易,但是传道传得好比辩护辩得好更困难。

27（Ⅶ） 没有就已经写成的作品发表言论好处太大了！人们都受言语与行动的欺骗，也受整个听力器官的欺骗。只要他们对说话的人有那么丝毫的偏爱，他们就欣赏他，然后设法听懂他说的话。在他还没开始之前，他们就高喊他会说得好的；然后他们很快睡着了，演讲结束，他们醒过来说他讲得好。人们对于一个作者可不是这样：他的作品是人们在乡间闲暇时或者在事务所安静时阅读的，没有公众聚会为他鼓掌，更没有成群结伙的人牺牲他所有的对手向他供奉和把他提升为高级教士。人们读他的书，即使是最优秀的书，思想上也总是认为这书平庸；人们翻阅它，讨论它，把它进行比较；这不是声音消失在空气中而被人遗忘，印刷品一直是印刷品。人们有时在出版几天前就等待着它的出版以便诋毁它，而人们从书中得到的最难以言表的快乐来自于人们对书的批评；人们不满意在书中的每一页会找到可能讨人喜欢的特色，甚至往往害怕从书中得到开心，而人们之所以不看这本书就因为这本书写得好。并不是任何人都自命为演说家：传道者的漂亮话、外貌、记忆的天才、教职或者保证，并不是任何人都敢要或者都愿意要的东西。相反每个人都认为自己善于思考，而且能够更好地把自己思考的事写出来，这对于想得和写得跟他一样好的人就没有什么好处了。总之，跟最有根底的作家取得普通修院院长职位的艰辛比较起来，讲道者会更快地成为主教；而在授予恩宠时，新的恩宠总是给予讲道者，而严肃的作家能够得到残羹剩肴就是万幸了。

28（Ⅶ） 如果坏人恨你迫害你，好人会建议你向上帝谦卑求告以提防自己产生虚夸,使你避免引起具有这种品格的人的讨厌;同样如果某些人动辄叫嚷反对平庸,指责你可能写出来的作品或者你刚刚在律师席上,在传道台上,或在其他地方向公众发表的演说①,那么你就低声下气地接受吧;这种骄傲的诱惑是如此引人,如此触手能及,人们是难以经受得住的。

29(Ⅳ)　在我看来,一个传教士应该在每次演讲中只选择一个,不过应该是主要的、了不起的或者有教育意义的事实,进行彻底研究并详尽论述;丢掉所有这些经过如此细心寻求、反复考虑、彻底研究和细致分别的区分;不要作这种错误的设想,我的意思是说,认为上流社会知道自己的信仰和义务之所在;应该不怕向这些优秀的人,或者这些精明的人提出忠告;把写一部长篇著作所花的如此漫长的时间用来使自己彻底掌握材料,让说话技巧和表达方式通过手势来表现,并滔滔不绝地流淌出来;在经过适当准备之后,尽情地发挥自己的天才和听任一个巨大的题材所能引发的冲动奔放出来,这样最后可以省了这种强记的辛劳,而强记不像一件严肃的事情而像是个赌注,败坏了行为和扭曲了面貌;与此相反的是要通过充沛的热情让说服进入人们的思想,让警戒深入人的心灵,从而感动听众,而令听众感动的不是害怕看到他张口结舌不知说什么好,而是一种完全不同的对警告戒语的恐惧。

---

① 拉布吕耶尔在法兰西学士院的演说非常不受欢迎。——P. R. 注

30(Ⅳ) 还不够尽善尽美从而在传道中做不到忘我的人,不要因为规定的清规戒律而丧气,仿佛这些清规戒律使他无法展现他的才智和达到他向往的高位:还有什么比使徒般传道的才能更崇高的呢?还有什么比主教职位更有价值的呢?难道费内隆①不配当主教吗?他能够有另外的选择而逃脱亲王的选择吗?

论不信神者

1(Ⅰ) 不信神者是否知道人们这样称呼他们是出于讽刺?不敢肯定他这个人,他的生命,他的感官,他的知识的本原究竟是什么和什么是这一切的终极结果,还有比这更严重的弱点吗?怀疑自己的灵魂是否不像石头和爬行动物那样是物质的,不像这些低贱的造物那样是不可腐蚀的,难道有什么比这更令人沮丧的吗?有一个高于所有存在物、创造了所有存在物,而所有存在物都赖他以存在的存在物;这个存在物完美无缺,纯洁无疵,无始无终,我们的灵魂就是他的形象,恕我大胆说,像鬼神那样,是他的一部分,难道我们没有力量和胸襟在我们思想上接受这样的想法吗?

2(Ⅵ) 听话的人和懦弱的人容易感知:一个接受好的印象,另一个接受坏的;就是说前者信服而一以贯之,后者固执而受到腐

---

① 费内隆在1689年成为勃艮第公爵的教师。——P.R.注
　费内隆(1651—1715),法国高级教士。——译者

蚀。因此听话的人接受真正的宗教而软弱的人或者不接受任何宗教，或者接受一种错误的宗教。可是不信神者或者没有宗教或者自立一门宗教：因此不信神者就是思想懦弱者。

3（V） 有些人，他们的思想和心灵系缚于所居住的这个世界上叫作地球的小小地方，而且局限于经过丈量、计算了阿尔邦①然后栽上界桩的所谓地产或者领地内，地界以外他们什么也不放在眼里，什么也不喜爱，我把这些人称为凡夫俗子。某些人依靠着一个稍微使点劲就摇摇欲坠的原子却想去探究真理，他们以这样的短浅目光无法穿越天空和星球，直至来到上帝面前，对此我是不会感到惊讶的。他们或者意识不到思想的优越或者看不出灵魂的崇高，更感受不到灵魂是多么难以满足，整个地球是多么不及灵魂，因此上帝这样一个完美无缺的存在物对灵魂变得多么必需，而一个能够向它指明上帝之所在，为它作出确切保证的宗教是灵魂的多么须臾不可或缺的需要。相反我非常容易理解，对于这些人来说，不相信上帝或者对上帝冷漠和把上帝和宗教服务于政治，也就是服务于维护这个世界的秩序和粉饰这个在他们看来唯一值得人们惦记之事，是非常自然的。

4（V） 有些人由于长期旅行而终于思想堕落，丧失了仅存的那一点点宗教精神。他们每天看到新的崇拜，不同的风俗，各式各样的仪式，他们像进入商店一样因为布料琳琅满目、花式不同、各

---

① 旧时的土地面积单位，相当于20至50公亩。——译者

有所宜,不知选购什么好,他们定不下来,于是什么也没买便走了出去。

5（Ⅴ） 某些人期待当所有的人宣告放任自己不信教的时候,自己成为虔诚信奉宗教的人;不信教是凡夫俗子的主意,他们知道要摆脱掉这种想法。在一个如此严肃可又如此世俗的问题上,他们喜欢标新立异;不过他们只是在毫不足道和毫无结果的事情上才会赶时髦和随大流的。谁能说他们对将要冒的所有风险没有注入某种勇敢和无畏呢?不过在某种条件下,从一定的思想广度来说和根据某种观点,他们不想跟学者和老百姓有一样的信仰。

6（Ⅰ） 有人怀疑上帝身体充分健康,就像有人怀疑跟一个放纵的人①来往是犯罪一样。但当人生病患了水肿,他会离开他的姘妇而相信上帝。

7（Ⅰ） 在宣称自己是不信神者或者自由思想者之前,必须非常认真地考验自己和自我检查,以便根据其生活原则至少能够像他曾经生活过的那样了此余生,或者如果觉得自己没有力量走得这么远,那就决定像愿意去死那样地生活下去。

8（Ⅰ） 对一个行将就木的人开任何玩笑都不合适;如果玩笑涉

---

① 一个妓女。——拉布吕耶尔注

及生活的某些片断，这种玩笑便是致命的。让这些人对自己说俏皮话是极其不幸的事情。

（Ⅵ） 对于死亡之后的事情人们尽管会有某种偏见，死亡毕竟是一件非常严肃的事情；因此儿戏态度是不合适的，需要的是坚定。

9（Ⅰ） 任何时候都有产生某种才子和某种赏心悦目的文学的人，这些人甘当大人物的奴隶，接受他们的放荡不羁，不顾自己的智慧和良心，一生受镣铐束缚。这些人从来都只是为别人活着而且似乎把别人视为自己的终极目的。他们耻于当着别人的面走开，耻于把内心可能存在的状态如实地显现出来，却由于尊重他人或者由于懦弱而迷失了自己。那么在大人物的世界里有没有足够伟大的人，在权贵的世界里有没有足够强势的人值得我们信任，值得我们迎合他们的意愿，按照他们的爱好和心意而生活，并以不是对我们最稳当的方式而是他们更喜欢的方式死去呢？

10（Ⅰ） 对于那些不随大流和不守严规的人，我要求他们所知要多于他人，要有清楚的理由，以及令人信服的论据。

11（Ⅰ） 我希望看到一个朴实、稳重、端庄、公正的人宣告没有上帝；他这样说至少不带私利，可是这样的人找不到。

12(Ⅰ) 我会非常好奇地看到相信不存在上帝的人：他至少会告诉我让他相信没有上帝的无懈可击的理由。

13(Ⅰ) 对于上帝并没有向我揭示他的存在这个问题，我不可能给予证明。

14(Ⅳ) 上帝谴责和惩罚冒犯他的人，他是自己官司的唯一审判者；可如果他本身不代表司法与真理，也就是说如果他不是上帝，那就是令人反感的事情。

15(Ⅰ) 我感觉到有个上帝，没有感觉到没有上帝；这在我看来已经足够了，世上所有的道理对我来说都毫无用处；我得出上帝存在的结论。这个结论存在于我的本性之中：在我童年时我就非常容易地接受了上帝的信条，并从此非常自然地保持下来直至年迈，因此我不会怀疑这些信条是虚假的。可是有些人丢弃了这些信条。如果存在这样的人，那可是个大问题；可如果的确如此，那只能证明存在着魔鬼。

16(Ⅰ) 不存在什么无神论。大人物们最被人们怀疑是无神论者，可他们过于懒惰不会想到上帝不存在；他们麻木不仁到对这个如此头等重要的问题，以及对于他们灵魂的本性和一个真正宗教的影响问题都无动于衷和满不在乎；他们不否认也不赞同这些事情：他们根本想都没想过。

17(Ⅷ)　我们没有过于健康的身体,没有过于充沛的精力和没有过于饱满的精神去想到众人或者最微小的利益;相反似乎礼仪和习惯要求我们只是在这种情况下想到上帝,那就是我们内心有一切必要的理由不说上帝不存在。

18(Ⅶ)　一个大人物一下子昏迷,然后死了①;另一个大人物逐步缓缓地死去,每天消耗一点直至油干灯灭;发人深省的教训,但没有用处!如此突出、如此明显对立的情况没有被指出来,也没有触动任何人,人们对这些情况的注意还不如花谢叶落,他们觊觎着空缺的职位或者打听这些位置是否已经被占有和由谁占有。

19(Ⅰ)　人们是否相当善良,相当忠实,相当公平值得我们完全信任,使我们至少不必希望有上帝存在,能够对他们的判决向上帝提出上诉;而当我们受到迫害或者被人背叛的时候得以向他求助呢?

20(Ⅳ)　如果宗教的伟大和崇高令不信神者眼花缭乱或者惊诧莫名的话,他们就不再是不信神者,而是懦弱鬼和卑劣者;相反如果是宗教中谦卑和纯朴的东西令他们厌恶,那他们真是不信神者,比那么多如此有见识、如此高尚可又如此虔诚的伟人,比莱

---

① 鲁瓦逝世。——P. R. 注
弗朗索瓦·米歇尔·勒泰勒·鲁瓦爵士,法国政治家。——译者

昂、巴齐耶①、哲罗姆、奥古斯丁这样的人更坚强。

21(Ⅳ)　"教会的一个神父,教会的一个经师,多难听的这些名字!他们的著作写得多么差劲!多么枯燥,多么冷漠的虔诚,也许他们是非常经院哲学的人!"说这话的人从来没见过他们,因此这些对神父怀有一种如此不符合事实概念的人,如果看到神父们作品中技巧的娴熟,文笔的优雅,待人接物的教养与机敏,表达方式的丰富,推理的有力,描绘的生动和才能的自然流露,那时他们会感到多大惊讶啊!因为这些是他们在兴致勃勃地阅读作者一举成名和得到虚荣的大部分当代书籍中看不到的。热爱这个宗教,看到这个宗教受到如此优秀的天才和如此稳重的人的信奉、支持、阐释,是多么令人高兴的事情!尤其是当人们终于认识到就认识的广度,思想的深度和洞察力,就纯粹的哲学原理,这些原理的应用与发展,就结论的正确性,演说的崇高,道德和感情之美而言,是没有任何东西堪与圣奥古斯丁、柏拉图、西塞罗的作品相媲美的。

22(Ⅶ)　人生来就会欺骗人,真理是简单而淳朴的,可人却要虚假和装饰。真理不属于人,真理来自于天,它天生现成,可以这么说,完美无缺;可是人却只喜欢自己的作品,小说和寓言。看看老百姓吧:他们杜撰,他们增添,他们粗鲁而愚蠢地装载。你甚

---

①　莱昂,中世纪天主教罗马教廷若干教皇的名字。巴齐那(330—379),教会经师。——译者

至可以询问最有教养的人,他在演讲中是不是从来都讲真话,是不是有时没有发现自己因为虚荣和轻率而不得不作假,他为了把小说编得更动人,是不是往往没有忘记在他叙述的某个事实上添加缺少的某个情节。今天发生一件事,100个人看到这件事可说起来却有100种不同的方式;这个人,如果他讲给别人听,他讲的方式跟他听别人给他讲的又不一样。对于远离我们几百年的古代事情我们能够相信多少呢?从最严肃的历史学家那里我可以得到什么依据?历史何去何从?恺撒在元老院开会期间被杀吗?有没有恺撒这个人?"多荒谬的结论!"你对我说;"多可笑的怀疑!多有趣的提问!"你笑了,你认为我不值得一答,而我甚至相信你说得有理。不过我设想提到恺撒的这本书不是一本由会骗人的人手写出来、被人偶然在包含着或真或假历史的其他手抄本中发现出来的世俗的书,相反这书得到神启,它神圣、神奇,书中就有这些字,它近2000年来就存在于一个人口众多的社会里,这个社会以原封不动地加以保存作为自己的天职,不允许在这期间对该书有任何改动,甚至以宗教般的虔敬作出必不可少的保证,相信书中谈到的关于恺撒和他的专制的一切事实:路西尔,你坦白承认吧,你怀疑曾经有个恺撒。

23(Ⅳ) 并不是任何音乐都适合于赞美上帝和在教堂聆听,并不是任何哲学都以庄重的态度谈上帝,谈上帝的威力,谈关于上帝圣业和奥秘的信条。这种哲学越是精巧和理想,便越是空洞而无法用来解释一些只要求人有一个正确的感官就可以一定程度上了解,而超出这个限度就不可解释的事物。要想说明上帝,说明上帝的完美无缺,而且如果我敢这么说,说明上帝的作用,这实际上比古代哲学家,比使徒,比早期的经师走得更远,但寻求未能正好相遇;就是说长时间深深挖掘却没有找到真理之源。自从人们放弃了善良、慈悲、正义和万能这些赋予上帝如此崇高和可亲的概念的字眼,不管人们如何尽力想象,人们必须接受的是枯燥乏味、空虚无聊的话语,采纳空洞无物、背离常识的,或者至多是模棱两可和有点新意的思想,而随着人们取得了解新的形而上学的手段,人们便丧失了一些自己的宗教。

24(Ⅳ) 人们无视宗教的利益到如此的地步,他们对宗教信仰如此淡薄而对宗教生活奉行得如此糟糕!

25(Ⅳ) 人们以热心和激情抵抗具有完全不同宗教信仰的人来捍卫这个宗教,可又是人们自己在思想中以某些特殊的感情改变了这同一个宗教:他们随心所欲地增删了千百种往往是基本的东西,而他们对于他们所赋予宗教的形式则坚定不移。因此,通俗点说,我们可以说一个国家虽然生活在同一个宗教信仰之下,但并不只有一个宗教。不过正确地说,这个国家的确有好几种宗教,而这个国家的每个人几乎都有自己的宗教。

26(Ⅷ) 两种人在各个宫廷好运亨通并在不同时代占据着宫廷的主导地位,那就是不信教者和伪君子:前者兴高采烈,公开坦率,不讲方式,不加掩饰;后者则做事巧妙,耍阴谋诡计。伪君子比不信教者百倍热衷于发迹,他们对此眼红到极点。他们想控制升官发财之道，由他们独自占有，在他们之间瓜分而不让任何他人分一杯羹；爵位、职务、岗位、利益、年金、荣誉，他们一切都该得到，一切也只能由他们获得，其余的人都不配。他们明白要是没有他们对这些的眷顾，别人就会公然希望得到这些了。一队假面舞者走进舞会，他们拉起舞女的手，一个换着一个地跳，他们还在跳，一直跳个不停；他们不松开舞女的手给在场的任何人，不管她是怎么引人瞩目；人们没精打采，枯燥无味地看着他们跳而自己却没有跳：有些人嘀咕了，最聪明的人打定主意走掉了。

27（Ⅷ） 有两类不信教者。不信教者，那就是至少自命为不信教的人，和伪君子，或者假信徒，即不愿意被人认为是不信教的人，此种人中最末流的人是最优秀的人。

　　假信徒或者是不信仰上帝的人，或者是不把上帝放在眼中的人，我们客气点这么说他：他不信仰上帝。

28（Ⅳ） 如果任何宗教就是对神明的一种敬畏，那么敢于伤害神明最有生命力的形象，即伤害君王的人是什么样的人呢？

29（Ⅰ） 如果有人向我断言暹罗派遣使团的秘密动机就是促使极其虔信的国王放弃基督教，允许泰国和尚进入他的王国，让这些和尚深入我们家庭，通过他们的经书和他们的谈话说服我们的妻子、孩子和我们自己信奉他们的宗教，在城市中建立宝塔，上面挂着金属头像供人膜拜,那我们听到这些天方夜谭的事情岂不会嘲笑不已,嗤之以鼻!可是我们却不远6000海里去让两印度①、暹罗王国、中国和日本皈依,就是说去非常严肃地跟所有这些民族说一些在他们看来非常荒谬和可笑的话。尽管这样,这些民族还是容忍了我们的修士和我们的僧侣,有时也听听这些修士和僧侣的话,让他们建造教堂和传教。谁在他们心中和在我们心中做出这一切?难道不是真理的力量?

30(Ⅴ) 让各种各样的人都竖起救济善事的大旗,让全城所有穷人都聚集在他的门前来领取一份东西,这并不合适。相反谁不知道有某些可以设法或者直接靠他的救助,或者至少通过他的调停来减轻的更秘密的穷困!同样并没有让所有的人登上传道台,以传教士或者教理问答师的身份发布上帝的言语,可是谁手下不时地没有一个不信教者需要说服,并通过温柔和循循善诱的交谈让他听话的呢?即使人一生仅仅只是一个人的使徒,他也不枉活在这世上,而这也不会成为他的无用负担的。

31(Ⅰ) 有两个世界:一个世界我们短暂逗留,最后必须离开而不再返回;另一个世界我们不久就要进去再也不会出来。恩宠、权威、朋友、盛誉、巨富对于第一个世界有用,对所有这一切的蔑视适用于第二个世界。问题在于选择。

---

① 指"东印度"和"西印度"。那时,人们把印度说成"东印度",而把美洲认成"西印度"。——译者

32(Ⅰ) 只要活了一天就活了一个世纪:同样的太阳,同样的大地,同样的世界,同样的感觉;明天的一切跟今天再相似不过。可能有什么东西死去,就是说不再是个物体而仅仅是精神:可是人对新鲜事物急不可耐,不会仅仅对这一个东西感到好奇;人生来不满足现状,对一切厌烦,但对活着毫不厌烦;他们也许同意永远活下去。他们从死亡中看到的东西比他们所不知道的东西给他们的打击更强烈:疾病、痛苦、尸体使他们讨厌去了解另一个世界。必须利用宗教的全部严肃性来使人们明白这个问题。

33(Ⅰ) 如果上帝让人在死亡或者永生之间进行选择的话,人们在经过对没完没了的贫穷、仰人鼻息、百无聊赖、疾病缠身的处境或者对所享受的富有、荣誉、逸乐和健康随着时间的演进而无可奈何地化为其反面,从而被财富与祸害玩弄于股掌之间的情况深思熟虑之后,简直不知道该怎么办才好。自然给我们定下了也给我们解除了选择的麻烦,自然使我们免不了一死而宗教减轻了死亡的痛苦。

34(Ⅴ) 如果我的宗教是错误的,我承认这是可以想象出来的设置得最巧妙的圈套,结果不可避免的是:无法幸免这个圈套和不会落入这个圈套。宗教的奥义是多么庄严,多么炫目!整个学说具有多大的影响力和驱动力!道理是多么出色!品德是多么纯朴,多么纯真!整整三个世纪间数百万当时世上最聪明、最稳重的人,靠着对同一个真理的感情的支撑而生活在流放中,在牢狱里面对死亡,承受最残酷刑罚的人们,前赴后继所提供的证据具有何等雷霆万钧般不可战胜的力量！拿起史书,翻开书本,上溯到世界初期,上溯到世界诞生的前夜:在各个时代,有任何相似的东西吗？为了令我心迷,上帝自己能否有一天与我更好地相会？为了且不说去寻找更美好的东西而是寻找某些接近上帝的东西,我该从哪里脱身？我该去往何方,投身何处？如果我必须死去的话,我愿意就在那里死去。我认为,与其以非常似是而非和彻头彻尾的欺骗手段去接受上帝,不如否定上帝。但是我深深认识上帝,我不可能是个无神论者,我于是就被带往和被吸引到我的宗教中去:命该如此。

35(Ⅰ) 宗教是真的,或者宗教是假的。如果宗教只是一个空洞的杜撰,那么,可以这么说,这对于好人,对于夏尔特尔会修士或者隐修士来说,只是浪费了60年的光阴而已,他们没有冒什么别的风险。但是如果宗教本身就是建立在真理之上,那么这对于堕落的人来说,却是一个可怕的不幸。只要想到他自找的祸害,我想都不敢想。思想过于脆弱无法设想这些祸害,而言语又过于空泛无法予以表达。的确,假设世上人们不大相信宗教确是真理,那么对于人来说,除了德行之外,没有更好的办法。

36(Ⅰ) 我不知道敢于否定上帝的人配不配别人努力向他们证明上帝的存在,配不配人们在这个问题上以更严肃的态度来对待他们。无知是他们的品格,使他们无力接受最明白的信条和最严密的推理。不过我同意他们阅读我将讲的道理,只要他们不要以为就一个如此明显的真理所能说的全部内容仅此而已。

40年前我不存在,而且40年前我身上没有能够让我存在的力量,这个力量的存在或者不再存在不取决于我,因此我是由我的身外之物,由在我死后依然存在,比我更好、更有力量的某物决定我开始存在和继续存在的。如果这个某物不是上帝,请告诉我这是什么。

也许目前存在的我只是由一种普世自然之力而存在着,这个自然,我们见到时是什么样子,即使上溯到无限的时间也始终是这个样子。但是这个自然,或者它只是精神,那么这就是上帝;或者它是物质,那么它无法创造出我的精神[1];或者自然是物质和精神的混合物,那么自然中,精神的东西,我称之为上帝。

也许我称之为我的精神的东西,只不过是靠同样也是物质的普世自然之力而存在的物质的一部分,这个自然,我们见到它时是什么样子,过去从来都是这个样子,将来也永远是这个样子,而这个自然不是上帝[2]。但是至少必须同意我的说法,即我称为我的精神的东西,不管可能是什么,总之是一个思想之物,而如果这是物质的话,必然是某个会思想的物质,因为人们无法令我相信:当我作这样的推理时,我的内心没有某个东西在思想。但是在我内心进行思想的这某个东西,如果它的存在和保存要归功于一个曾经一直存在和将来永远存在的普世自然,并

---

[1] 不信神者的反对说法或辩解方式。——拉布吕耶尔注
[2] 不信神者的反对意见。——拉布吕耶尔注

承认这普世自然是自己的终极原因的话,那么必须把这归功于一个或者会思想,或者比思想的东西更高尚、更完美的普世自然;而如果这样创造出来的自然是物质的话,我们还必须得出结论:这是个会思想,或者比思想的东西更高尚、更完美的普世物质。

我继续我的推理,我说:按照刚才所假设的这个物质,如果它不是一个虚无缥缈的而是真实的存在物,那么五官不会察觉不出;而即使它不是自己显示出来,人们至少会通过对它构成的各种物体、将其区别开来的各个部分的不同处理把这个物质辨认出来;因此,物质本身,就是所有这些不同的物体;而由于根据假设它是会思想的物质,或者是更强于思想的东西,由此,至少根据这些物体中的某些物体,以及根据所有这些物体得出的必然的结果,物质就是这个样子,也就是说,物质在石头、金属、海洋、陆地中思想,在我自己身上思想,因为我就像所有其他构成物质的物体一样,只不过是一个物体而已。所以,我身上会思想的、我称之为我的精神的东西,是由所有这些如此世俗、粗鄙、形而下的部分集合起来构成的,而所有这一切就是普世物质或者这个看得见的世界。这种说法是荒谬的。

反过来,如果这个普世自然,不管会是什么东西,总之不可能是所有这些物体,也不可能是这些物体中的任何一个,由此可见这个自然不是物质的,不可能由任何感官感知到。如果这个自然会思想,如果它比思想的东西更完美,那我还可以断言这个自然就是精神,或者是一个比精神的东西更好、更完备的存在物,这个存在物,我称之为我的精神。另外,如果我身上会思想的、我称之为我的精神的东西只剩下这个普世自然,而我的精神可以上溯这个自然以找到自己的第一原因和唯一来源,因为正像我们已经论述的那样,它在自己身上找不到,而在物质中更找不到自己存在的前提,那么我不想为名称争个不休,但是,任何精神的这个本源就是精神本身,它比任何精神都更为优越,我把它称为上帝。

总之,我思,故上帝存在①。因为我内心思想的东西,不是得自于我自己;比起靠我去保存片刻的这个东西来,这个东西的第一次给予更不取决于我。我有这个东西不是归功于在我之上的叫作物质的存在物,因为物质不可能在思想的东西之上,因此我的这个东西归功于在我之上的不是物质的存在物,这个存在物就是上帝。

37(Ⅰ) 会思想的普世自然②通常把一切物质的东西从自己内部排斥出去,由此必然得出:一个会思想的具体的人也不可能容许身上有丝毫物质的东西,因为虽然抽象地说一个会思想的人,在他的思想中含有的伟大、力量、独立和能力,远比一个会思想的具体的人多得多,但它并不更加排斥物质,因为这两种人各自含

---

① 参阅笛卡尔的《形而上学沉思录》第三节和第四节。——P.R.注
② 指的是神。——译者

有的排斥都尽可能地一样大而且仿佛是无限大，所以既然我内心思想的东西不可能是物质的，那么说上帝是物质的同样是不可想象的；据此，因为上帝是精神，我的灵魂也是精神。

38（Ⅰ） 我不知道狗会不会选择，会不会回忆，会不会喜爱，会不会害怕，会不会想象，会不会思想，因此当人们对我说所有这类东西都没有激情，没有情感，而只有由物质的部件组合成的装置所产生的自然而必然的反应时，我至少可以同意这种说法。但是我会思想，而且我确信我会思想。可是物质各个部件的某种组合，就是说一个体积按照其长、宽、高各个方面可以分开的所有的尺寸，跟思想的东西比较起来，是什么比例的呢？

39（Ⅰ） 如果一切都是物质，如果我内心的以及所有其他人内心的思想只不过是物质部件的组合的一种反应，那么是谁把除了有关物质事物的概念外其他一切概念给予世界的呢？物质在其内容中有没有一个跟精神这个概念同样纯洁，同样简单，同样非物质的概念呢？物质怎么会成为否定自己并把自己从自己的存在物中排斥出去的东西的本原呢？物质怎样在人心中成为思想的东西，也就是说成为一种对于人自己来说丝毫不是物质的信念了呢？

40（Ⅰ） 有些存在物存在很短时间，因为它们是由非常不同的彼此互相损害的事物组成的。有些存在物存在时间长些，因为它们比较简单；但是它们死亡了，因为它们不断产生出一些部分使得它们可以被分割开来。我内心思想的东西存在时间长得多，因为这是一个纯洁的、没有任何混合物和没有任何组合物的存在物，而且它也没有理由死亡，因为谁能够腐化或者分割一个单纯的、没有部分的存在物呢？

41（Ⅰ） 灵魂通过眼睛看到颜色，通过耳朵听到声音，但是当灵魂没有了这些感官或者这些物体时，灵魂可以停止看或听，灵魂并不因此就不存在，因为灵魂并不就是看到颜色的东西或者听到声音的东西，灵魂只是思想的东西。可是灵魂怎么能够停止成为思想的东西呢？这并不是由于器官的缺少，因为业已证明灵魂不是物质的，也不是由于物体的缺少，只要有一个上帝和永恒真理，就不会缺少物体，因此灵魂是不朽的。

42（Ⅰ） 上帝使灵魂充满着上帝永恒存在和尽善尽美的概念，我无法想象灵魂会消亡。

43（Ⅶ） 你瞧，吕西尔，这块地比毗邻的其他地都更干净，装点得更好看：这里，一些亭台掩映，流水与喷泉错落其间；那里绿篱小径，绵延无尽，为你遮挡北风的严寒；这边树木浓郁，参天蔽日，而那边则是个美丽的景点。低处，默默无语地流淌于垂柳与白杨的掩映之间的伊维特河或者里尼翁河①已经成为一条铺有砌面的暗渠；那里，一些长长而清凉的大道没入田野，预示远处有

---

① 里尼翁河，中央高原河流，卢瓦尔河支流，长59公里。——译者

人家，溪水环绕。也许你会兴奋得高喊："多么碰巧的好事！这么多美景会不期而然地聚在一起！"不，你相反肯定会说："这些是巧妙想象和精心安排出来的，这里充满着高雅的品位和丰富的智慧。"我说的跟你一样，不过我要补充说这里应该是某个这样的人的住所，某个勒诺特①在他就职那一天就会到这家来画出设计和标出路线的。可是，如果整个大地只不过是悬浮于空气中的一粒原子，那么这块如此布置的土地究竟是什么，而一个巧手工人究竟在什么地方运用他的全部技艺加以美化，你是否听听我下面将要告诉你的？

啊，吕西尔，你被放置在这个原子的某个地方，因此你必须非常小，因为你在原子上所占据的位置不大，可是您有眼睛，那是两个难以觉察的点，你不断张开眼睛望着天空，你有时会看到什么？圆圆的月亮？月亮美丽而且非常亮，虽然她的光只是太阳光的反射而已；她显得大，犹如太阳，比其他行星，比任何星球都大。但是你别为表象所欺骗，天空中没有任何东西比月亮更小的了：月亮的面积是地球的十三分之一，强度是四十八分之一，而直径是750法里②，只有地球的四分之一，所以是不是真的仅仅由于她与地球比邻所以外表显得这么大？既然她离我们只不过是地球直径的30倍，或者说距离只有10万法里而已。比起太阳在天空所绕的大圈来，月亮甚至几乎没走什么路，因为的

---

① 勒诺特，著名的园林设计师。——弗拉玛里翁注
② 古法里，1法里约等于4公里。——译者

确她每天只走54万法里,每小时只走了22500法里,一分钟375法里而已。可是为了走完这段路,月亮必须比每小时跑4法里的驿马走得快5600倍,比每小时277法里的声音,比如说炮声和雷声飞得快80倍。

但是就大小,就远近,就行程而言,月亮与太阳有什么好比较的吗?你会看到没有任何可以比较的。你只要记得地球的直径是3000法里,太阳的直径大100倍,也就是30万法里。如果这就是太阳各个方向的宽度,它的整个面积会有多大!它的强度会多大!你明白不明白这个容积,100万个像我们的地球那样的地球全部加在一起还没有太阳大?那你会说:"那么如果就其表面来看,它的距离有多远?"你说得有道理,距离大得很;业已证明从地球到太阳的距离不少于1万个地球的直径,换句话说,不少于3000万法里:也许更远4倍、6倍、10倍;我们丝毫没有办法来确定这个距离。

为了帮助你想象出这个距离,设想一个磨坊石磨从太阳掉到地球上,规定它能够有的最大速度——从非常高的地方落下来的物体所没有的速度;再假设这个石磨一直保持着同样的速度,没有加大也没有减小,每秒钟走15图瓦兹①,就是说是最高塔的高度的一半,这样就是一分钟900图瓦兹。为了更便于计算,就算它一分钟1000图瓦兹;1000图瓦兹约半法里,这样石

---

① 法国旧长度单位,相当于1.949米。——译者

磨2分钟下降1法里，1小时下降30法里，1天720法里，可是这石磨要想到达地球须要穿过3000万法里，因此为了这个旅游，它还要花41660天，也就是114年多。吕西尔，别害怕，听我说：地球到土星的距离至少是地球到太阳的距离的10倍，就是说这个距离不少于3亿法里，因此这块石头要用1140年才能够从土星掉到地球上来。

从土星的这个高度，如果能够的话，请你提高你的想象力来设想一下他在我们头上每天要走的路是多么漫长。土星自转的圈直径为6000多万法里，因此其圆周为1800万法里，一匹每小时跑10法里的英国马要跑20548年才能够跑完这个圈子。

哦，吕西尔，关于这个看得见的世界的奇迹，或者像你有时说的，关于只有你同意作为万物的第一原因的偶然的奇观，我还有话要说。还有一个比你想到的更出色的工人：你要了解偶然，你要知道你的上帝的全部威力。你知道不知道，从地球到太阳这3000万法里的距离和从地球到土星这3亿法里的距离，比起从地球到各个星球的距离来，简直不算什么，关于这些距离的问题，甚至用比较这个字眼来表述都不大恰当？事实上，可以测量的东西，不管它有多大，跟不可测量的东西是怎么个比例呢？我们不知道某个星球的高度，这高度，如果我敢于这么说的话，是不可测量的，没有角度，没有正弦，没有视差可以借助。如果一个人在巴黎观察一个恒星而另一个人在日本观看这个恒星，以他们的眼睛为起点直到这个星球的两条线不形成一个角，而是混同为仅有的一条同样的线,因为整个地球比起这个距离来不成为空间。但是星球在这一点上跟土星和太阳有共同之处,对此必须再说几句。如果有两个观察者,一个在地球上,一个在太阳上,同时观察一个星球,这两个观察者的视线不会形成可视角。我们从另一个角度来设想,如果一个人在一个星球上,那么我们的太阳,我们的地球,以及把他们隔开的 3000 万法里的距离,在他看来只是同一个点,这是已经证明了的。

44　　我们也不知道一个星球跟另一个星球的距离,不管它们似乎离得多近。晶星团从肉眼看来彼此几乎碰到一起,构成大熊星座尾巴的星球似乎一个挥在另一个上面,我们的视力几乎无法看出把他们分开的那一片天空:两颗星仿佛是一个星。不过如果天文学家的一切技术都无法指出它们的距离,那么对于实际上相距甚远犹如两极的两颗星,我们应该怎样看待他们的距离呢?从一个极连到另一个极的线究竟无限到什么程度?而以这条线为直径的圆圈究竟大到何种地步?由于这个圆圈只是星球的一段,我们就更别想去探测这个鸿沟,去想象这个星球的硬度了。还是这些奇大无比的星球看起来却只不过是一些火花,难道我们不觉得惊奇?它们处在如此令人瞠目结舌的高度却仍然保持着一定的外表,我们还能够看得见,我们岂不会赞叹不已?我们也想象不出有多少东西我们没有看到。我们确定星球的数目:不错,确定能够看得见的星球的数目,可是用什么办法计算我们看不见的星球,比如说计算组成在晴朗的夜空从北到南我们看到的这条非常光亮的银河的星球,它们以为太高了,无法穿过太空让我们一个个看到它们,而只能至多把它们所处于的这条天路变成白色?

我现在就站在这个微不足道的、悬浮于空气中仿佛沙粒般的地球上,数目几乎无限的,硕大得无法描绘,简直出乎想象的火球,在我们无法设想的高度,从 6000 多年来就围绕着这颗沙粒旋转、滚动,穿过浩瀚的天宇。你想找另外一个奇妙、毫不逊色的星系吗?太阳是宇宙的中心,地球本身被吸引而以无法想象的速度围绕着太阳。我脑子里想象着所有这些天体,这些运动着的庞然大物彼此互不妨碍,互不碰撞,互不干扰。如果所有这些天体中最小的天体背离它的轨道而与地球相遇,那地球会成为什么样子?可是没有这回事,所有的天体都各就各位,保持着规定的秩序,按照给它们指定的道路行进,而且在我们看来走得是如此平静,没有一个人耳朵灵敏得会听到它们的步伐,而老百姓都不知道它们是否存在。哦,偶然的巧妙布局!大智大慧本身能够安排得比这更好吗?吕西尔,只有一件事让我难受:这些巨大的天体在它们的运行、旋转和彼此的关系中是如此精确而恒定,以至于一个被打发到人们称为宇宙的无垠空间的某个角落的小动物,在对这些天体进行观察之后,想出了一个万无一失的方法预言所有这些星球从今天起 2000 年,4000 年,20000 年内在其行程中会处于某个点上。吕西尔,这就是我的顾虑:如果这些星球遵守这些不变的规则只是偶尔为之,那么秩序何存?规则何存?

我甚至要问你偶然是什么：它是物体，是精神？是存在于某处、有其特殊生存方式、有别于其他存在物的一个存在物吗？或者也许只不过是某种存在形式或存在方式？当一个球碰到一块石头，我们说："这是偶然的。"但是意外相撞的不是这两个物体而是别的东西呢？如果事出偶然，这个球的碰撞不是直的而是斜的，如果它的运动不是直接的而是反射的，如果这个球不是在它轴上滚动而是盘旋转动，那么我是否可以得出结论，球的运动一般来说还是由于这个偶然呢？难道我不会更乐意猜想球是自己动或者是靠手臂把它扔出去而动？而因为一个钟的齿轮彼此是以某种速度互相制约着进行环形运动的，那么难道我不会有些好奇地考察所有这些运动的原因是什么？是自己动起来还是由一个重物的推动力所带动？但是不管是这些齿轮还是这个球都无法自己运动起来，或者就其本性而言它们就不会运动。因为如果它们能够失去运动就改变了其本性了，因此显然它们是从别的地方，或者是受到一个外在力量所推动。而天体星球，如果它们会失去他们的运动，他们会改变本性吗？它们会不会不是物体了呢？我不这么认为。他们还在动着，而这并不出于它们自己和根据它们的本性，啊，吕西尔，因此必须寻找在它们身外是否有一个使它们运动的本原。不管你找到的本原是谁，我都把它称为上帝。

如果我们假设这些庞然大物不会动，那么事实上我们就不会再问是谁使它们动起来，可是我们总不免会问谁做出这些物体，就像我们会打听谁制造了这些齿轮或者这个球一样；而如果这些庞然大物每个都被设想为一堆偶然的原子按照其部件的外貌和结构彼此联结贯穿在一起,那我会拿起一个这样的原子说:"谁创造了这个原子?它是物质吗?它有智能吗?它在形成前对自己有某种意识吗?它在同时又不在,而如果它是自己的存在和自己的存在方式的作者,那它为什么把自己做成物体而不做成精神?不唯如是,这个原子没有起始点吗?它是永恒的吗?它是无限的吗?你做这个原子的一个上帝好吗?"

(Ⅶ) 蛆有眼睛,碰到可能对它有害的东西便躲开来。人们把它放在黑檀木上以便看得更清楚,如果在它走向某一边的时候,给它一点麦秸屑,它就要改变方向:它的晶体,它的视网膜和它的视觉神经是一个偶然的把戏吗?

我们在一滴水里看到浸泡的梨已经腐烂,水里有无数的小动物,显微镜让我们看到它们的外形,这些小动物以难以想象的速度活动着,就像一些怪物在浩瀚的大海里一样;这些动物每一个都只有蛆的千分之一大,可这是一个躯体,它活着,它吃东西,它成长,它应该也有肌肉,有相当于我们的静脉、神经、动脉的脉管和一个头脑来分配动物精气①。

一粒沙子大小的霉迹在显微镜下像是一些非常清晰的植

---

① 17世纪生理学通常认为有一种称为精气的东西向动物体内各器官输送生命和感情。——译者

物的堆积,有的开花,有的结果,有的只长着半开的蓓蕾,有的已经枯萎。把这些小植物的粮食分别开来的根和液该小到什么样子?如果我们考虑到这些植物就跟橡树和松树一样有种子,而我刚才说的这些小动物就像大象和鲸鱼一样通过生殖道进行繁殖,那这会产生什么场面?谁能够创造出如此细腻、如此精致、人眼看不到、作为无限大的天空另一极端的无限小的作品呢?难道不是创造出天空、星球,创造出这些由于其行程的大小、高度、速度和广度而成为惊人的庞然大物,并如儿戏般地使它们活动起来的那一位吗?

45(Ⅶ) 事实上人利用着太阳、星球、天空和他们的影响,就像利用着他呼吸的空气和利用支持着他、让他行走的大地一样,如果需要的话,一件确实的事情再加上契合和相似,那就是完完全全确实无误了,因为天空和天空所包含的一切,在高尚与尊严方面,无法与地球上最微不足道的人相比,而这些东西跟人之间的关系就是物质与精神之间的关系:物质无法产生感情,它只是一个三维空间的体积;而精神则是理智或智慧。如果有人说人为了自我保存可以不管细小的事情,那我回答说,上帝为了展示他的能力,他的善良,他的慷慨,会不吝做出哪怕最微小的事情,因为我们看到他所做的不管什么事,都可以做得无限多。

　　整个世界,如果它是为了人而创造出来,那么这是上帝为人所做的最微不足道的事情;证据就得自于宗教的本质。因此,人把自己的利益归之于真理的力量不是出于虚荣和推断;如果人不被连贯的证据所说服,那就是人的愚蠢和盲目,因为宗教使用这些连贯的证据让人了解它的优势,它的办法,它的希望;告诉人自己是什么和会成为什么。"但是月亮住了人,或者至少月亮不是不可能住人。""吕西尔,你说月亮什么?关于什么事?在设想存在上帝的前提下,实际上有什么不可能的事情?你也许会问在这个宇宙里是不是只有我们受到上帝这样对待?月亮上是不是没有别的人或者没有上帝如此厚待的其他造物?莫名其妙的好奇,无聊的提问!吕西尔,地球有人住,我们住在地球上,而且我们知道我们住在地球上;我们对于上帝,对于我们自己的一切可能的想法有我们的证据,我们明白无误的事实,我们的信念。让那些住在各个星球上的人们,不管他们可能是谁,去为他们自己担心吧;他们有他们操心的事,我们有我们操心的事。吕西尔,你观察过月亮,你认得她的斑点,她的深渊,她的起伏,她的高度,她的面积,她的行程,她的食蚀;并不是所有的天文学家对此都有更多的了解。你设想一些新的仪器吧,更精确地观察月亮吧;你看到她上面住着什么,是什么动物?它们像人吗?他们是人吗?让我跟着你去看吧,如果我们彼此都相信有一些人住在月亮上,那么我们看看他们是不是基督徒,上帝有没有把他的恩惠平分给他们和我们。"

46(Ⅷ) 在自然中一切都煌煌大焉而令人赞叹:自然中没有任何东西没有这个工人的标记;这里有时被视为不规则或不完美的东西,本身就意味着规则和完美。浮夸而自负的人啊!去做一条被你踩在脚底下、被你蔑视的小毛虫吧;你憎恶癞蛤蟆,就去做个癞蛤蟆吧,如果可能的话。这个创造出作品的人是多么优秀的师傅啊,我不说人们崇仰,而说人们害怕!我不请求你去你的作坊做出一个才子,一个俊彦,一个美女来:这件事太大,不是你力所能及的;你试试只要做出一个驼背人,一个疯子,一个怪物,我就满意了。

国王、君主、专制君王、神圣陛下!我不是以你们所有最尊贵的名称来称呼你们吗?地球上伟大的人物,非常崇高,非常强大,而且也许不久便是至强至尊的君王!我们这些平常人,我们为了收成需要一点雨,一点更小的东西,一点露水:造出露水来吧,给地球送来一滴水吧。

自然的秩序、布景、效果是有利于百姓的,那些原因、原则则不然。你去问一个女人:一对漂亮的眼睛怎么只是用来睁开看?这个问题你去问一个博学的男人吧。

47(Ⅶ) 几百万年,几千万年,总之所有时间加在一起,较之上帝的存在都只是一瞬,上帝是永恒的。整个世界的所有空间,较之上帝的无垠,只是一个点,一个微小的原子。如果正像我所提出的那样,事情真是如此,有限与无限是什么比例呢?我询问一个人的生命历程是什么?人们称为地球的这一粒尘土是什么?人占有和居住的这一小块地是什么?"坏人活着的时候心想事成。""我承认,某些坏人。""世上美德受到迫害而罪行却不受惩罚。""有时如此,我同意。""这是一种不公。""未必:为了得出这个结论，必须先证明坏人绝对幸福而有德者却不幸福，而罪行一直不受惩罚；至少好人受苦和坏人心想事成这短暂的时间必须有个期限，我们称为心想事成和升官发财的东西不是一种假象，一种转眼消失的幻影。"在这个地球，这个原子上，似乎美德与罪行很少得到其该得的报答，然而这个地球，这个原子正是应该进行惩罚和褒奖的唯一地方。

根据我的这种想法，我得出再清楚不过的结论：我是聪明人，我根据我喜欢不喜欢，有没有空，来决定我干还是不干；然而自由就是选择，而不是一种对好事或者坏事，从而是一种好的或坏的行动以及所谓的美德或罪行的有意识的决定。诚然，罪行没有受到惩罚，这是不公正的；世上有这种情况，这是个谜。不过我们跟无神论者一样假设这是不公正的：任何不公正都是对公正的一种否定或一种剥夺，因此任何不公正必须以公正为前提；任何公正都符合某种至高无上的道理；事实上我是在问什么时候要求罪行受到惩罚成为不合理的事，除非人们说在三角形没有三个角的时候；可是任何相符合的道理都是一个真理，这个符合，正如已经说过的，过去一直存在，因此这种符合属于人们称为永恒真理的符合。不过，这种真理，或者它不存在因此不可能存在，或者它是某种认识的对象，所以这种认识，它是永恒的，这就是上帝。

发现隐藏得最深、罪人小心翼翼不让人们看出的罪行，这种结局看起来这么简单，这么容易，但似乎只有上帝才能够办到。

人们叙述的事实是这么多,以至于如果某些人喜欢把这归之于纯粹的偶然,那么他们必须承认这种偶然总是会成为习惯的。

48(Ⅶ)　如果你设想所有居住于地球上的人无一例外个个富足,毫无匮乏之虞,那么我可以得出结论:世上没有一个人富足,万物俱缺。只有两种财富而其他的都以这两种财富来计算:金钱与土地。如果所有的人都富裕,那么谁种地,谁采矿?离矿山远的人不会采矿,而住在荒芜含矿地方的人无法从这样的地上获取果实。人们需要求助于商业,人们也这样设想;但是如果所有的人都家产万贯,谁也不需要靠自己的劳动过活,那么谁会把金条或者交换物从一个地区运输到另一个地区?谁驾船出海?谁负责开车?谁组织沙漠商队?于是人们缺乏生活必需品和有用的东西。如果不再有需要,就不再有技术,不再有科学,不再有发明,不再有机械。何况占有财富的这种平等就会在社会地位上产生另一种平等,消除了任何从属关系,使得人们只好自己为自己服务,彼此无法得到帮助,于是法律毫无意义和一无用处,造成全面的秩序混乱,引来了暴力、不公、屠杀和不受处罚。

反过来,如果你假设所有的人都贫穷,那么太阳徒劳地为他们从东方升起,徒劳地温暖大地使之富庶,天空徒劳地向它们撒下甘露,河流徒劳地灌溉着大地,把肥沃和富足布满各个地区;同样也没有用处的是,大海让人探测海底深渊的深度,岩石和大山敞开胸膛让人在体内开挖,取出它们所蕴藏的宝贝。但是如果你假设在所有分布于地球上的人中,有些人富,有些人穷,于是你努力做到人们由于需要而彼此接近,彼此联合,相互和解:有的人服侍、服从、发明、劳作、耕耘,精益求精,另一些人享受、饮食、帮助、保护、治理:一切秩序得到恢复,于是人们发现了上帝。

49(Ⅶ) 假设你把权势、享乐和游手好闲放在一边,把从属、忧虑和贫困放在另一边:这或者是人出于恶作剧把两者对调,或者上帝不是上帝。

维系秩序和从属关系的社会地位的某种不平等是上帝之作为,或者说是以某种神明的法律作为前提。在人类中所看到的某种过大的失调,是人之所为,或者说是最强者的法律。

极端的情况是有害的,这来自于人;任何补偿都是正确的,这来自于上帝。

50(Ⅰ) 如果人们不欣赏这部《品格论》,我会感到惊讶;如果人们欣赏《品格论》,我同样感到惊讶。

法兰西学院新院士入院典礼的演讲

序言

某些人在被问及我有幸当选法兰西学院院士那天所作的演讲时，干巴巴地回答说我写了《品格论》，以为这样就是对这本书的指责，其实这是对该书表示了我自己所能期望的最具有善意的看法，因为在公众对我几年来专心致志从事的此类作品表示赞同之前，这样的回答是替我向公众提到此书，余下的问题就是考虑我在演讲中是否别再谈品格了。可是只要人们知道习俗要求一个新院士在入院那天的演讲中必须颂扬国王，颂扬红衣主教黎希留，颂扬掌玺大臣塞吉耶，颂扬他要接替的人和颂扬法兰西学院，这个问题就烟消云散了。在这五个颂扬中有四个是颂扬个人，然而我请批评我的人向我清楚地说明对个人的颂扬和喜欢颂扬的品格之间的区别，并使我能够感觉得出来，那我就认错。如果我作别的演讲时又落入描述的窠臼，那时人们就会倾听他们的批评而也许就会谴责我了。我说也许，是因为品格，或者关于事物和人物的形象，至少在演讲中是不可避免的，任何作家都是画家而任何优秀的作家都是优秀的画家。

我承认在这些描绘中我不得已添加了对法兰西学院成员中每个名人的颂扬，他们应该会原谅我，如果他们注意到为了照顾他们的面子也为了避免涉及品格，我没有触及他们本人而只谈他们的作品，而我根据他们在作品中所谈论的主题可能提出的要求，对作品不同程度地给予公开的颂扬。有的人说我"颂扬了某些仍然在世的院士"。的确，不过我颂扬了他们所有的人，他们中谁有什么理由抱怨呢？"这是一种崭新的风俗，"他们又说道，"而且这风俗还没有先例。"我愿意同意这种说法，我有意避免陈词滥调和自从法兰西学院诞生以来，在无数同样的演讲中从来一直使用的家喻户晓的句子。难道我在对这个学术团体的颂扬中谈到罗马和雅典，谈到吕克昂①和柱廊就这么困难吗？说明自己成为法兰西学院院士是了却了自己最大的心愿；申明他首次享有如此罕有幸福的这一天是他一生中最美好的日子；怀疑自己刚刚接受的荣誉究竟是真有其事还是做梦；希望从此从清泉中汲取法国雄辩术的最纯净的水；表示自己渴望这个位子只是为了能够利用这么多博学之士的智慧之光；尽管自己承认完全不配他们的挑选但答应要尽力做到名副其实。还有上百种同样的恭维之辞难道真是如此鲜见，如此罕闻，以至于我无法找到，无法运用出来，从而获得掌声吗？

因为我曾经认为，法兰西学院虽然有妒忌与不公，虽然喜欢谈它的黄金年代和它的没落，但它自从立院以来还从没有把这么多身怀各种才干和拥有各种学问的名流聚集在一起，这一点今天可以容易地看出来，因此我出于偏爱，不想等待这个学院有一天变得更加适合描绘和更受到人们的赞许，而是抓住了这个机会，我难道

---

① 古希腊哲学家亚里士多德公元前 355 年前后在希腊创办的学校，也泛指亚里士多德学派。——译者

干了什么会给我惹来最微小指责的事吗？西塞罗在布鲁图斯、恺撒、庞培、马塞鲁斯①在世时曾经当着他们的面颂扬他们而没有受到惩罚；他多次颂扬他们，在元老院专门颂扬他们，而且往往当着他们敌人的面，而更常见的是面对着一群嫉妒他们的功绩以及对伟大人物的美德怀有其他政治纠葛的人们，这些是法兰西学院不会有的。我颂扬过法兰西学院院士，我颂扬了他们所有的人，可是却不是没有受到惩罚，如果我对他们所有的人都横加指责，那我会落个什么结果呢？

堤奥巴尔德说了："我刚才听了一个非常无聊的演讲，害我打了20次哈欠，烦得要命。"他是这么说的，也这么做了，他和那么几个认为必须利益与共的人。他们在我演讲的第二天就动身到宫廷去，他们挨家挨户走访，跟他们能够见到的人说我前一天晚上结结巴巴地作了一个既无文采又缺常识、全是胡说八道的演讲，讲了一通地地道道的讽刺话。回到巴黎，他们在各个街区安营扎寨，恶毒地攻击我，如此声嘶力竭地或者在谈话中，或者在写给他们外省的朋友的信件中诽谤这个演讲，说了那么多坏话，使得没有听过这演讲的人都深信不疑，以至于他们认为可以巧妙地告诉公众：或者这个人写的《品格论》很差，或者即使写得好，我也不是此书的作者，只不过是我的女朋友中的一个给我提供了一些比较凑合得过去的内容而已。他们还说我做任何事情都不会有头有尾，甚至无法写一篇短短的序言。他们认为这么一个人要想把自己的思想联系起来然后写下来是根本办不到的，尽管我习惯于进行思考并把所思

---

① 马塞鲁斯（前268—前208），古罗马政治家和将军，曾五次担任执政官。——译者

考的事情写出来。

不唯如是。他们违反法兰西学院禁止院士自己写文章或者让人写文章攻击同事的规章，放手让两个作者在同一份杂志上攻击我。他们不是怂恿这两个人发表狡猾而巧妙的讽刺诗——这种作品对于这两个人不管谁都过于大材小用，很容易拼凑出来，连最不聪明的人都觉得自己能够胜任；而是让他们对我说这些难得听到的，特别对于某些我宁愿相信还稍存羞耻之心和对自己名誉还有所顾忌的人来说，都难以启齿或者难以写出的粗鲁的人身侮辱。

几年来一些老乌鸦羽毛轻盈、自由飞翔，靠自己的作品获得一些荣誉的乌鸦在四周呱呱叫，其实，我不怀疑公众终于已经听得昏头昏脑和厌烦了。这些报丧鸟喋喋不休，似乎企图把自己用白纸黑字暴露在光天化日之下的一切所必然引起的普遍谴责归咎于那些乌鸦们，仿佛自己没有力气，喘不过气来，是别人的原因或者别人该对自己作品的平庸承担责任。如果一部关于风俗的书出版了，这本书难以卒读，结果湮没无闻，那是不会引起老乌鸦们的妒忌的，他们会心甘情愿地加以赞扬，不过他们更乐意做的是只字不提；可是如果这本书大家都在谈论，那他们就会猛烈地攻击。散文、诗篇，一切都成为他们批评的主题，他们刻骨痛恨那些发表出来居然还蛮完美而且看来还得到公众赞许的一切作品。我们简直不明白要向他们提供什么样的伦理来教训他们才好，是要拉塞尔的伦理还是马雷之流的伦理？而如果有人相信他们的话，那就得让基督教神师或者神圣裁判所来处理了。有一种反对一般恶习的新的书面讽刺诗，以激烈的诗句和无情的笔法，指向吝啬、滥赌、刁钻、懒散、猥亵和虚伪，诗中没有指名道姓谈到任何人，人们从书中不可能也不应该辨认出任何贞洁妇女;一个站在讲道台前的布达鲁①对罪行也不会作出比这更生动和更纯真的描绘。没关系,这是毁谤,这是污蔑。这就是一段时间以来他们万变不离其宗的腔调,他们就是用这种腔调来反对获得成功的有关风俗的作品,他们对这些书中的一切都按照字面来解读,他们读这些书像读一部历史,他们在这些书中听不到诗歌也看不出图像,所以他们谴责这些书;他们找出书中的缺点:荷马的诗歌、潘达尔②的诗歌、维吉尔和贺拉斯的诗歌都有缺点,哪里会没有缺点的呢?除非是在他们自己的作品中。贝尔纳尼③并不是用同样的力气来摆弄大理石和勾勒他所有的图像的,但是我们经常看到,他有些比较难得的作品跟其他稍次一点的作品非常接近,其中有一些非常完美的特征,令人可以容易地看出创作者的卓越。如果他画的是匹马,马鬃仿佛由一只大胆的手转动着,像轻风吹拂一般地飞扬;目光如炬,鼻孔喷吐着火焰和生命。人们在许许多多地方看出这位大师一把刀的功力,他没有让他的抄袭者和妒忌者在他们的杰作中也达到这样的"错误";我们清楚地看出这是一个巧妙的人有意地缺少了什么,这是普拉西泰尔④式的错误。

但是,有些人十分敏感又十分认真,无法接受这样的事实,既不想伤害道德败坏者的脸面,又不指出其名字却要说自己反对恶

---

① 布达鲁(1622—1794),法国预言家。——译者
② 潘达尔(前518—前438),古希腊抒情诗人。——译者
③ 贝尔纳尼(1598—1680),意大利雕塑家、建筑师、画家和诗人,法国也称之为贝尔南骑士。——译者
④ 普拉西泰尔,约公元前4世纪中叶古希腊十分著名的雕塑家。——译者

习,这些人是谁?是夏尔特尔会修士和隐修士吗?是虔诚而博学的耶稣会士吗?是法国那些住在隐修院和修道院里的教士吗?不管怎样,所有人都读此类作品,独自读,当众读,在娱乐的时候读。他们以此来启发他们的膳宿者,启发他们的学生们阅读;他们把小店里的这些书籍搜刮一空,保存在自己的书架上。他们岂不是最先认可《品格论》这本书的纲要和篇章结构的人?在全书16章中有15章着力揭发人们在钟情与眷恋的事物面前所屡见不鲜的虚假和可笑现象,力求摧毁一切认知上帝的障碍物,这些障碍物先是削弱然后扑灭所有人心中对上帝的认知,因此这15章只是第16章也就是最后一章的准备而已;在这最后一章中,无神论受到抨击,可能被批判得体无完肤;提出了上帝存在的证据,至少普通人思想上能够接受的一部分证据;驳斥了不信教者的污辱和埋怨,从而捍卫了上帝的旨意,这一切他们难道没有注意到?那么是谁敢于对一个如此严肃和如此有用的事业喋喋不休老一套的话?这些是毁谤,是污蔑?必须把这些人公之于众:这是一些诗人,不过是什么样的诗人?是某些神圣赞歌的作者或者某些圣诗,某些戈多①,某些高乃依的翻译者?不,这些是写诗节和爱情悲歌的蹩脚诗人,是对一个外出者或者一个返归者吟诵十四行诗②,对美丽的乳房念讽刺短诗和对享受爱情的人朗诵情诗的才子。就是这些人,他们出于道德的顾忌,才不耐烦地容忍我在尽量谨慎地采取一切预防措施照顾众人之后,在我的关于风俗的书中试图尽可能地

---

① 戈多(1605—1672),法国主教与作家。——译者
② 由两个四行诗节和三个押韵诗节组成。——译者

鞭挞心灵和精神的一切恶习,使人变得明白道理而更像个基督徒。堤奥巴尔德之流或者至少那些在他们领导下和在他们工作室工作的那些人过去就是这样。

他们走得更远,他们因为自己不如任何法兰西学院院士那样惬意地长时间受人热烈称颂而感到忧伤,但他们出于一种标榜虔诚的策略而把这种忧伤掩盖起来,他们居然敢于把我演讲中的章节巧妙而危险地为他们所用,在这个地方我独自一人挺身站在整个文学界一边,反对他们最不共戴天的敌人,这些人是有钱人,他们钱太多或者有多种发财手段,再加上财富必然会为他们引来达官贵人的照顾,因此变得非常蛮横无理,而我的确对他们所有的人都激烈地训斥过一通,可是并不允许我把他们单剔出来,只训斥某一个人和别的什么人。

因此,在对待我的作品方面,也许是在堤奥巴尔德之流的挑动之下,一些人认为作者写作只是用讽刺诗来逗他们快乐而不是用一种健康的道德来教育他们;这些人不是汲取书中的各种言行来匡正自己的习俗,而是专心致志地去发现——如果他们能够发现的话,有哪些言行可能跟他们的朋友或者他们的敌人有关,却忽略了书中一切完全有根有据的意见或者深思熟虑的见解,这些意见和见解数量如此庞大几乎组成了整部书,可他们只注意书中的描绘或者说只注意品格的描述,他们按自己的方式对此加以解释之后,以为找到了这些品格的原型,于是便给公众一张长长的名单,或者如他们所说的,一些谜底,假谜底,这些谜底对他们无用,对名单上有赫赫大名的人和对作者有害,因为此事的根源就在于作者,虽然作者是无辜的。

我曾采取预防措施在一篇序言中驳斥所有这样的解释,因为尽管我对人的某种了解使我能够预见到会有这样的解释,以至于我有一段时间犹豫是否应该将此书发表,我在希望通过我的作品有益于我的祖国和害怕为某些人的恶毒行为提供材料之间踌躇不决。但是既然我的弱点就是要发表这部《品格论》,那么我筑起什么样的堤坝来挡住这淹没了城市、不久就要漫延到宫廷的洪水般的歪曲解释呢?我要不要严肃地说,我要不要赌咒发誓申明:我既不是这些流传的谜底的作者也不是同谋;我没有提供任何解释;我最熟悉的朋友都知道我曾经拒绝给他们提供这些东西;最受宫廷信任的人对于想得到我的秘密都感到绝望呢!尽管我苦恼不堪地坚称我不是没有教养的人,不是不知羞耻、伤风败俗、没有信仰的人,可是我刚才提到的那些新闻记者最后还是要把我写进诽谤性的文章里去,那结果岂不是一回事吗?

不过既然我自己没有编造眼前我看到的此类谜底,我怎么能够提供这些谜底呢?由于这些谜底彼此说法完全不同,有什么办法把这些作为同一道菜端上来——我的意思是说,把这些跟我的批评联系起来呢?这些谜底指名道姓谈到宫廷和城市里某些我根本不认识、从来没有跟他们谈过话的人,这有可能是出自于我,由我亲手发出的吗?我能够提供那些在罗莫朗坦、莫泰涅、贝雷斯姆编造出来的谜底,根据其不同用途送给大法官夫人,送给陪审员妻子,送给税管区主席,送给骑警队队长和送给教务会会长?那里面的名字写得一清二楚,可这并无助于我认识这些人。请人们允许我在这里自夸一下我的作品:我几乎打算相信我的描绘正确地反映出一般而言的人,因为这些肖像与那么多人相像,而每个人会以为从中看到他城里或者他省里的人。我实际上是在画写生画,但我并不是总想在我的风俗书中描绘张三或者李四。我不向公众吹嘘自己画了一些真实而且酷肖的肖像,以免这些肖像有时会令人不可相信,显得像作假或者凭空想象。由于对自己要求得更高,我走得更远:我从张三那里拿来某种特征,从李四那里拿来另一种,然后用这些可以适用于同一个人的各种特征,我画了逼真的图像,目的不是要用各种品格,或者像不满意我的人所说的是要用讽刺诗来取悦于读者,而是向他们指出应该避免的缺点和可以效法的榜样。

我觉得某些人万一在我完全否定和严加遣责的这些诽谤性名单中看到自己的名字,不要这样责骂我和抱怨我。我甚至敢于期待这些人会给我以公道:不再老是盯着一个伦理学作者,因为这个作者丝毫无意通过其作品来冒犯他们;而是应该转向作品的解释者,因为他们的抹黑是不可原谅的。事实上,我说的就是我所说的话,而绝不是别人断定的我说的是我曾经想说的话;我更不会去为别人要我说的话作担保。对于我想写出名字的人,我把他们的名字清楚地写出来,目的只为了称颂他们的美德和长处;我用大大的字写出他们的名字,好让别人从老远就能够看到和保证不让读者把他们漏掉。如果我原来想在那些不大客气的描绘中用上真名实姓,我就用不着费老大劲从古代史中借用某些名字,使用没有多少意思而且并不确实的头一个字母,想出千百种手段和千百个借口让读我书的人满身不自在,阻止他们的对号入座了。我在写《品格论》时就是这样做的。

关于对这篇演讲的看法,不满者中为首的人认为冗长而讨厌,我不知道为什么我曾经试图用一篇有一定分量和广度的口头演讲,来表示对法兰西学院的感激之情。一些热情的院士已经为我开辟了这条道路,不过这样的人为数很少,而像他们这样对法兰西学院的荣誉和名誉充满热情的模仿者也寥寥无几。我本可以仿效这样一些人的榜样:他们虽然会写,可从来没写过任何东西,却向学院申请院士席位;他们虽然会说得很长时间而且说得很好,可他们被接纳成为院士的前一天,却傲慢不逊地宣称他只有两句话要说而且只讲一刻钟时间。

反过来我曾经这么想:一个工匠没有创作出他的杰作就不可能获准加入任何协会,也不可能得到巧匠证书;同样而且更合乎常理的是,一个加入某个团体的人完全要靠雄辩术来为自己撑腰,而且也只能靠雄辩术才能站得住脚跟,所以在加入团体时必须在这方面作出努力,以便在众人心目中显得他刚才有幸被团体选中的确是实至名归。我还觉得既然世俗的雄辩术在律师席已经不再占有一席之地,被文本副件赶了出来,既然雄辩术可能已不再被法官席所接纳,在法官席过于受罪,那么可以留给它的唯一藏身之地就是这个法兰西学院,这是再自然不过的事了。这并不是说雄辩术可以使这个法兰西学院更加有名,而是因为在接纳新院士的典礼上,它会吸引宫廷和城市的人来参加,他们出于好奇来听听由精通言语之术的专业大师亲手制作出来的篇幅适中的雄辩术作品。

即使我没有达到发表一篇妙语生花的演讲这个目的,至少我觉得我为自己演讲长了几分钟作了辩解。因为如果巴黎埋怨人们:既然已经答应她可以使坏,嘲讽和荒唐却违背了对她的许诺;

如果在玛尔利①这个城市,人们普遍满怀兴趣想听听这个演讲却没有响起掌声,而宫廷却赞赏某些人对这个演讲提出的批评;如果这篇演讲能够不成为像暗礁尚蒂依②那样的坏作品;如果法兰西学院异乎寻常地召开会议,采纳了这篇文章,由它的书店印刷出来,保留作为资料,因为我曾把学院作为此类作品的最高评判者而向它提出申诉;如果这篇文章的确不是用一种装腔作势、冷漠无情和不连贯的文笔写成,也没有充斥着平淡而言过其实的赞扬,就像我们在歌剧序曲里和在那么多诗体献词里读到的那样,那么这篇演讲令堤奥巴尔德厌烦就没有什么可惊讶的了。请公众允许我这么说:我看在当下,公众为了使一部作品成名并给这作品作定评,光给予赞许还不够,还需要有些人反对它或者听到它就打哈欠。

因为,现在他们愿不愿意说:他们承认这篇演讲在公众中没有他们所期望的那么不成功,他们知道两家书商抨击了可能出版这篇演讲的人,他们愿不愿意撤回他们在这个演讲宣讲初期所作出的评价和判断?他们允不允许我说出或者至少怀疑他们对这个演讲所做的粗鲁的批评,不是因为他们确信这篇演讲理所应当受到谴责,而是出于完全不同的理由?我们知道这个名声和才德如此出众的人,我跟此人曾有幸一道在法兰西学院受到接待,接待我们的就是那些想不让发表我的演讲而使之湮没无闻的人,他们请求我,恳求我,说服我同意出版他的演讲,但是这个人始终坚决地抵制他们。他对他们说把他和我区别对待是可耻的,他不能够也不

---

① 玛尔利(亦称国王玛尔利,Marly-le-Roi),城市名,建有歌颂太阳王路易十四的城堡。——译者

② 法国中部著名的旅游城市,有高卢-罗马式的城堡。——译者

能赞成他们这种区分;他们对他演讲的偏爱以及对他的这种殷切和急迫,不但没有像他们可能认为的那样令他感激,相反使他感到真正的痛苦;两篇在同一天发表的同样没有瑕疵的演讲应该同时出版。他接着客气地当着公众和在私下说明他对我前面提到的杂志的两位作者的作为感到强烈不安,因为这两人利用他对他们的赞扬,使之成为一种污蔑我、我的演讲和我的《品格论》的预谋,然后他就这个侮辱性的讽刺向我作了解释和道歉,而其实他跟此事是毫无干系的。因此如果人们想从堤奥巴尔德之流的这种行径中得出结论:他们错误地认为需要进行对比和需要一篇愚蠢和受诋毁的演讲来抬高我的同事的演讲,那么为了洗刷使他们名誉扫地的这种猜疑,他们应该回答说他们不是逢迎者,不是邀宠者,不是有利害关系者,不是阿谀者,相反他们是真心实意的人。他们如实地说出了他们对我给法兰西学院的感谢词中的大纲、风格和表达方式的看法。但是人们免不了会不依不饶地向他们指出:宫廷和城市、达官贵人和小百姓的看法对此人有利。那有什么关系?他们满怀信心地反驳说,公众有他的爱好而他们有他们的爱好:这个回答让人无法开口从而终止了一切争议。的确,这种回答使我越来越不愿意让我的任何作品合他们的心意。因为如果我身体健康得可以再活几年,那我唯一的野心就是通过精心的修改和接受有益的建议,使得我的作品一直都能够让堤奥巴尔德之流和公众之间的意见产生分歧。

1693年6月15日星期一 在法兰西学院的演讲

先生们：

我有幸置身于你们之中，有幸面对着法兰西学院，有幸读到法兰西学院的历史而不首先想到学院的成立应当归功的人，不说服自己；再自然不过的事就是使用义务和习惯所要求的这番颂词，来展现这位伟大的红衣主教①之为人，来唤起人们对他的某些特点的怀念；不过这都是很困难的。

对这个人物不容易用一些漂亮的话语或者丰富的图像，用这些不是为了突出所要描绘的这个人的品德，而是为了显示演讲者充满激昂的热情和蓬勃的活力的演讲，对此加以描绘和表达。请密切注视正确者路易②的为政吧，这就是红衣主教黎希留的一生，这就是对他的颂扬和对让他大显身手的君王的颂扬。对于一些刚刚过去不久还记忆犹新的事实，我还有什么可以补充的呢？打开他的政治遗嘱，认真阅读这部作品吧：这是对他精神的描述；他整个灵魂都在这里展开；我们在其中会发现他行为和举动的秘密；我

---

① 指黎希留(1585—1642)，法国政治家，枢机主教，17世纪法国强大的缔造者。——译者

② 正确者路易，即路易十三(1601—1643)，法国国王。——译者

们在其中会找到他治理期间发生的那么多、那么伟大的事件的来源和真实性;我们在其中可以毫不困难地看到一个像男子汉大丈夫那样思考问题,而且思考得那么正确的人能够果断地行动而且取得成功,而这位完成了如此伟大事业的人从来没有写过一言半纸,换句话说,他应当把他做过的事写下来。

伟大而高超的天才,他知道统治的整个内容和全部奥秘;他了解政府的美好与崇高;他尊重外国人,周旋于各国君王之间,了解与他们结盟的分量;他调动盟友对抗敌人;他照顾外部的利益,照顾国内的利益,唯独忘记了自己的利益:他一生勤劳而虚弱多病,经常饱受风霜,这一生就代表着一种至高无上美德的价值;他是主人财宝的受托人,他为主人做了无数好事,他调拨、分配他主人的现金,我们只能说他虽已仙逝但仍留下巨大的财富。

先生们,你们相信吗?这个严肃而庄重的人,这个令国家的敌人望而生畏,对乱臣贼子毫不容情,整日潜心谈判,时而忙于削弱异端教派的力量,时而设法打乱一个联盟的部署,时而策划一场征服的人却忙中偷闲成为学者,成为喜爱文学和以文学为业的人。你们这些孜孜求财者,根据你们个人生意上的成功,如果把政务托付给你们,你们认为谁可以胜任无愧?谁是难得的天才和有头脑的人?你们说说看,什么人你对他一无所知,什么人的作品你从来没有读过而将来也不会去读?这或者为了表明科学一无用处,或者显得你们不亏欠任何人,一切都是从自己的财产中汲取。你们如果敢的话,就跟伟大的黎希留比一比吧。你们要知道红衣主教黎希留通晓事理,他读过书,我不说他跟文人没有距离,但他喜欢文人,亲近文人,庇护文人,让他们享有特权,发给他们年金,把他们聚集起来组成一个著名的学院，把这个学院建成法兰西学院。是的，富有而野心勃勃的人们啊，你们轻视道德和一切不是以商业和利益为主旨的团体，但这个团体是这位伟大大臣深思熟虑的事情之一。他是天生的政治家，忠于国家，思想稳重、卓绝，所做的事情都能够有最高尚的动机，既有利于公众的利益也符合君主国的荣誉；从来不会设想出任何有愧于自己、有愧于他所服务的君主、有愧于他为之献出沉思和不眠之夜的法国的事情。

他知道雄辩术的力量和用途，知道言语的威力所在；雄辩有助于说理和张扬理性，用正义与诚实潜移默化地改变众人，将英勇和无畏注入士兵心中，缓和民众的激动情绪，激励所有的团体或者民众履行自己的义务。他完全明白历史和诗歌的成果是什么，明白语法的必要性、其他科学的基础与根基在哪里；以及对于一个只接纳贤德之士和才干的安置、精神产品与知识成果的汇聚由投票决定的学院来说，为了引导这一切事物臻于完善从而使之有利于这个团体，必须制定计划。先生们，不必进一步阐述了，这些就是你们的原则和条例，而我只是个例外。

请你们回忆一下，进行比较并不会有损于你们。你们不妨想想第一次大规模的主教会议，参加会议的神父们之所以引人瞩目就因为每个人要么家庭有几个成员断肢缺腿，要么自己脸上还带着疯狂迫害所遗留的伤疤，他们似乎由于自己的伤口而在整个教会的全体会议上有权获得一席之地。你们著名的先辈，没有一个不是大家急切地想看到他，在广场上指点着他。你们不会用某部名著来指认他，说这部著作让他一举成名，使他跻身于这个由先辈们奠基的新生的学院。这些伟大的言语巨匠，法国雄辩术的头号大师，就是这样的人；先生们，你们就是这样的人，你们在才能和知识方面丝毫不逊于在你们之前的任何人。

有一位，他法语说得准确，仿佛是从正规语法学来，同时各种外语流畅得仿佛那是他的母语，他不管以何种方言写作都能像用自己家乡的语言一样；他从事并完成了一部艰巨著作的翻译，最聪明的才子都会承认，最谦恭的人都会希望自己做了这项工作。

另一位让维吉尔复活于我们之中，将优雅和丰富的拉丁语移植进入我们的语言，他创作一些小说，其目的就是从小说中排除絮叨和不可信而代之以自然和可能的真实。

又一位，他比马罗更沉静，比瓦蒂尔更有诗意，具有这两人全部的写作手法、技巧和率真。他寓教于嬉戏，用动物器官让人相信道德，将卑微的主题提升到崇高的境界。他是进行此类写作的唯一人，不管是他创作还是翻译的作品都有独特之处，超过了那些典范，而那些典型本身就已经很难以仿效了。

这一位超过了朱维纳尔①，赶上了贺拉斯，似乎独特地写出了别人的思想并使自己适合于描述一切他要描述的事物；即使是借自于他人，他在借用中也表现出赋予新意的一切天赋和创新的全部才能。他的诗句铿锵有力而音律和谐，是天才之笔，虽然经过巧妙雕砌，却充满诗情画意，即使语言变得古老，也还会有人阅读，是此类作品仅存的硕果；如果客观地说，那么我们可以注意到对他的作品有一种确切的、有道理但无伤大雅的批评。

---

① 朱维纳尔(35—140)，拉丁讽利诗人，其16篇讽刺诗以强烈的激情抨击当时的恶习。——译者

又一位继一个人之后而来,那人受到赞扬,被人致以掌声,深受欣赏,他的诗句在各地传诵,成为家喻户晓的谚语,在舞台上独占鳌头,征服了整个戏剧界。诚然此人并没有把那人从剧院赶走,但他跟那人一齐在戏剧园里并荣,而上流社会也习惯于将两人进行比较。有些人无法忍受高乃依,伟大的高乃依比他更受人喜爱;有的人无法忍受高乃依居然跟他平起平坐:他们向另一个世纪提出上诉;他们等待几个老人的过世,这些老人全都为一切让自己回想起自己青春年少的事情而感慨不已,也许他们在《俄狄浦斯王》①中喜欢的只是他们青年时期的回忆。

这一位让他人出于妒忌:对他这么长时间沸沸扬扬并最终使批评停止了下来。人们对他大量的作品和杰出的才能不禁赞赏不已,关于他我能说些什么呢?他不管是在交谈中、在作品里还是在讲台上,都是这样一个既罕见地博学又更罕见地善辩的演讲家、历史学家、神学家、哲学家,是一位宗教的捍卫者,是一个教会的杰出人物,如果我们提前用后世的语言来说的话,是教会的教父。什么样的人物他不能成就?先生们,你们说说吧,有哪一种美德是他所没有的?

我是否也要谈谈你们最后选定的而且完全无愧于你们的人?在我当下所在的地方人们跟你们谈了些什么!我想起来了:在你们听了告诉你们的话之后,我怎么还敢说?你们怎么还肯听我的?我们承认这一点,我们感觉到了这个罕见的人的力量和影响,或者他是不加准备地作才华横溢的布道,是发表经过精心研究的演讲,

---

① 高乃依的悲剧作品(1659年)。——译者

还是在聊天中解释他的思想,他总是紧紧抓住听众的耳朵和心,使得听众无法妒忌他如此高远的思想,如此优雅的谈吐,如此敏锐的感觉,如此彬彬有礼。我们以听他说话而觉得有幸,感受到他所说的事情,而且仿佛身临其境。如果我们汲取他的思考而且善于从中得益,那我们就会对自己感到满意了。你们在这个人身上取得了多大的收获啊!你们把我跟谁攀到一起了!

先生们,我但愿不受时间所迫和不受这个演讲体裁所限,在更突出的地方和以更有力的方式来赞颂这个学院的每个成员。人间所见的各种才能都荟萃在你们身上。你们要不要能言善辩的演讲家,他们在讲台上洒满雄辩之花,他们按照健康的伦理学,使用语言的各种手法和各种技巧,通过巧妙地遣词造句来使人高兴,他们让人喜爱隆重的盛典,喜爱庙宇,让人奔走其中?这样的人,我们不必到别处寻找,他们就在你们中间。你们欣赏不欣赏一种广大而深刻的文学,它在古代资料中翻寻,从中取出被尘封的遗忘:最好奇的人也不注意、别人都不知道的东西;它所记载的事情,所使用的方法,精确到在如此遥远的年代中,研究的事情连一年、有时连一天也不能差错?这种值得赞赏的见解,由你们掌握着,至少参加这个学术性大会的人们中有人拥有。假如你们对语言的天赋感兴趣,再加上能准确地知道古代的事情和既简单又真实地叙述新发生的事情这双重的才干,这些弥足珍贵的品质你们并不缺少而且在同一问题上兼而有之。如果你们寻找一些灵巧的、富有思想和经验的人,他们由于职务的特权,可以让君主说话,说得庄重而又正确;另一些人将他们擅长说和写的才能巧妙而成功地运用到最棘手的谈判之中;还有另一些人原先关注和留意法律事务,如今又把他们的关注和留意运用于公共事务之中,不管在哪里总是同样声名卓著:所有这些人全都在你们之中,可我苦于无法一一说出名字。

如果你们喜欢在知识之外再加上雄辩,你们不必等待许久,你们只要把你们的全部注意力留给在我之后说话的那个人。这么一来你们还缺些什么呢?你们有擅长这种或那种演讲的作家;有写各种类型的诗:道德诗、基督教会诗、英雄史诗、轻快的情诗的诗人;你们有古人的模仿者、严肃的批评家,你们有睿智的人、正直的人、机敏的人、多才多艺的人、适合于在交谈中和在小圈子里大出风头的人。总之我要再次说,你们把我跟什么样的人,跟什么样的伟大人物攀到一起了!

但是你们今天跟谁一起俯允接纳我?我是继谁之后向你们致这个公开的感谢词的呢?不过这个如此值得赞赏可又如此谦逊的人不该害怕我赞扬他:他跟我近在咫尺,他完全有这样的便利和办法打断我的话。我更乐意请问你们:你们要我接替什么人?接替一个有道德的人。

先生们,有时出现这样的情况,那些因填补著名死者的位置而要向你们表示对死者赞颂的人们,由于在许多都值得提出赞扬的事情中拿不定主意而犹豫不决。你们过去挑选的德·拉·尚布尔神父先生是这样的一个人,他如此虔诚,如此温柔,如此慈善,心地如此可嘉,习俗如此淳朴和如此符合基督教精神,如此深深受到宗教的濡染,如此执著于自己的义务,以至于写得一手好文章成了他最微不足道的一个优点。由于人们要赞颂的是一些实实在在的美德,结果便随意地忽略了他的博学和雄辩;人们更在乎的是他的生活和为人而不是其作品。我事实上宁愿向我要接替的人献上唁词而不想仅仅局限于对他的精神作简单的称赞。他身上具有的品质不是一种后天的习得，而是一份遗产，一笔继承得来的财富，这至少从选择这个人来看是如此，这个人把他的心、他的信任，把他整个人都献给了这个家族，使这个家族成为你们的亲人，因为我们可以说他皈依了这个家族，把这个家族和法兰西学院一道置于他的保护之下。

我谈的是掌玺大臣塞吉耶。我们记得他是法国自开国以来最伟大的法官之一。他至今仍让人看不准他究竟在哪方面，在文学还是政务方面更加卓绝；至少事实上，人们也都同意这一点：他这两方面都超过了同时代所有的人。他为人严肃但不摆架子，深沉，虽然开始时显得温顺而又随和；他天生拥有的东西，那么多人想要却得不到，这样的东西人们靠设计和造作，靠严肃和说教的话语是得不到的，它比科学，也许比诚实，我的意思是说，比庄严更为罕有。他拥有这种品质不是由于职高位尊，相反，他使这种品质臻于高贵：因为他曾经没有职务却做出伟大的事情而且得到人们信任，而我们没有想到那些善于将一切都揽在自己身上的人却淡忘了这种品质。

几年前，你们失去了他，这个伟大的保护者。你们环视周围，游目四顾所有自愿帮忙并以接待你们为荣的人们；可是此人的去世给你们带来的痛苦如此剧烈，以至于你们在竭力弥补损失时，居然想起了那唯一能使你们忘却这个损失并把它化为你们的光荣的人。这位高尚的君王多么亲切、多么仁慈地接纳了你们！我们不会为此感到惊奇，这就是他的品格。先生们，在他光辉一生的一切行动中我们看到的就是这种品格,而在我们临近的王国、法国的盟邦中发生的突如其来的革命使这种品格放射出它可能有的最耀眼的光芒。

我们是多么容易一下子失去对我们曾经最铭记在心的事物的感情和记忆!让我们回想在动荡和混乱中度过的这些悲惨日子吧,我们极想了解,我们拿不准,一个伟大的国王,一个伟大的王后,他们的儿子亲王们,这个高贵但不幸的家族,这个因虔诚和崇拜而沦于极端不幸的考验的家族,可能会遭遇何种命运。唉!他们是死在海上还是死于敌人之手?我们不知道,我们四处打听,我们彼此答应一有可悲事件的消息就立即告知。这不再是一件公众事务而是家庭事务,我们不再对此酣睡,我们互相唤醒来彼此告知刚听到的事情。而当我们如此感兴趣的这些王室人员逃脱了大海或者逃离他们的祖国,难道这就够了吗?难道不需要一块外国的土地让他们可以靠岸,有一个同样善良和强大的国王能够和愿意接纳他们吗?这个接纳,我已经看到了,这是个再温情不过的场面!人们在这个场面中流出赞叹和欢乐的眼泪。这位君王没有什么宽宥,他率领他的阵营和他的军队摧毁一座抵抗他的城市,或者说他敌人的部队一听到他兵马临近的传闻,就鸟兽散了。

他之所以支持这场长期的战争,毫无疑义,是为了给予我们难能可贵的和平,是为了以合适的和为国增光的条件获得和平,是为了永远不让敌人以新的敌对行为来扰乱我们。让别的人去宣扬、赞扬这个伟大的国王在震撼整个欧洲的这些活动过程中,自己或者他的将领们干出来的事情好了,他们有一个长期考验他们的广泛的主题。让另一些人去猜测——如果能猜测出来的话,他在这场战役中究竟要实现什么目的好了。我只谈他的心,只谈他的意图的纯洁和正直,这些意图是众所周知的,他不经意地把意图流露出来。人们就他刚刚授予国家的几个王公贵人荣誉称号对他表示祝贺,他说什么?他说如果不是所有的人都得到荣誉称号,他不会感到满意,可是他又不可能做到像他想的那样让所有的人都得到荣誉称号。先生们,他知道一个国王取得的成果就在于夺城池,打胜仗,扩疆土,丧敌胆,但君王的光荣在于得到其子民的爱戴,赢得子民的心,通过他们的心而得到他们所拥有的一切。遥远的省份,邻近的省份,这位慈善又好心,但被画像和雕像歪曲了形象的君主向你们张开双臂,用亲切而充满温情的目光看着你们,这就是他的态度:他想看看你们居民,你们的牧童在垂柳和白杨树下,在乡间悠扬的笛声中跳起舞来,以他们粗犷的声音,歌唱这位给他们带来和平与和平的果实、使他们恢复快乐和宁静的人。

　　正是为了完全实现他的愿望——共同的至福,他亲历一场艰苦战争的勍劳和辛苦,他经受恶劣的气候和严寒酷暑,他甘冒生命危险,不顾自己幸福的生活。这就是他的秘密和使秘密发生作用的意图,人们深究这些意图,通过为他辅政的当权者们独有的品质来看出这些意图。我尊重他们的谦虚之心,我只请求他们允许我指出:人们不会去揣度这位明智的君王的计划,相反人们会猜想他将任命的那些人是谁,而他对大臣们的挑选只不过是肯定了人民的声音而已。他并不是全部卸掉他的工作重担;他本人,让我斗胆这么说,就是他自己的主要大臣。他时时刻刻关注我们的需要,而他自己既没有歇息的时间也没有自己独享的时刻;夜已深沉,他所居住宫殿的路上的岗哨已经换岗,星星在天上闪烁,运行不息;没有了阳光,整个大自然被笼罩在黑暗之中,休息下来;我们也休息了,可这位国王,抽身返回他的工作室,独自一人照看着我们,照看着整个国家。先生们,这就是你们为自己求得的保护者,其子民的保护者。

你们接受我进入一个受到至高无上地保护的著名学院。我非常重视这个荣誉称号,我不隐瞒这一点,所以想完全按照这个称号的精义而完全实至名归地拥有,我的意思是说我获得它全凭你们的选择,而我是如此重视你们的选择以至于不敢做有悖这种选择的事情,甚至不敢让放肆地提出不当请求的想法掠过心头。何况我有理由不自信,我不齿于请求给我青睐而把别的可能被挑选的人排除掉。先生们,我认为自己看到了一件我可以毫不困难地予以相信的事情,那就是你们的喜爱转向别人,转向一个无愧于这个称号的人,一个充满着美德、思想和知识的人,这个人身居这个受信任的岗位之前如此,如果不再身居其位也将依然如此。我深受感动,不是由于他的恭敬,我知道我有愧于他的恭敬;而是由于他对我表示的友谊以至于他为了我而忘记了自己。一个父亲带儿子去看戏:那里人群拥挤,门被围得水泄不通;父亲身材高大粗壮,挤开人群,就要进入时,把儿子推到他前面,他儿子如果没有这种准备,就走不进去或者进得晚了。他请求你们中某些人把他们原来完全正确地要投给他的票转投给我,这种行为是罕见的,而在这种情况下,更是绝无仅有,但这丝毫没有减少我对你们的感激,因为只有你们的选票,永远不受控制、独断专行的选票,才能把法兰西学院的一个席位给予人们。

先生们,你们把这个席位给了我,而且对我是如此厚爱,如此一致地同意我,以至于我纯粹是由于你们的大方而得到这个席位,我也乐意纯粹是由于你们的大方而占有这个席位。你们不是由于职位,由于信誉,由于财富,由于头衔,由于权力,由于恩惠而被迫作出这个选择的:这些东西我一无所有,我两手空空。一部著作由于它的独特而取得一点成功,可是这部书的错误,我指的是错误和恶意的解释,如果遇到的不是像你们这么公正、这么有真知灼见的人,就会对我造成伤害了。你们收到了我为化解这部作品的争议而使用的一切解释。有什么办法来描述我是多么后悔写书的啊?

图书在版编目(CIP)数据

品格论/(法)拉布吕耶尔著;梁守锵译.—北京:商务印书馆,2023
(汉译世界学术名著丛书)
ISBN 978-7-100-22395-9

Ⅰ.①品… Ⅱ.①拉…②梁… Ⅲ.①随笔－作品集－法国－近代 Ⅳ.①I565.64

中国国家版本馆CIP数据核字(2023)第074935号

权利保留,侵权必究。

汉译世界学术名著丛书
品格论
〔法〕拉布吕耶尔 著
梁守锵 译

商 务 印 书 馆 出 版
(北京王府井大街36号 邮政编码100710)
商 务 印 书 馆 发 行
北京艺辉伊航图文有限公司印刷
ISBN 978-7-100-22395-9

2023年7月第1版 开本 850×1168 1/32
2023年7月北京第1次印刷 印张 16¾
定价:75.00元